대장간이란 이름에는
사라져가는 복음의 능력을 되살리고,
낡은 것을 새롭게 풀무질하며, 잘못된 것을
바로 세우겠다는 의지가 담겨져 있습니다.

도서출판 대장간은
새로운 사회, 즉 예수사회(교회)를 건설하려는
꿈을 가진 도구로서 예수 사회를 구성하는
공동체의 한 지체입니다.

www.daejanggan.org

누림강해시리즈 ❸
사무엘하 강해
사람의 나라, 하나님의 나라

지은이	곽면근
초판발행	2012년 6월 21일
펴낸이	배용하
책임편집	윤순하
등록	제364-2008-000013호
펴낸곳	도서출판 대장간
	www.daejanggan.org
	대전광역시 동구 삼성동 285-16
	전화 (042) 673-7424 전송 (042) 623-1424
ISBN	978-89-7071-260-4
	978-89-7071-261-1(세트)

이 책은 저작권법에 의해 보호를 받는 출판물입니다.
기록된 형태의 허락 없이는 무단 전재와 복제를 금합니다.

 값 14,000원

곽면근 목사의 누림강해 시리즈 ③

사무엘하 강해

사랑의 나라, 하나님의 나라

곽면근

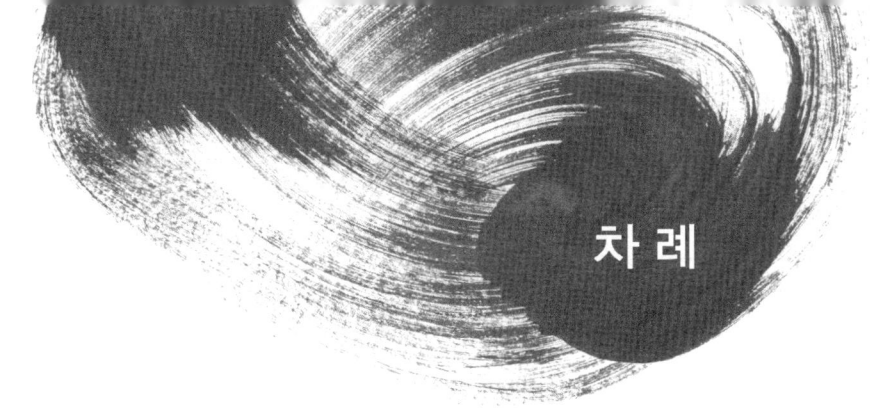

서문 · · · · · · · · · · · 11

1. 두 용사는 없다 사무엘하 1:1~27 · · · · · · · · · 15
2. 두 왕국은 없다 사무엘하 2:1~17 · · · · · · · · · 29
3. 두 모델은 없다 사무엘하 3:22~39 · · · · · · · · · 42
4. 두 원수는 없다 사무엘하 4:1~12 · · · · · · · · · 59
5. 사울? 다윗? 하나님? 사무엘하 5:1~25 · · · · · · · · · 72
6. 복을 주시니라 사무엘하 6:1~23 · · · · · · · · · 89
7. 여호와가 하신 일, 여호와가 하실 일 사무엘하 7:1~29 · · · · 109
8. 공과 의를 행할 새 사무엘하 8:1~9:13 · · · · · · · · 125
9. 여호와께서 선히 여기시는 대로 사무엘하 10:1~19 · · · · · · 140
10. 헷 사람 우리아의 아내 사무엘하 11:1~27 · · · · · · 155
11. 여호와를 업신여기고 사무엘하 12:1~12 · · · · · · · 178
12. 원수의 훼방거리 사무엘하 12:13~31 · · · · · · · · 198
13. 이스라엘에서 행치 못할 것 사무엘하 13:1~39 · · · · · · · 217

14. 버린 자가 되지 않게 사무엘하 14:1~33 · · · · · · · 234

15. 일어나 도망하자 사무엘하 15:1~37 · · · · · · · · · 249

16. 모략을 가르치라 사무엘하 16:1~17:26 · · · · · · · 266

17. 만 명과 한 명 사무엘하 18:1~33 · · · · · · · · · · 280

18. 더 강경하였더라 사무엘하 19:1~43 · · · · · · · · 291

19. 나눌 분깃이 없으며 사무엘하 20:1~26 · · · · · · · 307

20. 기도를 들으시니라 사무엘하 21:1~14 · · · · · · · 322

21. 이 노래의 말씀으로 사무엘하 22:1~51 · · · · · · · 340

22. 산자의 하나님 사무엘하 23:1~23 · · · · · · · · · 354

23. 여호와의 손에 빠지고 사무엘하 24:1~17 · · · · · · 366

24. 재앙이 그쳤더라 사무엘하 24:18~25 · · · · · · · · 383

서 문

사무엘하는 다윗으로 시작해서 다윗이 죽기 직전까지 온전히 이스라엘 왕으로서의 다윗의 통치를 주요 내용으로 삼고 있습니다. 한편으로 사무엘하는 성도들을 당황하게 만드는 책입니다. 하나님의 마음에 합하였다는 평가를 들은 다윗이 왕위에 있기에 이스라엘이 태평성대를 누릴 것 같은 기대와는 전혀 다른 상황이 전개되기 때문입니다. 다윗이 왕으로 등극하는 과정에서 정치적 갈등과 배반과 암살이 지속되고, 다윗이 왕이 된 후 자신의 장수의 아내를 빼앗는 약탈을 행하고, 다윗의 자녀들은 '이스라엘에서 마땅히 행하지 못할 일'들을 행하고, 심지어는 아버지 다윗과 아들 압살롬 간에 왕권투쟁이 발생하고, 이어 참모들의 속고 속이는 모략들이 반복되고, 다윗의 피난과 복귀과정에서는 민족이 분열되고 서로 전쟁을 치르기까지 하며, 결국에는 다윗의 인구조사로 인한 수많은 백성들의 죽음이 발생합니다. 과연 다윗과 같은 왕이 있으면 나라가 평안할까요? 과연 오늘날의 성도들은 현재의 상황을 해결하기 위하여 다윗과 같은 지도자, 다윗과 같은 리더를 세워 달라고 기도할 수 있을까요? 사무엘하는 다윗이 해결책이 아님을 증거하고 있습니다.

다른 한편으로 사무엘하는 성도들을 평안하게 만드는 책입니다. 다윗 왕과 왕자들과 신하들과 백성들 등 이스라엘 전체가 하나님의 뜻과 어긋나는 삶을 살지라도 하나님은 결코 이스라엘을 버리지 않으시며, 이스라엘을 향한 은혜를 포기하지 않으셨기 때문이다. 이스라엘이 분열되면 회복하시고, 이스라엘이 범죄하면 치유하시고, 이스라엘이 타락하면 계시하시고, 이스라엘이 하나님을 떠나면 찾아오시기를 반복하십니다. 하나님이 세우신 하나님의 백성이기에 하나님이 책임지시고 하나님이 섭리하시는 것입니다. 결국 사무엘하는 하나님이 인간 문제의 해결책이요, 하나님이 인간의 자유와 평화와 안식과 행복의 제공자이심을 증거하고 있습니다.

사무엘서를 설교하면서 믿음의 영웅인줄 알았던 다윗을 잃었다는 상실감대신 우리 삶의 보장되시는 신실하신 하나님을 풍성히 알아가는 행복을 얻었음을 고백합니다. 함께 은혜를 나누었던 누림 교회 성도님들께 감사드리며, 말로 행한 설교를 글로 된 책으로 만들어준 도서출판 대장간에 감사를 드립니다.

2012년 6월

하나님의 은혜를 누리는 누림교회에서 곽 면 근

곽면근 목사의 누림강해 시리즈 ③

사무엘하 강해

사람의 나라, 하나님의 나라

두 용사는 없다

사무엘하 1:1~27

1 사울이 죽은 후에 다윗이 아말렉 사람을 쳐죽이고 돌아와 다윗이 시글락에서 이틀을 머물더니 2 사흘째 되는 날에 한 사람이 사울의 진영에서 나왔는데 그의 옷은 찢어졌고 머리에는 흙이 있더라 그가 다윗에게 나아와 땅에 엎드려 절하매 3 다윗이 그에게 묻되 너는 어디서 왔느냐 하니 대답하되 이스라엘 진영에서 도망하여 왔나이다 하니라 4 다윗이 그에게 이르되 일이 어떻게 되었느냐 너는 내게 말하라 그가 대답하되 군사가 전쟁 중에 도망하기도 하였고 무리 가운데에 엎드러져 죽은 자도 많았고 사울과 그의 아들 요나단도 죽었나이다 하는지라 5 다윗이 자기에게 알리는 청년에게 묻되 사울과 그의 아들 요나단이 죽은 줄을 네가 어떻게 아느냐 6 그에게 알리는 청년이 이르되 내가 우연히 길보아 산에 올라가 보니 사울이 자기 창에 기대고 병거와 기병이 그를 급히 따르는데 7 사울이 뒤로 돌아 나를 보고 부르시기로 내가 대답하되 내가 여기 있나이다 한즉 8 내게 이르되 너는 누구냐 하시로 내가 그에게 대답하되 나는 아말렉 사람이니이다 한즉 9 또 내게 이르시되 내 목숨이 아직 내게 완전히 있으므로 내가 고통 중에 있나니 청하건대 너는 내 곁에 서서 나를 죽이라 하시기로 10 그가 엎드러진 후에는 살 수 없는 줄을 내가 알고 그의 곁에 서서 죽이고 그의 머리에 있는 왕관과 팔에 있는 고리를 벗겨서 내 주께로 가져왔나이다 하니라 11 이에 다윗이 자기 옷을 잡아 찢으매 함께 있는 모든 사람도 그리하고 12 사울과 그의 아들 요나단과 여호와의 백성과 이스라엘 족속이 칼에 죽음으로 말미암아 저녁 때까지 슬퍼하여 울며 금식하니라 13 다윗이 그 소식을 전한 청년에게 묻되 너는 어디 사람이냐 대답하되 나는 아말렉 사람 곧 외국인의 아들이니이다 하니 14 다윗이 그에게 이르되 네가 어찌하여 손을 들어 여호와의 기름 부음 받은 자 죽이기를 두려워하지 아니하였느냐 하고 15 다윗이 청년 중 한 사람을 불러 이르되 가까이 가서 그를 죽이라 하매 그가 치매 곧 죽으니라 16 다윗이 그에게 이르기를 네 피가 네 머리로 돌아갈지어다 네가 입이 네게 대하여 증언하기를 내가 여호와의 기름 부음 받은 자를 죽였노라 함이니라 하였더라 17 다윗이 이 슬픈 노래로 사울과 그의 아들 요나단을 조상하고 18 명령하여 그것을 유다 족속에게 가르치라 하였으니 곧 활 노래라 야살의 책에 기록되었으되 19 이스라엘아 네 영광이 산 위에서 죽임을 당하였도다 오호라 두 용사가 엎드러졌도다 20 이 일을

가드에도 알리지 말며 아스글론 거리에도 전파하지 말지어다 블레셋 사람들의 딸들이 즐거워할까, 할례 받지 못한 자의 딸들이 개가를 부를까 염려로다 21 길보아 산들아 너희 위에 이슬과 비가 내리지 아니하며 제물 낼 밭도 없을지어다 거기서 두 용사의 방패가 버린 바 됨이니라 곧 사울의 방패가 기름 부음을 받지 아니함 같이 됨이로다 22 죽은 자의 피에서, 용사의 기름에서 요나단의 활이 뒤로 물러가지 아니하였으며 사울의 칼이 헛되이 돌아오지 아니하였도다 23 사울과 요나단이 생전에 사랑스럽고 아름다운 자이러니 죽을 때에도 서로 떠나지 아니하였도다 그들은 독수리보다 빠르고 사자보다 강하였도다 24 이스라엘 딸들아 사울을 슬퍼하여 울지어다 그가 붉은 옷으로 너희에게 화려하게 입혔고 금 노리개로 너희 옷에 채웠도다 25 오호라 두 용사가 전쟁 중에 엎드러졌도다 요나단이 네 산 위에서 죽임을 당하였도다 26 내 형 요나단이여 내가 그대를 애통함은 그대는 내게 심히 아름다움이라 그대가 나를 사랑함이 기이하여 여인의 사랑보다 더하였도다 27 오호라 두 용사가 엎드러졌으며 싸우는 무기가 망하였도다 하였더라

오해

예수와 다른 교회

인도의 정치 지도자였던 마하트마 간디는 기독교인이 듣기에 아주 애매한 말을 했습니다. '예수는 믿는데 교회는 믿지 않는다'는 것이었습니다. 본인도 예수의 가르침을 배웠고 예수의 가르침을 몸소 실천하기를 주장했지만 예수를 머리로 한 모든 성도들의 연합체로서의 교회는 거부했습니다. 간디가 예수는 믿지만 교회는 믿지 않는다고 말한 이유는 교회가 예수의 사상과 예수의 원리와 예수의 방식대로 행하지 않는다는 이유였습니다. 기독교 서적 중에 근자에 발행된 책들이 아주 우리를 슬프게 하는 제목들이 있습니다. 몇 개만 예를 들어 보면 '목사가 죽어야 교회가 산다', '교회가 죽어야 예수가 산다', '한국교회는 예수를 배반했다' 등등입니다. 이 책들의 주장이 다 옳은 것은 아니지만 그들의 비판이 일리가 있는 부분이 있습니다. 위의 책들에서 비판하는 내용들이 예수 자체가 아니라 예수 믿는 사람들을 비판하고 있다는 것이 참으로 안타까운 우리의 자화상을 보게 합니다. 분명 예수는 진리를 가르쳤

고 예수는 인간 삶의 참된 모습을 보여 주었고 인간이 살아가는 행복한 모범을 보여 주셨지만 오늘날 목사나 성도나 교회는 예수와 다르다고 비판하고 있습니다.

저는 책 제목들 자체가 틀렸다고 생각하는 사람입니다. '목사가 죽어야 교회가 산다' 가 아니라 '목사의 죽음과 교회는 무관하다' 또는 '교회가 죽어야 예수가 산다' 가 아니라 반대로 '예수가 살아야 교회가 산다' 또는 '한국교회는 예수를 배반했다' 가 아니라 '그나마 교회는 예수를 따라가고 있다' 가 되어야 할 것입니다. 사람들이 위의 책 제목과 관련된 비판을 하는 것은 교회와 성도에 대한 오해 때문입니다. 목사는 구원 받은 성도이지만 아직도 죄의 원리와 싸우고 있는 사람이라는 것과 교회는 구원 받은 성도들이 모인 공동체이지만 아직도 죄와 싸우고 있는 연약한 자들이라는 것과 성도는 죄에게서 구원 받은 하나님의 자녀이지만 성도다움의 완성을 위해 노력하고 있는 사람들이라는 교회와 목사와 성도에 정체성을 바로 알지 못하기 때문에 생기는 오해입니다. 잘못 행동하는 목사나 교회와 성도를 옹호하려고 하는 것이 아닙니다. 성도는 무흠무오無欠無誤 한 줄 알고 목사가 성인聖人인줄 알고 교회가 곧 하나님 나라 그 자체인줄 알기 때문에 발생하는 오해입니다.

교회의 기준

세상 사람들의 잘못된 기준과 평가에 따라 낙담할 것도 없고 우쭐할 것도 없어야 하는 것이 우리들의 모습입니다. 기독교의 기준과 평가는 정확합니다. 기독교는 인간을 죄인이라고 선언합니다. 죄인은 죄에 잡혀있는 사람으로서, 죄인이 할 수 있는 것은 죄 밖에 없기에 죄인이 죄를 짓는 것은 당연하다고 말하는 것입니다. 그래서 어떤 사람이 죄를 지었을 때 하나님은 그 사람을 죄인이라고 정죄하거나 비판하거나 징계하는 것이 아니라 죄인의 당연한 행동임을 아시고 안타까워하시고 불쌍히 여기십니다. 물론 성도는 구원 받은 하나님의 백성입니다. 성도가 간혹 선과 의를 행하면 하나님은 잘 했다고 상주고 칭찬하는 것이 아니라 성도의 삶이 바로 구원 받은 결과요 은혜 받은 결과라고 말하는 것입니다. 그래서 기독교에서 하나님은 벌도 주지 않고 상도 주지 않습니다. 죄인의 죄인 됨이 당연한 결과이고 성도가 죄인에서 의인이 되어 의로운 행동을 하는 것이 이미 상을 받은 것이요 은혜를 받은 것이요 복을 받은 것으로 여기기 때문입니다. 더 나아가 성도임에도 불구하고 아직도 범죄하며 아직도 하나님의 뜻대로 살지 못할 때에 하나님은 더더욱 안타까워하시며 도와주시며 후원하시며 격려하시며 가르쳐 주어 성도답게 살도록 우리와 동행하시는 분입니다.

우리가 구원 받은 성도이지만 성도다움을 온전히 구현해 내지 못하는 것을 세상이 비판 할 때에 그들의 비판이 잘못 됐다는 것을 아는 것과 정작 우리가 우리의 성도됨이 무엇인지 조차도 구분해 내지 못하는 것은 전혀 별개입니다. 진리를 모른다는 것과 진리를 알고 있는데 아직 연약하여 온전히 구현하지 못한다는 것은 구분이 되어야 합니다. 세상은 이 차이점을 분별하지 못하기 때문에 기독교나 교회나 성도의 잘못에 대해 일방적으로 매도하는 경향이 있는 것입니다. 더욱 중요한 문제는 성도도 구원과 성숙의 차이점을 잘 구분하지 못할 때가 많다는 것입니다. 사무엘서를 통해 세상의 기준과 기독교의 기준, 세상의 생각과 교회의 생각이 어떻게 다른 가를 두 가지 측면에서 살펴보겠습니다.

지는 해, 뜨는 별은 없다

사람에 대한 차별이 없다

본문에는 이스라엘의 초대 왕 사울이 죽임을 당하고 사울의 죽음에 대한 애통함의 표현으로 노래가 등장합니다. 사무엘하 주석 중의 한 권에는 1장의 제목을 '지는 해와 뜨는 해' 즉 이스라엘의 초대 왕 사울은 하나님께 버림을 받아 지고 있으며, 이제 진정한 이스라엘 왕 다윗이 새로이 뜨고 있는 전환점이 바로 1장이라고 말하고 있었습니다. 세상에는 '한 사람의 시대가 가고 새로운 사람의 시대가 도래 한다'는 개념이 있지만 기독교에는 '지는 해, 뜨는 해', '새 시대, 새 사람'의 개념이 없습니다. 만약 '하나님께 부름 받았지만 불순종했던 사울은 왕으로서의 영광을 누리지 못하고 자신의 충신을 원수로 대하여 산으로 들로 쫓아다니다가 결국은 적군에 손에 죽임을 당하고, 반면에 그동안 원수로 오해받아 쫓겨 다니던 다윗은 원수의 죽음으로 새 시대의 주인공이 되어 이제 찬란하게 다윗의 전성시대가 열리며 그 시작이 사무엘하이다'라고 생각하시면 큰 오해라는 것입니다.

대부분의 사람들은 사무엘하에서 다윗이 얼마나 하나님의 뜻대로, 하나님의 영광을 위하여, 이스라엘의 번영을 위하여 애쓰고 수고할까 기대를 하지만 성경은 전혀 그런 기대를 충족시켜주지 않습니다. 이제 수차에 걸쳐 사무엘하를 확인해 보겠습니다만 사무엘하에는 왕이 되어 나라를 태평성대로 이끌어 가는 유능하고 인격적인 영웅 다윗의 모습이 등장하지 않고 사울과 거의 다를 바 없는 아니 사울보다 더 치졸하고 더 우유부단하고 더 야비한 어떤 한 왕의 모습이 등장할 뿐입니다. 성경은, 사울은 버림받은 왕으로 다윗은 하나님의 마음에 합한 왕으로 소개하고 있지 않습니다.

제도 문제가 아니다

사무엘상과 사무엘하를 읽으실 때 하나님은 인간의 문제를 제도로 보아서 새로운 제도를 정해주시는 것이 아니라는 것을 잊으시면 안 됩니다. 이스라엘 백성들이 하나님께 제안했던 왕정제도가 옳아서 하나님이 새로운 제도를 인정해주고 백성들이 요구한 방식대로 왕을 세워주는 이야기가 아니라는 것입니다. 하나님이 이스라엘에게 계시하시고 가르쳐 주신 것은 제도가 아니라 하나님입니다. 왜냐하면 사람들이 죄의 마음을 가지고 죄의 마음으로 행동하기 때문입니다. 어떤 제도, 어떤 방식, 어떤 형식일지라도 그것을 운영하는 사람의 마음이 죄에 잡혀 있으면 아무것도 달라질 것이 없습니다. 하나님은 문제의 본질을 아셨기 때문에 이스라엘에게 하나님을 알리시고 하나님의 마음을 가르치셨습니다. 안타깝게도 이스라엘은 하나님의 의도, 하나님의 뜻을 몰랐던 것입니다. 하나님으로는 부족하다고 생각하여 주변에 있는 나라들과 같이 왕정제도를 세워주면 나라가 튼튼할 것으로 생각했습니다. 하나님은 왕을 구하거나 왕정 제도를 요구했다는 사실 자체를 책망하시는 것이 아니라 하나님이면 충분하다는 것을 모르는 사실을 안타까워 하셨습니다. 사무엘상에서 백성들의 요구대로 왕을 세웠지만 이스라엘은 왕의 혜택을 본 것이 없습니다.

　우리나라에도 지방자치 제도가 도입 되었습니다. 방송에서 지방자치 제도 실시에 관한 실태를 조사를 한 적이 있습니다. 두 지역의 상황이 비교되었습니다. 한 지역은 지방자치가 아니라 일인 치하제도였습니다. 단체장이 지역의 왕을 넘어 거의 신이 되었습니다. 모든 조례를 무시하고 인사 절차를 무시하고 자기 형제, 사촌, 팔촌, 십 육촌까지 동원해서 측근에 포진시키고 또 시 예산을 자기 사적인 일에 마음대로 전용하고 있었습니다. 다른 지역은 단체장의 집무실이 없었습니다. 집무실로 큰 홀을 얻어서 그곳에서 단체가 필요한 일을 논의 할 사람들이 모여 업무를 보고 있었습니다. 똑같은 지방자치 제도인데 한쪽에는 완전히 개인의 소유물처럼 되어있고 다른 한쪽에는 시장은 없고 모두가 다 시민 같은 의식으로 도시를 운영하는 모습이었습니다. 제도가 문제의 본질이 아닙니다. 어떤 제도를 시행하더라도 제도를 운영하는 사람의 마음이 달라지지 않으면 제도를 악용하고, 제도를 자기 뜻대로 사용하는 부패와 타락을 막을 방법이 없습니다. 하나님은 제도가 문제가 아니라 인간의 마음이 문제라고 지적을 해주십니다.

사람 문제가 아니다

제도가 문제를 해결하지 못하면 사람들은 또 다른 죄의 발상을 드러냅니다. 사람들의 대안은 제도는 문제가 없는데 어떤 사람이 제도를 운영하느냐에 따라 달라진다고 말하는 것입니다. 새로운 사람, 인격적인 사람, 겸손한 사람으로 교체하면 개선될 것이라고 생각합니다. 사울 같은 사람이 왕이었기 때문에 나라가 번성하지 못했고, 만약 다윗 같은 사람이 왕이 되면 나라가 달라질 것이라고 기대합니다. 많은 사람들이 성경에 나오는 다윗의 이야기를 읽으면서 위와 같이 이해하는 습관들이 있지만 성경의 강조점은 전혀 다릅니다. 사울은 하나님의 부름을 받았지만 불순종해서 버림받았고, 대신 하나님의 마음에 합한 사람 다윗이 등장하면 진정한 이스라엘 왕으로서 나라에 평화와 안녕과 번성이 올 것이라고 기대하시면 큰 오해입니다. 이스라엘은 하나님의 의도와 다른 오해를 오랫동안 가지고 있었습니다. 다윗이 진정한 왕이라는 생각, 이스라엘이 분열되고 패망하여 이스라엘의 회복을 꿈 꿀 때에도 다윗 같은 왕이 나아와 한다는 생각, 심지어는 메시야가 오더라도 다윗 같은 사람이 와야 한다는 생각을 가지고 있었습니다. 성경은 사람들의 그러한 생각을 오해라고 말하는 것입니다.

이스라엘 사람들이 다윗 같은 사람이 등장하면 달라질 것이라고 오해 한 것이 안타까운 일입니다. 세상에 있는 많은 사람들이 어떤 좋은 지도자가 있으면 나라가 달라지고 공동체가 달라진다고 생각하는 오해도 안타까운 것입니다. 그런데 교회마저 성도마저 목사마저 훌륭한 사람이 한명 있으면 세상이 달라질 것이라고 생각한다면 그것은 오해의 차원을 넘어 진리의 왜곡이며 엄청나게 불행한 결과를 초래합니다. 본문을 통해 세상의 사람에 대한 평가와 교회의 평가에 대한 기준을 어떻게 가지고 가야 되느냐를 점검하려고 하는 것입니다.

본문에서 사울이 죽었습니다. 사울이 죽었기에 이제 사무엘하에서는 다윗의 여러 좋은 이야기가 가득할 것이라고 기대하시면 안 됩니다. 성경은 절대로 다윗을 높이지 않습니다. 사무엘상에서는 그나마 사울과 다윗이 늘 비교되어 나왔습니다. 사울은 주로 잘못한 경우이고 다윗은 사울보다는 좀 나은 행동들을 보였습니다. 제가 사무엘상을 설교하면서 계속 강조했던 내용 중 하나가 '다윗은 특별한 사람, 옳은 사람, 합당한 사람이 아니다. 사울과 다윗은 같다. 성경에 기록된 다윗의 행동은 하나님이 다윗을 막아주시고 하나님이 다윗을 도와주시고 하나님이 다윗을 후원한 결과이지 절대로 다윗의 특징이거나 차이가 아니다' 였습니다. 사무엘상 마지막에서 사울이 죽었기에 사무엘하에는 사울은 없고 다윗만 있습니다. 과연 사무엘하에는 다윗의 좋은 행동만 기록되어 있을까요? 그렇지 않습니다. 사무엘하에서 만나는 다윗의 모습은 사울과 거의 다를 바가 없습니다. 다윗이 정권의 안정을 취하기 위해 지독히 정치적으로 행동하는 모습을 보게 될 것이고, 자신의 권세를 힘입어서 남의 아내를 빼앗는 모습을 보게 될 것이고, 왕의 힘을 이용하여 선한 사람을 죽이려는 음모를 볼 것이고, 자기 아들이라는 이유만으로 왕권을 탈취해도 눈 감아 주는 모습을 보게 될 것이고, 자신의 잘못이면 자신만 결과를 당하면 되는데 자신은 피하고 온 백성을 곤고함으로 빠져들게 하는 모습을 보게 될 것이고, 아들에게 왕의 직분을 물려주고 왕권의 안정을 위하여 모든 정적을 몰살하라고 살생부를 만들어주는 모습을 보게 될 것입니다. 절대로 사울은 지는 해, 다윗은 뜨는 해가 아닙니다. 이스라엘은 사람에 의해 좌우되는 나라가 아닙니다. 사울과 다윗에 대한 오해를 벗고, 인간이 차지하고 있는 자리에 하나님이 계셔야 함을 이해하는 것이 본문의 목적입니다.

두 용사는 없다

다양한 반응

 사울이 죽었습니다. 한 소년이 나와서 사울이 죽었다는 소식을 알려 주었습니다. 사무엘상 31장에 나오는 사울의 죽음과 사무엘하 1장에 나오는 사울의 죽음에 대한 이야기가 조금 다릅니다. 이유는 사울이 다윗의 원수이었기 때문에 사울의 죽음 소식을 전하는 자가 자기의 공로를 드러내면 상급을 받을 것이라고 생각해서 좀 극화시켰기 때문입니다. 사울이 죽었다는 소식을 들었을 때 다윗의 심정이 어떠했고 이후 다윗의 행동은 과연 어떠했을까요? 다윗의 행동들은 옳고 정당했을까요 아니면 많은 아쉬움이 있을까요? 전해지는 소식은 전달받는 사람의 상황에 따라 의미가 많이 달라질 수 있습니다. 사울은 다윗을 잡으러 다니던 자였고 다윗은 도망 다니던 자였기 때문에 자기를 쫓아오던 사람이 죽었다는 소식은 다윗에게 복음처럼 들릴 수도 있습니다. 당연히 기뻐하고 즐거워하며 좋아하며 아주 신나 할 수도 있을 것입니다. 먼저 다윗이 처한 상황을 이해하고, 후에 다윗의 행동을 이해해야 합니다.

 사울이 죽었다는 소식은 도망 다니던 다윗에게 더 이상 도망 다니지 않아도 된다는 안도의 소식일수 있습니다. 하지만 다윗이 아직 왕이 될 준비를 갖추지 못했고, 아직 왕으로 등극할만한 여건이 형성 되지 않은 상태에서 왕이 죽은 것은 다윗에게 복음이기 보다는 도리어 매우 난처한 입장일 수도 있습니다. 다윗에게 사울이 죽었다는 소식이 전해졌을 때, 다윗이 사울을 죽인 자를 칭찬하는 것이 아니라 책망하고 슬픈 노래로 사울과 요나단의 죽음을 애도 해주는 태도에 너무 쉽게 감동받으시면 안 됩니다. '보아라. 다윗이 얼마나 인간적이며, 다윗이 얼마나 인격적이며, 다윗이 얼마나 온유한 사람인가! 다윗의 이와 같은 행동 때문에 하나님이 다윗을 복 주셨고 이스라엘 나라를 그에게 맡겼다. 우리도 다윗처럼 행동해서 다윗 같은 복을 받자' 라고 단순하게 생각하시면 안 됩니다.

일반적으로 어떤 일에 관련된 당사자는 상대방에게 발생한 불행한 소식을 들었을 때 표면적으로 좋아하고 희희낙락하고 자유롭게 반응하는 경우가 많지 않습니다. 예를 들어 단체의 대표 자리를 두고 경쟁하던 사람일지라도 경쟁자가 죽었을 때 솔직하게 통쾌해 하는 표정을 드러내지 않습니다. 자신에게 이득이 되는 소식을 듣는 순간 그 사람은 표정관리에 들어갑니다. 그 때 표정관리를 못하는 사람은 단체의 장이 될 자격이 없는 사람입니다. 애도의 표정없이 자신의 유익만 생각하여 즐거워하는 것은 매우 유치한 행동입니다. 아무리 자신에게 유익이 되어도 슬픈 표정을 짓고, 애도의 표현을 먼저 하는 것이 인간의 기본적 심리입니다. 사울의 죽음에 대해 다윗이 기뻐하기 보다는 애도하는 반응을 보이는 것은 다윗만의 겸손한 행동이 아니라 대부분의 인간이 나타내는 일반적인 반응일 뿐입니다. 본문에 나타난 다윗의 행동은 다윗만이 보여주는 특별히 선하고 착하고 의롭고 거룩하고 신실한 행동이 아닌 것입니다.

사울과 요나단이 죽은 것에 대해 다윗은 깊은 애도의 노래를 지어 부릅니다. 이 노래 속에 다윗의 사람에 대한, 하나님의 공동체에 대한, 직분에 대한 잘못된 인식이 들어 있습니다. 애가를 보면서 다윗의 왜곡된 인식을 바로잡고 우리 가운데 자리 잡고 있는 왜곡된 이해를 바로 잡아야 합니다. 사무엘하 1:18~27절 "이스라엘아 네 영광이 산 위에서 죽임을 당하였도다. 오호라 두 용사가 엎드러졌도다. 이 일을 가드에도 알리지 말며 아스글론 거리에도 전파하지 말지어다. 블레셋 사람들의 딸들이 즐거워할까, 할례 받지 못한 자의 딸들이 개가를 부를까 염려로다. 길보아 산들아 너희 위에 이슬과 비가 내리지 아니하며 제물 낼 밭도 없을지어다. 거기서 두 용사의 방패가 버린 바 됨이니라. 곧 사울의 방패가 기름 부음을 받지 아니함 같이 됨이로다. 죽은 자의 피에서, 용사의 기름에서 요나단의 활이 뒤로 물러가지 아니하였으며 사울의 칼이 헛되이 돌아오지 아니하였도다. 사울과 요나단이 생전에 사랑스럽고 아름다운 자이러니 죽을 때에도 서로 떠나지 아니 하였도다. 그들은 독수리보다 빠르고 사자보다 강하였도다. 이스라엘 딸들아 사울을 슬퍼하여 울지어다. 그가 붉은 옷으로 너희에게 화려하게 입혔고 금 노리개를 너희 옷에 채웠도다. 오호라 두 용사가 전쟁 중에 엎드러졌도다. 요나단이 네 산 위에서 죽임을 당하였도다. 내 형 요나단이여 내가 그대를 애통함은 그대는 내게 심히 아름다움이라. 그대가 나를 사랑함이 기이하여 여인의 사랑보다 더하였도다. 오호라 두 용사가 엎드러졌으며 싸우는 무기가 망하였도다"입니다. 다윗의 애가를 들으면서 다윗이 정말로 원수의 죽음을 안타까워했다고 감동받을 것이 아니라 다윗도 다른 사람과 별다를 바가 하나도 없었다는 생각을 하실 줄 알아야 합니다.

병가지 상사兵家之 常事

하나님은 이스라엘 나라를 왕에게 위탁한 적이 없습니다. 왕이 있다고 해서 나라가 튼튼하고 안정되고, 왕이 죽었다고 해서 이스라엘에 비상사태가 발생하고 국가 안위가 흔들리는 것이 아닙니다. 하나님 나라가 아닌 일반적인 국가의 경우에는, 나라의 지도자가 죽으면 계엄이 선포되고 군과 경찰과 국방에 큰 비상이 걸리고 국가가 큰 위기에 처한 것으로 이해됩니다. 하지만 이스라엘은 일반적 의미의 국가가 아닙니다. 이스라엘은 하나님이 만든 신앙 공동체입니다. 이스라엘의 시작도 하나님이요 이스라엘이 세워지는 과정도 하나님이요 이스라엘의 원동력도 하나님이요 이스라엘의 방패도 하나님이요 이스라엘의 안정도 하나님이요 이스라엘의 번성도 하나님이요 이스라엘의 흥왕함도 하나님입니다. 이스라엘은 오직 하나님 중심으로 되어 있는 것이지 하나님 이외의 어떤 사람이 이스라엘을 지킬 수도 보호 할 수도 흥왕하게 할 수도 없습니다.

하나님은 이 땅 가운데 어떤 한 나라를 세운 것이 아니라 하나님을 믿으며 하나님으로 세워지는 하나님의 신앙공동체를 세우셨고, 바로 이스라엘이었습니다. 이스라엘은 자신들이 하나님의 신앙공동체라는 정체성을 몰랐기 때문에 하나님 대신에 왕을 구했고, 실제로 왕이 있었을지라도 자신들의 삶은 전혀 달라지지 않았던 것입니다. 백성들이 왕의 은총을 입은 것이 없고, 특별히 왕이 있다고 해서 나라가 좋아지는 것이 아니라는 것을 가장 처절하게 경험한 사람이 바로 다윗입니다. 이스라엘의 왕 사울과 왕자 요나단이 죽었습니다. 왕과 왕자가 죽어 모든 백성이 낙담하고 두려워 할 때에 왕의 죽음이 별 의미가 없으며, 이스라엘은 왕의 죽음을 애도하며 불안해하는 대신에 이 나라는 하나님에 의해 세워졌고 하나님이 안위하고 하나님이 지켜주시기 때문에 그동안 자신들이 헛되게 왕을 구하고 왕에게 의지하고자 했던 범죄 행위들을 버리고 하나님께 돌아가 참다운 왕 하나님을 의지하자고 말해야 하는 것이 다윗이 해야 할 유일한 그리고 온전한 행동입니다.

전쟁에서 장수들과 많은 병사들이 죽었습니다. 단지 왕 한 사람이 죽은 것이 아니라 왕도 죽고 왕자도 죽고 장수도 죽고 군사도 죽었습니다. 이스라엘의 왕이 죽었다고 해서 이스라엘이 달라질 것이 하나도 없어야 합니다. 왜냐하면 하나님의 이스라엘을 향한 마음이 변치 않는 이상 왕이 있다고 나아질 것이 없고 왕이 없다고 못해질 것도 없기 때문입니다. 왕도 죽고 장수도 죽고 군사들도 죽었는데 유독 왕의 죽음에 대하여만 호들갑을 떠는 것은 왕을 특별한 존재로 인식하는 일반적인 나라들의 반응과 동일할 뿐입니다. 세상 나라는 전쟁에서 병사들이 죽는 것은 병가지 상사요 왕이 죽은 것은 대단한 것으로 다룹니다. 하나님의 나라는 그렇지 않아야 합니다. 세상의 조직은 능력있는 리더 한 사람에 의해 좌우될 수 있지만 하나님의 공동체는 좋은 지도자가 있느냐 없느냐에 따라 운명이 달라지지 않습니다. 세상에서는 군사야 다시 모으면 되지만 좋은 지도자 하나 길러내기가 매우 힘들기 때문에 지도자를 잃은 것이 슬프고 안타깝다고 말할 수 있지만 기독교 공동체인 교회에서는 통용될 수 없는 말입니다. 하나님의 공동체, 이스라엘, 교회는 하나님으로 세워지고 하나님으로 유지되고 하나님으로 보위되고 하나님으로 번성하는 것입니다. 이스라엘과 기독교와 교회는 사람으로 인해 달라지는 것이 아니라 하나님으로 유지되는 하나님의 공동체입니다.

두 용사는 없다

사울이 이스라엘의 왕이었고 요나단이 왕자이었습니다. 그러나 사울과 요나단이 이스라엘의 영광이 아니었고 왕과 왕자가 이스라엘의 용사가 아니었습니다. 사울과 요나단이 다른 백성이나 군사들보다 더 큰 영향력이 있거나 더 큰 역할을 했던 자들이 절대로 아닙니다. 왕과 왕자의 죽음이 병사들의 죽음과 다르게 따로 칭송 받고 따로 추앙 받아야 할 이유가 전혀 없습니다. 세상에서는 왕과 왕자에 대해 특별대우를 하는 것이 당연하지만 하나님의 공동체는 달라야 합니다. 어떤 사람이 교회와 신앙 공동체에서 강력한 영향력을 끼쳤다 할지라도 사람 개인의 영향력이어서는 안 됩니다. 사람이 말과 행동으로 공동체에 많은 영향력을 끼칠 때 그 사람의 말이 하나님의 말씀이고 그 사람의 행동이 하나님의 원리에 입각한 행동일 때 영향력은 사람의 영향력이 아니라 그가 행하는 하나님 원리의 영향력이어야 합니다. 세상에는 거물이 있을 수 있고 영향력 있는 인사가 있을 수 있지만 교회에는 그런 구분이 없습니다. 사울과 다윗이 다른 사람이 아닌 것처럼 군사들과 왕은 다른 존재가 아닙니다. 이스라엘, 교회 공동체는 철저하게 하나님에 의해 서로 바로 서야지 어느 누구에게도 영향력을 행사해서도 안 되고 어느 누구에게도 의지되어서는 안 됩니다. 다윗이 사울과 요나단의 죽음을 개인적 원수의 죽음으로 고소해 하기보다는 애통해 한 것은 잘한 일입니다. 그러나 사울과 요나단을 이스라엘의 영광으로 칭송하고 이스라엘의 용사로 칭송하는 것은 올바른 행위가 아닙니다.

이스라엘 나라를 견고히 세울 때 다윗은 철저히 하나님을 의지하는 모습으로가 아니라 강력한 군사력을 키우고 막강한 장수들을 양성하는 것으로 이스라엘을 지킵니다. 하나님은 신명기에서 이스라엘에게 왕을 세우실 것을 말씀하실 때에 강력하게 부탁한 것이 있습니다. 신명기 17장 14절 이하에서 이스라엘이 왕을 세울 경우 왕은 절대로 은금을 많이 두어서는 안 되고 아내를 많이 두어서는 안 되고 말馬을 많이 두어서는 안 된다고 정하셨습니다. 왜냐하면 은금과 말과 아내는 왕권의 상징이요 하나님 대신에 다른 것으로 나라를 지킬 수 있다는 것을 나타내는 것이기에 어떤 것도 세워서는 안 되고 오직 하나님 말씀을 묵상하고 하나님의 뜻대로 행하고 백성들 위에 교만하지 말 것이며 높아지지 말라고 신신 당부했었습니다. 다윗도 하나님의 기준에 실패한 것입니다. 이스라엘에 왕이 있었지만 왕이 이스라엘을 위해서 해 준 것이 없고, 이스라엘 백성들이 왕에게 혜택을 받은 것이 없습니다. 이스라엘 나라를 지켜주고 유지하게 하신 분은 왕이 아니라 하나님입니다. 이스라엘의 영광은 요나단과 사울이 아니고 하나님이요 이스라엘의 용사는 사울과 요나단이 아니고 하나님입니다. 하나님의 공동체는 하나님 한분만으로도 충분한 것입니다.

두 왕국은 없다

사무엘하 2 : 1 ~ 17

1 그 후에 다윗이 여호와께 여쭈어 아뢰되 내가 유다 한 성읍으로 올라가리이까 여호와께서 이르시되 올라가라 다윗이 아뢰되 어디로 가리이까 이르시되 헤브론으로 갈지니라 2 다윗이 그의 두 아내 이스르엘 여인 아히노암과 갈멜 사람 나발의 아내였던 아비가일을 데리고 그리로 올라갈 때에 3 또 자기와 함께 한 추종자들과 그들의 가족들을 다윗이 다 데리고 올라가서 헤브론 각 성읍에 살게 하니라 4 유다 사람들이 와서 거기서 다윗에게 기름을 부어 유다 족속의 왕으로 삼았더라 어떤 사람이 다윗에게 말하여 이르되 사울을 장사한 사람은 길르앗 야베스 사람들이니이다 하매 5 다윗이 길르앗 야베스 사람들에게 전령들으로 보내 그들에게 이르되 너희가 너희 주 사울에게 이처럼 은혜를 베풀어 그를 장사하였으니 여호와께 복을 받을지어다 6 너희가 이 일을 하였으니 이제 여호와께서 은혜와 진리로 너희에게 베푸시기를 원하고 나도 이 선한 일을 너희에게 갚으리니 7 이제 너희는 손을 강하게 하고 담대히 할지어다 너희 주 사울이 죽었고 또 유다 족속이 내게 기름을 부어 그들의 왕으로 삼았음이니라 하니라 8 사울의 군사령관 넬의 아들 아브넬이 이미 사울의 아들 이스보셋을 데리고 마하나임으로 건너가 9 길르앗과 아술과 이스르엘과 에브라임과 베냐민과 온 이스라엘의 왕으로 삼았더라 10 사울의 아들 이스보셋이 이스라엘 왕이 될 때에 나이가 사십 세이며 두 해 동안 왕위에 있으니라 유다 족속은 다윗을 따르니 11 다윗이 헤브론에서 유다 족속의 왕이 된 날 수는 칠 년 육 개월이더라 12 넬의 아들 아브넬과 사울의 아들 이스보셋의 신복들은 마하나임에서 나와 기브온에 이르고 13 스루야의 아들 요압과 다윗의 신복들도 나와 기브온 못 가에서 그들을 만나 함께 앉으니 이는 못 이쪽이요 그는 못 저쪽이라 14 아브넬이 요압에게 이르되 원하건대 청년들에게 일어나서 우리 앞에서 겨루게 하자 요압이 이르되 일어나게 하자 하매 15 그들이 일어나 그 수대로 나아가니 베냐민과 사울의 아들 이스보셋의 편에 열두 명이요 다윗의 신복 중에 열두 명이라 16 각기 상대방의 머리를 잡고 칼로 상대방의 옆구리를 찌르매 일제히 쓰러진지라 그러므로 그 곳을 헬갓 핫수림이라 일컬었으며 기브온에 있더라 17 그 날에 싸움이 심히 맹렬하더니 아브넬과 이스라엘 사람들이 다윗의 신복들 앞에서 패하니라

하나님의 교육

다윗의 전성시대가 아니다

사무엘하 2장을 통해 인간을 향하신 하나님의 뜻을 살펴보기를 원합니다. 하나님은 이스라엘의 왕정 제도를 원하신 적이 없고 인정하신 적도 없습니다. 왜냐하면 제 아무리 좋은 제도일 지라도, 또 제아무리 좋은 사람일 지라도 제도와 사람 아래에서 인간이 행복해 지지 않기 때문입니다. 만약 다윗 같은 사람이 있어서 행복해 질 것 같다면 하나님은 예수님을 보내서 십자가에 죽어 죄 사함을 얻도록 해주는 것이 아니라 좋은 지도자를 많이 양성해 주면 되는 것입니다. 사람들의 기대와 하나님의 일하심이 다른 것은 인간의 문제를 보는 관점과 해결하는 방식에 대해 죄인들의 인식과 하나님의 인식이 다르기 때문입니다. 세상은 죄인의 관점, 죄의 관점입니다. 누가 왕이 되느냐, 누가 지도자가 되느냐, 누가 리더가 되느냐에 따라 공동체의 특성이 달라진다고 생각합니다. 그래서 세상의 목표는 언제나 인재양성이요, 천재 한명이 나라를 먹여 살린다는 생각을 가지고 초 인류 경영을 목적으로 해나가는 회사가 모범적 기업으로 사회에서 추앙을 받곤 합니다. 세상은 그와 같이 말할 수 있고 행동할 수 있지만 하나님의 공동체인 이스라엘이나 교회는 다릅니다. 기업과 국가에는 하나님이 없기 때문에 사람에게 의지할 수밖에 없고, 그 사람은 뛰어나고 우수하고 영리하고 명철한 엘리트 이어야 합니다. 그러나 교회는 다릅니다. 왜냐하면 교회에는 하나님이 계시기 때문입니다. 하나님이 계시다는 것은 하나님의 일하심이 있다는 것입니다. 하나님이 계시고 하나님이 일하시는 교회가 모든 상황이 사람의 손에 달렸다고 말하는 것은 하나님을 능멸하는 것이며 전혀 하나님의 도움을 받지 못하고 있다는 것이며 하나님 무용론을 주장하는 것과 다를 것이 없습니다.

교회에는 하나님이 계십니다. 사람들에 의해서 좌우되는 곳이 아닙니다. 교회에는 인간적인 두 기둥이 없습니다. 그러니 교회는 인재를 구하고, 지도자를 구하는 곳이 아닙니다. 사무엘상과 사무엘하에서 사울과 다윗을 비교하고, 본문에서 다윗과 이스보셋을 비교하는 가운데 다윗 같은 사람이 있으면 나라가 태평해지고 다윗 같은 사람이 지도자가 되면 나라가 번성해 질 것 같은 생각은 모두 오해입니다. 사울이 죽은 후에 다윗의 전성시대가 열리는 것이 아닙니다. 사무엘상에서는 불순종한 사람 사울의 처참한 말로를 보여주고 사무엘하부터는 순종하는 사람 다윗의 번성함과 복됨을 보여주는 것이 아닙니다. 한 사람의 불순종이 얼마나 나라를 위기에 빠뜨릴 수 있으며, 반대로 한 사람의 순종으로 말미암아 나라가 융성하고 온 백성이 얼마나 행복할 수 있는가를 보여주는 것이 아닙니다. 사울 같은 사람이 되어서는 안 되고 다윗 같은 사람이 되어야한다고 말하려는 것이 아닙니다.

다윗에 대한 기대

하나님은 이스라엘의 왕정 제도를 인정한 적이 없습니다. 왕정이라는 좋은 제도가 있으니 제도를 잘 운영하면 나라가 행복해 질 것이라고 말씀 하신 적이 없습니다. 또 다윗 같은 탁월한 사람, 다윗 같은 영리한 사람, 다윗 같은 온유한 사람이 나라를 다스리면 모든 백성이 행복해 질 것이라는 말씀을 하신 적도 없습니다. 하나님은 이스라엘을 위해 다윗이라는 인재를 세우는 것이 아니라 다윗을 통해 이스라엘을 교육하고 있는 것입니다. 다윗이 지혜의 사람이요 하나님 마음에 꼭 드는 신실한 사람이요 겸손한 사람이요 순종하는 마음을 가진 사람이라고 생각하는 것은 성도들이 갖는 착각입니다. 도리어 다윗은 아버지에게도 인정을 받지 못했던 자요 자식이 많은 집안의 막내로서 형제들에게도 인정을 받지 못했던 사람이었습니다.

전쟁에서 자기들의 왕 사울이 죽었다는 소식을 들은 이스라엘 백성들의 심정을 한 번 헤아려 보겠습니다. 이스라엘 백성들은 하나님에게 나라를 안정시키기 위한 수단으로 왕을 요구했고 자신들의 기대에 부응한 사람이 덩치 큰 사울이었습니다. 그런데 사울에 대한 환상과 왕에 대한 환상이 너무나 빨리, 너무나 쉽게 깨어 졌습니다. 사울을 왕이라고 세워놨더니 가끔 전쟁에 나가서 이겨주기도 했지만 주로 자기 일만 하러 다니고 미쳐버리고 온 백성을 곤고함에 빠지게 하고 결국 전쟁에 나가서 죽어 버렸습니다. 이스라엘 백성들의 절망이 매우 컸을 것입니다. 그런데 사울 왕이 죽었다는 것보다 더 큰 절망, 더 큰 낙담, 더 암울한 현실은 다윗이 왕으로 기름부음을 받은 적이 있기 때문에 이제 다윗이 왕이 될 것이라는 사실입니다.

다윗은 과거 목동에 불과하던 사람이었고 현재는 주변에 약 육백 명가량의 사람들이 따르고 있습니다. 하지만 다윗의 주변에 있는 사람들은 나라를 짊어지고 갈 좋은 인재들이 아니라 환난당한 모든 자요 빚진 자요 마음에 원통한 자들 흔히 말해서 원한에 사무친 자들입니다. 이스라엘 백성들의 입장에서 자신들의 왕 사울이 죽었기에 하루빨리 다윗 그리고 다윗과 함께 있는 자들이 들어와서 자신들의 왕이 되어주고 지도자가 되어달라는 소망이 전혀 없었다는 것입니다. 사울이 죽은 것보다 더 걱정스러운 것은 다윗이 왕으로 기름 부음을 받았기에 왕이 될 것이라는 현실입니다.

이스라엘 백성들의 마음에 '그동안 우리가 다윗을 잘 모르고 있었나 보다. 우리는 다윗이 그저 목동인 줄 알았는데 하나님이 그를 기름 부으시고 도우시는 걸 보니 아마도 우리가 모르는 다윗의 잠재력이 있고 능력과 어떤 가능성이 있는가보다' 라는 기대가 전혀 없습니다. 이스라엘 백성들의 마음에 '우리가 다윗을 정확하게 파악하고 있다. 다윗의 출생을 알고 행실을 알고 성장과정을 안다. 다윗이 절대로 우리의 왕이 되어서는 안 된다. 그런데 하나님이 다윗을 기름 부으셨다. 이것은 하나님의 눈이 흐려졌고, 하나님이 판단을 잘못하신 것이다. 그러니 우리가 하나님을 믿는 대신 열방과 같이 왕을 세우고 또 다른 방책을 강구해야 되겠다'는 생각으로 가득 차 있는 것입니다.

하나님의 교육

하나님은 이스라엘 나라를 사람에게 맡기시려고 적당한 인재를 찾으시는데 사울이라는 잘못된 사람을 고르셨다가 실패하고, 이제 온유하고 겸손하고 신실하고 정의로운 다윗이라는 사람을 만나 그에게 나라를 맡기시려는 의도가 전혀 없습니다. 물론 하나님은 사울을 세우셨습니다. 이스라엘 백성들이 하나님 대신에 왕을 달라고 요구하기에 할 수 없이 왕을 세우셨을 뿐입니다. 하나님이 세우려는 왕은 가장 왕 다운 자질과 능력을 구비한 인물이 아니라 도리어 가장 왕으로서의 자격이 없는 사람입니다. 하나님은 왕을 세워 하나님을 대신하여 이스라엘을 다스리도록 왕에게 나라를 위탁하고 싶은 의도가 없습니다. 하나님이 이스라엘의 왕 이심과 하나님이 이스라엘의 여호와 되심을 포기하거나 중단하시지 않습니다. 다윗을 잘 가르쳐서 이스라엘을 믿고 맡길 수 있는 통치자로 세우고자 함이 절대로 아닙니다. 도리어 다윗을 통해 이스라엘의 진정한 왕은 왜 하나님이어야 하는가, 왜 사람을 의지하는 대신 하나님을 의지하여야 하는가를 가르치시려는 것입니다. 왕을 요구한 사람들의 생각이 틀렸고, 하나님만이 진정한 이스라엘의 보호자임을 가르치려고 하십니다.

하나님은 이스라엘 백성들의 생각에 가장 왕이 되어서는 안 될 것 같은 사람을 골랐고 그 사람이 바로 다윗인 것입니다. 하나님은 의도적으로 백성의 기대와 맞지 않는 사람을 고르신 것입니다. 사람을 잘못 고르신 것이 아닙니다. 하나님은 백성들의 기준과 가치와 원리와 방식이 죄의 방식이며, 죄의 방식으로는 결코 행복해 질 수 없으며, 오직 하나님의 가치와 원리와 기준과 방식이어야 하며, 당장 보기에는 잘못된 것 같을 지라도 하나님의 뜻대로 해야 궁극적으로 모두가 행복해지고 평안해진다는 사실을 다윗을 세우는 과정을 통해 다시 한 번 교육하시는 것입니다. 하나님은 개인적으로 다윗을 도와주어 왕을 만들어 주는 것이 아니라 이스라엘 백성을 교육하고 있는 것입니다. 하나님의 교육이 사무엘 상에서는 사울과 다윗의 대조이었고 본문에서는 이스보셋과 다윗의 대조입니다. 사울이 왕이 되어서는 나라가 불안하고 다윗이 왕이 되면 나라가 태평하다는 의미가 아닙니다. 교만하고 욕심있는 사람이 왕이 되어서는 안 되고 겸손하고 온유한 사람이 왕이 되어야 한다는 의미가 아닙니다. 사울이든 다윗이든, 이스보셋이든 다윗이든 사람이면 안 되고 죄인이면 안 되고 하나님이어야 된다는 것을 가르치는 것입니다.

두 왕국

두 왕국이 세워지다

본문을 보시면서 조금 의아하다는 생각을 하셔야 합니다. 성경을 보시면서 하나님이 일하실 때 왜 이렇게 하실까 궁금해 하고 궁금증들을 하나씩 이해해 가셔야 성경 보는 눈이 떠지는 것입니다. 이미 다윗은 왕으로 기름부음 받은 지 오래되었고, 드디어 사울이 죽었습니다. 사울이 죽었으니 왕으로 기름부음 받았던 다윗이 순적하게 이스라엘 왕으로 추앙을 받을 것으로 기대가 됩니다. 한 나라의 지도자가 죽으면 가능한 빨리 안정을 취하고 가능한 빨리 희생을 최소화 하면서 나라를 평화롭게 유지해야 합니다. 하나님이 이스라엘의 안정과 번영과 평화를 원하신다면 당연히 그렇게 해야 할 것으로 기대되지만 정작 성경에서 하나님은 그렇게 하지 않는다는 것입니다. 물론 하나님의 관심은 이스라엘의 안정과 행복입니다. 하지만, 이스라엘의 안정과 행복은 정치가 안정되고 경제가 부흥하는 것으로 이루어지는 것이 아닙니다. 누가 지도자가 되든, 누가 왕이 되든 온 백성이 하나님을 알고 모두가 하나님의 원리에 순종할 때 이스라엘은 안정과 행복을 누릴 수 있습니다. 이스라엘의 왕이 죽었을 때 가장 필요하고 중요한 일은 누가 빨리 왕이 되며 어떻게 빨리 나라를 번성시키느냐가 아니라 백성이 하나님을 바로 알고 바로 의지해야 한다는 것입니다. 하나님은 왕을 세우는 일에 집중하는 것이 아니라 이스라엘에게 하나님을 바로 알도록 교육하시는 일에 집중하시는 것입니다.

이스라엘이 사울과 다윗이라는 두 정치적 세력 때문에 나라가 피폐하다가 이제 사울이 죽고 다윗이 왕이 되어 나라가 견고해지는 것이 아닙니다. 사무엘하 2장 4절 "유다 사람들이 와서 거기서 다윗에게 기름을 부어 유다 족속의 왕으로 삼았더라"입니다. 예정대로 다윗이 왕이 되지만 이스라엘 전역이 아닌 한 지파, 유다 지파의 왕이 될 뿐입니다. 동시에 2장 8~9절 "사울의 군장 넬의 아들 아브넬이 이미 사울의 아들 이스보셋을 데리고 마하나임으로 건너가서 길르앗과 아술과 이스르엘과 에브라임과 베냐민과 온 이스라엘의 왕으로 삼았더라"입니다. 사울의 아들 이스보셋이 이스라엘 대부분의 지파를 이끌고 나라의 왕이 됩니다. 하나님이 다윗을 도와주시어 왕이 되는데 이스보셋도 왕이 됩니다. 누가 진짜 왕 같고, 누가 세력이 더 막강해 보이고, 누가 더 정통성이 있어 보이냐면 이스보셋입니다. 이스라엘에 하나님의 도우심으로 강하고 견고한 한 나라가 세워지는 것이 아니라 두 개의 나라가 세워지고 두 명의 왕이 등극하는 것입니다. 하나님이 방치하는 가운데 벌어지는 상황이 아니라 하나님의 섭리하시는 가운데 일어나는 상황입니다. 이스라엘 백성들이 지파 별로 분열되어 두 나라를 세울 때 하나님께서 중재하시어 한 사람을 왕으로 세워 한 나라를 세우는 것이 아닙니다. 절대로 다윗의 승승장구가 아닙니다.

이스라엘에 두 나라가 세워지고, 이스라엘에 두 명의 왕이 세워지는 상태가 한참동안 지속됩니다. 나라가 두 개로 분열되고 이스라엘에는 수많은 동족상잔이 일어나고 민족 상호간에 전쟁이 일어나고 살육이 벌어집니다. 이스보셋과 다윗의 양쪽 진영에서 장군들이 나오고 군사들이 나와서 서로 죽이고 싸우고 이스라엘의 어느 나라에도 평안이 없습니다. 다윗이 오래 전에 기름부음을 받았고, 실제로 다윗이 왕이 되었음에도 불구하고 이스라엘의 상황은 나아지지 않았습니다. 하나님이 가르치고자 하는 것을 놓치면 안 됩니다. 하나님은 다윗 같은 사람이면 나라가 평안해진다는 말씀을 하시려는 것이 절대로 아닙니다. 누가 왕이 되든, 어느 지파에서 왕이 배출되든 하나님의 원리이어야 나라가 평안하고 백성이 행복할 수 있다는 것을 가르치는 것입니다. '다윗 같은 왕을 주옵소서. 솔로몬 같은 지혜와 총명을 가진 지도자를 주옵소서!' 라고 기도할 것이 절대로 아닙니다. '하나님이어야 함을 깨닫게 하옵소서. 하나님만이 우리의 왕이시며, 온 백성이 하나님을 알게 하시고, 온 나라가 하나님의 방식대로 운영되게 하옵소서!' 라는 기도가 나와야 정상입니다.

두 왕국의 원리

이스라엘에 두 개의 왕국이 세워지고 두 왕이 세워지고 두 세력 간에 엄청난 싸움이 발생합니다. 하나님이 이 과정을 이끌어 가시면서 이스라엘 백성에게 가르치고자 하는 내용이 있습니다. '두 나라 중에 어떤 나라가 살아남을 것이냐, 두 나라 중에 어떤 나라가 번성할 것이냐, 다윗이 인도하는 나라가 강성할 것이냐, 이스보셋이 인도하는 나라가 번영할 것이냐?'는 성경의 관심거리가 아닙니다. 성경은 한 지파로 세워진 남 유다 왕국이 번성할 것인지 열 지파로 세워진 북 이스라엘 왕국이 번성할 것인지에 대해서 한 마디도 언급하지 않습니다. 본문은 두 가지

측면에서 두 나라를 비교하여 줍니다. 이스라엘이 두 나라로 분열되었지만 두 왕국은 사람들이 생각하는 두 개의 왕국과는 전혀 다른 차원을 가지고 있는 것입니다. 세워진 두 나라의 번성함이 아니라 두 나라가 세워질 때 어떻게 세워지며, 어디에 세워지냐는 것을 비교하는 것입니다.

두 나라를 비교하는 첫 번째 주제는 두 왕국이 어떤 원리로 세워져서 어떻게 운영되느냐는 것입니다. 다윗의 왕국이 세워지는 과정은 사무엘하 2장 1절 "그 후에 다윗이 여호와께 여쭈어 아뢰되 내가 유다 한 성읍으로 올라가리이까? 여호와께서 이르시되 올라가라. 다윗이 아뢰되 어디로 가리이까? 이르시되 헤브론으로 갈지니라"입니다. 그 결과 2장 4절 "다윗에게 기름을 부어 유다 족속의 왕을 삼았더라"입니다. 이스보셋의 왕국이 세워지는 과정은 사무엘하 2장 8절 "사울의 군 사령관 넬의 아들 아브넬이 이미 사울의 아들 이스보셋을 데리고 마하나임으로 건너가 길르앗과 아술과 이스르엘과 에브라임과 베냐민과 온 이스라엘의 왕으로 삼았더라"입니다.

다윗의 나라는 하나님을 인정하고 하나님의 뜻을 구하고 있습니다. 다윗은 '하나님 제가 유다 한 성읍으로 올라가리이까? 하나님 어디로 가리이까?' 라는 물음을 통해 나라의 세워짐과 나라의 진행됨을 하나님께 의뢰하고 있다는 것입니다. 이스보셋의 나라는 자신들의 옳아 보이는 생각으로, 자기들 생각에 맞는대로 행한다는 것입니다. 즉 다윗의 무리에게는 하나님에 대한 인식이 있고 이스보셋의 무리에게는 하나님에 대한 인식이 없다는 것입니다. 다윗의 나라는 하나님에게 묻고 하나님의 뜻대로 세워져 가는 나라이고, 이스보셋의 나라는 하나님과 무관하게 자기들 생각에 옳은 대로 세워진다는 것입니다. 이것은 단순히 나라가 세워지는 원리에 불과한 것이 아니라 앞으로 그 나라가 통치될 방식까지도 예상하게 합니다. 다윗의 무리는 앞으로도 모든 일을 추진할 때 하나님을 염두에 둘 것이며 하나님의 원리와 방식과 기준에 의하여 행동할 것이지만 이스보셋의 무리는 그 때 그 때 자신들의 판단에 옳아 보이는 대로 행동할 것입니다. 본문은 두 나라의 통치원리, 두 나라의 운영원리가 근본적으로 다르다는 것을 보여줍니다. 다윗을 따르느냐 이스보셋을 따르느냐의 문제가 아니라 하나님을 인정하느냐 하나님을 거부하느냐의 문제입니다. 하나님을 인정하며 세워지는 나라와 하나님과 무관하게 세워지는 나라의 차이점입니다.

두 왕국의 영토

본문이 두 나라를 비교하는 두 번째 주제는 각각의 나라가 어디에 세워지느냐는 것입니다. 다윗이 하나님께 물어보았을 때 하나님께서 올라가라 지시하신 곳이 유다 남부 서편 지방에 있는 헤브론입니다. 현재의 상황만으로는 다윗과 이스보셋 중에 이스보셋이 훨씬 강자입니다. 다윗은 도망 다니던 무리였고 수적으로 적습니다. 수적으로 적은 자들이 한 지역에 터전을 마련하려면 적진 한 가운데로 들어가야 할까요 아니면 탈출구를 마련해 놓은 변방이어야 할까요? 아마도 신중한 사람이라면 언제라도 도망갈 수 있고 언제라도 벗어날 수 있는 곳이어야 한다고 생각할 것입니다. 그런데 하나님이 다윗에게 지시 한 곳이 헤브론이고 다윗이 올라가 정착한 곳이 헤브론입니다. 헤브론은 창세기를 통하여 역사적 의미를 이해해야 합니다. 하나님이 아브라함을 부르셔서 가나안 땅을 주시겠다고 약속하셨지만 정작 가나안 땅에 들어와서 살 때에 직접 땅을 매입한 자기 소유지가 없었습니다. 아브라함의 아내 사라가 죽자 아내의 매장지를 구한 곳이 막벨라 굴이었고, 막벨라 굴이 있는 지역이 바로 헤브론입니다. 헤브론은 하나님이 이스라엘에게 약속으로 주셨던 땅, 하나님이 책임지고 돌보시고 인도하시겠다고 했던 하나님의 약속에 근거한 땅이라는 의미가 있는 것입니다. 다윗이 하나님에게 갈 곳을 물어보자 하나님은 바로 그 약속의 땅 헤브론으로 가라고 응답하신 것입니다. 더 전망 좋은 곳이 아니요 더 물 좋은 곳 아니요 더 기름진 곳이 아니요 더 많은 백성을 수용할 수 있는 곳이 아니요 더 경제적으로 무역이 가능한 곳이 아닙니다. 하나님이 약속했던 땅, 하나님이 도와주기로 했던 땅, 하나님이 함께 하기로 했던 땅 헤브론을 정해 주시는 것입니다. 그래서 다윗이 하나님의 땅 헤브론으로 가는 것입니다.

상대적으로 이스보셋의 무리들은 2장 8절 "사울의 아들 이스보셋을 데리고 마하나임으로 건너가"의 표현대로 요단강을 중심으로 동편에 있는 마하나임으로 건너가서 터를 잡습니다. 여호수아와 백성들이 가나안을 정복하기 전에 광야에서 나와서 머물렀던 지역이 요단강 동편입니다. 마하나임으로 가기 위해서는 이스라엘에서 바깥쪽으로 강을 건너가야 하는 것입니다. 마하나임은 단지 강 동편인 것이 아니라 약속의 땅 바깥쪽입니다. 자신들은 열 지파 이상이고, 앞으로 왕국이 더욱 번성하려면 지중해와 요단강 사이에 끼어있는 지역이 아니라 요단강을 건너 서편으로 들어가 대륙과 교통하는 지역에 기초를 닦는 것이 중요하다고 생각하였을 것입니다. 다윗 왕국의 터전인 헤브론이 하나님의 약속의 땅이라는 것과 비교하여 이스보셋 왕국의 터전인 마하나임은 하나님의 약속의 땅 바깥이라는 의미입니다. 즉 다윗의 나라는 하나님께 묻고 하나님의 약속의 땅에 세워지는 것이요, 이스보셋의 나라는 하나님과 무관하고 하나님의 나라 바깥 지역에 세워지는 것입니다.

하나님을 강조

성경이 두 나라를 대조하는 것은 지리적 상황과 국제적 조건과 지도자의 인물과 배경이 아닙니다. 한 쪽에는 다윗 같은 탁월한 지도자가 있고 다른 한 쪽에는 이스보셋 같은 어리석은 지도자가 있다고 대조하는 것이 아니라 누가 지도자이냐가 중요한 것이 아니라는 것을 천명하는 것입니다. 헤브론과 마하나임은 어디가 더 기름지고 어디가 더 비옥하고 어디가 기후가 좋으냐는 문제가 아니라 하나님의 약속이 있고 하나님의 원리를 따르는 것이어야 한다는 것입니다. 누가 나라를 세우고 어느 지역에 세우냐는 인물과 장소에 관한 문제가 아니라 하나님의 뜻, 하나님의 기준, 하나님의 방식을 순종하고 있느냐를 강조하는 것입니다. 절대로 사울 같은 사람을 세우면 안 되고, 이스보셋 같은 사람을 세우면 안 되고, 다윗 같은 사람을 세워야 한다는 주장이 아닙니다. 하나님이 세우는 사람이냐 자신들이 세우는 사람이냐 더 나아가 하나님을 인정하느냐 안 하느냐의 차이인 것입니다. 하나님의 약속이 있고 하나님의 약속을 존중하는 마음을 가지고 있는 것이 가장 중요한 요소입니다. 하나님의 관심은 빨리 이스라엘을 번성하게 해 주시고 빨리 이스라엘을 부강하게 해 주시는 것이 아닙니다. 가장 중요한 것은 어떠한 상황에서라도 하나님의 마음, 하나님의 뜻, 하나님의 원리를 가지고 기뻐하며 함께 누리는 것입니다. 그래서 성경은 이스라엘을 빨리 부흥시키고 빨리 번영시키고 빨리 안정시키는 것이 아니라 두 왕국이 서게 두고 두 왕국이 싸우게 두는 것입니다.

하나님은 다윗만을 사랑하시거나, 다윗이어야 나라가 태평할 수 있다고 말씀하시지 않습니다. 다윗을 왕으로 세우시는 과정을 통해 하나님을 가르치십니다. 두 나라의 되어져 가는 것을 보면서 하나님을 의지해야함을 배워야 합니다. 이스라엘에게 시급한 것은 나라의 안정이 아니고 국가의 번영이 아니고 하나님을 아는 것입니다. 하나님은 다윗의 왕국도 아니고 이스보셋의 왕국도 아닌 하나님 나라를 키워가고 계시며 하나님의 백성들을 길러가고 계신 것입니다. 하나님은 처음부터 어떤 나라나 어떤 민족을 세우는 것이 아니라 하나님의 백성, 신앙 공동체를 세우셨습니다. 인간 중에 두 백성, 두 영웅, 두 기둥, 두 용사는 없으며 하나님에게는 다윗의 나라나 이스보셋의 나라의 두 왕국도 없습니다. 인간의 삶 가운데 하나님이 역사하시며, 모든 과정을 통해 하나님을 알고 하나님을 배워 삶 가운데 하나님의 은혜를 누리며 살라고 권고 하십니다. 하나님을 알아 하나님 때문에 행복하고 즐겁고 신나는 멋진 인생 되시기를 주님의 이름으로 축원합니다.

두 모델은 없다

사무엘하 3 : 22 ~ 39

22 다윗의 신복들과 요압이 적군을 치고 크게 노략한 물건을 가지고 돌아오니 아브넬은 이미 보냄을 받아 평안히 갔고 다윗과 함께 헤브론에 있지 아니한 때라 23 요압 및 요압과 함께 한 모든 군사가 돌아오매 어떤 사람이 요압에게 말하여 이르되 넬의 아들 아브넬이 왕에게 왔더니 왕이 보내매 그가 평안히 갔나이다 하니 24 요압이 왕에게 나아가 이르되 어찌하심이니이까 아브넬이 왕에게 나아왔거늘 어찌하여 그를 보내 잘가게 하셨나이까 25 왕도 아시려니와 넬의 아들 아브넬이 온 것은 왕을 속임이라 그가 왕이 출입하는 것을 알고 왕이 하시는 모든 것을 알려 함이니이다 하고 26 이에 요압이 다윗에게서 나와 전령들을 보내 아브넬을 쫓아가게 하였더니 시라 우물 가에서 그를 데리고 돌아왔으나 다윗은 알지 못하였더라 27 아브넬이 헤브론으로 돌아오매 요압이 더불어 조용히 말하려는 듯이 그를 데리고 성문 안으로 들어가 거기서 배를 찔러 죽이니 이는 자기의 동생 아사헬의 피로 말미암음이더라 28 그 후에 다윗이 듣고 이르되 넬의 아들 아브넬의 피에 대하여 나와 내 나라는 여호와 앞에 영원히 무죄하니 29 그 죄가 요압의 머리와 그의 아버지의 온 집으로 돌아갈지어다 또 요압의 집에서 백탁병자나 나병 환자나 지팡이를 의지하는 자나 칼에 죽는 자나 양식이 떨어진 자가 끊어지지 아니할지로다 하니라 30 요압과 그의 동생 아비새가 아브넬을 죽인 것은 그가 기브온 전쟁에서 자기 동생 아사헬을 죽인 까닭이었더라 31 다윗이 요압과 및 자기와 함께 있는 모든 백성에게 이르되 너희는 옷을 찢고 굵은 베를 띠고 아브넬 앞에서 애도하라 하니라 다윗 왕이 상여를 따라가 32 아브넬을 헤브론에 장사하고 아브넬의 무덤에서 왕이 소리를 높여 울고 백성도 다 우니라 33 왕이 아브넬을 위하여 애가를 지어 이르되 아브넬의 죽음이 어찌하여 미련한 자의 죽음과 같은고 34 네 손이 결박되지 아니하였고 네 발이 차꼬에 채이지 아니하였거늘 불의한 자식의 앞에 엎드러짐 같이 네가 엎드러졌도다 하매 온 백성이 다시 그를 슬퍼하여 우니라 35 석양에 뭇 백성이 나아와 다윗에게 음식을 권하니 다윗이 맹세하여 이르되 만일 내가 해 지기 전에 떡이나 다른 모든 것을 맛보면 하나님이 내게 벌 위에 벌을 내리심이 마땅하니라 하매 36 온 백성이 보고 기뻐하며 왕이 무슨 일을 하든지 무리가 다 기뻐하므로 37 이 날에야 온 백성과 온 이스라엘이 넬의 아들 아브넬을 죽인 것이 왕이 한 것이 아닌 줄을 아니라 38

왕이 그의 신복에게 이르되 오늘 이스라엘의 지도자요 큰 인물이 죽은 것을 알지 못하느냐 39 내가 기름 부음을 받은 왕이 되었으나 오늘 약하여서 스루야의 아들인 이 사람들을 제어하기가 너무 어려우니 여호와는 악행한 자에게 그 악한 대로 갚으실지로다 하니라

성경 바로 보기

두 모델

옛 말에 아전인수我田引水라는 사자성어가 있습니다. 자기에게 유리한 대로 상황을 이해해 버리는 것을 의미하고 좋은 뜻으로 쓰이기보다는 어떤 사람이 자기 유익대로, 자기 편리한 대로, 자기에게 맞게끔 모든 것을 해석하는 것을 조롱할 때 사용합니다. 기독교인들, 성도들이 다른 사람들과 성경에 대하여, 하나님에 대하여, 신앙에 대하여 이야기 할 때, 그 말을 듣는 세상 사람들이 '아하, 그렇구나' 라고 반응하는 것이 아니라 '성도들은 늘 모든 걸 아전인수적으로 한다. 자기에게 맞게끔 한다. 이현령비현령耳懸鈴鼻懸鈴한다' 는 말을 종종 듣습니다. 기독교의 말은 하나님의 말씀이므로 옳아야 합니다. 하나님의 말씀이 옳음에도 불구하고 사람들에게 받아들여지지 않는 이유는 죄인들이 하나님의 뜻을 이해할 수 없는 차원이어야 합니다. 행여나 기독교에서 하는 주장이 너무 유치하고 저급하고 도무지 말이 되지 않아서 거부당하는 실수는 범하지 말아야 합니다. 심지어는 틀린 주장을 하면서도, 틀린 주장을 합리화시키기 위해 또 다른 억지 주장을 아전인수식으로 해서는 안 될 것입니다.

제가 학교에서 사람을 세 부류로 나누는 것을 배운 적이 있습니다. 꼭 있어야 할 사람, 있으나 마나 한 사람, 있어서는 안 될 사람이 있다고 배웠고 그중에 우리는 꼭 있어야 하는 사람이 되자는 교육을 받아왔습니다. 지금 생각하면 참으로 어이없는 구분이었고, 기독교적으로 생각하면, 하나님이 생명을 주신 인간인데 있어서는 안 될 사람으로 분류했

으니 큰일 날 소리였습니다. 안타깝게도 교회에서도 간혹 인간을 두 가지 유형으로 구분하여 바람직한 모델과 바람직하지 못한 모델 예를 들면 사울은 불순종의 모델로 소개하고 다윗은 순종의 모델로 소개하면서 그 중에 하나가 우리의 모습이 되기를 요청 할 때가 있습니다. 하지만 성경은 이와 같은 방식으로 사람을 모델로 내세우지 않습니다. 왜냐하면 하나님 앞에 모든 인간은 죄인으로서 다 똑같기 때문입니다.

다윗이나 사울 두 사람 모두 똑같은 죄인이라는 것을 잊어서는 안 됩니다. 두 가지 모델, 사울과 다윗, 불순종 하는 자와 순종하는 자를 설정한 후 '우리 모두가 다윗처럼 되자' 는 목표를 설정하면 안 됩니다. 성경이 말하지 않는 그릇된 모델을 만들어 내는, 성경의 의도와는 다르게 오해되는 구절 중에 하나가 본문입니다. 사무엘하 3:1절 "사울의 집과 다윗의 집 사이에 전쟁이 오래매 다윗은 점점 강하여 가고 사울의 집은 점점 약하여 가니라"입니다. 이 구절에 근거하여 '사람의 살아가는 과정은 점점 강해져야 됩니다. 다윗의 집처럼 점점 날마다 강해져 가야지 사울의 집처럼 점점 약해 져서는 안 됩니다. 인생은 올라가는 인생이어야지 내려가는 인생이면 안 됩니다' 라고 설교한다면 틀린 말은 아니지만 성경이 말하려는 내용과는 다른 것입니다.

3장 1절 이후에 사울의 집과 다윗의 집에 관한 이야기가 나옵니다. 사울의 첩이었던 리스바라는 여인이 있고 다윗의 아내였던 미갈이라는 여인이 있습니다. 종종 사울의 집이 점점 약하여져 갔다는 예로 사울의 아들 이스보셋의 군대장관이 아브넬이 사울의 첩이었던 리스바를 달라고 요청한 것을 거부할 때, 불쾌하여 이스보셋을 배반하고 다윗의 진영으로 옮긴 사건을 들곤 합니다. 사울의 집이 약하여져서 일개 장관이 아버지의 부인을 탐하고 결국 약한 집안을 배반한다는 것입니다. 이와 반대로 다윗의 가정 이야기에도 여인이 등장합니다. 다윗이 예전에 사울의 딸 미갈과 결혼을 했었는데, 사울의 추적을 피해 도망가면서 미갈을 두고 혼자 나왔습니다. 후에 다윗이 왕이 되었고 아브넬이 이스보셋의 진영에서 다윗의 진영으로 옮겨 오려할 때 다윗이 미갈을 데려오라는 지시를 내리고 실제로 미갈이 다윗에게로 옵니다. 두 여인을 중심으로 대조하면서 사울의 집안은 점점 약하여져서 아버지의 부인도 뺏기는 상황이 되고, 다윗의 집은 점점 강성하여져서 잃었던 부인도 찾아온다고 설명하며 우리 모두가 다윗의 집안처럼 강성해지는 가정이 되자고 설명하면 들을만한 교훈이기는 하지만 성경에서 하나님이 말씀하시고자 하는 내용과는 전혀 무관한 것이 되어 버립니다.

성경의 기준

사람들은 다윗은 옳았고, 다윗은 맞았고, 다윗은 잘했다고 생각하는 다윗에 대한 기본적 왜곡된 편견이 있습니다. 본문에서 다윗이 아브넬을 통하여 사울의 딸이었던 미갈을 데려오게 하는 것은 옳지 않은 행동입니다. 다윗은 이미 여러 명의 아내가 있었습니다. 사무엘하 3장 2절 "다윗이 헤브론에서 아들들을 낳았으되 맏아들은 암논이라. 이스르엘 여인 아히노암의 소생이요 둘째는 길르압이라 갈멜 사람 나발의 아내였던 아비가일의 소생이요 셋째는 압살롬이라 그술 왕 달매의 딸 마아가의 아들이요 넷째는 아도니야라 학깃의 아들이요 다섯째는 스바댜라 아비달의 아들이요. 여섯째는 이드르암이라 다윗의 아내 에글라의 소생이니 이들은 다윗이 헤브론에서 낳은 자들이더라" 입니다. 다윗의 아들 여섯이 소개될 때 여섯 아들의 어머니가 모두 다릅니다. 이미 다윗은 아내가 여섯이란 의미입니다. 신명기 17장 17절에서 하나님께서 이스라엘에 왕이 세워졌을 때 왕이 하지 말아야 할 것 세 가지를 말씀하셨습니다. 먼저 은금을 많이 두지 말 것이며 또 하나가 말을 많이 두지 말 것이며, 세 번째가 아내를 많이 두지 말라는 것이었습니다. 세상의 기준에서 왕은 식구가 많아야 합니다. 그래야 왕족이 든든해지고 귀족들이 반란을 일으키지 못하기 때문입니다. 세상의 왕은 부인을 여럿 두고 후궁들도 두고 많은 왕자들을 두어 귀족들이 왕권을 넘보지 못하게 하는 것이 왕권 강화요 왕족의 자랑입니다. 성경은 세상의 방식과 다릅니다. 성경은 왕을 권세자로 세우는 것이 아니라 하나님을 가르치는 자로 두기 때문에 왕의 권한이 강해지는 것을 방지 합니다. 세상에서 왕권을 강화하는 것은 귀족이 반란을 못하게 막는 것에는 유용하지만 더 큰 문제를 야기합니다. 귀족이 반란을 일으켜서 왕권을 차지하는 것이 아니라 왕자들끼리 왕권을 찬탈하기 위하여 피 비린내 나는 가족 간의 비극이 일어나는 것을 역사에서 많이 보았습니다. 하나님은 왕정 제도의 약점을 너무나도 잘 알고 계십니다. 또한 하나님은 인간의 죄적 속성을 다 알고 계십니다. 하나님은 인간의 속성과 인간이 운영하는 제도의 속성을 정확하게 아시기에 왕이 된 자는 권력이라고 생각하지 말고, 왕권을 강화하려는 의도로 아내를 많이 두어 복잡하게 만들지 말라고 명하신 것입니다. 하지만 다윗은 이미 아내를 여섯이나 두어 하나님이 주신 규례를 명백히 어기고 있습니다. 다윗은 우리가 배워야 할 모델이 아니고 다윗처럼 돼서는 큰일 납니다.

사람들은 다윗이 늘 선하게, 늘 의롭게, 늘 정당하게 행동한 것으로 생각하고 사무엘하 11장에 나오는 우리아의 아내인 밧세바를 빼앗은 사건이 옥의 티요, 그 외에는 흠이 없고 결점이 없다고 생각하기도 합니다. 하지만 다윗은 이미 하나님의 기준과 다르게 아내를 여럿 두었고 다윗이 사울의 딸이었던 자기의 옛 부인 미갈을 데려오는 과정 또한 아주 안 좋습니다. 사무엘하 3장 13절부터 16절 "다윗이 이르되 좋다. 내가 너와 언약을 맺거니와 내가 네게 한 가지 일을 요구하노니 나를 보러올 때에 우선 사울의 딸 미갈을 데리고 오라. 그리하지 아니하면 내 얼굴을 보지 못하리라 하고 사울의 아들 이스보셋에게 전령들을 보내 이르되 내 처 미갈을 내게로 돌리라. 그는 내가 전에 블레셋 사람의 포피 백 개로 나와 정혼한 자니라. 이스보셋이 사람을 보내 그의 남편 라이스의 아들 발디엘에게서 그를 빼앗아 오매 그의 남편이 그와 함께 오되 울며 바후림까지 따라왔더니 아브넬이 그에게 돌아가라 하매 돌아가니라"입니다. 미갈은 다윗이 떠난 후에 독수공방하며 다윗이 다시 자신을 찾아 올 날만 기다리고 있던 상태가 아니라 이미 남의 아내가 되어 있습니다. 다윗 또한 미갈을 떠난 후에 이미 여러 다른 부인을 취한 상태입니다. 다윗과 미갈 두 사람은 서로 다른 가정을 꾸려 각자의 길을 가고 있었던 것입니다. 다윗이 왕이 된 후에 갑자기 남의 아내가 되어 있는 미갈을, 다른 남자와 결혼하여 잘 살고 있는 남의 부인을 데려오라는 것은 옳지 않은 정도가 아니라 약탈 행위입니다. 이스보셋이 보내어 그 남편 라이스의 아들 발디엘에게서 취하매 미갈의 새 남편인 발디엘은 얼마나 안타까웠으면 잡혀가는 미갈을 쫓아 나오며 울고 있으며, 자신의 아내를 빼앗기는데도 힘이 없어 빼앗기는 처참한 상황을 당하고 있습니다. 상대적으로 다윗은 이미 여섯명이나 아내를 두었음에도 불구하고 자신의 정치적 명분을 위하여 선대 왕 사울의 딸을 기어코 빼앗아 갑니다.

성경의 가치

세상 사람들은 과연 다윗의 행동을 옳다 할 수 있으며, 다윗이 하나님의 기름 부음 받은 왕이라는 전제하에 다윗의 모든 행동을 정당하다 할 수 있느냐는 의문을 제시하며, 어떻게든 다윗을 의롭게 설명하려는 기독교의 해명에 대해 아전인수我田引水적 해석이라며 항변합니다. 더 나아가 하나님은 인격도 없고 하나님은 예의와 상식도 없다고 비판합니다. 성경의 내용은 우리가 아전인수격으로 해석해주고, 어떻게든 좋은 쪽으로 해석해주어야만 하나님이 자리를 잡으시는 것이 아닙니다. 우리가 성경의 내용에 대해 어떻게든 우리에게 유리한 쪽으로 해석해야 되겠다는 필요를 느끼는 것이 이미 성경의 뜻을 오해하고 있는 것입니다. 왜냐하면 하나님은 우리의 해설적 도움이 있어야만 겨우 명분을 얻으시는 분이 아니기 때문입니다.

성경을 있는 그대로, 하나님이 행하신 그대로, 하나님이 말씀하신 그대로 설명하면 그것이 이미 복음이요, 이미 진리입니다. 왜냐하면 하나님은 언제나 옳게 행하시고 하나님은 언제나 합당하게 행하시고 하나님은 언제나 인간을 위하는 말씀과 인간을 위하는 행동을 하시기 때문입니다. 하나님은 실수하셨는데 우리가 하나님의 실수를 무마하기 위해서 어떻게든 좋은 쪽으로 이해를 해 보려고 노력할 필요가 도무지 없습니다. 성경이 언제나 옳고 하나님이 언제나 옳으십니다. 성경은 아전인수적으로 해석할 것이 아니라 하나님의 마음과 하나님의 심정으로 보면 진리가 드러나게 됩니다. 성경은 다윗을 높이거나 다윗을 신앙적 모델로 제시하지 않습니다. 성경에는 성도가 배워야할 모범적 인간의 모습이 없습니다. 두 모델 중 사울 같은 인생이 되지 말고 다윗 같은 인생이 되자는 교훈이 없습니다.

배워야 할 다윗은 없다

왕답지 않은 다윗

많은 사람들이 다윗에 대한 두 가지 편견이 있습니다. 하나는 지도자로써 온 백성을 다스렸던 정말 유능하고 현명하고 백성들을 태평스럽게 인도했던 참다운 지도자로써 생각하는 것과, 다른 하나는 후대 성도들의 신앙적 모범이 되고 성숙한 성도의 모델로 생각하는 것입니다. 하지만 성경은 다윗을 모델로 제시하지 않습니다. 다윗에게는 참다운 지도자의 모습이 없습니다. 본문에 적군의, 상대방 나라의 장수 아브넬이 다윗 편으로 투항하려고 합니다. 그때 다윗의 장군이었던 요압이 상대편의 장수를 받아주는 것을 용납하지 않고 아브넬에게 자신의 동생이 죽임을 당했었기에 받아들이지 않습니다. 아브넬과 다윗이 합의를 하고 아브넬이 다윗의 전(前)부인 미갈을 데려오라는 명을 받아 돌아 갈 때에 요압이 소식을 듣고 다윗을 만납니다. 요압은 어찌 적의 장수를 받아들일 수 있느냐고 항변하고, 아브넬 장수를 불러들여서 찔러 죽입니다.

다윗이 과연 지도자다운 모습이 있고 과연 백성들 위에 인정을 받으며 권위를 인정받고 있었는가? 그렇지 않다는 것입니다. 다윗이 권위가 있었는지, 사람에게 존경을 받고 있었는지, 지도자다운지의 여부는 다윗의 행동을 보아 확인할 수도 있지만 다윗의 수하에 있는 사람의 행동을 보고 확인할 수도 있습니다. 사람들이 다윗의 말을 따르는가, 사람들이 다윗의 말에 순종 하는가, 사람들이 다윗의 권면대로 행하는가? 만약 사람들이 다윗의 의도와 뜻을 따르면 다윗이 권위가 있는 증거이고, 수하에 있는 자들이 다윗의 명을 따르지 않으면 다윗은 권위가 없는 증거입니다. 아랫사람들이 따르지 않는데 윗사람이 소리를 질러 대는 것은 절대로 권위가 아닙니다. 다윗은 적장 아브넬을 받아주기로 결정을 했습니다. 나라의 새 왕으로 등극하여 지도자가 되었기에 백성들의 마음을 모으고, 두 개로 갈라진 나라를 통합하고 화합하려고 적장을 수용하는 결단을 한 것입니다. 그 순간, 다윗의 최측근 요압이 자신의 지도자와 나라의 새 왕인 다윗의 뜻을 완전히 묵살하고 아브넬 장군을 찔러 죽입니다. 요압장군의 개인적인 잘못된 행동이기도 하지만, 다윗의 위치와 신분과 권위를 엿볼 수 있는 장면입니다. 다윗의 권위가 전혀 세워지지 않은 것을 보여줍니다.

무기력한 다윗

또한 다윗은 자신의 주변에서 발생하고 있는 상황에 대해서 아무 것도 모르고 있습니다. 아브넬이 돌아가고 있는지, 다시 돌아오고 있는지, 요압이 아브넬을 쫓아가는지, 요압이 자신의 명령을 어기고 아브넬을 죽이는지에 대해 전혀 모릅니다. 다윗 주변에 있는 사람 중 어느 누구도 다윗에게 요압의 행동을 보고하지 않고, 주변 상황에 대한 정보를 제공하지 않습니다. 결국 다윗은 아브넬이 죽었다는 소식을 들은 후에야 상황파악을 합니다. 다윗에게 지도자다운 면모가 전혀 없다는 또 다른 증거는 다윗이 요압을 대하는 태도에서 확인할 수 있습니다. 요압이 자신의 말을 어기고 아브넬을 죽였습니다. 수하에 있는 장군이 왕의 명령을 어긴 것도 중요한 잘못이지만 더욱 심각한 것은 살인을 저질렀다는 것입니다. 왕으로서, 나라의 정의를 시행하는 책임자로서 잘못을 행한 자, 살인을 행한 자를 방관해서는 안 되고 적절한 조치를 취해줘야 합니다. 요압을 징계하던가, 용서를 하던가, 어떤 다른 교육을 시키던가, 백성들이 납득할 만한 조치를 가해야 합니다.

어떤 사람이 잘못을 행했을 때에 취할 수 있는 조치에는 대략 세 가지 정도가 있습니다. 첫 번째는 징계로 가장 흔히 사용되는 방법입니다만 가장 안 좋은 방법입니다. 요압이 다윗의 명령을 어겼다는 것은 자신의 행동을 잘못으로 인정하지 않고, 자신에게 명령을 한 상관의 권위를 인정하지 않는 것입니다. 상관이 자신의 명령을 거부하는 부하에게 징계를 행할 경우 부하는 더더욱 상관의 말을 듣지 않습니다. 만약 징계를 행하여 부하가 명령에 복종한다면 그것은 상관을 인정하는 것이 아니라 힘이 약하니 어쩔 수 없이 복종하는 것에 불과하며 만약 기회가 주어지면 상관에게 보복할 것입니다. 두 번째 조치는 묵인으로 다윗이 행한 것으로 가장 나쁜 방법입니다. 죄를 행한 당사자에게 그가 행한 것이 죄라는 것을 지적해 주지 않고 옳은 것처럼 내어버려 두는 것으로 옳지 않은 조치인데 다윗은 요압에게 어떠한 반응도 보이지 않고 그대로 두었습니다. 세 번째가 가장 좋은 방법으로 용서입니다. 용서는 지는 것이 아닙니다. 용서 해준다는 것은 용서 할 수 있는 힘과 용서 할 수 있는 역량과 용서 할 수 있는 위치에 있다는 것을 의미합니다. 절대로 상대에게 지는 것이 아니라 아량을 베풀어 주는 것이요 은혜를 베풀어 주는 것입니다. 강한 자가 아니면 행할 수 없는 것입니다. 그런데 다윗은 징계를 행한 것도 아니고 용서를 행한 것도 아니고 묵인 했습니다. 다윗이 용서를 하지 않고 묵인 한 것은 이유가 있습니다. 성경은 다윗이 요압의 행동을 묵인한 이유가 다윗이 힘이 없었기 때문이라고, 요압의 세력이 너무 강해서 요압을 다스릴 수 없었다고 설명하고 있습니다.

상대에 대하여 아무것도 할 수 없는 사람이 유일하게 할 수 있는 반응이 하나 있습니다. 바로 우는 것입니다. 다윗이 요압을 통제할 힘이 없어서, 요압을 어찌할 수 없으니까, 그저 할 수 있는 것이 우는 것입니다. 사무엘하 3장 31절 이하에 "다윗이 요압과 및 자기와 함께 있는 모든 백성에게 이르되 너희는 옷을 찢고 굵은 베를 띠고 아브넬 앞에서 애도하라 하니라. 다윗 왕이 상여를 따라가 아브넬을 헤브론에 장사하고 아브넬의 무덤에서 왕이 소리를 높여 울고 백성도 다 우니라"입니다. 다윗이 아브넬이라는 너무 귀한 장수의 죽음이 안타까워서 소리 높여 울었다고 생각하시는 분은 아직 죄인의 속성을 잘 모르시는 분입니다. 어차피 아브넬은 다윗의 신복이 아니라 적장이었고, 아브넬은 아직 다윗 편으로 온 것도 아니었고 다윗을 위해 아무것도 행한 것이 없기에 다윗이 아브넬을 위해 소리 높여 울어야 할 이유가 없습니다. 죄인된 인간은 자기 처지 때문에 울지 남의 사정 때문에 울지 않습니다. 다윗이 우는 이유는 아브넬이라는 귀한 장수를 잃어서가 아니라 자기가 너무 힘이 없고 자기가 무력하기 때문입니다. 다윗의 심정을 드러내는 증거가 39절 "내가 기름 부음을 받은 왕이 되었으나 오늘 약하여서 스루야의 아들인 이 사람들을 제어하기가 너무 어려우니"입니다. 자신의 무기력함을 혼자 탄식하는 대신 백성들 앞에서 적장의 죽음을 애도하며 우는 모습으로 도리어 백성들의 마음을 얻으려는 교활한 술책을 사용하고 있는 것입니다. 성경은 다윗을 신앙적 모델이나 왕 또는 지도자의 모델로 제시하지 않습니다.

왕의 역할

아브넬이 죽음을 당했을 때에 요압을 향하여 다윗이 행했어야 하는 행동은 서럽게 우는 것이 아니었어야 합니다. 다윗은 지도자로서, 신앙인으로서, 왕으로서, 하나님에 의하여 세움 받은 자로서 하나님의 백성들에게 하나님의 말씀을 가르쳤어야 합니다. 자신이 힘이 있든 없든, 자신의 힘이 약하든 강하든, 자신은 하나님의 사람으로 하나님의 말씀을 가르쳐야 했습니다. 하나님이 목동에 불과했던 다윗을 왕으로 세운 것은 백성을 책임지고 통치하라고 위임한 것이 아니라 백성 가운데 하나님의 뜻을 알리고, 하나님의 원리를 가르치시려는 목적이었습니다. 그렇다면 다윗은 '내 왕권의 원동력은 왕이라는 직분에서가 아니라 하나님에게서 온다. 나의 통치력은 힘과 권력에서가 아니라 하나님에게서 온다. 요압의 행동은 옳지않다. 요압이 왕인 나의 명령을 거역했다는 것이 중요한 것이 아니라 하나님의 뜻, 하나님의 원리에 불순종한 것이 옳지 않다' 고 말했어야 합니다.

왕의 역할을 정확하게 묘사하는 장면이 사무엘하 11장에 나옵니다. 왕권이 강성해진 후에 다윗이 남의 아내, 자신의 장수였던 헷 사람 우리야의 아내, 밧세바를 빼앗아오는 악행을 범합니다. 그때 일개 선지자 나단이 나와서 왕 앞에 말합니다. 나단은 '다윗 왕이여, 당신의 행동은 악한 짓이요 나쁜 짓이요 하나님의 뜻을 어긴 것입니다. 당신은 나를 죽일 수 있고 당신은 나를 없앨 수 있고 당신을 나를 처단할 수 있어도 나는 하나님의 선지자로써 하나님의 말을 해야 합니다. 당신이 옳지 않았습니다' 라고 정확하게 다윗의 행동을 지적합니다. 이것이 하나님께서 선지자에게 기대하는 역할이요, 왕에게 기대하는 역할입니다. 하나님이 다윗을 백성들 가운데 왕으로 세운 이유, 다윗이 왕으로서 감당해야하는 역할은 하나님의 뜻을 드러내고, 하나님의 말씀을 외치는 것입니다. 상대가 요압이든, 세력이 강한 장수이든, 자신의 힘이 강하고 약함과 관계없이 다윗은 하나님에 의해 세움받은 사람의 역할을 감당했어야 합니다. 다윗은 하나님의 사람으로서 해야 할 역할을 감당하지 못한 것입니다.

거룩한 영성이 없다

다윗이 성숙한 신앙의 모습으로, 성도들의 모델로 인식되는 이유는 시편 때문입니다. 시편 1편, 23편 등에 아주 성숙한 신앙고백이 등장합니다. 하지만 다윗은 멋있는 묵상, 고상한 기도만 한 것이 아닙니다. 성도들이 읽기에 조금은 낯설은, 어색한, 당황할 수 있는 기도를 행한 적도 있습니다. 사무엘하 3장 28절 이하는 다윗이 아브넬이 죽었다는 소식을 듣고 하는 말입니다. "그 후에 다윗이 듣고 이르되 넬의 아들 아브넬의 피에 대하여 나와 내 나라는 여호와 앞에 영원히 무죄하니 그 죄가 요압의 머리와 그의 아버지의 온 집으로 돌아갈지어다. 또 요압의 집에서 백탁병자나 나병 환자나 지팡이를 의지하는 자나 칼에 죽는 자나 양식이 떨어진 자가 끊어지지 아니할 지로다 하니라." 과연 이것을 성숙한 기도, 믿음의 기도, 영성있는 기도, 하나님의 마음을 담은 기도라고 할 수 있을까요? 아브넬을 죽인 요압의 집을 향하여 이러한 결과가 임하도록 기도 했다면, 남의 아내를 빼앗아온 다윗의 집안에는 어떤 결과가 임해야 할까요? 더 나아가 사무엘하 3장 39절 후반부에서 다윗은 "여호와는 악행한 자에게 그 악한 대로 갚으실 지로다 하니라"고 말합니다. 다윗의 말대로 하나님께서 다윗의 행동에 걸맞게 갚아주시면 다윗의 운명은 어떻게 될까요? 다윗은 임종 직전 아들 솔로몬에게 왕권을 넘겨줄 때에도 평화적인 정권이양을 한 것이 아닙니다. 제거해야할 정적들의 명단을 기록한 살생부를 넘겨주었고, 정적들을 단지 정치일선에서 물러나게 하는 정도가 아니라 3장 29절처럼 심한 저주를 퍼부었습니다. 과연 다윗의 행동대로 하나님이 갚아주신다면 다윗은 무사할 수 있을까요? 과연 성경이 이러한 다윗을 신앙의 모델로 성도들에게 제시하는 것일까요?

성도의 자화상

하나님의 열매

성경은 다윗을 비롯하여 어느 누구도 신앙적 모범으로 세우지 않습니다. 다윗이 기록한 시편 1편 또는 23편과 사무엘하 3장 29절중에 다윗의 실체, 다윗의 본연의 모습은 당연히 사무엘하 3장입니다. 다윗은 저와 여러분과 똑같은 그저 그런 죄인이었습니다. 그런데 하나님이 다윗을 만나주시고, 하나님이 다윗을 세워주시고, 하나님이 다윗을 지켜주시고, 하나님이 다윗의 악행을 막아주시고, 하나님이 교훈하여 주시고, 하나님이 평탄케 하시는 과정을 통해 하나님을 배우고, 하나님의 은혜를 체험합니다. 다윗이 고백한 멋있는 시편들은 수준고 신앙심 깊은 시편을 쓸 수 있는 다윗의 영감과 영성의 결과물이 아닙니다. 도리어 평범한 죄인 다윗을 시편을 쓸 수 있는 다윗으로 만들어 내시는 하나님의 헌신, 하나님의 수고, 하나님의 열심, 하나님의 은혜 주심의 결과물입니다. 다윗의 시편을 읽는 성도들은 다윗의 영성을 존경할 것이 아니라 다윗 같은 자를 변화시켜 성숙시켜 주시는 하나님을 찬양하고, 하나님께서 나와 함께 하시면 나도 다윗 같이 아니 다윗 보다 훨씬 나아질 수 있다는 기대를 가지며 온전히 하나님을 의지하는 반응을 나타내야 합니다.

성경의 강조점은 성도들이 본받아야 할 신앙의 모범으로 다윗을 제시하는 것이 아니라 다윗 같은 사람도 정말 다윗 같은 사람으로 만들어

내시는 하나님을 알리는 것입니다. 다윗은 우리의 모델이 아니라 우리의 자화상입니다. 하나님은 한 개인 다윗을 세우고 높이는 것이 아닙니다. 다윗이라는 사람을 통해 이스라엘 모든 백성을 교육하고 있는 것입니다. 이스라엘 백성들이 하나님을 모르고 하나님의 뜻을 모르고 하나님의 말씀이 어떤 역할을 하는지 모르니까, 다윗을 통해서 하나님을 알게 하고 하나님의 말씀을 배우게 하고 하나님이 옳고 하나님이 맞고 하나님의 뜻대로 하는 것이 좋은 것임을 가르치고 있는 것입니다.

　이스라엘은 하나님의 백성, 하나님이 책임지는 하나님 나라 백성입니다. 그런데 이스라엘은 하나님으로는 부족하다고 생각하여 이방과 같이 왕을 달라고 요구했었습니다. 하나님의 백성이라는 것을 버리고 차라리 열방과 같이 되는 것이 훨씬 낫겠다고 말했습니다. 하나님을 인정하지 않고 하나님을 믿지도 않고 하나님이 옳아 보이지도 않고 하나님의 말씀이 맞아 보이지도 않는 것입니다. 이러한 이스라엘 백성들에게 하나님은 다윗이라는 자를 통하여 하나님이 얼마나 옳은가를 보여주고 있는 것입니다. 다윗이 세움 받을 때에 다윗은 뛰어난 인물, 탁월한 인재가 아니었습니다. 다윗은 목동이었고, 집안에서 아버지나 형제들에게조차도 인정받지 못하던 평범한 뜨내기 젊은 청년에 불과했습니다. 백성 중 아무도 다윗이 왕이 될 것을 기대하지 않았고, 자신들의 삶을 다윗에게 의지하려고 하지 않았습니다. 그런데 하나님이 함께 하시니까 다윗이 골리앗도 이깁니다. 이스라엘 백성들은 다윗이 골리앗을 이기는 장면을 보고 다윗의 용맹성을 찬송하는 대신 하나님의 일하심을 보아야 합니다. 자신들보다 부족한 다윗, 평범한 목동에 불과한 다윗도 하나님이 함께 하시면 골리앗 장군을 물리칠 수 있고, 하나님이 함께 하시면 전쟁에서 승리할 수 있고, 하나님이 함께 하시면 나라를 강건하게 할 수 있다는 것을 깨달아야 합니다. 하나님이 다윗과 함께 하시어 다윗을 변화시키셨다면, 자신들도 하나님과 함께할 때 변화할 수 있다는 것을 깨달아야 합니다. 하나님은 백성 중에 다윗을 특별한 존재로 만들어주는 것이 아니라, 모든 백성이 다윗과 같아지도록 하기 위하여 백성들을 가르치기 위한 샘플로 사용하신 것입니다. 다윗은 이스라엘 백성의 모델이 아니라 자화상인 것입니다.

이스라엘은 열방보다 못한 유리하는 아모리 족속에 불과했었습니다. 하나님이 아브라함을 부르셔서 약속하시고 민족을 이루시고 하나님의 나라 백성으로 삼아 주셨습니다. 하나님과 무관한 자들, 하나님의 약속 밖에 있던 자들을 하나님이 찾아가 만나주어 하나님의 백성으로, 열방과 다른 존재로 만들어 주셨습니다. 이스라엘은 열방과 다른 자신들의 정체성을 바르게 파악하고 하나님을 즐거워하며 하나님의 복락들을 누리며 살았어야 하고 열방들은 모두 이스라엘을 부러워했어야 합니다. 그런데 정작 하나님의 백성 된 이스라엘은 하나님 백성된 것을 좋아하지 않았고 도리어 열방처럼 되게 해 달라고 요청하였습니다. 어리석은 요청을 하는 이스라엘에게 다윗의 예를 들어주시는 것입니다. 다윗을 다른 사람과 구분하여 뛰어난 사람, 훌륭한 사람, 대단한 사람으로 세우는 것이 아니라 모든 인간이 똑같을 지라도 하나님이 함께 하시면 사람이 변하고 하나님이 함께 하시면 행복해 지고 하나님이 함께 하시면 풍성해 지고, 하나님의 원리대로 하면 모두가 형통하다는 진리를 하나님의 백성들에게 알리고자 하는 샘플이 다윗입니다.

은혜를 받은 자

이스라엘은 다윗을 부러워하거나 다윗을 찾아서는 안 됩니다. 만약 이스라엘 백성들이 '하나님, 이스라엘이 어려운 상황에 처한 것은 다윗 같은 왕이 죽고 새로 세워진 왕들이 무능력하기 때문입니다. 다시 한 번 다윗 같은 왕을 주시고 다윗 같은 지도자를 주시옵소서'라고 기도한다면 하나님의 뜻을 크게 오해하는 것입니다. 도리어 이스라엘 백성들은

'하나님, 이스라엘의 안녕과 평안과 번성은 하나님의 원리, 하나님의 뜻, 하나님의 마음, 하나님의 심정으로 행할 때 이루어지는 것을 고백합니다. 이스라엘의 힘은 하나님이십니다'라고 고백해야 하는 것이 다윗 사건의 결론입니다. 안타깝게도 이스라엘은 하나님을 배우는데 실패합니다.

다윗 자신도 하나님의 은혜를 받았지만 받은 은혜를 풍성히 누리지 못했습니다. 다윗의 삶은 정말로 변화무쌍했습니다. 왕이 되는 과정도 험난했고, 특별히 말년에는 자식들의 반란으로 도망자의 삶을 살았습니다. 다윗의 삶이 형통한 것은 하나님의 원리대로 행했기 때문이요, 다윗의 삶에 역경이 많았던 이유는 하나님의 원리대로 행하지 않았기 때문입니다. 다윗은 아내를 많이 두지 말라는 말씀에 순종하지 않고 여러 아내를 두었고, 심지어는 남의 아내를 빼앗기까지 하여 많은 자녀를 두어 자녀들 중에서 반란자가 생기고 아들 때문에 도망 다니는 생활을 한 것도 하나님의 원리대로 행하지 않은 결과입니다. 하나님은 다윗을 적극 도와서 왕으로 세워주셨습니다. 하나님은 계속하여 다윗에게 하나님이 도와주셨다는 것을 잊지 않도록 권고하셨습니다. 다윗도 하나님을 잊었고 백성도 하나님을 잊었고, 다윗도 하나님의 은혜를 누리지 못했고 백성도 하나님의 은혜를 누리지 못했습니다.

저와 여러분은 성도요, 성도는 하나님께 은혜를 받은 자입니다. 성도는 '나는 죄인이었고 부족한 자였고 어리석은 자이었다. 하나님이 함께 하시어 나로 의인되게 하시고 성도되게 하시고 하나님의 백성 삼아 주셨다'고 고백해야 합니다. 더 나아가 성도는 자신이 무슨 은혜를 받았는가를 알아야 하고, 받은 은혜를 어떻게 누리며, 어떻게 적용하며, 어떻게 구현하는가를 알아 삶속에 은혜와 더불어 즐겁고 신나고 행복하고 평안하고 안식된 삶을 살아가야 합니다. 성도가 하나님의 은혜를 누리는 방법은 하나님을 알고 하나님 원리를 알고 하나님의 심정과 뜻을 알아 그대로 행하는 것입니다. 다윗을 부러워하는 성도가 아니라, 다윗이 부러워해야 하는 성도의 삶이 되어야 합니다.

두 원수는 없다

사무엘하 4 : 1 - 12

1 사울의 아들 이스보셋은 아브넬이 헤브론에서 죽었다 함을 듣고 손의 맥이 풀렸고 온 이스라엘이 놀라니라 2 사울의 아들 이스보셋에게 군지휘관 두 사람이 있으니 한 사람의 이름은 바아나요 한 사람의 이름은 레갑이라 베냐민 족속 브에롯 사람 림몬의 아들들이더라 브에롯도 베냐민 지파에 속하였으니 3 일찍이 브에롯 사람들이 깃다임으로 도망하여 오늘까지 거기에 우거함이더라 4 사울의 아들 요나단에게 다리 저는 아들 하나가 있었으니 이름은 므비보셋이라 전에 사울과 요나단이 죽은 소식이 이스르엘에서 올 때에 그의 나이가 다섯 살이었는데 그 유모가 안고 도망할 때 급히 도망하다가 아이가 떨어져 절게 되었더라 5 브에롯 사람 림몬의 아들 레갑과 바아나가 길을 떠나 볕이 쬘 때 즈음에 이스보셋의 집에 이르니 마침 그가 침상에서 낮잠을 자는지라 6 레갑과 그의 형제 바아나가 밀을 가지러 온 체하고 집 가운데로 들어가서 그의 배를 찌르고 도망하였더라 7 그들이 집에 들어가니 이스보셋이 침실에서 침상 위에 누워 있는지라 그를 쳐죽이고 목을 베어 그의 머리를 가지고 밤새도록 아라바 길로 가 8 헤브론에 이르러 다윗 왕에게 이스보셋의 머리를 드리며 아뢰되 왕의 생명을 해하려 하던 원수 사울의 아들 이스보셋의 머리가 여기 있나이다 여호와께서 오늘 우리 주 되신 왕의 원수를 사울과 그의 자손에게 갚으셨나이다 하니 9 다윗이 브에롯 사람 림몬의 아들 레갑과 그의 형제 바아나에게 대답하여 그들에게 이르되 내 생명을 여러 환난 가운데서 건지신 여호와께서 살아 계심을 두고 맹세하노니 10 전에 사람이 내게 알리기를 보라 사울이 죽었다 하며 그가 좋은 소식을 전하는 줄로 생각하였어도 내가 그를 잡아 시글락에서 죽여서 그것을 그 소식을 전한 갚음으로 삼았거든 11 하물며 악인이 의인을 그의 집 침상 위에서 죽인 것이겠느냐 그런즉 내가 악인의 피흘린 죄를 너희에게 갚아서 너희를 이 땅에서 없이하지 아니하겠느냐 하고 12 청년들에게 명령하매 곧 그들을 죽이고 수족을 베어 헤브론 못 가에 매달고 이스보셋의 머리를 가져다가 헤브론에서 아브넬의 무덤에 매장하였더라

인간의 삶에 대한 이해

다양한 문제인식

　인간이 행복한 삶을 살고 싶어 하는 것은 당연한 것입니다. 행복을 누리고 더 풍성한 행복을 소망하는 것은 절대로 욕심이나 욕망이 아니라 인간의 본분이며 소망하는 정도가 아니라 실제 삶속에서 누리며 살아야 하는 것이 인간의 삶입니다. 인간이 행복을 얻고 행복을 누리고자 하는 노력들은 정말로 대단한 것입니다. 가장 중요한 것은 인간이 왜 행복하지 못하며, 행복을 가로막는 문제가 무엇이며, 행복하기 위해서 해결되어야 할 것이 무엇이냐는 문제의 본질과 해결방식에 대하여 바르게 인식하는 것입니다. 사람들은 행복하지 못한 자신들의 삶에 대한 여러 가지 인식들을 제안하여 왔습니다. 첫 번째는 사람이 문제라는 인식입니다. 사람이 태어날 때 각 사람마다 천성이 있고 기질을 가지고 태어나고 각자마다 타고난 재질이 있어 태어난 모양대로 살아간다는 것입니다. 사람마다 각자 그릇이 다르다는 옛말도 있습니다. 두 번째는 운명이 문제라는 인식입니다. 예를 들면 사주팔자를 보는 것과 모든 원인을 업보로 돌리는 것과 같은 유형입니다. 인도의 힌두교적 인식체계에 의하면 이미 인간의 삶이 완벽하게 정해져 있기 때문에 바꿀 수 없다고 합니다. 카스트 제도라는 네 개의 그룹으로 나뉘어져 있는 신분제도가 아주 철저하게 자리 잡고 있습니다. 신분적 격차와 차이 때문에 개혁이 일어나지 않고, 항명도 일어나지 않고 갈등이나 다툼도 일어나지 않습니다. 왜냐하면 운명이 원래 정해져 있는 것으로 배우고 운명을 수용하기 때문입니다. 아이러니한 것은 인간의 운명이 상당히 정해져 있다고 생각을 하는 동시에 운명도 바꿀 수 있다는 생각이 있습니다. 부적을 사용하고, 굿을 하고, 묘를 쓰는 등의 행위를 통해 자신의 운명 또는 다음 세대의 운명도 바꾸려는 방식이 동원되기도 합니다.

세 번째는 상황이 문제라고 하는 인식입니다. 만약 상황이 나아지고 개선되고, 보다 흡족한 조건이 되면 행복을 누릴 수 있을 것이라는 인식입니다. 가장 일반적인 사고방식으로 많은 사람들이 상황을 바꾸려고 부단히 노력하고 있습니다. 삼일을 굶으면 담장 안 넘어갈 사람이 없다는 표현, 배가 고프면 사랑도 변한다는 표현도 있습니다. 네 번째는 인생은 결국 마음먹기 나름이라는 인식입니다. 상황이 어쨌든, 인간이 어쨌든, 운명이 어쨌든 자신이 어떻게 받아들이고 어떻게 생각하느냐에 따라서 삶을 다르게 살 수 있다는 것입니다. 대표적 주장들이 긍정적인 마음, 적극적이 마음, 싱크 빅Think Big, 마음 수련 등이 있으며 마음을 다스리는 훈련으로 다도茶道, 요가, 기공, 단전 등이 인기를 얻곤 합니다.

죄의 문제

사람들의 다양한 주장들은 일부분 설득력이 있습니다. 하지만 위의 주장들은 문제의 본질이 아니고 문제를 근본적으로 해결하는 방식이 아닙니다. 사람이 문제라고 말할 수 있고, 상황이 문제라고 주장할 수 있고, 환경이 문제라고 선언할 수 있고, 마음이 문제라고 인식할 수 있지만 문제의 인식만으로 문제를 해결할 수 없습니다. 인간의 문제를 진단하는 여러 주장들이 있었지만 인간의 문제가 해결 되었다는 소식을 들어 본적이 없습니다. 여전히 불안해하고 여전히 두려워하고 여전히 대안을 세워야 하고 여전히 걱정하는 모습은 언제나 똑같습니다. 기독교는 인간의 문제가 죄라고 선언합니다.

수행의 종교, 은혜의 종교

노력하는 사람들

대부분의 사람들은 행복해지기 위해서 많은 노력을 합니다. 문제인식에는 다양한 방식이 존재하지만 문제를 해결하는 방식은 똑같습니다. 해결책은 노력이요 열심입니다. 사람이 문제라고 주장하는 사람들은 특별히 해결책을 제안하지 않습니다. 운명이 문제라고 인식하는 사람들로 별로 문제해결을 위한 노력의 모습이 보이지 않습니다. 삶을 문제라고 인식하기 보다는 주어진 삶을 수용하기 때문입니다. 반면에 상황이 문제라고 생각하는 사람들은 상황을 바꾸기 위하여 부단한 노력을 합니다. 다양한 방법들이 나오지만 결국은 열심입니다. 열심을 강조하지만 열심을 똑같이 내면 똑같은 결과가 나오는 것은 아닙니다. 열심히 한다고 성공을 하는 것이 아니라 열심에는 반드시 다른 사람과는 달라야 한다는 기준이 등장합니다. 어떤 사람이 새벽 6시부터 저녁 11시까지 일하면 성공하는 사람은 새벽 5시부터 저녁 12까지 일해야 한다고 남들보다 다른 것들이 요구됩니다. 인간다운 삶, 행복한 삶, 자신의 삶을 여유롭게 누리며 사는 삶을 얻기 위하여 인간이 자신의 인간다운 삶을 포기하는 것이 가장 아이러니한 현상입니다.

 사람들의 사고방식에는 인간중심의 사상이, 인간이 빠져 있습니다. 돈을 버는 이야기 중에 '개 같이 벌어서 정승같이 쓴다' 는 옛말이 있지만 개와 정승은 비교대상이 아니기에 인간됨이 중시 되지 않는 도무지 말이 되지 않는 표현입니다. 하지만 인간이 돈을 벌 때는 비록 개 같을지라도, 추하고 모욕감이 있을지라도 감내하고 돈을 번 후에는 떵떵거리며 으시대며 정승처럼 쓰겠다고 하는 방식이 통용되고 있습니다. 돈을 어떻게 벌고 어떻게 쓰는가를 논하기 전에 가장 중요한 인간의 정체성과 인간중심이 사상이 상실되면 안 됩니다. 인간이 돈의 노예가 되어서는 안 되기에 '개 같이 벌어서 정승같이 쓰자' 는 표현은 원천적으로 없어져야 하고 '인간답게 벌어서 인간답게 살자' 는 인간의 본분이 강조되어야 합니다.

교회의 실수

세상에서 열심히 살라고 말하는 것보다 더 안타깝고 더 속이 상하는 것은 교회가 지구상에서 가장 어려운 방식을 가르치고 있다는 것입니다. 원칙적으로 교회는 상황을 문제 삼지 않기 때문에 상황을 바꾸어 주는 법이 없습니다. 성공하는 방법, 복 받는 비결을 가르치지 않습니다. 하지만 오늘날 교회에 성공에 관한 많은 방법들과 비법들이 등장하고 있다는 사실이 안타까운 것입니다. 만약 세상에서도 성공하는 방식을 가르치고 교회에서도 성공하는 방식을 가르쳐 주려고 한다면 교회 방식이 세상의 방식보다 쉬워야 합니까 어려워야 합니까? 기왕 가르쳐 주려면 세상의 방식보다 쉬워야 합니다. 실제적으로 성경에는 교회에서 복을 받는 방법을 가르쳐 주지도 않지만, 간혹 교회들에서 가르쳐주는 성공하는 방식이 세상의 방식보다 절대로 쉽지 않다는 것입니다. 간혹 성도들은 교회의 방식이 쉬울 줄 알고, 세상에서는 성공하기 너무 힘들지만 교회에서 목사님이 가르쳐 주는 방식대로 하면 쉽게 복을 받을 것 같아서 목사님 말씀대로 실천해 보려고 노력하곤 하지만 실상은 전혀 쉽지 않습니다. 예를 들어 보겠습니다. 세상에서는 성공하려면 부지런해야 한다고 말합니다. 교회는 더더욱 부지런해야 한다고 말합니다. 세상에서는 남들보다 한 시간 먼저 시작하고 한 시간 나중까지 일하라고 합니다. 교회는 남들보다 한 시간 먼저 시작하고 한 시간 나중까지 일할 뿐만 아니라 한 시간 더 먼저 나와서 새벽기도로 시작하고 한 시간 더 저녁 기도로 마치라고 요구하고 금요일엔 철야를 하고 주일엔 온전히 교회에 봉사하라고 합니다. 세상보다 몇배가 더 어렵고 힘듭니다. 교회에서 소개하는 방식이 더 어렵고 힘들다는 것은 기독교의 방식이 아니라는 것이요 하나님의 방식이 아니라는 것입니다.

기독교는 본질이 다르고 방식이 다릅니다. 성경은, 기독교는, 교회는, 하나님은 복을 받는 방법을 가르쳐 주는 것이 아니라 이미 복을 받은 자들에게 받은 복이 무엇인가를 선포하는 것입니다. 인간이 복을 받기 위해 해야 할 일을 가르쳐 주는 것이 아니라 인간에게 복을 주기 위하여 하나님이 행하신 일을 소개하고, 인간이 복을 받았다는 사실을 가르쳐주고 있는 것이 성경입니다. 성도는 성경을 통해 인간이 해야 할 일을 배우는 것이 아니라 하나님이 행하신 사역을 배워야 하는 것입니다.

수행하는 종교

세상 사람들은 성공하기 위해 노력을 하고 특별히 종교인들은 행복한 삶을 얻고 즐거운 삶을 누리기 위해 마음을 닦는 훈련을 합니다. 마음을 닦아서 물질의 가치를 넘어서려 하고 자신의 마음이 어떤 상황에도 흔들리지 않는 평정심을 얻고 중용을 얻으려고 합니다. 마음을 다스리는 것에도 어마어마한 노력과 열심을 쏟아야 합니다. 육체가 편안해서는 정신적 평안함이 얻어 질 수 없다고 생각하기 때문에 눕지를 않습니다. 어느 수행자는 십년 째 누워 본적이 없다고 말하고 수행을 위해 먹지도, 놀지도, 쉬지도 않습니다. 경제적 성공을 위한 방식과 마음을 다스리기 위한 방식은 결국 하나의 방식으로 귀결 되는데 곧 열심입니다. 왜냐하면 세상에는 '공짜란 없다' 는 철칙이 있기 때문입니다. 성공을 하려면 반드시 대가를 치러야 하고, 성공은 쉽게 공짜로 얻을 수 없다는 사고방식입니다. 하지만 엄밀하게 말하면 세상에 공짜 아닌 것이 없습니다. 생명을 얻는 것도 공짜요, 태양을 쬐는 것도 공짜요 매일 아침 숨을 쉬는 것도 공짜요, 디디고 서 있는 대지도 공짜입니다. '세상에 공짜는 없다' 가 아니라 '세상에 공짜 아닌 것이 없다' 가 맞지만 죄인들은 은혜의 방식을 이해하지 못합니다.

은혜의 종교

인간의 불행 중에 가장 큰 불행은 종교의 왜곡입니다. 세상에서 가장 불행한 사람은 왜곡된 종교 인식을 가지고 있는 사람입니다. 깨끗한 마음을 얻고자 밤새 기도하고 정결한 마음을 얻고자 새벽마다 기도해야 한다면, 평안한 삶 대신 늘 고난을 감수하는 삶을 살아야 한다면, 은혜 받기 위해서 희생하는 삶을 살아야 한다면 그것은 너무나 불행한 삶입니다. 기독교는 마음의 중용을 얻는 방법을 가르치지 않고, 욕심을 떨칠 수 있는 방법을 가르치지 않습니다. 기독교는 언제나 선포로서 등장합니다. 하나님께서 '내가 새 마음을 주리라' 고 선포하셨고, 실제로 성령의 강림을 통해 저와 여러분 모두에게 하나님이 새 마음을 부어 주셨습니다. 교회는 하나님의 마음을 가지라고 여러분을 선동하지도 않습니다. 왜냐하면 성도는 이미 하나님의 마음을 가진 자요 성도는 이미 청결한 마음을 가진 자요 성도는 이미 거룩한 마음을 가진 자이기 때문입니다. 성경은 성도가 가진 것, 성도가 받은 은혜, 성도가 받은 복을 선포하며, 성도가 받은 은혜와 복을 삶 속에 적용하며 누릴 수 있는 하나님의 원리를 말해 주고 있는 것입니다. 세상은 열심과 노력과 수행이 필요한 곳이고 기독교는 계시와 은혜가 있는 곳입니다.

두 원수는 없다

상황에 대한 인식

사무엘상과 사무엘하를 읽으시면서 사울과 다윗이라는 두 사람의 대결구도 양식으로 이해하시면 안 됩니다. 사울과 사울 가문이 있고 다윗과 다윗의 가문이 있고 두 가문 중 어느 가문이 성공하고 흥왕하며 어느 가문이 멸문하고 패망하는가에 초점을 맞추면 안 됩니다. 세상의 대결적 경쟁구도 속에서 성공하고 번영할 수 있는 방식을 찾으려고 시도하면 안 됩니다. 물론 성경에도 세상에서 벌어지는 것과 동일한 사건들이 많이 등장합니다. 권력에 대한 이야기, 성공과 부자에 대한 이야기가 많습니다. 혹자들은 세상의 역사기록이 권력을 잡기 위한 역사요 왕조 역사도 지배자들에 대한 기록만 남아 있지 민중의 삶은 아랑곳하지도 않는 것처럼 성경도 왕권을 쟁탈하기 위한 싸움이지 어디 인간과 민중과 대중에 대한 가르침이 있냐고 반문할 수 있습니다. 또 요셉이 어떻게 했더니 총리가 되었다는 둥, 사무엘이 나라를 다스렸다는 둥, 다윗이 통일 왕국의 왕이 되었다는 둥, 솔로몬이 부와 명예를 가졌다는 둥, 다니엘이 세 왕을 걸쳐 가면서 총리가 되었다는 둥 온갖 권력에 관한 것뿐이지 어디에도 인간 존중과 인간 중심이 들어 있지 않다고 비난할 수 있습니다. 사건이나 상황적으로는 유사하지만 사건을 통하여 가르치려는 메시지는 전혀 다른 차원입니다. 성경은 사울과 다윗을 경쟁 구도로 보고 성공하는 방식을 제시하는 것이 아니라 사울로 대표되는 죄의 사고방식과 다윗으로 대표되는 하나님적 사고방식이라는 두 사고방식, 두 인식방식의 극명한 대조를 보여주는 것입니다. 사울의 생각은 죄의 생각을 대변하는 것이요. 다윗의 생각은 하나님의 생각을 대변하는 것입니다.

죄의 생각

사울과 다윗은 동일한 상황을 겪고 있는 두 당사자입니다. 동일한 상황에 대해 사울은 죄의 방식으로 생각합니다. 사울의 사고방식에 의하면 현재 사울이 겪고 있는 문제의 원인은 다윗입니다. 다윗이 있기에 백성들의 마음이 다윗에게로 몰리고 그 결과 자신의 통치력이 약화 되었다고 생각을 했었습니다. 문제의 원인이 다윗이기에 다윗을 물리치면 문제가 해결 된다고 생각하여 모든 역량을 다윗을 죽이는 일에 쏟아 부었습니다. 사울의 사고방식은 사울 개인의 생각이 아니라 모든 죄인의 방식입니다. 본문에 등장하는 이스보셋도 사울과 같은 사고방식을 가지고 있는 사람으로 죄의 방식의 대표로 소개되고 있습니다. 본문에 이스보셋의 군장인 레갑과 바아나라는 두 사람이 자신들의 왕인 이스보셋을 죽이고 머리를 다윗에게로 가져옵니다. 두 사람이 말하기를 4장 8절 "여호와께서 오늘 우리 주되신 왕의 원수를 사울과 그의 자손에게 갚으셨나이다"입니다. 두 사람의 생각에는 '다윗 왕이여 그동안 불안하셨죠? 그동안 평안하지 못하셨죠? 왜 그러셨습니까? 바로 이 사울과 그 아들들로 이어지는 가문 때문에 그 원수 때문에 그러셨잖아요. 그 원수만 물리치면 당신은 행복해지고 그 원수만 물리치면 당신은 튼튼해질 수 있었잖아요. 그런데 여호와께서 오늘 나에게 그 원수를 물리쳐 당신에게 가져오게 하였나이다. 이제 원수가 없어졌으니 행복해 질 수 있습니다' 라는 인식이 담겨있습니다. 사울이 다윗을 원수라고 생각하는 것이나 이스보셋의 부하가 이스보셋을 다윗의 원수라고 생각하는 것은 모두 죄의 방식입니다.

예전에 다윗의 참모들도 동일한 생각을 했었습니다. 다윗이 사울에게 쫓겨 다닐 때에 두 번에 걸쳐 다윗이 사울을 죽일 수 있는 기회가 있었습니다. 그때 다윗의 참모들도 죄적 사고방식에 의한 조언을 했습니다. 참모들이 다윗에게 한 말이 사무엘상 24장 4절 "다윗의 사람들이 이르되 보소서 여호와께서 당신에게 이르시기를 원수를 네 손에 붙이시리니 네 소견에 선한대로 그에게 행하라 하시더니 이것이 바로 그날이니이다"입니다. 하나님이 사울을 다윗의 원수로 여기시고 오늘 사울을 없애버리라고 말씀하신다고 조언하며 사울을 죽이면 다윗이 평안할 것이라고 격려합니다. 문제는 원수이기에 원수를 제거하면 문제가 해결될 것이요 하나님이 원수를 제거해 주신다고 말합니다. 하지만 참모들의 생각은 하나님의 생각이 아니라 죄의 생각이요 죄의 방식일 뿐입니다. 다윗이 사울을 죽일 수 있는 두 번째 기회가 왔을 때에도 참모들은 동일한 조언을 합니다. 사무엘상 26장 8절 "아비새가 다윗에게 이르되 하나님이 오늘 당신의 원수를 당신의 손에 붙이셨나이다. 그러므로 청하오니 내가 창으로 그를 찔러서 단 번에 땅에 꽂게 하소서. 내가 그를 두 번

찌를 것이 없으리이다"입니다. 인간이 행복하지 못한 이유, 인간이 은혜를 누리지 못하는 원인을 전혀 엉뚱하게 원수가 있는 것이라고 생각하기에 원수를 죽이는 것이 해결이라고 생각하는 것입니다. 사울이 그렇게 생각했고 이스보셋의 군장이 그렇게 생각했고 사울이 죽었을 때 사울의 머리를 들고 다윗에게 나왔던 아말렉 군병도 똑같은 생각을 했습니다. 사무엘하 4장 10절 "전에 사람이 내게 알리기를 보라 사울이 죽었다 하며 그가 좋은 소식을 전하는 줄로 생각하였어도"입니다. 하지만 다윗은 죄의 방식이 아닌 하나님의 방식으로 생각합니다. 그래서 사울을 원수로 여기지 않았고, 사울을 죽이지 않았습니다. 사울이 죽었다는 소식을 듣고도 원수가 제거되었다는 사실에 기뻐하고 즐거워하지 않았던 것입니다. 다윗은 사울, 이스보셋, 레갑과 바아나, 아말렉 군병, 더 나아가 모든 사람들이 생각하는 죄의 방식과는 다르게 하나님의 방식으로 생각하는 것입니다.

죄의 또 다른 생각

세상에서 인정받는 좋은 말과 교회에서 성경이 선포하는 말은 유사하게 표현될 지라도 내용상 본질이 다릅니다. 내용의 차이점이 부각되지 않고 표현의 유사성 때문에 비슷한 의미로 이해되면 안 됩니다. 간혹 교회나 설교자들이 세상의 교훈과 기독교의 진리의 차이점을 구분해 내지 못하고 비슷하게 말하는 경우가 있고, 성도들도 좋은 말이라고 동일하게 감동이나 은혜를 받으면 안 됩니다.

예를 들어 보겠습니다. 잘못된 사례, 왜곡된 경우입니다. "여러분 모든 상황을 좋게, 긍정적으로, 자기에게 도움이 되도록 받아 들여야 합니다. 사울에게는 다윗이 있었고 다윗에게는 사울이 있었습니다. 흔히들 사람들이 두 사람은 원수요 경쟁자요 적수라고 말합니다. 그러나 다윗을 다윗 되게 만든 자가 사울입니다. 다윗이 다윗 될 수 있었던 것은 사울이라는 경쟁자가 있었기 때문입니다. 사울을 원수라고 생각하여 빨리 죽여 버렸으면 다윗이 빨리 왕이 될 수는 있었을 것입니다. 그러나 좋은 왕이 되었을지는 의혹스러운 겁니다. 다윗이 좋은 왕이 될 수 있었던 것은 사울이라는 경쟁자가 있었기 때문입니다. 사울이 늘 쫓아오니까 다윗은 도망 다녀야하고 늘 죽음에 직면해 있습니다. 죽음에 직면해 있는 사람은 어떻게든 살아야 하기 때문에 모든 사람에게 좋은 관계를 맺고 처세술이 발달하게 됩니다. 사울은 원수이지만 다윗이 원수의 아들 요나단의 충성스러운 마음을 받아 낼 수 있었던 것도 처세술에 능했기 때문입니다. 또 사울은 당시 여당이요 집권자였고 다윗은 소수에 속한 자이었기 때문에 힘이 없는 사람이 살아갈 유일한 방법은 민심을 얻는 것입니다. 그래서 다윗은 사람들에게 선정을 베풀고, 사람들에게 호감을 얻고, 사람들에 인정을 받아야만 살 수 있기에 주변에 모여들었던 억울한 자, 환난당한 자, 압박당하는 자들을 위로하며 그들의 마음을 사려고 애썼고 결국 좋은 왕이 될 수 있었습니다. 여러분 경쟁자를 경쟁자라고 느끼지 마시고 원수를 원수라고 미워하지 마십시오. 원수는, 경쟁자는 나를 만드는 자요 나를 세워주는 자요 나를 견고하게 하는 자요 나를 강하게 하는 자입니다. 상대하는 자를 원수로 보지 말고 나를 만들어 주는 좋은 동역자라는 생각을 가지십시오. 지금 사울과 다윗은 원수 관계가 아니라 아름다운 동역자 관계입니다" 분명히 교훈적인 연설이며, 설득력이 있는 강연입니다. 그러나 위의 내용은 성경이 전달하고자 하는 메시지는 아닙니다.

    원수를 대하는 긍정적인 태도는 중요하지만 하나님이 가르치고자하는 초점이 아닙니다. 하나님이 다윗에게 경쟁자 사울을 세워 주는 것으로 다윗을 의롭고 선한 왕으로 만들 수 있으면 예수 그리스도는 오실 필요가 없습니다. 저와 여러분에게 좋은 라이벌 한명 또는 좋은 동역자 한 사람을 세우는 것으로 여러분의 마음을 다스리며 여러분의 삶을 경건하게 만들 수 있다면 예수가 육신을 입고 강림하셔야 하는 이유가 없고, 십자가를 지고 죽으신 후 부활하셔야 하는 이유가 없고, 성령이 성도들에게 임해야할 이유가 전혀 없습니다. 기독교는 인간이 해결할 수 있는 문제에 또 다른 어떤 방식을 제공하는 것이 아니라 인간이 해결할 수 없기에, 하나님이 도와 주셔야만 가능하기에, 하나님의 일하심, 하나님의 행하심, 하나님의 은혜를 선포하는 것입니다. 죄의 사고방식에 근거하여 다윗이 사울을 원수로 간주하여 제거할지라도 다윗의 문제 상황이 종결되거나, 더 이상 원수가 발생하지 않거나, 태평한 세월이 이어지는 것이 아닙니다. 대적자 사울이 죽자 사울의 아들 이스보셋이 새로운 대적자가 되고 후에는 다윗의 신하 요압이 대적자가 되고 심지어는 다윗의 아들 압살롬이 반란을 일으켜 대적자가 되었습니다. 원수를 제거해야 한다면 다윗의 주변인물들과 심지어 다윗의 아들들 모두를 죽여야 합니다. 이와 같은 방식으로는 인간의 문제가 해결되지 않습니다.

하나님의 방식

죄인들의 방식과 비교하여 하나님이 다윗의 사건을 통하여 가르쳐 주고자 하는 메시지는 인간 문제의 본질이 죄이고, 죄의 인식과 가치와 방법 대신에 하나님이 우리를 죄에게서 해방시켜주고 하나님의 마음을 주어 가지게 했던 하나님의 원리, 하나님의 기준, 하나님의 방식, 하나님의 마음, 하나님의 성품으로 대해야 인간이 상호간에 행복하고 만나면 반갑고 이야기 하면 즐겁고 행복을 누릴 수 있다는 것입니다. 본문은 이스보셋과 레갑과 바아나, 아말렉 군병들, 다윗의 참모들 등 사울의 사고방식을 가진 사람들이 생각하는 문제인식을 보여 줍니다. 원수나 경쟁자나 상대자를 제거하거나 상황을 변화시키면 인간의 삶이 달라질 것으로 기대하는 죄 된 방식의 한계를 보여줍니다. 그리고 근본 하나님의 마음, 하나님의 기준, 하나님의 가치, 하나님의 방식이 들어가야 하나님의 성품의 결과들인 온유와 희락과 화평과 양선과 절제와 충성이 사람들의 삶 속에 누려 질 수 있다는 걸 보여주는 것입니다.

5

사울? 다윗? 하나님?

사무엘하 5:1~25

1 이스라엘 모든 지파가 헤브론에 이르러 다윗에게 나아와 이르되 보소서 우리는 왕의 한 골육이니이다 2 전에 곧 사울이 우리의 왕이 되었을 때에도 이스라엘을 거느려 출입하게 하신 분은 왕이시었고 여호와께서 왕에게 말씀하시기를 네가 내 백성 이스라엘의 목자가 되며 네가 이스라엘의 주권자가 되리라 하셨나이다 하니라 3 이에 이스라엘 모든 장로가 헤브론에 이르러 왕에게 나아오매 다윗 왕이 헤브론에서 여호와 앞에 그들과 언약을 맺으매 그들이 다윗에게 기름을 부어 이스라엘 왕으로 삼으니라 4 다윗이 나이가 삼십 세에 왕위에 올라 사십 년 동안 다스렸으되 5 헤브론에서 칠 년 육 개월 동안 유다를 다스렸고 예루살렘에서 삼십 삼 년 동안 이스라엘과 유다를 다스렸더라 6 왕과 그의 부하들이 예루살렘으로 가서 그 땅 주민 여부스 사람을 치려 하매 그 사람들이 다윗에게 이르되 네가 결코 이리로 들어오지 못하리라 맹인과 다리 저는 자라도 너를 물리치리라 하니 그들 생각에는 다윗이 이리로 들어오지 못하리라 함이나 7 다윗이 시온 산성을 빼앗았으니 이는 다윗 성이더라 8 그 날에 다윗이 이르기를 누구든지 여부스 사람을 치거든 물 긷는 데로 올라가서 다윗의 마음에 미워하는 다리 저는 사람과 맹인을 치라 하였으므로 속담이 되어 이르기를 맹인과 다리 저는 사람은 집에 들어오지 못하리라 하더라 9 다윗이 그 산성에 살면서 다윗 성이라 이름하고 다윗이 밀로에서부터 안으로 성을 둘러 쌓으니라 10 두로 왕 히람이 다윗에게 사절들과 백향목과 목수와 석수를 보내매 그들이 다윗을 위하여 집을 지으니 12 다윗이 여호와께서 자기를 세우사 이스라엘 왕으로 삼으신 것과 그의 백성 이스라엘을 위하여 그 나라를 높이신 것을 알았더라 13 다윗이 헤브론에서 올라온 후에 예루살렘에서 처첩들을 더 두었으므로 아들과 딸들이 또 다윗에게서 나니 14 예루살렘에서 그에게서 난 자들의 이름은 삼무아와 소밥과 나단과 솔로몬과 15 입할과 엘리수아와 네벡과 야비아와 16 엘리사마와 엘랴다와 엘리벨렛이었더라 17 이스라엘이 다윗에게 기름을 부어 이스라엘 왕으로 삼았다 함을 블레셋 사람들이 듣고 블레셋 사람들이 다윗을 찾으러 다 올라오매 다윗이 듣고 요새로 나가니라 18 블레셋 사람들이 이미 이르러 르바임 골짜기에 가득한지라 19 다윗이 여호와께 여쭈어 이르되 내가 블레셋 사람에게로 올라가이까 여호와께서 그들을 내 손에 넘기시겠나이까 하니 여호와께서 다윗에게 말씀하시되 올라가

라 내가 반드시 블레셋 사람을 네 손에 넘기리라 하신지라 20 다윗이 바알브라심에 이르러 거기서 그들을 치고 다윗이 말하되 여호와께서 물을 흩음 같이 내 앞에서 내 대적을 흩으셨다 하므로 그곳 이름을 바알브라심이라 부르니라 21 거기서 블레셋 사람들이 그들의 우상을 버렸으므로 다윗과 그의 부하들이 치우니라 22 블레셋 사람들이 다시 올라와서 르바임 골짜기에 가득한지라 23 다윗이 여호와께 여쭈니 이르시되 올라가지 말고 그들 위로 돌아서 뽕나무 수풀 맞은편에서 그들을 기습하되 24 뽕나무 꼭대기에서 걸음 걷는 소리가 들리거든 곧 공격하라 그 때에 여호와가 너보다 앞서 나아가서 블레셋 군대를 치리라 하신지라 25 이에 다윗이 여호와의 명령대로 행하여 블레셋 사람을 쳐서 게바에서 게셀까지 이르니라

행복 만들기

행복한 세상 만들기

　세상의 모임들도 사람이 모이고 교회도 사람이 모입니다. 세상에 있는 조직들도 사람이 운영하고 교회도 사람이 운영합니다. 그래서 세상의 조직과 단체나 교회라는 조직과 단체가 별 차이가 없는 것처럼 느껴질 때가 많습니다. 그러나 세상과 교회는 관점이 다르고 기준이 다르고 목표하는 바가 다르고 목표를 이루어 가는 방식이 전혀 다릅니다. 세상에서는 모두가 행복한 세상을 만들려고 애를 씁니다. 방송 광고에는 공익 광고와 상업 광고의 구분없이 모두가 행복하고 살기 좋은 세상을 만들겠다는 내용들이 주를 이룹니다. 또 뉴스들이나 시사 정보들을 보아도 정치 경제 문화 등 모든 측면에서 더 살기 좋은 나라, 더 풍요로운 세상을 만들려고 애쓰는 모습들이 소개됩니다. 고마운 노력들이요, 계획대로만 된다면 좋은 세상이 만들어지고 인간은 더욱 행복해 질 것입니다. 그런데 실제로 과거와 현재를 비교해 보면 세상이 달라지고 좋아졌다고 해도 우리가 느끼고 체험하는 것은 별 차이가 없다는 것입니다. 분명 예전보다 여러 가지측면에서 오늘날 우리의 삶은 풍성해지고 윤택해졌습니다. 하지만 우리의 반응은 비슷합니다. 예전에도 좋은 일이 있으

면 희희낙락 했고 조금 힘든 일이 있으면 좌절과 낙담과 두려움에 빠졌었습니다. 그때 보다 지금은 여러 가지 모습에서 나아진 것 같지만 여전히 오늘날도 좋은 일이 있으면 희희낙락하고 힘들고 어려운 일이 있으면 좌절하고 낙담합니다. 앞으로 우리나라가 더 살기 좋아 져서 소득이 오만불이 넘어가고 선진국 대열에 들어간다 할지라도 우리의 사는 모습은 비슷할 것입니다. 인간이 좋은 세상을 만들고 행복한 세상을 만들려는 노력은 가상하지만 성경이 말하자고 하는 것을 놓치고 있습니다. 성경은 인간의 행복은 좋은 환경이 만들어 진다고 이루어지는 것이 아니라고 말합니다. 좋은 사회적 여건을 만들어 놓으면 범죄가 줄어들 것이라고 기대하는 것은 커다란 착각입니다.

창조 때에 하나님은 인간을 위하여 가장 완벽하고 가장 좋은 세상을 만드셨습니다. 인간은 아무것에도 제한받지 아니하였고 어느 것에도 눌리지 아니했고 어느 것도 부족한 것이 없었습니다. 그 당시 사람이 무엇인가에 눌리고 억압받고 지배 받아서, 마음속에 담겨있고 분출되지 못한 한이 있기에 어느 날 내적 갈등이 돌출행동으로 튀어나와서 죄가 된 것이 절대로 아닙니다. 오늘날 인간들의 엽기적인 행동이나 이상한 행동에 대한 원인으로 가장 많이 지적되는 것이 스트레스요 우리 나랏말로 화병입니다. 하지만 천지창조 때의 인간에게는 스트레스와 피로, 부담, 억눌림 등이 전혀 없었습니다. 하나님은 인간을 제한하지 않으셨고 인간은 어느 누구에게도 억압받지 않았으며 어떤 것도 부족하지 않았습니다. 오늘날 인간이 만들고자 하는 행복한 세상은 제아무리 잘 만들어도 하나님이 만들어주신 에덴동산보다 못할 것입니다. 바로 그렇게 좋았던 그곳에서 죄가 시작되었다는 것을 놓쳐서는 안 됩니다. 아마 세상이 점점 더 좋은 세상이 되어서 인간이 수고하지 않아도 되는 정말 평안한 세상을 만든다고 하면 그때 인간은 행복을 누릴까? 아마 그때도 여전히 범죄가 판을 칠 것입니다. 왜냐하면 인간이 아무것도 하지 않아도 되니까 무료하고 심심하고 따분하다고 여길 것이기 때문입니다.

행복한 인간 만들기

세상은 좋은 세상을 만들려고 애를 쓰지만 성경은 행복한 세상 만들기에 대해서는 전혀 관심이 없고 아무 말도 하지 않습니다. 하나님이 만드신 세상은 아무런 문제가 없기 때문입니다. 물론 세상에 문제가 발생합니다. 제도, 환경, 경제, 교통, 치안 등 여러 가지 모양의 우리의 삶을 불편하게 만드는 현상들이 있습니다. 하지만 이러한 현상들은 인간이 죄인이기에 죄인의 행동에서 야기되는 것입니다. 그래서 인간을 고치지 않으면, 인간이 가지고 있는 죄의 원리를 바꾸지 않으면, 인간이 생각하고 있는 죄의 가치를 바꾸지 않으면, 인간이 행동하고 있는 죄의 방식을 바꾸지 않으면 절대로 해결 될 수 없는 문제입니다. 성경은 행복한 세상 만들기가 아니라 행복한 인간 만들기를 하고 있는 것입니다. 행복한 인간 만들기는 오직 죄의 마음대신 하나님의 마음을 가지게 하는 것입니다.

성경을 살펴보시면 성경이 두껍고, 오랜 기간에 걸친 이야기가 있고, 많은 사건들이 있어서 성경에 무지무지하게 많은 내용이 있는 줄로 생각하시지만 실상은 그렇지 않습니다. 성경은 매우 간단하고 가르치고자 하는 주제 또는 핵심이 아주 적습니다. 물론 창조이야기도 있고, 아들 낳지 못하는 집안에 아들을 낳게 하는 이야기도 있고, 열 가지 기적의 이야기도 나오고, 바다가 갈라지는 사건, 아줌마를 통해 적군의 장수을 무찌르는 사건, 소리 질러서 성벽을 무너뜨리는 사건 등 정말 놀랍고 희한한 장면들, 방송 프로그램 '세상에 이런 일이'에 등장하는 내용보다 더 재미있는 일들이 많이 있습니다. 하지만 성경에 등장하는 각양의 사건들이 가지고 있는 메시지는 오직 한 가지 '하나님을 알라' 는 것입니다. 하나님의 말씀은 세상을 살아가는 여러 방식 중에 어떤 한 가지가 아니라 세상을 제대로 살아가는 유일한 방식, 인간이 행복을 누리며 살아가는 참된 방식, 진리를 알려주는 것입니다.

성경의 사건들을 통해서 하나님이 죄보다 크다는 것, 하나님이 죄보다 강하시다는 것, 하나님이 죄보다 자비로운 분이시라는 것, 하나님이 죄보다 온유하시다는 것, 하나님이 죄보다 나를 더 사랑하시는 분이시라는 것을 알려 주고 그 하나님의 말씀을 따를 때에 인간이 행복을 누릴 수 있다고 선언하며, 행복한 인간 만들기를 하고 있는 것이 성경의 이야기입니다. 행복한 인간 만들기를 하나님은 이미 이루셨습니다. 인간의 문제인 죄를 사하시고 인간의 마음속에 하나님의 성령을 부어주시어 하나님의 마음을 갖게 하시어 행복한 인간 만들기를 완성하셨고 하나님의 행복한 인간 만들기에 완성된 자로써 서계신 분이 저와 여러분입니다.

행복한 인생 누리기

하나님이 행복한 인간 만들기를 완성하셨기에 이제 행복한 인간으로 만들어진 저와 여러분에게 남은 일은 한 가지 행복한 인생 누리기입니다. 하나님의 마음을 가지고 하나님의 방식을 가지고 기존에 있던 죄의 원리의 그릇됨을 알아 하나님의 마음으로, 하나님의 뜻으로, 하나님의 원리로, 하나님의 가치로, 하나님의 기준으로 행동할 때에 저와 여러분 속에 하나님의 풍성함과 하나님의 온유함과 자비함이 구현되며 향유 되며, 누려지게 될 것입니다.

다윗과 이스라엘

이스라엘의 왕

사무엘 상하에는 다윗이 왕이 되어가는 과정이 기록되어 있습니다. 성경을 통해서 다윗이 어떻게 왕이 되어 가는가, 어떤 행동을 하는가,

어떻게 처신하는가, 어떤 멋있는 일들을 행하는가, 성경은 그와 같은 내용에 초점을 맞추고 있지 않습니다. 하나님의 의도와는 다르게 이스라엘이 왕을 세우고, 초대 왕 사울에 이어 다윗이 왕이 되어가고 있습니다. 다윗이 왕이 되면 이스라엘 백성들이 사는 세상이 좀 살만해 질까요? 이스라엘 사람들이 하나님에게 왕을 달라고 요구했었습니다. 이스라엘 백성들은 자신들의 삶이 안정되고 평안하다고 생각하지 않았습니다. 불평하는 가운데 주변에 있는 나라들을 보니까 주변에 있는 열방들은 왕이 있었습니다. 왕이 강력한 카리스마로 나라를 이끌어 가고 굳건한 통치력으로 국론을 통일하고 일사불란하게 끌고 나가는 것을 보고 부러워했습니다. 자신들에게는 왕이 없기 때문에 덜 행복하고, 만약 왕이 있으면 자신들의 삶도 나아질 것이라고 생각을 해서 하나님께 왕을 요구했던 것입니다. 과연 이스라엘 백성들의 생각이 맞았을까요? 당시 이스라엘이 보고 부러워했던 왕이 있던 나라, 당시 이스라엘 주변에서 이스라엘과 경쟁했던 블레셋의 경우는 과연 어떠했을까요? 왕을 세운 나라의 백성들은 과연 이스라엘이 부러워하고 소망하던 삶을 정작 누리고 살았을까요?

    아마도 블레셋 백성들이 마냥 행복하지만은 않았을 것입니다. 첫째 아들은 튼튼한 군대를 만들겠다는 왕의 목표를 이루어주기 위해 군대에 갔을 것이요, 둘째 아들은 왕궁을 짓는 일에 동원되었을 것이요, 셋째는 이런 저런 나라의 부역을 하느라 집안 일이나 농사 일을 도울 수 없었을 것입니다. 딸이 있었지만 왕이 자신을 수발들게 하려고 데려갔을 것이요, 나라가 풍성한 소산을 거두기는 하였지만 왕이 포도원과 감람원의 소산 중에 제일 좋은 것을 취하여 자기 신하들 준다고 다 걷어 가고, 곡식과 소산을 걷어다가 자기 장수들에게 나누어 주고, 왕궁 짓는다고 세금 거두어 갔을 것입니다. 결국 자녀가 있지만 얼굴을 볼 수 없고, 소산이 있지만 자신이 배불리 먹어볼 수 없는 상황이 되어버린 것입니다. 이스라엘은 왕을 가진 블레셋 백성은 행복할 줄 알았지만 실제 왕을 가진 나라에서 사는 백성들의 모습은 사무엘상 8장에서 왕을 세우면 되어 질 결과에 대해 하나님이 말씀하신 대로 이루어졌습니다.

역사상 가장 넓은 영토를 정복한 알렉산더 대제에 관한 영화가 있습니다. 영화에 따르면 전쟁에서 승리할수록 집에서 멀리 떠납니다. 승리의 전리품을 가지고 금의환향하지 않고, 자신의 삶에 간섭하는 어머니의 시야를 벗어나기 위해 계속하여 외국으로만 향합니다. 알렉산더와 동행했던 군사들은 집 떠나온지 수 년동안 전혀 가족을 만나지 못하는 타향살이와 끊임없이 이어지는 전쟁에 시달립니다. 영화에서는 위대한 왕을 둔 군사들의 삶이 결코 행복하지만은 않다는 것을 보여주고 있습니다. 왕이 있으면, 강력한 지도자가 있으면, 나라가 번성하면, 더 좋은 세상이 만들어 지면 행복할 것이라는 이스라엘의 생각, 인간들의 기대가 옳지 않았던 것입니다.

사울 왕, 다윗 왕

사울이 왕이 되었다고 나라가 달라지고 이스라엘 백성이 행복이 누린 것이 아닙니다. 사울 대신 다윗이 왕이 되면, 다윗이 좋은 지도자가 되고 좋은 왕이 되어 선정을 베풀어서 모든 백성이 행복을 누릴 수 있도록 할 것을 기대할 수도 없습니다. 사울 때에는 적군을 물리치기 위한 전쟁이 끊이지 않았고 다윗 때에는 영토를 넓히기 위한 전쟁이 끊이지 않았습니다. 사울과 다윗을 지나 솔로몬이 이스라엘의 왕이 되었을 시대에도, 약속의 땅을 다 정복한 이후에도 백성들이 태평성대를 누렸던 것이 아닙니다. 영토 정복 전쟁이 끝나자, 그 동안 유보되었던 왕궁 건설 사역이 새로이 시작되어 대부분의 백성들이 건축 노역을 행하느라 20년 정도의 세월동안 고생만 합니다. 왕이 있는 나라에서, 정복전쟁이 끝난 나라에서 백성들의 고생이 얼마나 심했는지 솔로몬 왕이 죽자 백성들은 다음 왕에게 나아와 제발 노역을 줄여달라는 탄원을 할 정도였습니다. 사울이 왕이 되어도, 다윗이 왕이 되어도, 솔로몬이 왕이 되어도 백성들의 생활은 똑같았습니다. 성경은 왕이 있는지의 여부, 누가 왕이 되었는지의 여부를 구별하지 않습니다.

사무엘하 5장까지의 기록에 의하면 사울이 죽고 아들 이스보셋이 왕이 되었지만 이스라엘은 여전히 동일한 생각을 가지고 있고, 이스보셋이 죽자 다윗에게로 나아오면서도 여전히 생각하는 바가 변하지 않고 똑같다는 것을 볼 수 있습니다. 5장 1절 "이스라엘 모든 지파가 헤브론에 이르러 다윗에게 나아와 이르되 보소서 우리는 왕의 한 골육이니이다. 전에 곧 사울이 우리의 왕이 되었을 때에도 이스라엘을 거느려 출입하게 하신 분은 왕이시었고 여호와께서도 왕에게 말씀하시기를 네가 내 백성 이스라엘의 목자가 되며 네가 이스라엘의 주권자가 되리라 하셨나이다 하니라"고 말합니다. 백성들이 행하는 이와 같은 말을 '용비어천가' 龍飛御天歌라고 합니다. 이스라엘 백성들은 사울이 왕일 때에도 다윗만을 따랐었고 하나님이 다윗만을 왕으로 세운 줄로 알았던 적이 없습니다. 다윗이 사울 때문에 온갖 역경에 처했을 때 다윗의 편에 서준 사람, 다윗을 도와 준 사람은 아둘람 굴에 함께 피난했던 환난 당한 모든 자와 빚진 모든 자와 마음이 원통한 자들 뿐이었습니다. 사울도 죽고 이스보셋도 죽고 대세가 다윗에게로 기울자 다윗에게 나아와 온갖 아양의 말을 쏟아 내고 있습니다.

실제로 다윗이 온 이스라엘의 왕으로 등극하면 상황이 좋아질까요? 성경은 그렇게 말하고 있지 않습니다. 본문에서 성도들의 생각에는 '다윗이 이렇게 하였더라, 다윗이 저렇게 하였더라, 다윗이 위대한 역사를 행하더라, 다윗이 업적을 이루더라'는 기록을 기대할 지 모르지만 성경에는 그와 같은 기사가 한 줄도 없습니다.

이스라엘의 왕은 누구인가?

하나님이 행하셨다

다윗이 이스라엘 전체의 왕으로 등극하는 시점에서 성경은 하나님을 기록합니다. 다윗이 여부스 성을 정복하고 돌아왔을 때의 상황에 대해 5장 10절은 "만군의 하나님 여호와께서 함께 계시니 다윗이 점점 강성하여 가니라"고 말합니다. '다윗이 모든 적군을 물리치고 나라를 굳건히 세워 가더라' 고 말하지 아니하고 "만군의 여호와께서 함께 계시니 다윗이 점점 강성하여 가니라"고 강조하는 것입니다. 만약 여러분이 당시의 이스라엘 백성이었다면 여러분은 다윗을 따라가시겠습니까 아니면 다윗을 강성하게 만드시는 하나님을 따라가시겠습니까? 5장 19절 "다윗이 여호와께 여쭈어 이르되 내가 블레셋 사람에게로 올라 가리이까 여호와께서 그들을 내 손에 넘기시겠나이까 하니 여호와께서 다윗에게 말씀하시되 올라가라 내가 반드시 블레셋 사람을 네 손에 넘기리라 하신지라"입니다. 여러분이 이스라엘 백성이라면 모든 일을 하나님께 물어보고 행하는 지도자 다윗을 따라가시겠습니까 아니면 묻는 자에게 대답하시며 늘 동행해 주시는 하나님을 따라가시겠습니까? 5장 23절 "다윗이 여호와께 여쭈니 이르시되 올라가지 말고 그들 뒤로 돌아서 뽕나무 수풀 맞은편에서 그들을 기습하되 뽕나무 꼭대기에서 걸음 걷는 소리가 들리거든 곧 공격하라 그 때에 여호와가 너보다 앞서 나아가서 블레셋 군대를 치리라 하신지라." 여러분이 이스라엘 사람이라면 하나님의 작전에 순종하는 다윗을 따라가겠습니까 아니면 자신의 백성이 이기도록 작전을 세워주시고 작전을 친히 행하사 이기게 하시는 하나님을 따라가시겠습니까?

하나님의 질문

성경이 묻는 바, 하나님이 강조하는 것을 오해하시면 안 됩니다. 하나님은 지금 이스라엘에게 '이스라엘 백성들아 들으라. 지금 너희 앞에 두 왕이 있다. 누구를 따를 것이냐? 사울을 따를 것이냐? 다윗을 따를 것이냐?' 라고 묻는 것이 아닙니다. 성경은 전혀 다른 것을 묻고 있습니다. '이스라엘아 들으라. 지금 너희 앞에 두 가지 방식이 있다. 하나는 너희가 옳다고 생각하는 너희의 방식이 있고, 하나는 너희와 다른 하나님의 방식이 있다. 너희는 너희가 옳다고 생각하는 방식과 너희가 전혀 옳다고 생각되지 않는 하나님의 방식 중 어떤 것을 따를 것이냐?' 고 묻는 것입니다. '사울과 다윗 중에서 어떤 사람을 지도자로 삼을 것이냐? 자기를 위하는 자 사울이냐? 기도하는 자 다윗이냐?' 를 묻는 것이 아닙니다. '적군을 이기기 위해서는 강하고 크고 능력 있고 담대하고 통치력 있고 리더십 있고 카리스마 있는 사람이 있어야 된다고 하는 죄의 방식이냐? 너희가 보기에 하찮고 전혀 될 것 같지 않고 실패 할 것 같은 그러나 바로 그 사람을 불러서 너희들이 보기에도 깜짝 놀랄 변화를 이루어 내시는 하나님의 방식을 따를 것이냐?' 고 묻는 것입니다. 하나님은 '자기를 드러내고 자기 기념비를 세우고 자기 멋대로 하는 사울이냐? 하나님을 따른 다윗이냐?' 를 묻는 것이 아닙니다. '너희 생각에 가능성이 있어 보이는 너희 방식과 너희 생각에 가능성이 없어 보이는 하나님의 방식 중에 어느 방식을 따를 것이냐?' 를 묻는 것입니다. 즉 '죄의 방식을 따를 것이냐? 하나님 방식을 따를 것이냐?' 는 질문과 함께 하나님 방식으로 된다는 것을 보여주기 위한 샘플로 다윗이 등장할 뿐이지 '사울이냐? 다윗이냐?' 를 논하고 있는 것이 아닌 것입니다.

만약 사람들이 '사울이 아니라 다윗이다. 다윗 같은 사람, 덩치가 크고 작으냐가 문제가 아니라 얼마나 옹골차고 얼마나 야무지고 얼마나 소신 있고 얼마나 줏대가 있고 얼마나 추진력이 있느냐가 중요하다. 키

크고 덩치는 좋지만 속없는 사울보다 작고 옹골찬 다윗 같은 사람이 왕이 되어야 한다'라고 결정하면 그것이 바로 죄의 방식입니다. 사람들 생각에 옳아 보이는 방식이 죄의 방식이고, 사람의 생각에는 옳아 보이지 않으나 하나님이 하신다고 할 때 하나님이 맞다, 하나님이 옳다, 하나님이 하시면 된다고 하나님을 인정하는 것이 하나님의 방식입니다. 만약 본문을 근거 구절로 삼아 '이스라엘에 사울 같은 지도자가 있으니까 나라가 패망하고 다윗 같은 지도자가 있으니까 번성하였다. 어떤 지도자가 있느냐가 그 나라의 운명을 결정한다. 개인이든 국가이든 어떤 지도자를 만나느냐가 정말 중요하다'고 설교한다면 성경의 의도와는 전혀 무관한 것입니다. 성경은 어떤 사람, 어떤 목자, 어떤 인도자를 강조하는 것이 아니라 하나님이 누구라도 세워서 하나님의 사람으로, 하나님이 누구라도 세워서 온유한 사람으로 만들어 낼 수 있는 하나님을 믿으라고 우리에게 강조하고 있기 때문입니다. 성경은 '사울이냐? 다윗이냐?'를 선택하라는 권고가 아닙니다. 사람 가운데 어떤 지도자, 어떤 리더, 어떤 책임자, 어떤 목자냐를 세우느냐에 따라 운명이 달라질 수 있다고 말하려는 것이 절대로 아닙니다. 오직 하나님을 따르고, 하나님 원리를 따르고, 하나님 방식을 따라야 한다는 것입니다.

　이스라엘의 생각을 깨기 위하여, 이스라엘의 생각 보다 하나님의 생각이 옳고 사람들의 방식보다 하나님의 방식이 옳다는 것을 가르쳐 주기 위하여 동원한 하나의 샘플이 다윗입니다. 이스라엘은 다윗을 거부했었습니다. 다윗 같은 사람이 왕이 되면 나라가 안정될 수 없고, 자신들이 신뢰할 수 없다고 생각했었습니다. 그런데 하나님이 다윗을 고르셨고, 다윗을 세우셨습니다. 하나님이 다윗으로 말미암아 이스라엘을 블레셋의 위협으로부터 벗어나게 하셨고, 하나님이 다윗으로 말미암아 이스라엘의 영토를 확장하게 도우셨습니다. 하나님이 다윗을 통하여 일하시는 모습을 보여주시면 백성들의 마음속에 '하나님이 하시면 되는구

나. 사람이 다윗이냐 아니냐는 상관없이 누구라도 하나님이 하시면 되는구나!' 라고 하나님을 깨달아 아는 것이 중요합니다. 이스라엘의 진정한 왕은, 이스라엘이 기대해야 할 새로운 메시아적 왕은 다윗 같은 왕이 아니라 처음부터 지금까지 언제나 하나님이 이스라엘의 왕이고, 하나님이 이스라엘의 책임자이고, 하나님이 이스라엘을 돌보는 자라는 것을 아는 것이어야 합니다. 그래서 본문은 다윗이 왕으로 등극하는 장면임에도 불구하고 다윗 이야기는 없고 전부 하나님이 행하셨다는 기록만 등장하는 것입니다.

다윗의 실체

물론 이어지는 본문에는 다윗의 이야기가 조금 나옵니다. 대신 다윗을 높이는 쪽으로가 아니라 다윗이 다른 사람과 별다른 차이가 없다는 쪽으로 나옵니다. 5장 6절로부터 8절 "왕과 그의 그 종자들이 예루살렘으로 가서 그 땅 거민 여부스 사람을 치려하매 그 사람들이 다윗에게 말하여 가로되 네가 이리로 들어오지 못하리라. 소경과 절뚝발이라도 너를 물리치리라. 하니 저희 생각에는 다윗이 이리로 오지 못함이라 함이나 다윗이 시온산성을 빼앗았으니 이는 다윗의 성이라. 그날에 다윗이 이르기를 누구든지 여부스 사람을 치거든 물 긷는 데로 올라가서 다윗의 마음에 미워하는 다리 저는 사람과 맹인을 치라 하였으므로 속담이 되어 이르기를 맹인과 다리 저는 사람은 집에 들어오지 못하리라 하더라"입니다. '다리 저는 사람과 맹인 치라' 는 말이 과연 곧 왕 될 사람이 할 말입니까? 만약 적군의 진영에서 우리 장수를 조롱하려고 '네가 올라가긴 뭘 올라 오냐? 야, 다리 저는 자와 맹인이라도 너를 물리치리라' 고 야유를 행하면 다윗은 장차 왕이 될 자로서 여유롭고 대범하고 온유한 마음으로 나아가야 할 것입니다. 적군의 조롱에 마음이 흔들려서 '여부스 사람을 치거든 다윗의 마음에 미워하는 다리 저는 사람과 맹인을 치'라고 말한다면 매우 속좁은 사람이요, 옹졸한 사람이요, 왕의 자질로는 부족한 모습입니다.

더 나아가 5장 13절 "다윗이 헤브론에서 올라온 후에 예루살렘에서 처첩들을 더 두었으므로 아들과 딸들이 또 다윗에게서 나니"입니다. 이미 살펴 본대로 사무엘하 3장에 보면 다윗은 여섯 명의 아들이 있는데, 여섯 명의 아들의 엄마가 다 달랐었습니다. 즉 아들만 여섯이 있는 것이 아니라 부인도 여섯이나 있는 것입니다. 신명기 17장에 보면 하나님께서 장차 이스라엘의 왕이 될 사람이 하지 말아야 할 것을 지시하는 내용 중에 아내를 많이 두지 말라는 조항이 있음에도 불구하고 다윗은 이미 여섯 명의 아내를 두었고, 하나님의 도우심을 받아 다윗 성을 정복한 후 취한 행동이 처첩들을 많이 둔 것입니다. 본문에 등장하는 다윗은 하나님의 말씀에 순종하는 모습이 아니라 불순종하는 모습입니다. 또 17절부터 25절까지에서는 전쟁이 났을 때 다윗이 행하는 태도를 볼 수 있습니다. 블레셋이 이스라엘을 쳐들어 왔을 때 다윗은 백성들 보기에 카리스마가 있고 백성들 보기에 믿음직스럽고 백성들 보기에 추종할 만한 모습을 전혀 보여주지 못합니다. 사무엘하 5장 17절에서 25절까지에 나오는 다윗의 모습은 전혀 왕다운 모습이 아닙니다. 다윗이 할 줄 아는 것은 오직 하나 '하나님, 올라가요? 말아요? 적군을 붙여 주실 거예요? 안 붙여 주실 거예요?' 라는 '질문' 입니다.

성경은 다윗을 강조하는 것이 아니라 다윗을 들어 쓰시고, 다윗 같은 사람도 왕으로 만들어내고, 다윗을 도와 승리하게 만드시는 하나님을 강조합니다. 이스라엘 백성들이 거부했으나 하나님이 하면 되는 하나님의 능력과 하나님의 원리를 강조합니다. '사울을 따르겠습니까? 다윗을 따르겠습니까?' 의 인물을 고르는 질문이 아니라 '죄의 방식을 따르겠습니까? 하나님의 방식을 따르겠습니까?' 라는 본질적 질문인 것입니다.

다윗의 역할

본문의 핵심은 '누가, 어떤 업적을 이루었고, 어떤 거대한 역사를 이루었느냐?' 가 아니라 '사람들이 살아가는 방식을 죄의 방식으로 살아가느냐? 하나님의 방식으로 살아가느냐?' 의 차이점을 나타내는 것입니다. 하나님이 만들어낸 다윗은 왕이라는 신분과 직분이 문제가 아닙니다. 성경은 다윗이 살아가는 방식을 설명해 주는 것입니다. '이것이 하나님이 만들어낸 사람의 삶의 모습 더 나아가 하나님의 방식이다' 라고 보여주는 장면이 아이러니하게도 17절에서 25절입니다. 사무엘하 5장 11절에 "두로 왕 히람이 다윗에게 사절들과 백향목과 목수와 석수를 보내매 그들이 다윗을 위하여 집을 지으니 다윗이 여호와께서 자기를 세우사 이스라엘 왕으로 삼으신 것과 그의 백성 이스라엘을 위하여 그 나라를 높이신 것을 알았더라"입니다. 과연 본문의 표현대로 다윗은 여호와의 도우심, 여호와의 은혜, 여호와가 행하신 일들을 알았을까요? 만약 다윗이 여호와의 행하심을 알았다면 자신의 왕궁부터 지을 수 있을까요? 하나님의 지시와는 다르게 처첩들을 많이 둘 수 있을까요? 본문은 다윗이 여호와의 행하심을 알았다고 기록하고 있지만, 실상 다윗의 행동은 마치 하나님의 행하심을 전혀 모르는 것 같습니다. 사무엘하 7장 이후에는 다윗이 성전을 지으려는 계획이 등장합니다. 다윗이 갑자기 성전을 지을 계획을 세우는 이유는 자기 왕궁부터 잘 짓고 나니 하나님 뵙기가 심히 민망해서입니다.

다윗은 하나님을 아는 자의 모습을 전혀 보여주지 못합니다. 그런데 성경은 다윗에 대하여 하나님을 모르고, 배은망덕한 사람이라고 멸시하는 것이 아니라 최대한 다윗을 높여줍니다. 그리고 결정적으로 하나님이 만들어낸 다윗, 죄의 방식을 따르지 않고 하나님을 인정하며 하나님의 방식으로 살아가는 하나님의 사람의 모습을 보여주는 것이 바로 17절부터 25절까지입니다. 전쟁이 일어났고, 다윗은 왕이요 장수입니다.

다윗은 어쩌다가 돌멩이를 한 번 던졌는데 운이 좋게 골리앗을 맞추어서 장수가 되고 그 이후에는 한 번도 전쟁에 나가지 않은 것이 아닙니다. 다윗도 싸움을 많이 한 장수요, 주변에 부관들도 많이 있어 전쟁을 많이 하고 승리를 거둔 자입니다. 당연히 전쟁이 일어났을 때에 나름대로 승리할 수 있는 전략과 지략을 세울 수 있습니다. 군사를 몇 명이나 동원해야 할지, 어느 지점에서 매복을 하여야 할지, 어떤 무기와 작전을 사용해야 할지, 어느 전투에 전념해야 할지 구상이 있을 것입니다. 이미 수백 번의 전쟁을 치러본 경험이 있는 장수요, 나라의 왕으로서 백성들의 안위를 지켜야 한다는 지도자로서의 책임감이 있는 사람입니다.

그런데 실제로 전쟁이 일어나자 백성들 앞에서 승리의 전략을 발표하는 것이 아닙니다. 위기에 처한 백성들이 왕에게 나아와 '왕이시여, 우리가 어떻게 했으면 좋겠습니까? 왕이시여 지도력을 보여주십시오'라고 요청할 때 다윗은 '나는 어떻게 할지를 모른다. 우리의 갈 길은 하나님께서 알려주실 것이니 하나님의 뜻대로 하자'라고 왕이 나아가 하나님께 묻습니다. 왕을 자신들의 지도자로 생각하고, 자신들을 보호해 줄 인물로 생각한 백성들의 입장에서 보면 다윗의 행동은 매우 우유부단하고 신뢰를 주지 못하는 모습입니다. 백성들이 생각하기에는 '뭐여? 왕이 그 정도 판단도 못하나? 왕이 알아서 좀 해주지. 하나님께 물어서 하나님이 지시하는 대로 행동하려면 우리가 물으면 되지 우리에게 왕이 뭐가 필요 있어?' 입니다. 이때 다윗이 말하기를 '모든 백성들아 가만히 있어봐라. 너희는 나를 따르면 된다. 내가 하나님께 물어서, 내가 전달해 것이다' 라고 하면 다윗은 하나님의 사람으로의 역할에 실패하는 것입니다. 도리어 결국 백성들이 '다윗 왕은 빠지세요. 우리가 하나님을 찾고, 우리가 하나님께 묻고, 우리가 하나님의 응답을 받아 행동하겠습니다' 라는 반응이 나오면 다윗은 하나님의 사람으로의 역할에 성공하는 것입니다.

모든 백성들에게 있어서 '다윗 따라갈 필요 없다. 다윗도 하나님 앞에 구하니 우리가 하나님께 구하자. 우리가 하나님을 찾자. 우리가 하나님을 부르자. 우리가 하나님을 만나자. 우리가 하나님을 의지하자' 는 행동이 나오게 하는 것이 다윗으로서는 가장 잘하는 것입니다. 왜냐하면 이스라엘의 책임자요 이스라엘의 주관자요 이스라엘의 보호자는 다윗이 아니라 하나님이시기 때문입니다. 하나님의 사람의 역할은 모든 백성을 하나님께로 인도하고 모든 백성이 하나님 뜻대로 살게 만드는 것입니다. 하나님의 사람의 역할은 하나님을 대신하는 것이 아니라 백성들을 하나님께로 인도하는 것입니다. 백성들이 하나님 대신 자신을 의지하게 하는 것이 아니라, 백성들로 하여금 자신을 도와 역사하시는 하나님을 의지하게 하는 것입니다. 다윗 자신이 하나님의 다스림을 받듯이 모든 백성이 하나님의 원리와 하나님의 방식과 하나님의 뜻을 따르게 하는 것, 백성들이 하나님의 안내를 받고 백성들이 하나님께 순종하게 만드는 것이 하나님이 다윗을 세우신 이유요, 다윗이 해야 할 일입니다.

성경은 다윗이 하나님께 구하고 찾고 물은 것을 가장 큰 업적으로 여깁니다. 성경과는 다르게 사람들은 다윗이 전쟁에서 승리한 것, 여부스 성을 정복한 것, 성전을 지은 것, 여러 가지 업적을 행한 것을 강조합니다. 성경은 다윗의 행적이 아니라 다윗의 원리와 방식과 절차와 뜻과 마음과 중심이 하나님의 방식이냐에 초점을 맞추고 있습니다. 그래서 '다윗이 전쟁에 기도하고 나아가 물리쳤더라' 는 다윗의 행적이 아니라 '하나님이 그 손을 붙이시고 하나님이 이기게 하시고 하나님이 강건하게 하시더라' 고 하나님이 행하셨다고 강조합니다. 성경은 하나님이 만들어낸 다윗은 사울처럼 자기의 생각과 자기의 의도와 자기의 방식으로가 행한 것이 아니라 작전을 알고 있고 전략을 알고 있으면서도 하나님의 방법, 하나님의 뜻, 하나님이 지시, 하나님의 말씀대로 하였다는 것을 보여주는 것입니다. 성경을 통하여 하나님을 알아 가시고 하나님의 원리대로 순종하여 하나님의 은혜를 삶속에 풍성히 구현하며 누려 가시기를 주님의 이름으로 축원합니다.

6

복을 주시니라

사무엘하 6 : 1 ~ 23

1 다윗이 이스라엘에서 뽑은 무리 삼만 명을 다시 모으고 2 다윗이 일어나 자기와 함께 있는 모든 사람과 더불어 바알레유다로 가서 거기서 하나님의 궤를 메어 오려 하니 그 궤는 그룹들 사이에 좌정하신 만군의 여호와의 이름으로 불리는 것이라 3 그들이 하나님의 궤를 새 수레에 싣고 산에 있는 아비나답의 집에서 나오는데 아비나답의 아들 웃사와 아효가 그 새 수레를 모니라 4 그들이 산에 있는 아비나답의 집에서 하나님의 궤를 싣고 나올 때에 아효는 궤 앞에서 가고 5 다윗과 이스라엘 온 족속은 잣나무로 만든 여러 가지 악기와 수금과 비파와 소고와 양금과 제금으로 여호와 앞에서 연주하더라 6 그들이 나곤의 타작 마당에 이르러서는 소들이 뛰므로 웃사가 손을 들어 하나님의 궤를 붙들었더니 7 여호와 하나님이 웃사가 잘못함으로 말미암아 진노하사 그를 그곳에서 치시니 그가 거기 하나님의 궤 곁에서 죽으니라 8 여호와께서 웃사를 치시므로 다윗이 분하여 그 곳을 베레스웃사라 부르니 그 이름이 오늘까지 이르니라 9 다윗이 그 날에 여호와를 두려워하여 이르되 여호와의 궤가 어찌 내게로 오리요 하고 10 다윗이 여호와의 궤를 옮겨 다윗 성 자기에게로 메어 가기를 즐겨하지 아니하고 가드 사람 오벧에돔의 집으로 메어 간지라 11 여호와의 궤가 가드 사람 오벧에돔의 집에 석 달을 있었는데 여호와께서 오벧에돔과 그의 온 집에 복을 주시니라 12 어떤 사람이 다윗 왕에게 아뢰어 이르되 여호와께서 하나님의 궤로 말미암아 오벧에돔의 집과 그의 모든 소유에 복을 주셨다 한지라 다윗이 가서 하나님의 궤를 기쁨으로 메고 오벧에돔의 집에서 다윗 성으로 올라갈새 13 여호와의 궤를 멘 사람들이 여섯 걸음을 가매 다윗이 소와 살진 송아지로 제사를 드리고 14 다윗이 여호와 앞에서 힘을 다하여 춤을 추는데 그 때에 다윗이 베 에봇을 입었더라 15 다윗과 온 이스라엘 족속이 즐거이 환호하며 나팔을 불고 여호와의 궤를 메어오니라 16 여호와의 궤가 다윗 성으로 들어 올 때에 사울의 딸 미갈이 창으로 내다보다가 다윗 왕이 여호와 앞에서 뛰놀며 춤추는 것을 보고 심중에 그를 업신여기니라 17 여호와의 궤를 메고 들어가서 다윗이 그것을 위하여 친 장막 가운데 그 준비한 자리에 그것을 두매 다윗이 번제와 화목제를 여호와 앞에 드리니라 18 다윗이 번제와 화목제 드리기를 마치고 만군의 여호와의 이름으로 백성에게 축복하고 19 모든 백성 곧 온 이스라엘 무리에게 남녀를 막론하고 떡 한

개와 고기 한 조각과 건포도 떡 한 덩이씩 나누어 주매 모든 백성이 각기 집으로 돌아가니라 20 다윗이 자기의 가족에게 축복하러 돌아오매 사울의 딸 미갈이 나와서 다윗을 맞으며 이르되 이스라엘 왕이 오늘 어떻게 영화로우신지 방탕한 자가 염치 없이 자기의 몸을 드러내는 것처럼 오늘 그의 신복의 계집종의 눈앞에서 몸을 드러내셨도다 하니 21 다윗이 미갈에게 이르되 이는 여호와 앞에서 한 것이니라 그가 네 아버지와 그의 온 집을 버리시고 나를 택하사 나를 여호와의 백성 이스라엘의 주권자로 삼으셨으니 내가 여호와 앞에서 뛰놀리라 22 내가 이보다 더 낮아져서 스스로 천하게 보일지라도 네가 말한 바 계집종에게는 내가 높임을 받으리라 한지라 23 그러므로 사울의 딸 미갈이 죽는 날까지 그에게 자식이 없으니라

인간 교육

주인의 의미

하나님은 인간을 지으신 분이요 주인이십니다. 하지만 죄인이 된 인간은 하나님이 말씀하신 의도를 하나님의 뜻으로 이해하지 못하고 늘 죄적으로 생각합니다. 죄인들이 오해하는 용어 중에 하나가 주인主人입니다. '하나님이 우리의 주인이시요 우리는 하나님의 것'이라고 표현하면 일반적으로 사람들은 하나님이 인간의 주인이시고 우리는 하나님의 것이니 하나님께서 주인의 권리를 가지셨기에 하나님 마음대로 행한다고 생각을 합니다. 성경이 주인이라는 용어에서 강조하는 것은 전혀 다른 차원입니다. 하나님은 주인이시고 우리는 하나님의 것이니 하나님이 하나님의 것을 책임지고 돌보고 인도하고 관리하고 행복하게하고 평안하게하고 자유롭게 만드시는 역할을 감당하신다는 것입니다.

하나님이 주인으로서 인간에게 가장 소망하시는 것은 인간의 행복입니다. 원래 행복하게 창조 되었고 행복을 누리도록 의도되었습니다. 인간이 스스로 죄를 범함으로 인해 행복을 상실했고 죄로 인해 고통 받자 하나님이 안타까워하시고 인간을 구원해 주시려고 하나님이 일하시고

하나님이 수고하시고 하나님이 역사하십니다. 하나님의 일하심의 결과로 인간에게 복이 다시 오고 인간이 복을 누리며 사는 것이 기독교의 본질입니다. 성경 어디를 살펴봐도 언제나 하나님이 인간을 복주고, 인간은 하나님이 주신 복을 누리며 살도록 되어 있습니다. 하나님이 먼저 인간을 사랑하시고 하나님이 먼저 인간에게 복주시고 하나님이 먼저 인간을 도우시고, 인간은 사랑받을 만한 어떤 자격도 없고 복을 받을 만한 행위를 한 적이 없음에도 불구하고 하나님이 베푸시기에 그것을 은혜라고 하며 기독교는 은혜의 종교인 것입니다.

하나님의 교훈

성경은 많은 사람 중에 어떤 한 인물의 성공에 관한 이야기가 아니며, 여러 나라 중에 어느 한 나라의 번영에 관한 이야기가 아닙니다. 모든 인간이 죄인이 되었음을 지적하고 죄로 당하는 결과에서 행복을 누릴 수 있는 하나님의 원리, 하나님의 방식, 하나님의 뜻을 모든 죄인에게 가르쳐 주는 것이 성경입니다. 세상의 교훈 또는 인간의 교훈은 자체에 이미 왜곡이 깔려 있습니다. 예를 들어 '성공하는 사람의 일곱 가지 법칙'이란 책 제목에는 인간의 삶은 경쟁이며 다툼이며 갈등이며 싸움이고 그 중에서 이겨야 하고 이기는 자만이 성공하고 이기는 사람이 사유와 평안을 누릴 수 있다는 인식이 깔려 있습니다. 성경의 가르침은 전혀 다른 차원입니다. 하나님께서 이스라엘에게 율법을 주실 때에 '행복을 누리는 자가 가지는 613가지 율법'의 양식으로 주신 적이 없습니다. 하나님의 율법은 특정인에게는 해당되고 또 다른 특정인에게는 무관한 것이 아니라 모든 죄인에게, 모든 인간에게, 모든 순간에 구현되어 모든 인간이 행복을 누릴 수 있게 하는 하나님이 주시는 인간의 원리인 것입니다.

사무엘서를 읽으면서 행여 '사울과 다윗의 경쟁에서 누가 이기는가?

어떻게 해야 하나님의 은혜를 받고 어떻게 해야 하나님의 도움을 받고 어떻게 해야 가문이 번성하는가? 라는 식의 이야기가 아니라는 것을 잊으시면 안 됩니다. 사울은 불순종해서 버림받았고 다윗은 순종해서 왕이 되고 왕족을 이룬 것이 아닙니다. 우리도 다윗처럼 행동해서 다윗과 같은 복을 받자는 내용도 아닙니다. 하나님이 이스라엘을 구원해서 이스라엘을 보호하고 책임지는 진정한 왕이 되셨음에도 불구하고 이스라엘이 하나님을 거부하고 열방과 같은 백성 위에 군림하는 왕을 요구할 때에 그 사람들의 왜곡된 관점으로 보아서는 전혀 가능성이 없어 보이는 다윗을 세워 그들의 생각과 그들의 관점과 그들의 기준이 옳지 않다는 것을 보여주고, 하나님 원리, 하나님 관점, 하나님 방식이 옳다는 것을 가르치기 위하여 샘플로 사용한 것이 다윗입니다. 사무엘서에서 절대적으로 다윗을 배우는 것이 아니라 다윗을 통해 역사 하시는 하나님을 배워야 합니다. 하나님은 이스라엘 사람들이 버리는 다윗 같은 인물을 통해서도 나라를 안정시키게 할 수 있다는 하나님의 능력과 하나님의 권세를 배워야 합니다.

사람은 같다

하나님이 이스라엘을 가르치기 위한 모델이 다윗이었습니다. 이스라엘은 배워야 하고 다윗은 옳았던 것이 아닙니다. 성경이 강조하는 것은 '모든 죄인은 같다'는 것입니다. 이스라엘은 죄인이고 다윗은 선하고, 이스라엘은 하나님 마음에 합당하지 않고 다윗은 하나님 마음에 합당한 것이 아닙니다. 이스라엘 백성과 다윗은 죄인이라는 속성이 같고, 죄인이 하나님에 대하여 무지한 것이 같고, 죄밖에 생각하줄 모르는 것이 같고 모든 것이 다 똑같습니다. 다윗이 다른 성품, 다른 재능, 다른 가치를 가졌기 때문에 왕이 된 것이 아니라, 누구라도 하나님이 하시면 왕도 될 수 있다는 것을 가르치기 위해 하나님이 백성들의 보기에 가장 왕 답지 않은 사람인 다윗을 선발했던 것입니다. 다윗의 행동이 언제나 옳았던 것이 아니요, 다윗은 언제나 하나님을 알고 있었던 것이 아닙니다. 다윗도 이스라엘 백성과 똑같은 죄인이라는 것을 잊으시면 안 됩니다. 다윗도 이스라엘 백성과 똑같은 사람, 죄인이었다는 것을 이해하셔야 본문을 이해하실 수 있습니다.

여호와, 여호와의 상징

애물단지

본문에는 여호와의 궤를 이동하는 장면이 나옵니다. 일반적으로 여호와의 궤가 여호와의 임재의 상징으로써 중요하게 인식되지만 정작 성경에는 여호와의 궤를 다루는 장면이 많이 나오지 않습니다. 출애굽기에 여호와의 궤를 만드는 장면이 등장하고 여호수아서에 이스라엘 백성이 요단강을 건너갈 때에 여호와의 법궤를 제사장들이 메고 들어가는 장면이 등장하고 가나안 정복 때와 사사시대에는 여호와의 궤에 대한 언급이 등장하지 않다가 사무엘상 4장 이하에 여호와의 궤가 다시 나옵니다. 이스라엘이 블레셋과의 전쟁에서 패하자 여호와의 궤를 가지고 나가지 않아서 패했다고 생각하여 당시의 사사였던 사무엘이 아무리 말려도 기어코 여호와의 궤를 전쟁터에 가지고 나갑니다. 그런데 이스라엘의 생각과는 달리 여호와의 궤를 가지고 전쟁에 나아갔음에도 불구하고 전쟁은 패하고 여호와의 궤는 블레셋에게 빼앗겨 버리고 맙니다. 블레셋 사람들이 여호와의 궤를 가져다가 자기들의 신전에 갖다 모셔놨는데, 신전에서 자신들의 신상이 쓰러지고 백성들 가운데에 많은 질병들이 발생하자 모든 사태가 여호와의 궤 때문에 발생하였을지도 모른다고 생각하여 스스로 자원하여 여호와의 궤를 이스라엘로 반환하는 장면이 있습니다.

여호와의 궤가 블레셋 지역에서 이스라엘로 돌아올 때에 이스라엘 백성들이 환영하여 맞이한 것이 아닙니다. 전쟁에 나가서 패배하는 여호와의 법궤, 자신들의 삶에 아무런 보탬이 안 되는 법궤가 다시 돌아오는 것을 별로 반가워하지 않습니다. 일단 돌아온 법궤를 벧세메스라는 지역에 두었고, 벧세메스 사람들이 여호와의 궤안에 무엇이 들어 있을까 궁금해 하여 열어보다가 많은 사람들이 죽습니다. 전쟁에서 승리하도록 도와주지도 못했던 여호와의 궤가 도리어 백성들을 죽게 만드는 사건이 발생하자 이스라엘 백성들이 서로 법궤를 맡지 않으려고 서로 떠넘기기를 합니다. 여호와의 임재의 상징인 여호와의 궤가 이스라엘 백성가운데 기피 대상 1호가 된 것입니다. 이스라엘 백성 중 어느 지파, 어느 가문, 어떤 사람도 여호와의 궤를 맡으려고 하지 않습니다. 결국 여호와의 궤가 기럇여아림 지역의 아비나답의 집에 이십 년 동안 방치됩니다.

여호와의 상징

죄인된 인간은 하나님의 은혜와 하나님의 가르침을 하나님의 의도로 사용할 줄을 모릅니다. 하나님에 대하여 바르게 반응할 수 없는 것이 죄인의 약점이요 한계입니다. 하나님이 인간에게 계시하고 가르치고 강조하신 것은 하나님 자신입니다. 하나님이 함께 하시고, 하나님이 도우시고, 하나님의 원리대로 행하면 걱정 없고, 하나님의 뜻대로 행하면 된다는 것을 알리고, 하나님이 임재 한다는 것을 가시적으로 보여주기 위한 외형적 수단 중의 하나가 법궤이었습니다. 정작 중요한 것은 법궤가 아니고 하나님입니다. 법궤는 그냥 상자일뿐 법궤 자체가 어떤 신통한 기술이 있거나 어떤 신비한 능력이 있는 것이 아닙니다. 여호와의 성막, 여호와의 법궤, 여호와의 절기 등의 본체는 하나님입니다. 그런데 죄인들은 하나님은 안 믿으면서 여호와의 법궤는 효력이 있을 것으로 기대합니다. 사무엘 시대에 블레셋과 전쟁할 때에 이스라엘은 하나님을 믿지 않으면서도 전쟁에서 패배하자 법궤를 가져가면 이길 것으로 예상하였습니다. 하지만 전쟁에서 법궤는 아무런 역할도 하지 않고 이스라엘은 또 전쟁에서 패했습니다. 하나님은 법궤를 요술 상자로 만든 적이 없습니다. 본체이신 하나님을 알지 못하면 여호와의 상징물은 아무 소용이 없습니다. 한때는 상징물에 불과한 법궤를 어떠한 신비한 능력이 있는 줄 알고 전쟁터에까지 가지고 나가더니, 정작 전쟁에서 법궤가 아무런 역할을 못하자 이제는 법궤 자체를 거부하고 서로 떠넘기는 상황이 된 것입니다. 자신들이 필요할 때는 신주단지 모시듯 높이고 자신들에게 필요 없다고 생각될 때는 폐기해버리는 것은 바른 신앙의 모습이 아닙니다. 바른 신앙은 하나님을 알고 하나님의 원리를 알아 하나님의 뜻에 우리를 맞추어 가는 것입니다. 우리의 필요에 따라 하나님을 좌우하는 것은 종교의 왜곡된 모습입니다.

여호와의 궤는 어디에

방치된 법궤

블레셋에서 돌아온 법궤가 도착한 곳은 아비나답의 집입니다. 이스라엘은 아직 왕을 구하지 않은 사무엘이 활동하던 시대였습니다. 법궤가 아비나답의 집에 이십 년 동안 있을 때에 사울이 왕이 되고 다윗이 왕이 되는 과정 중에 한 번도 법궤가 등장하지 않다가 사무엘하 6장에서 다윗이 법궤를 옮기려는 장면이 나오는 것입니다. 여호와의 궤를 옮기는 장면에서도 확인할 수 있는 것은, 인간이 복을 받는 것은 복을 받을 만한 어떤 행위를 한 결과로 받는 것이 아니라 하나님이 은혜로 복을 주신다는 것입니다. 법궤는 이십년 동안 방치되어 있었고 아무도 돌아보지 않았습니다. 이스라엘 백성 중에 아무도 법궤를 관리하지 않을 때에 다윗은 왕으로 기름 부음 받자마자 법궤를 소중히 여기고 법궤를 늘 방문하고 법궤를 관리한 것이 아닙니다. 다윗이 여호와를 섬기는 심정으로 늘 법궤를 잘 관리한 결과 복을 받은 것이 아닙니다. 다윗도 처음 등장부터 지금까지 특별히 법궤를 찾은 적이 없고 법궤에 관하여 아무런 관련도 없는 삶을 살았습니다.

다윗이 이십 년 동안 여호와의 궤에 대하여 아무런 관심이 없다가 갑자기 여호와의 궤를 옮기려고 하는 이유를 생각해 보아야 합니다. 사무엘하 6장 즉 다윗이 여호와의 궤를 메어 오려는 시점은 다윗이 적군들과 싸우려 할 때에 여호와가 모든 적군을 다윗의 손에 붙여 주셔서 전쟁에서 승리하여 주변국들을 다 물리치고 나라가 안정되어 있을 때입니다. 또 다윗이 왕으로써 독립하지 못하고 쫓겨 다닐 때가 아니라 모든 정적들이 다 사라지고 이제야 겨우 왕권이 안정되고 나라의 기틀이 튼튼히 세워져 가고 있던 바로 그때입니다. 다윗이 미친 사울 왕 때문에 나라가 불안하고 자신의 처지 또한 가장 곤고할 때가 아니라 정반대로 나라가 안정되고 자신의 왕위가 튼튼해지자 여호와의 궤를 가져오려고 하는 것입니다. 다윗이 여호와의 궤를 메어오려는 의도, 여호와의 궤를 메어오려는 시기를 잘 분별해야 다윗의 본심, 다윗의 속내, 다윗의 실체를 알 수 있습니다. 다윗을 비롯한 모든 사람이 죄인이라는 사실을 잊으면 안 됩니다. 다윗이 여호와를 사랑하고, 그 동안 여호와께서 베풀어주신 은혜에 감사하려고 여호와의 궤를 메어오는 것으로 생각하면 안 됩니다.

다윗의 행동

다윗이 여호와의 궤를 옮기려는 이유는 신앙적 목적 때문이 아니라 정치적인 목적, 통치적인 목적 때문입니다. 하나님은 스스로는 왕이 될 수 없는 다윗을 부르시고 하나님이 각양의 방법으로 도우셔서 이스라엘의 왕으로 세워주셨습니다. 하나님으로 말미암아 왕이 된 다윗은 하나님의 왕으로써 하나님이 금지하신 신명기 17장에 나오는 왕과 관련된 사항들을 순종 했어야 합니다. 하지만 이미 다윗은 왕과 관련된 하나님의 말씀들을 다 어기고 있었습니다. 하나님은 은금을 많이 두지 말라고 말씀하셨지만 다윗은 은금을 많이 두었고, 하나님은 아내를 많이 두지 말라고 말씀하셨지만 다윗은 아내를 많이 두어 하나님의 권고를 다 어기고 있습니다. 이러한 행동은 다윗이 원래 하나님이 의도했던, 하나님을 나타내는 하나님의 중재자로써의 왕의 역할에 실패하고 있다는 것을 보여줍니다. 다윗이 왕이 되어가는 과정은 하나님이 이스라엘을 가르치기 위한 샘플인데, 정작 다윗은 하나님에 대하여 실패 하고 있는 것입니다.

하나님이 세우신 왕의 역할에 실패하는 모습 중의 또 다른 하나가 본문에 나오는 법궤에 대한 태도입니다. 다윗이 법궤를 메어오려는 것은 신앙적으로 여호와께 감사해서가 아니라 나라가 안정이 되었을 때에 다윗이 나라에 대한 통치 수단으로, 국론 통일의 목적으로 법궤를 등장시키고 사용하려는 것입니다. 법궤를 이동하기위해 새 수레에 싣고 앞에서 끌고 갈 때 나곤의 타작마당에 이르자 소가 뛰고 법궤가 떨어지려고 합니다. 그때 웃사가 법궤를 붙들었다가 그 자리에서 죽습니다. 법궤를 이동하는 중에 불상사가 발생했을 때 다윗은 어떻게 해야 했을까요? 사무엘상에서 여호와의 궤가 블레셋에서 이스라엘로 돌아올 때 사람들이 환영한 것이 아니라 여호와의 궤를 거부했었다는 것을 살펴보았습니다. 전쟁에 보탬이 될까 기대했다가 화근이 되자 서로 맡지 않았고 결국 법궤가 이십 년 동안 방치되어 있었습니다. 만약 다윗이 법궤를 옮기려는 의도가 신앙적이었다면, 여호와의 은혜에 감사하는 목적이었다면 다윗은 끝까지 법궤를 간수했어야 합니다. 혹시 백성들은 '역시 법궤를 건들면 화가 임하는구나!' 라고 생각하여 가능한 법궤에 손대지 않고 멀리 두려고 할지라도 오직 한 사람 다윗만은 '여호와는 우리를 위하시고 여호와의 궤는 우리와 함께 하시는 상징이기에 맞이해야 된다' 라고 했어야 합니다. 온 이스라엘 백성이 여호와와 여호와의 궤를 거부해도 다윗만은 여호와를 인정하고 여호와의 궤를 맞이했어야 합니다. 왜냐하면 다윗은 오직 하나님의 은혜로, 전적인 하나님의 도우심의 결과로 오늘의 다윗이 되었기 때문입니다.

여호와의 궤를 운반하는 과정에 웃사가 죽고 백성들이 두려워하면 다윗은 백성들의 동요를 막으며 '여호와 앞에 빨리 속죄제를 드리자. 하나님께 다시 우리를 도와달라고 화목제를 드리자' 고 설득하고 백성들을 끌어 모아 '비록 우리가 법궤에 대하여 잘못할 지라도 하나님은 여전히 우리와 함께 하신다' 고 하나님과 백성을 중재하여 하나님과 백성의 관계를 회복시켜야하는 역할을 해야 합니다. 왜냐하면 다윗은 백성들에게 하나님을 가르치는 역할을 맡은 자이기 때문입니다. 온 백성이 여호와의 궤를 옮기는 것을 거부해도 오직 다윗만은 여호와의 궤를 가지고 가야 합니다.

다윗마저

다윗은 하나님의 사람으로 기대되는 역할과 정반대로 행동합니다. 웃사가 죽는 사건이 일어나자 다윗도 여호와의 궤를 포기합니다. 사무엘하 6장 9절 "다윗이 그 날에 여호와를 두려워하여 이르되 여호와의 궤가 어찌 내게로 오리요 하고 다윗이 여호와의 궤를 옮겨 다윗 성 자기에게로 메어 가기를 즐겨하지 아니하고 가드사람 오벧에돔의 집으로 메어 간지라"입니다. 하나님이 백성 가운데에 임재 하신다는 상징으로, 백성과 함께 하신다는 것을 보여주기 위한 방법으로 여호와의 궤를 만들었고 지금까지 그래 오셨습니다. 이스라엘 백성들이 하나님을 모를 때에 하나님을 가르치도록 사용하신 도구가 다윗입니다. 하나님의 은혜로 왕이 되었고 하나님의 은혜로 나라의 안정을 이루었고 하나님의 은혜로 나라를 통일했습니다. 모든 백성들에게 '하나님이 우리의 근본이시다. 하나님의 원리대로 살아야 한다. 하나님의 뜻이어야 한다. 하나님이 우리의 방패다. 하나님이 우리의 울타리다. 하나님이 복의 근원이다' 라고 하나님을 강조해야 하는 사람이 다윗인데 정작 다윗이 여호와의 궤 모셔오기를 포기하는 것입니다.

다윗은 여호와로 인하여 왕이 되었습니다. 하나님이 아니면 다윗은 왕이 될 꿈도 꿀 수 없었습니다. 오직 하나님의 도우심으로 왕이 되었습니다. 다윗이 자신을 부르시고, 자신을 왕으로 세워주신 하나님을 포기하면 다윗은 무엇으로 왕권을 유지하고 어떻게 이스라엘을 다스릴 수 있을까요? 다윗이 능력이나 실력이 있어서 왕이 된 것이 아니요, 다윗이 왕위를 이을 정통성이 있었던 것도 아니요, 다윗이 국방을 튼튼하게 할 수 있는 무기를 개발하거나 싸움실력이 탁월해서 주변국을 물리치고 나라와 왕권의 안정을 이루었던 것이 아닙니다. 다윗은 오직 하나님의 은혜로, 하나님이 자신을 왕으로 세워주심으로 왕이 되었고, 하나님이 적군의 손들을 다윗에게 붙여 주심으로 전쟁에서 이겼고, 하나님이 이스라엘에 평화를 주심으로 나라가 안정됐고 왕위가 튼튼해 졌습니다. 하나님으로 말미암았던 다윗이 여호와를 포기하면 다윗에게는 남는 것이 아무 것도 없는 것이요, 왕권과 나라를 지킬 수 있는 어떤 수단도 남지 않는 것입니다. 그럼에도 불구하고 다윗은 여호와를 포기하고, 여호와의 궤 가져오기를 포기합니다.

다윗의 변화

다윗이 여호와의 궤 가져오기를 포기하는 이유는 아주 간단합니다. 다윗은 이미 모든 것을 가졌고 모든 것을 이루었기 때문입니다. 나라가 안정되어 있고 자신의 왕권도 정상적 궤도에 올라와 있다고 생각하기 때문입니다. 본문의 사건은 단순하게 다윗이 여호와에게 매우 충성스러였기에 여호와의 궤를 옮겨왔다는 것이 아닙니다. 죄인의 심리와 죄인의 속성과 죄인의 교활한 의도를 분별해야 오늘날 현실 속에 죄가 작동하는 것을 막아낼 수 있습니다. 다윗이 궤를 옮기는 이유는 절대로 신앙적 고백이 아니라 단지 통치 수단이요 지배적인 전략일 뿐입니다. 이미 나라가 안정되고 왕권이 안정되자 다윗은 하나님이 자신을 세웠고 하나님이 자신을 이곳까지 인도했다는 사실을 잊고 있는 것입니다. 다윗이 하나님 마음에 합했기 때문에 하나님이 고른 것이 아니고, 다윗의 행실이 단정했기 때문에 하나님이 고른 것이 아니고, 이스라엘에게 가장 적절한 왕이었기 때문에 하나님이 고른 것이 아닙니다. 다윗이 왕이 될 수 있었던 것은 오직 하나 다윗이 이스라엘 백성들이 기대에 적합하지 않았기 때문입니다. 왕을 구하면서 다윗 같은 인물은 왕으로는 적합하지 않다는 백성들의 마음에, 하나님이 세우시면 누구라도 왕이 될 수 있기에 왕을 구할 것이 아니라 하나님을 구하고 의지하라고 이스라엘을 가르치기 위한 목적으로 하나님이 다윗을 왕으로 삼았습니다.

다윗이 전쟁에서 이길 때마다, 다윗이 악을 행하지 않을 때마다 성경에서 강조한 것은 '하나님이 도우시더라, 하나님이 막으시더라, 하나님이 지키시더라, 하나님이 이기게 하시더라'로 하나님이었습니다. 다윗의 가장 위대한 업적은 다윗이 행하고 이루어낸 결과가 아니라 사무엘하 5장에서 확인한 것처럼 사건 때마다 '여호와여 올라가리이까?'라고 묻는 것 즉 모든 것을 하나님께 의뢰 하는 것이었습니다. 다윗이 왕이 된 것은 하나님의 관심거리가 아닙니다. 다윗이 나라를 번성시킨 것도 하나님의 관심거리가 아닙니다. 왜냐하면 모두 하나님이 행하신 것이지 다윗이 행한 것이 아니기 때문입니다. 그런데 다윗은 나라가 번성하고 왕권이 안정되자 하나님에 대한 생각이 달라진 것입니다. 본질적으로 하나님을 거부하고 원천적으로 하나님을 부인하는 것이 아니라 하나님과 자신과의 신앙적 관계와 역할에 대한 인식이 달라진 것입니다.

지금까지는 하나님이 다윗을 도우셨습니다. 아무것도 없던 미천한 목동이었던 다윗을 하나님이 도와주셔서 왕이 되게 하셨고 나라가 번성하게 하셨습니다. 왕이 되자 다윗의 생각이 달라졌습니다. 다윗이 생각하기를 '나도 이제 왕년의 다윗이 아니다. 나도 이제 예전의 다윗이 아니다. 나도 이제 목동 같던, 소년 같던 다윗이 아니다. 나도 이제 늘 하나님께 받기만 하던 다윗이 아니다. 이제 나도 가진 것이 있고 이제 나도 소유한 것이 있고 이제 나도 부와 권세가 있다. 지금까지는 하나님이 나를 도우시고 하나님이 나를 위해주셨다. 이제부터는 내가 하나님을 돕고 내가 하나님을 위해주고 내가 하나님을 높일 수 있다'고 하는 것입니다. 이제부터는 하나님이 나라를 지켜주고 하나님이 왕위를 보전시켜 주시는 것이 아니라 왕이요 한 나라의 지배자인 다윗이 하나님을 돕고 하나님을 높이고 하나님을 위할 수 있다는 생각이 들어온 것입니다.

다윗의 속셈

만약 다윗이 생각하기를 '내가 비록 왕이 되었을지라도 한 순간이라도 여호와가 함께 하시지 않으면 이 모든 것이 없어지고 만다. 내가 소유한 것이 중요한 것이 아니라 여호와가 중요하다'고 여겼다면 여호와의 궤를 이동하는 중에 어떠한 문제가 생길지라도 다윗은 죽기를 각오하고 살려달라고 빌고 여호와의 법궤를 포기 하지 않았어야 합니다. 하지만 다윗은 너무나 쉽게 여호와의 궤 옮기기를 포기했습니다. 다윗이 여호와의 궤를 옮기려고 했던 이유와 포기하는 이유를 바르게 분별해야 합니다. 여호와의 궤를 옮겨오려고 했던 이유는 '나는 왕으로 가진 게 많은데 여호와의 궤가 저기 있으니 이제는 내가 여호와를 위할 때가 되었고 이제는 내가 여호와를 도와줄 때가 되었고 이제는 내가 여호와를 높여주어야겠다'고 생각했기 때문입니다. 여호와의 궤 옮기기를 포기하는 이유는 '여호와의 궤가 나를 도와주는 것이 아니라, 여호와의 궤가 나를 지켜 주는 것이 아니라 내가 여호와를 도와 주고 높여주는 것이다. 나는 궤를 포기해도 잃을 것이 없고, 궤를 가져와도 더 얻을 것이 없다'고 생각하기 때문입니다.

 죄인의 마음이 얼마나 교활하고 그 교활함이 신앙적 영역에서도 얼마나 간사하게 작동하는지를 잊으시면 안 됩니다. 하나님과 인간의 관계에서 인간은 하나님에 의해서 존재하는 것이고 하나님의 복 주심을 받고 사는 것입니다. 그렇다면 하나님을 떠나면 행복이 없고 하나님을 떠나면 사는 것이 아니라는 것을 알아야 합니다. 다윗은 하나님을 포기하면 아무것도 없어야 합니다. 만약 궤가 움직이지 않으면 다윗은 왕궁을 버리고 법궤 앞에 살아야 합니다. 그런데 다윗은 왕궁을 버리지 않고 여호와의 궤를 버리고 제 갈 길로 가버립니다. 왜냐하면 '여호와와 나는 별개가 되었고 이제 나는 모든 것을 얻었고 내가 하나님을 위할 수 있다' 라고 생각하기 때문입니다.

복을 주시니라

오벧에돔

 하나님이 이스라엘을 가르치기 위한 방법으로 그동안 다윗을 만들어 오셨습니다. 그렇다면 다른 사람은 하나님을 몰라도 다윗은 하나님을 알아야 되는데 다윗마저도 과감히 하나님을 포기해 버립니다. 하나님을 버리는 다윗을 대하시는 하나님의 모습을 통하여 다시 한 번 하나님의 인간 사랑을 확인할 수 있습니다. 다윗은 하나님을 버릴 지라도 하나님은 다윗을 버리지 않으십니다. 다윗의 행동에 대하여 괘씸히 여기시거나 배은망덕하다고 책망하시거나 이미 주셨던 복을 취소하시지 않으십니다. 왜냐하면 하나님은 다윗이 그와 같이 행할 줄을 벌써 알고 계셨기 때문입니다. 다윗 개인의 행동을 예측하셨다는 의미가 아니라 죄인의 보편적인 행동양식을 이미 알고 계셨다는 의미입니다. 그래서 하나님은 다윗을 책망하거나 심판하거나 징계하지 않습니다. 대신에 이스라엘이 하나님을 모를 때 다윗을 통해서 이스라엘에게 하나님을 가르쳤던 것처럼, 정작 다윗이 하나님을 모르니까 다른 사람을 들어 다윗을 가르치십니다. 다윗 왕을 가르치기 위하여 하나님이 세우시는 사람이 오벧에돔입니다.

본문에 등장하는 오벧에돔은 아주 불쌍한 사람이요 세상 표현으로 억세게 재수 없는 사람이요 불행을 옴팍 뒤집어 쓴 사람입니다. 왜냐하면 온 이스라엘의 애물단지요, 혐오 물건이요, 특별히 왕이 포기한 물건인 여호와의 궤를 보관해야 하는 막중한 부담을 안았기 때문입니다. 웃사의 사건이 발생하자 "다윗이 여호와의 궤를 옮겨 다윗 성 자기에게로 메어 가기를 즐겨하지 아니하고 가드 사람 오벧에돔의 집으로 메어 간지라"입니다. 오벧에돔은 졸지에 여호와의 궤를 맡게 된 것입니다. 오벧에돔의 입장에서 생각하면 다윗은 아주 나쁜 사람이요, 간사한 왕이요, 패역한 지도자입니다. 다윗 왕이 여호와의 궤를 옮기려다가 불상사가 발생하여 다윗 성으로 옮기기가 겁이 났다면 최소한 원래 있던 곳으로 돌려보내는 것이 정상일 것입니다. 다윗 왕은 웃사의 죽음을 보고 행여나 자신에게 화가 미칠 것을 두려워하며 여호와의 궤를 다윗 성으로 옮겨 가기를 포기하고 느닷없이 오벧에돔의 집으로 메어 가버린 것입니다.

명색이 한 나라의 왕이요 백성의 지도자라면 혹시라도 백성들에게 문제가 발생되고 곤란한 상황이 야기될 소지가 있다면 백성들에게 맡길 것이 아니라 자신이 짊어지고 감당하겠다고 나서야 합니다. 세상의 왕도 왕으로서 백성을 대신하는 최소한의 덕목이 있는데, 하나님에 의해 세워진 왕인 다윗은 자신의 안녕을 위해 자신조차도 기피하는 물건을 백성의 집, 오벧에돔의 집에 옮겨 버립니다. 여호와의 궤 때문에 웃사가 죽었다는 것을 오벧에돔이 알고 있다면 다윗 왕이 법궤를 자신의 집에 옮겨 놓았을 때 오벧에돔은 왕에 대한 배신감과 왕의 교활함에 치를 떨었을 것이요 과연 여호와의 궤를 어떻게 다루어야 할지 매우 난감했을 것입니다.

복을 주시니라

성경에는 오벧에돔이 여호와의 궤를 어떻게 다루었는지에 대하여 전혀 언급하지 않습니다. 단지 한마디만 나옵니다. 6장 11절 "여호와의 궤가 가드 사람 오벧에돔의 집에 석 달을 있었는데 여호와께서 오벧에돔과 그의 온 집에 복을 주시니라"입니다. 본문의 강조점은 '여호와가 복을 주셨다' 입니다. 복을 받을 만한 오벧에돔의 행동을 강조하는 것이 아니라 복을 주신 여호와의 은혜를 강조하는 것입니다. 오벧에돔의 행위는 단 한 구절도 나오지 않습니다. 이 사건은 하나님이 다윗을 가르치는 장면입니다. 성경은 다윗과 오벧에돔, 이스라엘 그리고 열방을 포함하여 하나님을 모르는 모든 죄인에게 하나님이 하나님을 알리는 교육을 행하고 있다는 것을 생각하셔야 됩니다. 다윗이 계획에 따라 수레에 여호와의 궤를 싣고 가는데 갑자기 소가 뜁니다. 여호와의 궤를 옮기려고 할 때 수레를 단 한 번도 끌어보지 않은 야생소를 이용하였을 리가 없습니다. 가능한 길이 잘 들여진 소, 가능한 침착하고 차분하고 성품이 온유한 소에게 수레를 끌게 하였을 것입니다. 만약 수레를 처음 끄는 소였을지라도, 수레를 매어보지 않아서 길길이 뛰다가도 수레에 여호와의 궤를 실으니 소가 차분하게 진정되었다고 기록되었다면 매우 감동이었을 것입니다. 하지만 성경은 정반대로 기록되어 있습니다. 멀쩡히 가던 소가 뛰고, 여호와의 궤를 붙들었던 웃사가 죽자 다윗이 여호와의 궤 모셔오기를 거부하고 여호와의 궤를 오벧에돔의 집에 방치합니다. 자기의 성으로 돌아간 다윗은 나라 일을 걱정하기에 백성 중의 하나인 오벧에돔은 기억에도 없고 안중에도 없고 누군지도 모릅니다. 다윗은 기억조차 하지 못하는 오벧에돔과 그의 온 집에 여호와께서 복을 주시는 것입니다.

여호와가 오벧에돔과 그 집에 복을 주셨다는 소문이 나고 다윗의 귀에까지 들리게 됩니다. 여호와는 오벧에돔의 집에 복을 주시고 그 소문이 다윗에 귀에까지 들려지게 하시면서 다윗에게 말씀하시며 가르치시는 것입니다. 하나님이 다윗을 향하여 "다윗아 네가 나를 위해 주는 게 아니라 내가 너를 위해 주는 것이다. 네가 나를 높여 주는 게 아니라 내가 너를 높여 주는 것이다. 네가 거두어주지 않으면 내가 머물 곳이 없거나, 네가 찬양을 해 주지 않으면 내가 외로운 것이 아니다. 사람 때문에 여호와가 영광을 받은 것이 아니라 여호와 때문에 사람이 복을 받는 것임을 기억해라. 다윗 너로 인해 여호와가 존귀해 지는 것이 아니라 여호와 때문에 다윗 네가 존귀해 졌음을 기억해야 한다. 너는 나를 다윗성으로 인도하지 않고 오벧에돔의 집에 방치했다. 너는 나를 버렸지만 나는 오벧에돔과 그의 집에 복을 주었다. 너는 나를 위험한 존재로 인식하여 버렸지만 나는 나와 함께 한 사람에게 복을 주었고, 나를 받아준 집에 복을 주었다. 누구라도, 어느 집이라도 내가 복을 주면 복을 받고 번성케 하면 번성하게 된다. 오벧에돔의 모습이 바로 너 다윗의 본래 모습임을 알아야 한다. 네가 목동이전 시절, 아무도 너를 인정치 않고 아무도 너에게 관심갖지 않을 때, 내가 너와 하니까 너는 복을 받고 왕이 되었다. 내가 오벧에돔과 함께 하면 오벧에돔이 복을 받고, 내가 오벧에돔을 왕으로 세운다면 오벧에돔도 왕이 될 수 있다. 다윗아, 네가 나를 위하는 것이 아니라 내가 너를 위하는 것이다. 이스라엘 온 백성에게 백성들이 하나님을 위하는 것이 아니라 하나님이 이스라엘을 위하는 것임을 가르쳐야 할 사람이 바로 너다. 온 백성과 너와 오벧에돔과 열방이 다 하나님을 의지하고 하나님을 신뢰 하도록, 하나님이 행하시면 모든 것을 이루실 수 있다는 것을 증거하기 위해서 너를 선택하고 왕으로 세웠다는 것을 기억하라"고 말씀하십니다.

또 하나님이 다윗에게 "다윗아, 내가 너를 여태까지 도와준 것은 목동이 초라해서 왕이라는 신분을 만들어주기 위함이 아니었다. 이스라엘 나라가 작고 약소해서 도와주는 것이 아니었다. 내가 너를 세운 것은 인간의 문제는 죄이고 죄를 이길 수 있는 것은 하나님이라는 것을 알려주기 위해서였다. 이스라엘 백성들이 큰 나라와 위대한 왕을 구할 때 나라의 안녕과 평화가 사람에게 달려있는 것이 아니라 하나님께 달려있다는 것을 보여 주기 위해서 너를 골랐다. 너는 너의 존재와 너의 역할과 너를 세우고 도우신 여호와를 잊으면 안 된다. 왕이 되었다고, 약간의 재물이 생겼다고, 약간의 권력이 생겼다고, 어느 정도 나라가 안정이 되었다고 네가 하나님을 위할 수 있을 것이라고 생각하면 안 된다. 처음부터 지금까지 그리고 앞으로 영원토록 하나님이 인간을 도우시고 하나님이 인간을 축복하신다는 사실을 기억하라"고 말씀하시는 것입니다. 여호와의 궤를 버리고 간 다윗에게 하나님의 의도와 원리와 성품과 인간사랑을 가르치기 위하여 오벧에돔을 복을 주시고 그 소식이 다윗의 귀에까지 들리게 하시는 것입니다.

하나님의 오묘함

다윗은 죄인들과는 다르게 늘 신실하며 오직 하나님만을 사랑했던 믿음의 사람이 아닙니다. 다윗도 치사한 죄인이고 얍삽한 죄인이고 교활한 죄인에 불과합니다. 다윗은 정말 나쁜 사람이요 정말 치사한 인간이요 정말 못된 사람입니다. 다윗을 폄하하려는 의도가 아니라 죄인의 실체에 대해 바르게 알아야 한다는 것입니다. 다윗이 하나님이 오벧에돔과 그의 집에 복을 주셨다는 말을 듣고 법궤를 옮깁니다. 사무엘하 6장 12절 "어떤 사람이 다윗 왕에게 아뢰어 이르되 여호와께서 하나님의 궤로 말미암아 오벧에돔의 집과 그의 모든 소유에 복을 주셨다 한지라. 다윗이 가서 하나님의 궤를 기쁨으로 메고 오벧에돔의 집에서 다윗 성으로 올라갈새" 입니다. 만약 여러분이 오벧에돔이라면 심정이 어떠시겠습니까? 여호와의 궤로 인하여 웃사가 죽자 두려워하며 차마 자신의 성으로 옮겨가지 않으면서 자신의 집에 들이고 싶지 않던 여호와의 궤를 오벧에돔의 집에 강제로 옮겨 놓았습니다. 오벧에돔의 입장에서는 마른 하늘에 날벼락이 친 것과 같습니다. 졸지에 매우 위험한 물건을 떠 맡게 된 것입니다. 천만다행스럽게도 여호와께서 오벧에돔의 집에 복을 주셨습니다. 그 소식을 듣더니 다윗이 찾아와 또다시 오벧에돔의 의사와는 전혀 상관없이 다윗의 임의대로 여호와의 궤를 다윗 성으로 옮겨가 버립니다. 오벧에돔의 입장에서는 다시 한 번 황당한 일을 당하게 된 것입니다. 오벧에돔의 생각에 다윗은 치사한 인간이요 야비한 인간이요 날도둑놈 같은 인간이요 도무지 백성을 위하는 왕으로 인정할 수 없는 강포한 왕일뿐입니다. 다윗은 싫으면 버리고 좋으면 뺏는 패역한 왕입니다. 위험은 백성에게 전가시키고 복은 자신이 받으려는 교활한 왕입니다.

본문은 한 가지 사건을 통해 두 가지를 병행하여 말하고 있습니다. 이스라엘의 죄를 향하여 다윗을 통하여 이스라엘 백성을 가르치고, 다윗의 죄를 향하여 오벧에돔을 통하여 다윗을 가르치는 것입니다. 하나님은 무조건 다윗이 잘했다고 칭찬하는 것이 아닙니다. 어쨌거나 다시 여호와의 궤를 가져오고 번제와 화목제를 드리고, 다윗과 온 이스라엘 족속이 즐거이 환호하며 나팔을 불기에 마냥 좋아하시는 것이 아닙니다. 오벧에돔을 통하여 다윗으로 하여금 하나님을 기억하고, 다윗이 왕으로서 하나님을 백성 앞에 증거 하여야 하는 본분을 잃지 않도록 도우시는 것입니다. 오벧에돔도 하나님으로 인하여 복을 받았고, 다윗 자신도 하나님의 복을 받았음을 기억하라는 것입니다. 이스라엘을 위하여 다윗이 동원되었는데, 다윗을 위하여 오벧에돔이 동원되고, 모든 죄인을 위하여 이스라엘이 동원되는 것 즉 한 사건을 통해서 가르치면서 동시에 배우고, 샘플이 되어주면서 동시에 샘플이 되는 것이 하나님의 교육의 오묘함이요 신묘막측합니다. 이 사건을 통해 아무도 피해자가 없습니다. 오벧에돔도 복을 받고 다윗도 가르침 받고 이스라엘 백성도 하나님을 배웁니다. 하나님께서는 어떤 모양으로든지 우리의 왜곡된 죄적 방식을 바로 잡아주시며 하나님을 향한 바른 태도와 하나님에 의한 신앙의 본질을 갖는 것이 인간의 행복의 근본이라고 말씀하십니다. 하나님으로 인한 저와 여러분의 삶을 잘 깨달으시고 더더욱 하나님과 동행하시고 하나님의 뜻대로 사셔서 하나님의 은혜를 누려 가시기를 주님의 이름으로 축원합니다.

여호와가 하신 일, 여호와가 하실 일

사무엘하 7 : 1 ~ 29

1 여호와께서 주위의 모든 원수를 무찌르사 왕으로 궁에 평안히 살게 하신 때에 2 왕이 선지자 나단에게 이르되 볼지어다 나는 백향목 궁에 살거늘 하나님의 궤는 휘장 가운데에 있도다 3 나단이 왕께 아뢰되 여호와께서 왕과 함께 계시니 마음에 있는 모든 것을 행하소서 하니라 4 그 밤에 여호와의 말씀이 나단에게 임하여 이르시되 5 가서 내 종 다윗에게 말하기를 여호와께서 이와 같이 말씀하시되 네가 나를 위하여 내가 살 집을 건축하겠느냐 6 내가 이스라엘 자손을 애굽에서 인도하여 내던 날부터 오늘까지 집에 살지 아니하고 장막과 성막 안에서 다녔나니 7 이스라엘 자손과 더불어 다니는 모든 곳에서 내가 내 백성 이스라엘을 먹이라고 명령한 이스라엘 어느 지파들 가운데 하나에게 내가 말하기를 너희가 어찌하여 나를 위하여 백향목 집을 건축하지 아니하였느냐고 말하였느냐 8 그러므로 이제 내 종 다윗에게 이와 같이 말하라 만군의 여호와께서 이와 같이 말씀하시기를 내가 너를 목장 곧 양을 따르는 데에서 데려다가 내 백성 이스라엘의 주권자로 삼고 9 네가 가는 모든 곳에서 내가 너와 함께 있어 네 모든 원수를 네 앞에서 멸하였은즉 땅에서 위대한 자들의 이름 같이 네 이름을 위대하게 만들어 주리라 10 내가 또 내 백성 이스라엘을 위하여 한 곳을 정하여 그를 심고 그를 거주하게 하고 다시 옮기지 못하게 하며 악한 종류로 전과 같이 그들을 해하지 못하게 하여 11 전에 내가 사사에게 명령하여 내 백성 이스라엘을 다스리던 때와 같지 아니하게 하고 너를 모든 원수에게서 벗어나 편히 쉬게 하리라 여호와가 또 네게 이르노니 여호와가 너를 위하여 집을 짓고 12 네 수한이 차서 네 조상들과 함께 누울 때에 내가 네 몸에서 날 네 씨를 네 뒤에 세워 그의 나라를 견고하게 하리라 13 그는 내 이름을 위하여 집을 건축할 것이요 나는 그의 나라 왕위를 영원히 견고하게 하리라 14 나는 그에게 아버지가 되고 그는 내게 아들이 되리니 그가 만일 죄를 범하면 내가 사람의 매와 인생의 채찍으로 징계하려니와 15 내가 네 앞에서 물러나게 한 사울에게서 내 은총을 빼앗은 것처럼 그에게서 빼앗지는 아니하리라 16 네 집과 네 나라가 내 앞에서 영원히 보전되고 네 왕위가 영원히 견고하리라 하셨다 하라 17 나단이 이 모든 말씀들과 이 모든 계시대로 다윗에게 말하니라 18 다윗 왕이 여호와 앞에 들어가 앉아서 이르되 주 여호와여 나는 누구이오며 내 집은 무엇이기에 나를 여기까지 이르게 하셨

나이까 19 주 여호와여 주께서 이것을 오히려 적게 여기시고 또 종의 집에 있을 먼 장래의 일까지도 말씀하셨나이다 주 여호와여 이것이 사람의 법이니이다 20 주 여호와는 주의 종을 아시오니 다윗이 다시 주께 무슨 말씀을 하오리이까 21 주의 말씀으로 말미암아 주의 뜻대로 이 모든 큰 일을 행하사 주의 종에게 알게 하셨나이다 22 그런즉 주 여호와여 이러므로 주는 위대하시니 이는 우리 귀로 들은 대로는 주와 같은 이가 없고 주 외에는 신이 없음이니이다 23 땅의 어느 한 나라가 주의 백성 이스라엘과 같으리이까 하나님이 가서 구속하사 자기 백성으로 삼아 주의 명성을 내시며 그들을 위하여 큰 일을, 주의 땅을 위하여 두려운 일을 애굽과 많은 나라들과 그의 신들에게서 구속하신 백성 앞에서 행하셨사오며 24 주께서 주의 백성 이스라엘을 세우사 영원히 주의 백성으로 삼으셨사오니 여호와여 주께서 그들의 하나님이 되셨나이다 25 여호와 하나님이여 이제 주의 종과 종의 집에 대하여 말씀하신 것을 영원히 세우셨사오며 말씀하신 대로 행하사 26 사람이 영원히 주의 이름을 크게 높여 이르기를 만군의 여호와는 이스라엘의 하나님이라 하게 하옵시며 주의 종 다윗의 집이 주 앞에 견고하게 하옵소서 27 만군의 여호와 이스라엘의 하나님이여 주의 종의 귀를 여시고 이르시기를 내가 너를 위하여 집을 세우리라 하셨으므로 주의 종이 이 기도로 주께 간구할 마음이 생겼나이다 28 주 여호와여 오직 주는 하나님이시며 주의 말씀들이 참되시니이다 주께서 이 좋은 것을 주의 종에게 말씀하셨사오니 29 이제 청하건대 종의 집에 복을 주사 주 앞에 영원히 있게 하옵소서 주 여호와께서 말씀하셨사오니 주의 종의 집이 영원히 복을 받게 하옵소서 하니라

여호와가 하신 일

평안히 거하게 하실 때

성경을 읽을 때에 무엇을 중심으로 해서, 무엇을 주제로 해서 성경을 읽느냐에 따라 본문을 이해하는 데 큰 차이가 생겨납니다. 본문 사무엘하 7장은 2절에 다윗의 말이 나오고 5절부터 17절에 다윗의 말에 대한 하나님의 응답이 나오고 18절부터 29절에 하나님의 말씀에 대한 다윗의 반응이 나옵니다. 내용으로나 분량 상으로 다윗은 한 구절만 말하고 하나님의 말씀이 길게 나옵니다. 사무엘하 7장이 어떤 상황, 어떤 처지, 어떤 환경 속에서 벌어지고 있는 일인지 이해하는 것이 중요합니다. 7장 1절 "여호와께서 사방의 모든 대적을 파 하사 왕으로 궁에 평안히 거하게

하실 때에"입니다. 성경에 다윗이 처음 등장하는 것은 사무엘상 16장입니다. 사무엘상 16장부터 본문 사무엘하 7장까지 다윗이 하나님을 위하여 행하는 일은 전혀 없습니다. 성경에는 하나님이 다윗을 위해 행하시는 일들이 기록되어 있습니다. 성경은 인간이 하나님을 섬긴 사례를 기록하는 것이 아니라 정반대로 하나님이 인간을 섬기고 하나님이 인간을 높이고 하나님이 인간을 위해 수고하신 하나님의 일들을 기록하고 있는 책입니다. 7장 1절도 여호와께서 주변의 모든 원수를 무찌르사 다윗 왕으로 하여금 궁에 평안히 거하게 해 주셨다는 것이 전제 되어야 합니다. 비록 한 절에 짧게 나와 있지만, 왕으로 하여금 궁에 편하게 거하게 하기 위하여 적들을 물리치시고 악을 막아주시고 모든 것에서 보호하시고 지켜주시고 책임져 주신 하나님이 행하신 일, 하나님의 역할이 강조 되어야 합니다. 동시에 하나님이 행하신 일에 대한 이유를 정확하게 이해해야 합니다.

다윗의 생각

다윗은 하나님이 왜 자신을 평안하게 하시고 안정하게 살 수 있도록 만들어 주셨는지 하나님의 의도를 이해했어야 합니다. 하나님이 다윗에게 왕으로 궁에 평안히 거하게 하신 이유는 다윗의 안락한 삶, 다윗으로 하여금 수고하지 않아도 되는 삶을 살도록 하기 위해서가 아닙니다. 하나님이 다윗에게 또는 다윗을 대표로 하는 모든 인간에게 가르쳐주시고자 했던 것은 하나님의 기준입니다. 하나님의 기준이 옳고 하나님의 원리가 맞고 하나님의 방식이 선하고 하나님의 뜻이 좋은 것임을 알려 주시는 것입니다. 인간은 이미 죄의 기준에 익숙해져 있기에 하나님의 기준에 대하여 전혀 생뚱맞게 생각하고 어색해 하고 하나님의 기준이 옳아 보이지 않다고 생각합니다. 그런 인간들을 설득하고 이해시키기 위해 하나님은 여러 가지 역사를 동원하시고 하나님이 옳으시다는 것을 확증해 줍니다. 하나님의 가르침과 가르침을 이해시키기 위한 하나님의 역사를 통하여 인간이 배워야 하는 것은 하나님이 옳다는 것입니다. 하나님이 옳으시니까 하나님의 뜻대로, 하나님의 원리대로, 하나님의 방식대로 사는 것이어야 합니다. 그런데 다윗이 바로 그 하나님의 목적에서 실패하고 있는 것입니다.

사람들은 다윗의 잘못이나 다윗의 실수라고 하면 사무엘하 11장에 기록된 우리아의 아내 밧세바를 범하는 사건을 가장 큰 것으로 칩니다. 왜냐하면 인간적으로 윤리적으로 도덕적으로 문제가 있다고 생각하기 때문입니다. 그러나 그러한 행동들은 하나님의 기준과 하나님의 원리를 모른 채 죄에 잡혀 있기 때문에 나타나는 현상에 불과합니다. 현상에 집착하기 보다는 근본 즉 하나님적 기준과 원리를 적용하고 있는지 아니면 여전히 죄인의 원리를 적용하고 있는 지를 분별해야 합니다. 본문에 다윗의 심정, 다윗의 원리가 나타납니다. 분명 다윗은 하나님을 향하여 어떤 뜻을 품었는데, 다윗이 품은 생각이 오해요 하나님이 기대하지도 않았고 하나님이 요구하지도 않았던 마음입니다.

하나님은 단 한 번도 어떤 측면으로도 다윗에게 부담을 주신 적이 없습니다. 다윗에게 무엇을 요구한 적이 없습니다. 하나님이 다윗에게 아무 것도 요구하시지 않는 이유는 매우 간단하게 하나님이 아무 것도 필요하지 않기 때문입니다. 종종 사람들은 하나님의 뜻과는 맞지 않을 지라도 하나님을 위하여 무엇인가 행하려고 마음을 먹으면 비록 하나님의 목적과는 달랐지만 마음만은 가상하지 않느냐고 안위를 해주려고 합니다. 하지만 그것은 마음만이라도 가상한 것이 아니라 틀린 마음이요 잘못된 마음입니다. 어쨌거나 마음은 인정해 주어야 하는 것이 아니라 그러한 마음이 결국은 인간을 망치는 마음입니다. 본문에 나타난 다윗의 마음이 2절에 나옵니다. "왕이 선지자 나단에게 이르되 볼지어다. 나는 백향목 궁에 거하거늘 하나님의 궤는 휘장 가운데에 있도다." 성경은 다윗의 이 마음이 틀렸다는 것입니다. 다윗의 말속에 이미 왜곡된 가치가 있고 왜곡된 기준이 있는 것입니다. 백향목 궁과 휘장에 차이가 있다고 생각하는 것이 틀린 것입니다. 백향목 궁은 화려하고 찬란하고 존귀가 있어 보이고 위엄이 있어 보이고 값어치가 나가 보인다는 생각이요 휘장은 후질구레 하고 누추하고 칙칙하다는 생각이 틀렸다는 것입니다. 자신은 좋은 집에 살고 있고 하나님의 궤는 천한 집에 모셔져 있다고 생각하는 기준과 가치가 틀린 것입니다. 다윗이 자신은 좋은 집에 살고, 하나님은 누추한 곳에 계시니 자신이 하나님을 좀 더 좋은 곳으로 모셔야겠다는 마음이 가상하고 기특한 것이 아니라 그 생각에 깔려있는 사고방식이 틀린 것입니다.

성막의 의미

다윗의 말대로 하나님의 법궤가 휘장 가운데 있습니다. 여호와의 법궤를 안치해 두었던 성막은 하나님이 지으신 것입니다. 하나님이 계획하셨고 하나님이 제조자도 지정하셨고 하나님이 방식도 지정하셨습니다. 하나님이 행하신 일은 가장 적절하고 가장 옳으신 것입니다. 성막은 화려한지 초라한지를 따지는 것이 아닙니다. 하나님이 계획하시고 하나님이 진행하셔서 하나님이 완성하시면 그것이 가장 옳고 가장 선한 것임을 인정하면 됩니다. 흔히 사람들은 성막이 가장 비싸고 가장 귀한 재료로 만들어 졌다고 생각 하지만 실제로는 그렇지 않습니다. 성막의 가치를 논하기 전에 하나님이 성막을 만들라고 하신 이유를 바르게 아는 것이 중요합니다. 성막을 무엇으로 만들었느냐 보다 왜 만들었느냐가 중요합니다. 만약 성막을 만든 이유가 하나님의 영광과 존귀를 나타내기 위한 것이라면 성막은 하나님의 영광과 존귀에 걸맞은 수준으로 만들어야 합니다. 하지만 하나님이 성막을 만드신 이유는 하나님의 영광과 존귀를 위한 것이 아니라 백성들을 위해서 만들었습니다. 백성들이 광야를 지나는 동안 하나님의 임재에 대하여 의심했고, 하나님이 자신들과 동행 하시는 지의 여부에 대해 불안해했습니다. 하나님이 자신들을 먹이시고 입히실 능력에 대해 늘 염려가 되었습니다. 백성들의 의심과 불안과 염려를 아시는 하나님이 '나는 너희와 함께 있다. 나는 너희와 같이 가고 있다. 나는 너희들 한 가운데 있다' 는 것을 알려 주기 위하여 성막을 짓고 그 안에 여호와의 법궤로 임재하시는 것입니다. 성막이 임재의 확인을 위한 이유라면 성막은 화려하거나 찬란하거나 멋있어야 할 까닭이 없습니다. 백성들 가운데 하나님이 함께 하는 것을 보여주기 위해서라면 눈에 잘 보이면 되고 백성들이 가까이 할 수 있는 것이면 됩니다. 만약 여호와의 영광을 위한 것이라고 하면 최상의 것으로 가장 기가 막히게 만들어야 됩니다. 반대로 만약 백성들에게 하나님의 임재를 확인하고 백성들의 마음의 평안을 주기 위해서라면 잘 보이게 만들면 됩니다. 만약 잘 보이기는 하는데 너무 겁나서 가까이 접근도 못하게 만들면 성막의 의도와 달라진 것이요 목적과 틀린 겁니다.

　백성의 근심과 염려를 덜어주기 위해서라면 백성들 눈에 잘 보이게 하고 다가가기 쉽게 만들어야 목적에 적합한 것입니다. 그래서 성막은 값 비싸고 존귀한 것으로 짓는 것이 아니라 백성들 가운데 가장 불필요한 것을 모아서 재활용품으로 만듭니다. 성막의 재료가 금이요 은이요 황 보석이요 녹 보석입니다. 금은보화라고 해서 비싼 것이라고 생각하시면 안 됩니다. 청색 실, 황색 실, 녹색 실이라고 해서 화려한 것이라고 생각하시면 안 됩니다. 성막은 이스라엘이 광야생활 하는 중에 만들어졌습니다. 광야를 지나가는 백성들에게 금과 은은 소중한 것이 아닙니다. 광야에서는 금은보화를 활용할 수 없기에 재화로서 아무런 가치가 없습니다. 하나님이 백성들에게 성막을 위하여 금과 은을 내 놓으라고 할 때 백성들은 가장 귀한 것을 내어 놓는 것이 아니라 가장 쓸모없는 것을 내어 놓는 것입니다. 황색 실과 녹색 실도 좋은 실임이 분명하지만 실은 사용할 수 있을 때 중요한 가치를 인정받을 수 있습니다. 새 옷을 짓거나 헤어진 것을 꿰맬 때에 실이 필요한데 광야를 지나는 이스라엘 백성은 옷이 닳지도 아니하고 헤어지지도 아니하였으니 사용할 일이 없는 황색실과 녹색실을 들고 가는 것처럼 미련한 것은 없습니다. 하나님이 성막에 지으라고 하는 재료는 백성들이 가장 아끼는 것으로 비싸고 소중하고 값나가는 보화가 아니라 광야를 이동할 때 불필요 하고 광야에서 사용되지 않고 활용 가치가 없는 것들입니다.

성막이 광야에 머무는 백성들에게 가장 불필요한 재료들로 만들어졌다고 해서 볼품이 없고 초라한 것이 아닙니다. 출애굽기 40장 34절에 성막이 완성되었을 때의 모습이 "구름이 회막에 덮이고 여호와의 영광이 성막에 충만하매"라고 기록되어 있습니다. 성막이 화려하고 멋이 있어서 하나님이 임재하시는 것이 아니라 하나님이 임재하시니까 성막이 가치가 있는 것입니다. 중요한 것은 성막이 아니라 하나님이십니다. 사무엘하 7장에서 하나님이 성막 안에, 여호와의 궤가 휘장 안에 있습니다. 다윗이 "나는 백향목 궁에 살거늘 하나님의 궤는 휘장 가운데에 있도다"라고 안타까워 민망해하고 송구스러운 마음을 가졌지만 여호와는 다윗의 마음이 틀렸다고 지적하십니다. 하나님은 단 한 번도 이스라엘 백성에게 여호와의 궤를 소홀이 여긴다고 책망하신 적이 없습니다. 사무엘하 6장에서 다윗이 여호와의 궤를 이동해 오다가 불상사가 일어나니까 이동해오기를 포기하고 오벧에돔의 집에 방치 했을 때에도 하나님은 모멸감이나 서운함을 느껴서 다윗에게 진노를 내리신 적이 없습니다. 다윗이 자신의 처소와 여호와의 궤가 머물러 있는 처소를 비교하면서 자신이 하나님을 위하여 무엇인가를 위하여 행하려고 마음이 틀린 것입니다.

포로기의 성전

다윗이 가졌던 마음과 비슷한 장면이 이스라엘 포로 귀환 때에도 일어납니다. 남 왕국 유다가 바벨론에 패하여 포로로 잡혀갔을 때 바사의 고레스 왕이 바벨론을 무찌르고 바벨론에 사로잡혀있던 이스라엘의 백성들을 예루살렘으로 돌아가게 합니다. 그때 하나님께서 귀환하는 이스라엘 백성들에게 돌아가서 예루살렘에 성전을 지으라고 말씀하십니다. 이때에도 하나님이 성전을 지으라고 말씀하시는 이유가 중요합니다. 유대 왕국이 패망하자 이스라엘 백성들은 '하나님이 우리를 떠났다. 하나님이 우리와 함께 하지 않는다. 하나님이 우리를 돕지 않는다. 하나님이 우리를 위해 아무 역사도 하지 않는다. 하나님은 없다'고 생각하였습니다. 이스라엘 백성들의 틀린 생각을 바로 잡아 주기 위하여 하나님은 '내가 너희를 떠난 것이 아니라 너희가 나를 떠난 것이다. 난 너희를 포기하지 않는다. 이제 예루살렘에 돌아가면 성전을 지어라. 내가 너희와 함께 있다는 것을 다시 보여 주리라'는 목적으로 성전을 지으라고 말씀하십니다. 귀환한 백성들이 성전을 지으려고 할 때 재료도 없고 여러 가지 측면에서 부족한 것이 많아 성전 터를 무척 초라하게 닦았던 것 같습니다. 귀환한 백성 중에 예전 솔로몬 성전의 영광을 보았던 어떤 노인들이 자신들이 새로이 지으려는 성전이 너무 초라하고 왜소해 보이기에 안타까운 눈물을 흘립니다. 민망해 하는 노인들을 향해 하나님이 학개 선지자를 통해 말씀하십니다. 학개서 2장 5절 "만군의 여호와가 이같이 말하노라. 조금 있으면 내가 하늘과 땅과 바다와 육지를 진동시킬 것이요 또한 모든 나라를 진동시킬 것이며 모든 나라의 보배가 이르리니 내가 이 성전에 영광이 충만하게 하리라. 만군의 여호와의 말이니라. 은도 내 것이요 금도 내 것이니라. 만군의 여호와의 말이니라. 이 성전의 나중 영광이 이전 영광보다 크리라. 만군의 여호와의 말이니라. 내가 이곳에 평강을 주리라. 만군의 여호와의 말이니라" 입니다. 사람들은 여호와의 집이 얼마나 거룩하고 멋있고 찬란해야 하는가 생각할 때에 하나님은 영광스러운 곳에 여호와가 임하는 것이 아니라 여호와가 임하는 곳이 영광스러워 지는 것임을 가르치시는 것입니다.

다윗의 왜곡

다윗은 자신이 현재 여호와의 궤보다 훨씬 나은 곳에 살고 있다고 생각하는 것입니다. 자신의 백향목 궁이 휘장보다 낫다고 생각하는 것입니다. 자신의 왕궁의 처소가 여호와의 처소보다 훌륭하다고 생각하는 것입니다. 다윗의 생각이 틀린 생각이요 바보 같은 생각이요 죄인의 생각에 불과합니다. 왜냐하면 여호와가 없으면 백향목 궁이 아무 소용이 없고, 여호와가 없으면 왕궁이 아무 가치가 없고, 여호와가 없으면 아름답고 호화로운 건물이 아무 의미가 없다는 것을 모르고 있기 때문입니다. 다윗이 자신이 여호와의 궤가 안치되어 있는 곳보다 더 좋은 곳에 머물고 있기에 여호와를 위해서 무엇인가 해드리고 싶다는 생각은 하나님을 향한 존경의 마음이거나 가상한 마음이 아닙니다. 여호와의 행하시는 일에 대하여 섬세하심과 오묘하심을 알아야 하는 것처럼 반대로 죄인들의 말과 행동에 담긴 죄의 교활함과 사악함도 분별하셔야 됩니다.

다윗의 생각과 말은 전혀 말이 되지 않습니다. 만약 자신이 사는 곳이 여호와의 궤가 머무는 곳보다 더 좋아서 송구스럽고 민망한 마음이 있다면 원래부터 자기 집을 여호와의 성소보다 크고 호화롭게 안 지었어야 합니다. 만약 다윗이 하나님의 은혜로 자신이 여기까지 왔고 하나님이 주변의 모든 원수를 무찌르사 평안히 거하게 하셨다고 생각한다면 자기의 존귀와 영광이 아무리 높다 한들 자기를 만들어 주신 여호와의 존귀와 영광에 비할 수 없기에 여호와가 성막에 거하시면 자신은 성막보다 더 크고 화려한 집을 지어서는 안 됩니다. 다윗이 왕궁을 건설하는 기준이 여호와의 처소이었어야 합니다. 혹시 다윗의 신하들이 다윗에게 나아와 '다윗 왕이시여, 왕은 모든 면에서 왕다운 권위가 있어야 합니다. 당연히 왕궁에도 왕의 권위가 드러나도록 나라 안에서 가장 크고 가장 웅장하고 가장 화려하게 지어야 합니다' 라고 간언하더라도 다윗은 단호하게 '나의 나됨은 나로 말미암지 않고 나를 만들어 주신 여호와로 말미암았다. 여호와가 성소에 계시니 내가 어찌 여호와보다 더 크고 화려한 집을 지으리오' 라고 대답했어야 합니다. 그러나 다윗은 자신의 왕궁을 지을 때 여호와의 궤가 머물고 있는 처소를 전혀 고려하지 않았습니다.

또한 주변 상황에 이끌려서 불가피하게 백향목 궁을 지었다고 합시다. 왕궁을 지은 후에 자신은 왕궁에 살고 여호와의 궤는 휘장에 머무는 것이 황공스럽고 민망한 마음이 들면 바꾸면 됩니다. 여호와의 궤를 더 좋아 보이는 백향목 궁으로 옮기고 자신은 덜 좋아 보이는 휘장 가운데로 옮기면 됩니다. 다윗은 이미 자신의 궁을 화려하게 지었고, 여호와의 궤가 휘장에 머무는 것을 안타까와 하면서도 전혀 바꾸지 않습니다. 말로는 여호와를 향한 민망함과 송구함과 죄송함을 표현하지만 행동으로는 여호와를 향한 존경을 실천하지 않습니다. 다윗의 말과 행동 속에 죄의 교활함과 사악함이 담겨 있는 것입니다. 자신은 백향목 궁을 떠날 생각이 전혀 없고 여호와의 궤가 휘장에 머무는 것은 민망해서 고민하고 궁리한 결과 내린 결론이 성전을 짓는 것입니다.

하나님이 일하시는 방식과 인간이 일하는 방식을 잘 구분하셔야 됩니다. 하나님은 하나님의 것으로 하나님이 일하십니다. 그런데 인간은 꼭 남의 것으로 일하고 생색은 자기가 냅니다. 하나님이 성막을 지으라고 말씀하실 때에도 모든 재료를 하나님이 준비하셨습니다. 애굽에서 나올 때에 온갖 패물을 얻어가지고 나오도록 하나님이 명하셨습니다. 이스라엘 백성들이 하나님의 성막을 짓기 위해 자신들의 것을 내어놓은 것이 하나도 없습니다. 하나님이 계획하시고 하나님이 준비하시고 하나님이 실행하시는 것이 하나님의 원리입니다. 하나님의 일은 하나님이 하나님의 때에 하나님의 사람으로 하나님의 능력으로 하나님의 영광으로 하나님이 하십니다. 반면에 인간은 남의 것으로 합니다. 다윗이 성전을 지으려고 계획합니다. 재료를 다윗이 준비하는 것이 아니요, 노동을 다윗이 하는 것이 아닙니다. 성전을 짓는 동안 백성의 곡간은 비어도 왕의 곡간은 언제나 가득 차 있을 것입니다. 다윗이 성전을 짓겠다고 생각하는 이유에는 자신의 소유에는 아무런 손해가 나지 않는다는 생각이 깔려 있는 것입니다.

신앙의 왜곡

후에 확인할 수 있는 것과 같이 다윗은 결국 성전을 짓습니다. 하나님은 백향목 궁을 지은 것 자체를 나무라지 않습니다. 다윗이 화려하고 찬란하고 멋지고 웅장한 궁을 지은 것을 책망하거나 비난하지 않습니다. 궁전은 왕이 거주하며 집무하는 장소로서 필요한 것으로 필요하면 지을 수 있습니다. 다윗의 생각에 필요하면 지을 수 있고, 용도가 있으면 지을 수 있습니다. 하지만 이 건물이 저 건물보다 낫다, 백향목 궁이 휘장보다 낫고, 여호와의 궤가 있는 곳이 왕이 있는 곳보다 못하다는 사고방식은 잘못된 것이라는 의미입니다. 다윗이 이러한 왜곡된 사고방식을 갖고 있는 가장 근본적인 이유는 '인간이 하나님을 위할 수 있다'는 생각때문 입니다. '내가 하나님의 처소를 좀 더 낫게 만들어 드릴 수 있다. 내가 하나님의 위엄을 좀 더 세워 드릴 수 있다. 내가 하나님 앞에, 백성들 앞에 하나님 권위를 좀 더 드러낼 수 있다'고 생각을 하고 있기 때문에 성전 건축의 발상이 나오는 것입니다.

다른 말로 표현해서, 다윗이 한 가지를 잊고 있는 것이 바로 7장 1절입니다. "여호와께서 주위의 모든 원수를 무찌르사 왕으로 궁에 평안히 거하게 하신 때에" 즉 '오늘의 다윗을 있게 한 것은 여호와다. 오늘의 다윗을 존재케 한 것은 여호와다. 왜 나를 이곳에 있게 하며, 왜 하나님이 나를 만드시고, 나를 통하여 이스라엘 가운데에 무엇을 드러내려고 하는가를 알아야 한다' 는 것입니다. 다윗은 하나님의 의도는 잊은 채 '이제 나는 모든 것이 다 갖추어 졌다. 이제 나는 넉넉하다. 이제는 내가 하나님을 위해서 무엇을 해 드릴 수 있을까?' 를 고민하고 있습니다. 하나님이 다윗을 현재처럼 만드실 수 있다는 것은 하나님이 다윗보다 더 풍성하고 존귀한 존재라는 것을 전제로 합니다. 만들어 진 자가 자신을 만들어주신 분을 위할 수 있다는 생각은 가장 큰 죄인의 생각입니다. 은혜를 받은 자가 받은 은혜를 갚을 수 있다고 생각 하는 것이 가장 외람되고 왜곡된 죄의 생각입니다.

여호와가 하실 일

하나님의 생각

하나님은 다윗의 마음을 받아주시지 않습니다. 왜냐하면 다윗의 생각, 기준, 가치, 인식이 틀렸기 때문입니다. 대신 그 동안도 하나님이 다윗을 만들어 오신 것처럼 앞으로 또 하나님이 다윗에게 행하실 일을 선포 하십니다. 다윗이 여호와를 위하는 것이 아니라 앞으로도 여호와가 다윗을 위할 것임을 말씀하십니다. 앞으로 행하실 하나님의 계획이 7장 5절부터입니다. "가서 내 종 다윗에게 말하기를 여호와께서 이와 같이 말씀하시되 네가 나를 위하여 내가 살 집을 건축하겠느냐? 내가 이스라엘 자손을 애굽에서 인도하여 내던 날부터 오늘까지 집에 살지 아니하고 장막과 성막에서 다녔나니 이스라엘 자손과 더불어 다니는 모든 곳에서 내가 내 백성 이스라엘을 먹이라고 명령한 이스라엘 어느 지파들 가운데 하나에게 내가 말하기를 너희가 어찌하여 나를 위하여 백향목 집을 건축하지 아니하였느냐고 말하였느냐"입니다. 하나님은 하나님을 위하여 집을 지으라고 명하신 적이 없기에 다윗이 하나님을 위하여 집을 짓겠다고 계획하는 것은 하나님의 뜻과는 아무런 상관이 없는 것입니다. 8절부터 16절까지 하나님의 말씀이 이어집니다. "그러므로 이제 내 종 다윗에게 이와 같이 말하라. 만군의 여호와께서 이와 같이 말씀하시기를 내가 너를 목장 곧 양을 따르는 데에서 데려다가 내 백성 이스라엘의 주권자로 삼고 네가 가는 모든 곳에서 내가 너와 함께 있어 네 모든 원수를 네 앞에서 멸하였은즉 땅에서 위대한 자들의 이름같이 네 이름을 존귀케 만들어 주리라. 내가 또 내 백성 이스라엘을 위하여 한 곳을 정하여 그를 심고 그를 거주하게 하고 다시 옮기지 못하게 하며 악한 종류로 전과 같이 그들을 해하지 못하게 하여 전에 내가 사사에게 명령하여 내 백성 이스라엘을 다스리던 때와 같지 아니하게 하고 너를 모든 원수에게서 벗어나 편히 쉬게 하리라. 여호와가 또 네게 이르노니 여호와가 너를 위하여 집을 짓고 네 수한이 차서 네 조상들과 함께 누울 때에 내가 네 몸에서 날 네 씨를 네 뒤에 세워 그의 나라를 견고케 하리라. 그는 내 이름을 위하여 집을 건축할 것이요 나는 그의 나라 왕위를 영원히 견고하게 하리라. 나는 그에게 아버지가 되고 그는 내게 아들이 되리니 그가 만일 죄를 범하면 내가 사람의 매와 인생의 채찍으로 징계 하려니와 내가 네 앞에서 물러나게 한 사울에게서 내 은총을 빼앗은 것처럼 그에게서 빼앗지는 아니하리라. 네 집과 네 나라가 내 앞에서 영원히 보전되고 네 왕위가 영원히 견고하리라 하셨다 하라"입니다.

하나님의 기대

다윗은 그저 자기 방식대로 자기는 백향목 궁에 거하고 여호와는 궤는 휘장 안에 거하는 것을 안타까워하며 성전을 지을 마음을 먹었는데, 하나님은 도리어 다윗을 위하여 행하실 어마어마한 계획들을 선언하시는 것입니다. 다윗의 생각과는 다르게 하나님은 휘장 안에 갇혀 계신 것이 아니고 휘장 안에 초라하게 계신 것이 아니고 휘장 안에 잊혀진 자로 계시는 것이 아닙니다. 다윗의 왜곡된 말에 하나님은 자존심이 상한 것도 아니요 서운하신 것도 아닙니다. 아무도 하나님을 생각하지 않는데 그나마 다윗이라도 하나님 생각을 해주니 고맙다는 감격의 표현도 아닙니다. 하나님은 다윗의 변화를 기대하고 계십니다. '다윗아! 아직도 기준이 안 변했느냐? 아직도 원리가 안 변했느냐? 아직도 개념과 가치가 전환되지 않았느냐? 네가 나를 위해 처소를 지어 보겠다고? 네가 나를 위해 집을 한번 지어 보겠다고? 네가 나를 위해 무엇인가 한번 해보겠다고?' 고 반문하시는 것입니다. 만약 하나님이 하나님의 수준에 걸맞게 성전을 지으라고 명하신다면 도대체 얼마나 커야 하나님의 수준에 맞으며, 얼마나 화려하고 웅장해야 하나님의 격에 맞으며, 얼마나 신령해야 하나님의 차원에 맞는지 도무지 가늠할 수 없으며 결국 지을 수 없는 것입니다. 인간이 하나님을 위하겠다는 생각, 인간이 하나님을 위해 처소를 짓겠다는 발상과 의도 자체가 철저한 신앙의 왜곡입니다. 하나님은 인간에게 어떤 것도 요구하지 않으시고 도리어 하나님이 인간을 도와주고 하나님이 인간을 후원해주고 하나님이 인간을 지켜주겠다고 선언하시는 것입니다.

사무엘하 7장 8절부터 16절까지의 내용은 '하나님이 이렇게 행하리라, 저렇게 행하리라, 집을 지어 주리라, 아들을 보존해 주리라, 왕위를 지켜 주리라' 즉 하나님이 다윗과 이스라엘 백성을 평안케 하시겠다는 선언입니다. 하나님이 인간에게 주시고 인간이 하나님에게서 받는 것이 평안입니다. 하나님이 주시는 평안함은 죄를 이기고 하나님의 가치, 하나님의 원리, 하나님의 방식, 하나님의 기준을 따를 때에만 누릴 수 있는 것입니다. 하나님이 인간에게 주시고 인간이 받을 수 있는 것은 유일한 것이요 동시에 전부로서 평안함입니다.

인간의 일

하나님이 행하실 일에 대한 선포가 나오자 18절부터 29절까지 다윗의 고백과 간구가 나옵니다. "다윗 왕이 여호와 앞에 들어가 앉아서 이르되 주 여호와여 나는 누구이오며 내 집은 무엇이기에 나를 여기까지 이르게 하셨나이까? 주 여호와여 주께서 이것을 오히려 적게 여기시고 또 종의 집에 있을 먼 장래의 일까지도 말씀하셨나이다. 주 여호와여 이것이 사람의 법이니이다. 주 여호와는 주의 종을 아시오니 다윗이 다시 주께 무슨 말씀을 하오리이까. 주의 말씀으로 말미암아 주의 뜻대로 이 모든 큰 일을 행하사 주의 종에게 알게 하셨나이다. 그런즉 주 여호와여 이러므로 주는 위대하시니 이는 우리가 귀로 들은 대로는 주와 같은 이가 없고 주 외에는 신이 없음이니이다. 땅의 어느 한 나라가 주의 백성 이스라엘과 같으리이까 하나님이 가서 구속하사 자기 백성으로 삼아 주의 명성을 내시며 그들을 위하여 큰 일을, 주의 땅을 위하여 두려운 일을 애굽과 많은 나라들과 그의 신들에게서 구속하신 백성 앞에서 행하셨사오며 주께서 주의 백성 이스라엘을 세우사 영원히 주의 백성으로 삼으셨사오니 여호와여 주께서 그들의 하나님이 되셨나이다. 여호와 하나님이여 이제 주의 종과 종의 집에 대하여 말씀하신 것을 영원히 세우셨사오며 말씀하신 대로 행하사 사람이 영원히 주의 이름을 크게 높여 이르기를 만군의 여호와는 이스라엘의 하나님이라 하게 하옵시며 주의 종 다윗의 집이 주 앞에 견고하게 하옵소서. 만군의 여호와 이스라엘의 하나님이여 주의 종의 귀를 여시고 이르시기를 내가 너를 위하여 집을 세우리라 하셨으므로 주의 종이 이 기도로 주께 간구할 마음이 생겼나이다. 주 여호와여 오직 주는 하나님이시며 주의 말씀들이 참되시니이다. 주께서 이 좋은 것을 주의 종에게 말씀하셨사오니 이제 청하건대 종의 집에 복을 주사 주 앞에 영원히 있게 하옵소서. 주 여호와께서 말씀하셨사오니 주의 종의 집이 영원히 복을 받게 하옵소서 하니라"입니다.

하나님이 행하실 일을 선언한 것을 들은 다윗의 반응입니다. 자신이 하나님을 위하여 무엇인가를 하려고 했던 것보다 하나님이 자신을 위하여 행하시겠다고 하는 말씀을 들어보니 모두 자신에게 좋은 이야기입니다. 자신에게 유익하고, 자신에게 이롭고, 자신에게 도움이 되는 선언을 들은 인간이 나타낼 반응은 아주 간단하게 '예, 그렇게 해주세요' 뿐 입니다. 하나님이 행하신 일들을 기억하시고, 또 지금도 하나님이 저와 여러분에게 행하시고 있는 일들을 기억하시고, 앞으로 하나님이 행하실 일들을 기억하시면서 하나님의 원리대로 하나님의 은혜를 풍성히 누려 가시기를 주님의 이름으로 축원합니다.

8

공과 의를 행할 새

사무엘하 8:1 - 9:13

1 그 후에 다윗이 블레셋 사람들을 쳐서 항복을 받고 블레셋 사람들의 손에서 메덱암마를 빼앗으니라 2 다윗이 또 모압을 쳐서 그들로 땅에 엎드리게 하고 줄로 재어 그 두 줄 길이의 사람은 죽이고 한 줄 길이의 사람은 살리니 모압 사람들이 다윗의 종들이 되어 조공을 드리니라 3 르홉의 아들 소바 왕 하닷에셀이 자기 권세를 회복하려고 유브라데 강으로 갈 때에 다윗이 그를 쳐서 4 그에게서 마병 천칠백 명과 보병 이만 명을 사로잡고 병거 일백 대의 말만 남기고 다윗이 그 외의 병거의 말은 다 발의 힘줄을 끊었더니 5 다메섹의 아람 사람들이 소바 왕 하닷에셀을 도우러 온지라 다윗이 아람 사람 이만 이천 명을 죽이고 6 다윗이 다메섹 아람에 수비대를 두매 아람 사람이 다윗의 종이 되어 조공을 바치니라 다윗이 어디로 가든지 여호와께서 이기게 하시니라 7 다윗이 하닷에셀의 신복들이 가진 금 방패를 빼앗아 예루살렘으로 가져오고 8 또 다윗 왕이 하닷에셀의 고을 베다와 베로대에서 매우 많은 놋을 빼앗으니라 9 하맛 왕 도이가 다윗이 하닷에셀의 온 군대를 쳐서 무찔렀다 함을 듣고 10 도이가 그의 아들 요람을 보내 다윗 왕에게 문안하고 축복하게 하니 이는 하닷에셀이 도이와 더불어 전쟁이 있던 터에 다윗이 하닷에셀을 쳐서 무찌름이라 요람이 은 그릇과 금 그릇과 놋 그릇을 가지고 온지라 11 다윗 왕이 그것도 여호와께 드리되 그가 정복한 모든 나라에서 얻은 은금 12 곧 아람과 모압과 암몬 자손과 블레셋 사람과 아말렉에게서 얻은 것들과 소바 왕 르홉의 아들 하닷에셀에게서 노략한 것과 같이 드리니라 13 다윗이 소금 골짜기에서 에돔 사람 만 팔천 명을 쳐죽이고 돌아와서 명성을 떨치니라 14 다윗이 에돔에 수비대를 두되 온 에돔에 수비대를 두니 에돔 사람이 다 다윗의 종이 되니라 다윗이 어디로 가든지 여호와께서 이기게 하셨더라 15 다윗이 온 이스라엘을 다스려 다윗이 모든 백성에게 정의와 공의를 행할새 16 스루야의 아들 요압은 군사령관이 되고 아힐룻의 아들 여호사밧은 사관이 되고 17 아히둡의 아들 사독과 아비아달의 아들 아히멜렉은 제사장이 되고 스라야는 서기관이 되고 18 여호야다의 아들 브나야는 그렛 사람과 블렛 사람을 관할하고 다윗의 아들들은 대신들이 되니라 1 다윗이 이르되 사울의 집에 아직도 남은 사람이 있느냐 내가 요나단으로 말미암아 그 사람에게 은총을 베풀리라 하니라 2 사울의 집에는 종 한 사람이 있으니 그의 이름은 시바라 그를 다윗의 앞

으로 부르매 왕이 그에게 말하되 네가 시바냐 하니 이르되 당신의 종이니이다 하니라 3 왕이 이르되 사울의 집에 아직도 남은 사람이 없느냐 내가 그 사람에게 하나님의 은총을 베풀고자 하노라 하니 시바가 왕께 아뢰되 요나단의 아들 하나가 있는데 다리 저는 자니이다 하니라 4 왕이 그에게 말하되 그가 어디 있느냐 하니 시바가 왕께 아뢰되 로드발 암미엘의 아들 마길의 집에 있나이다 하니라 5 다윗 왕이 사람을 보내어 로드발 암미엘의 아들 마길의 집에서 그를 데려오니 6 사울의 손자 요나단의 아들 므비보셋이 다윗에게 나아와 그 앞에 엎드려 절하매 다윗이 이르되 므비보셋이여 하니 그가 이르기를 보소서 당신의 종이니이다 7 다윗이 그에게 이르되 무서워하지 말라 내가 반드시 네 아버지 요나단으로 말미암아 네게 은총을 베풀리라 내가 네 할아버지 사울의 모든 밭을 다 네게 도로 주겠고 또 너는 항상 내 상에서 떡을 먹을지니라 하니 8 그가 절하여 이르되 이 종이 무엇이기에 왕께서 죽은 개 같은 나를 돌아보시나이까 하니라 9 왕이 사울의 시종 시바를 불러 그에게 이르되 사울과 그의 온 집에 속한 것은 내가 다 네 주인의 아들에게 주었노니 10 너와 네 아들들과 네 종들은 그를 위하여 땅을 갈고 거두어 네 주인의 아들에게 양식을 대주어 먹게 하라 그러나 네 주인의 아들 므비보셋은 항상 내 상에서 떡을 먹으리라 하니라 시바는 아들이 열다섯 명이요 종이 스무 명이라 11 시바가 왕께 아뢰되 내 주 왕께서 모든 일을 종에게 명령하신 대로 종이 준행하겠나이다 하니라 므비보셋은 왕자 중 하나처럼 왕의 상에서 먹으니라 12 므비보셋에게 어린 아들 하나가 있으니 이름은 미가더라 시바의 집에 사는 자마다 므비보셋의 종이 되니라 13 므비보셋이 항상 왕의 상에서 먹으므로 예루살렘에 사니라 그는 두 발을 다 절더라

사람들의 오해

성경을 볼 때 가장 중요한 것이 전체적인 안목입니다. 성경을 전체적으로 보아야 한다고 강조하는 이유는 그동안 성경이 원래 말하고자 하는 본질적 의도가 무엇인가를 배우지 않고 본문 단락만을 읽을 때에 엉뚱한 것을 배워왔기 때문입니다. 성경은 하나님을 가르쳐 줍니다. 하나님을 아는 것이 인간의 행복을 아는 것이고 하나님의 원리를 깨닫는 것이 행복의 원리를 깨닫는 것이라고 성경은 말합니다. 그런데 사람들은 성경에서 하나님을 배우지 않고 행복해지는 방법만을 배웁니다. 성경은 전체가 하나의 구도를 가진 하나의 이야기로서 숲을 보고 숲의 관점에서 나무를 보아야 합니다. 본문은 사무엘하 8장이지만 8장의 주제, 9장

의 메시지, 10장의 핵심을 각각 볼 것이 아니라 사무엘하 전체에서 8장의 위치와 역할을 놓치면 안 된다는 것입니다. 사무엘하 6장에서 다윗이 여호와의 궤를 옮겨오는 사건을 보았고 7장에서 여호와의 성전을 지으려는 의향을 비친 것을 보았습니다. 사무엘하 8장에서 주요 반복 표현은 6절 후반부에 "다윗이 어디를 가든지 여호와께서 이기게 하시니라"와 14절 후반부에 "다윗이 어디를 가든지 여호와께서 이기게 하시니라"입니다.

절대로 각 장의 주제를 분리해서 결정하면 안 됩니다. 7장에서 '다윗이 여호와를 위하여 성전을 건축하려는 마음을 먹으니까 하나님께서 그 마음을 받으시고 다윗이 행하는 모든 일마다 축복을 해주셨다. 복 받기 위해서는 여호와를 기쁘게 하고 하나님을 위하여 살아라'는 결론이 나오면 안 됩니다. 우리가 다윗과 같은 행동을 한다고 해서 다윗과 같은 복을 받을 수 있는 것이 아닙니다. 8장 11절 "다윗 왕이 그것도 여호와께 드리되 그가 정복한 모든 나라에서 얻은 은금을 드리더라"는 구절에 근거하여 '하나님을 위해 충성하니까 하나님이 복을 주셨다. 그렇게 복을 받았을 때 언제나 잊지 말아야 할 것 하나가 감사이다. 다윗은 충성해서 복 받고 받은 복을 감사했다' 라고 말해서는 안 됩니다. 물론 틀린 말은 아니지만 본문이 의도한 말도 아닙니다.

성경은 인간들에게 어떤 방법을 제시해주는 책이 아닙니다. 성경은 '성공하는 사람들의 몇몇 가지 법칙', '잘 되는 사람들의 어떤 법칙' 등을 말하지 않습니다. 성경은 방법을 가르치는 것이 아니라 하나님을 가르칩니다. 우리는 어떤 방법을 배우는 것이 아니라 하나님을 배워야 합니다. 복 받는 비결이 아니라 복이 무엇이며 누가 복이며 받은 복을 누리는 하나님의 가르침을 알아야 합니다. 본문에 전쟁에 관한 이야기가 나옵니다. 성경에 전쟁에 관한 이야기가 나오면 '전쟁 이야기가 왜 나올까?'를 궁금해 해야 하는데, 성경의 전쟁 이야기를 보고 어떤 군사 교관이 말하기를 '성경은 군사전략의 가장 완벽한 교과서다' 라고 말하는 것은 성경의 가르침을 잘못 배우는 것입니다. 예수님이 병자를 고치는 것을 보고 어떤 의사가 '예수님은 의사의 모범이시다' 라고 말하면 안 됩니다. 예수님이 우물가에서 여인과 인생에 대한 대화를 하신 장면에 근거하여 말하기를 '예수님이야말로 최고의 상담가이시다' 라고 말하면 안 됩니다. 그런 방식으로 표현하면 예수님이 산에 오르셔서 제자들을 가르치신 장면에 근거하여 '예수님은 등산가이시다', 요단강에 들어갔다 나오시는 장면에 근거하여 '예수님은 잠수부이시다' 라고 말할 수 있을 것입니다. 성경에 어떤 사건이 나오면 그 사건을 통해 근본적으로 말하려고 하는 것이 무엇인가를 확인해 보아야 합니다.

다윗을 도우시는 하나님

이기게 하시더라

　기독교는 생각해야하는 종교입니다. 생각의 결과 성경을 배우기 이전의 생각이 성경이 가르치는 생각으로 내 마음이 바뀌어야 합니다. 교회를 다니실 때 두 가지 부류가 있는데 하나는 교회를 다니는데 마음은 편한데 몸이 불편한 경우요 다른 하나는 몸은 편한데 마음이 불편한 경우입니다. 여러분은 신앙생활 하실 때 또는 교회에 출석하실 때 몸은 편한데 마음은 불편하시기를 부탁드립니다. 교회에서 여러 가지 사역과 봉사로 사람을 귀찮게 하는 일이 많아서 몸이 고달프면 안 됩니다. 도리어 신앙은 설교시간 또는 성경공부 시간이 가장 힘들어야 합니다. 왜냐하면 설교 시간에 전해주는 말이 무엇을 의미하는지, 왜 우리가 가지고 있는 일상적인 생각과 원리와 다른지 고민해야 하기 때문입니다. 설교를 들을 때 자신이 알고 있던 죄의 원리와 성경에서 가르치는 하나님의 원리 사이에 충돌이 일어나야 합니다. 과연 성경이 제시하는 원리로 세상에서 살 수 있을지에 대한 갈등이 일어나야 합니다. 성경을 읽으시면서 한 번쯤은 성경책을 집어 던져보신 경험들이 있으셔야 합니다. 성경을 읽다가 '뭐 이런 책이 있어? 뭐 이런 말이 있어? 하나님이 어떻게 일을 이렇게 하셔? 난 이런 거 안 읽어!' 라는 경험이 있어야 합니다.

본문에서 다윗을 통해서 성경 전체가 말하려고 하는 주제 중의 하나를 확인해 보겠습니다. 사무엘하 8장 6절과 14절에 나오는 "어디를 가든지 여호와께서 이기게 하셨더라"는 표현은 다윗이 전쟁에서 승리한 이야기입니다. 성경은 어떤 사람의 성공담, 어느 젊은이의 도전 성공기를 말하고 있지 않습니다. 사무엘하 8장 1절에 블레셋과의 전쟁, 2절에 모압과의 전쟁, 3절로 12절에 아람과의 전쟁, 13절로 14절에 에돔과의 전쟁이 나옵니다. 다윗은 전쟁과 밀접한 관계가 있는 사람입니다. 백성들 앞에 자신의 정체가 맨 처음 들어 날 때도 블레셋의 골리앗 장군과의 전쟁을 통해서였습니다. 이후에 민중들의 마음을 얻은 것도 여러 차례 전쟁에서 승리한 결과입니다. 본문에서도 여호와께서 다윗이 행하는 전쟁마다 이기게 하셨습니다. 이때 '전쟁에서 이기는 방법은 무엇입니까? 여호와와 함께 나가면 됩니다' 라는 승리 방정식을 만들 것이 아니라 본문에 왜 전쟁 이야기가 나오는지 그 원인을 밝혀야 됩니다. 하나님이 전쟁을 굳이 일어나게 하고 그 전쟁에서 승리를 통해 알려 주시고자 하는 핵심이 무엇인지를 고민해야 합니다. 하나님은 호전적인 분이 아니요, 전쟁광도 아니십니다. 그런데 왜 전쟁이 많이 나오는가를 생각하셔야 합니다.

싸우는 대상들

다윗이 사무엘하 8장 1절부터 18까지에서 나가서 싸우는 적들마다, 그 장소마다 다 하나님이 원래 아브라함과 약속했던 땅과 관련이 있습니다. 하나님께서 처음에 이스라엘을 만드시기 위하여 아브라함을 부르시고 '민족을 주시겠다, 복을 주시겠다, 땅을 주시겠다'고 말씀하실 때 약속했던 땅을 다 회복하기 위하여, 하나님의 약속이 이루어질 때까지 하나님이 역사하시는 것입니다. 물론 여호수아를 통해서 가나안을 정복하게 하여 가나안의 일부를 정복했습니다. 가나안 전역을 정복한 것이 아니라 이스라엘 백성들이 우선 살 만큼만 정복하고 나머지 땅과 부족들은 그대로 두고 자신들의 물 긷는 자와 나무패는 자로 쓰자고 나름대로 영리한 지혜를 발휘했었습니다. 그 결과 그 모든 것이 화근이 되어 사사시대에 여러 어려움들을 겪었습니다. 그때 이스라엘은 '우리가 원래 하나님이 명하셨던 대로 가나안 족속을 다 몰아내지 않았기 때문에 이런 결과가 왔구나'라고 생각한 것이 아니라 적반하장으로 '하나님이 우리를 돕지 않으시고, 하나님이 우리와 함께 하고 있지 않기 때문에 우리에게 이런 어려움이 온다. 이제 하나님이 우리를 안 도우시면 우리는 어떻게 할까?'라고 생각했습니다. 자신들이 하나님을 떠난 것은 잊은 채 하나님을 제외하고 자신들 스스로 자구책을 구한 것이 왕이었습니다. 하나님이 전쟁에서 승리하게 하시는 것은 백성들을 깨우치기 위한 것입니다. 하나님이 이스라엘을 도우시지 않아서가 아니라 이스라엘 백성들이 순종치 않았고 이스라엘이 하나님의 뜻대로 행하지 아니하였기 때문이요, 비록 이스라엘은 하나님께 불순종 할지라도 하나님은 기어코 하나님의 약속을 이루어내며 하나님의 뜻을 성취시키는 것을 가르치시는 것입니다. 전쟁을 통하여 원래 약속의 땅들을 다 회복하는 것이 다윗 시대에 모든 땅이 정복되는 과정입니다.

　이스라엘 백성들이 인정하고 이스라엘 백성들이 추앙했던 사울은 죽고 결국 실패하고 자기들이 거부하고 하찮게 여겼던 다윗이라는 사람을 통해 하나님의 땅에 대한 약속이 완성된다는 것을 보여줌으로 백성들에게 하나님의 신실하심, 하나님의 그들을 위하심, 하나님의 인간을 도우심을 알게 하시는 것입니다. 하나님이 전쟁이나 기타 일들을 통하여 인간들에게 하나님을 알게 하시면 인간이 하나님을 깨닫고 하나님을 알고 난 뒤에 하나님을 아는 인간이 무엇을 행해야 하는가 또는 하나님은 도대체 인간들에게 무엇을 기대하고자 하나님을 알리고자 하시는가를 깨닫는 것이 오늘의 결론입니다.

공과 의를 행할 새

하나님의 기대

8장에 하나님이 다윗에게 하나님을 가르친 결과, 다윗에게 기대하시는 행동이 나옵니다. 약속을 성취하셔서 다윗에게 하나님을 잘 가르치시고 그래서 다윗뿐 아니라 다윗과 이스라엘 더 나아가 모든 성도들에게도 하나님이 기대하시는 행동이 8장 15절에 나오는 한 구절 "다윗이 온 이스라엘을 다스려 다윗이 모든 백성에게 정의와 공의를 행할 새"입니다. 하나님이 인간에게 기대하시고 요구하시는 것은 단 한 가지 행복이요, 행복은 어떻게 해서 우리 삶 속에 누려질 수 있느냐는 질문에 대한 하나님의 가르침이 '정의와 공의를 행하는 것'입니다. 하나님이 이스라엘에게 왕을 세우실 때 백성들에게는 부탁한 것이 없고 왕에게는 부탁한 것이 있습니다. 앞으로 왕이 되는 사람은 절대로 하지 말아야 하는 것은 세 가지 즉 말馬을 많이 두지 말고 아내를 많이 두지 말고 은금을 많이 두지 말라는 것입니다. 신명기 17장에 의하면 왕에게 은금, 아내, 말馬을 많이 두는 것을 금지하신 이유는 이와 같은 것들이 있으면 왕이 백성들 위에 교만하여 지기 때문입니다. 왕이 백성위에 교만해 지는 것이 문제가 되는 이유는 은금과 아내와 말이 많아져서 교만해지면 그때부터 왕은 정의와 공의를 행하지 않기 때문입니다. 그리고 정의와 공의를 행하지 않으면 인간의 삶에 많은 문제가 발생합니다.

통치자가 정의와 공의를 행하지 않으면 억울한 자가 발생합니다. 왕이 백성들에게 정의와 공의를 행하지 않으면 억눌린 자가 발생합니다. 지도자가 정의와 공의를 행하지 않으면 환난 당하는 자가 발생합니다. 리더가 정의와 공의를 행하지 않으면 두려워하는 자가 발생하고 눈치 보는 자가 발생하고 줄서는 자가 발생하고 야망 있는 자가 발생하고 거짓을 행하는 자가 발생합니다. 결국 인간의 행복은 파산되고, 인간의 삶은 싸움의 격전장으로 바뀌어져 버리고 맙니다. 하나님은 은금을 거부하시거나 아내를 부정하다 하시거나 말馬을 업신여기시는 것이 아닙니다. 그것들이 많아짐으로 인간이 교만해지고 교만하므로 결국은 정의와 공의가 행해지지 않고 그 결과 불행해지기 때문에 그 근본을 막으시는 것입니다. 하나님의 의도를 잘 이해하셔야 합니다.

　사무엘하 8장 11절에 다윗이 전쟁에서 얻은 금은과 기타 여러 가지들을 여호와께 드렸다고 말했습니다. 전쟁에서 이겨서 많은 금은을 감사로 여호와께 다 드렸으니 하나님을 향한 충성과 감사가 매우 크고 다윗의 믿음과 헌신이 대단히 강하다고 생각하시면 안 됩니다. 성경에서 하나님은 왕에게 은금을 많이 바치라고 명령하시거나 전리품 중에 상당한 것을 하나님께 상납하라고 요구하신 적이 없습니다. 하나님께 바치려고 하지 말고 아예 은과 금을 많이 두지 말라는 겁니다. 많이 드리는 것보다 두지 말라고 했으면 안 두는 것이 훨씬 더 잘하는 것이고 옳은 것입니다. 다윗이 은금을 많이 드립니다. 죄인의 마음속에는 하나님께 많이 드리면 자신이 많이 드렸다는 자부심이 싹틉니다. 내가 많이 드렸으면 적게 드린 사람보다 잘 한 듯한 뿌듯함이 생깁니다. 왕이 자신이 하나님께 많이 드렸더니 하나님이 나라에 평화를 주셨다는 보상심리가 나오면 왕은 백성들에게 현재의 모든 평화가 자신의 덕인 줄 알고 말하는 교만이 자라납니다. 또 자신은 하나님께서 베풀어 주신 것보다 더 풍성하게 하나님께 드렸다고 생각하며 하나님 앞에 당당함이 나옵니다. 이 모든 것들이 정의와 공의를 행할 수 없게 만드는 죄의 요소들입니다.

사람 중에 가장 무서운 사람은 은혜를 베푸는 자입니다. 은혜를 베푸는 자는 가장 온유해야 하고 가장 자비로워야 하고 가장 겸손해야 합니다. 그런데 죄인은 은혜를 베푸는 자가 가장 무섭습니다. 은혜를 베푼다는 명분으로 상대방을 향해 온갖 교만한 언행을 일삼으며 상대의 인격을 무시해버리곤 합니다. 또 한 부류의 무서운 사람은 받은 은혜를 갚은 자입니다. 은혜를 받았을 때는 본인에게 처절함이 있었기 때문에 겸손할 수 있습니다. 그러나 받은 은혜를 갚고 나면 이제는 빚을 갚았다는 자부심과 그 동안에 당했던 모든 수모를 다 회복해야 하는 반동이 일어나기 때문에 무섭습니다. 죄인은 은혜를 주는 자와 은혜를 갚은 자가 가장 무서운 사람이 되어버립니다. 성경은 '은금을 많이 바쳐라, 나에게 크게 감사하라'고 요구하지 않습니다. 아예 '은금을 많이 두지 말라. 아내를 많이 두지 말라. 말을 많이 두지 말라'고 권면하시는 것입니다. 하나님의 권면을 다른 말로 표현하면 '인간들 위에 교만하지 말라' 또 다른 말로 표현하면 '서로 간에 정의와 공의를 행하라' 입니다.

미가서의 가르침

하나님이 인간에게 하나님을 가르쳐서, 하나님을 아는 자가 행하기를 기대하는 것은 '정의와 공의를 행하는 것' 하나뿐입니다. 동일한 내용이 미가서 6장 8절에 기록되어 있습니다. "사람아 주께서 선한 것이 무엇임을 네게 보이셨나니 여호와께서 네게 구하시는 것은 오직 정의를 행하며 인자를 사랑하며 겸손하게 네 하나님과 함께 행하는 것이 아니냐!" 입니다. 하나님이 하나님을 아는 자들에게 기대하시고 요구하시는 것이 공의를 행하며 자비와 인자를 베푸는 것입니다. 공의와 자비는 함께 가는 것입니다. 공의만 가면 큰일 나고 자비만 가도 큰일 납니다. 두 가지가 함께 가야됩니다. 죄인을 대할 때에 공의와 자비 중에 언제나 자비가 먼저 가야 합니다. 공의는 다른 말로 '행한 대로 갚는다' 입니다. 공의가 먼저 가면 감당할 사람이 없습니다. 선을 행한 자를 복주고 악을 행한 자를 징계하면 살아남을 자가 없습니다. 성경은 언제나 자비가 먼저 갑니다. 먼저 은혜를 주고 복을 주고 선을 베풀어 주고 기회를 주고 자비를 베푼 후에 공의가 따라가는 것입니다.

하나님이 사람에게 기대하시는 것, 인자를 사랑하고 공의를 베푸는 것, 공과 의를 행하는 것은 예수님이 오셔서 우리에게 보여주신 삶의 모델입니다. 예수님이 우리에게 보여주신 것은 물 위를 걷는 것이나 오병이어를 행하는 것이나 귀신 쫓는 것이 아닙니다. 예수님의 사역의 본질은 예수님이 오셔서 사람을 대하실 때에 공의로 행하시고 자비로 행하시더라는 것입니다. 하나님이 인간들에게 가르치셨던 것, 예언서 시대에 앞으로 이루실 하나님 나라에 대한 예언에 관한 것, 예언의 성취로 예수님이 오셔서 보여 주신 그 모든 것이 정의와 공의를 행하는 것, 자비와 긍휼을 베푸는 것입니다. 본문은 다윗을 매우 치켜 세워줍니다. 다윗에 대하여 8장 15절 "다윗이 온 이스라엘을 다스려 다윗이 모든 백성에게 정의와 공의를 행할새"라고 칭찬합니다. 과연 다윗은 매사에 정의와 공의를 행하였을까요? 사실 다윗은 정의와 공의를 별로 행한 것이 없습니다. 다음 사무엘하 9장에서 다윗이 므비보셋을 대할 때, 또 암몬의 나라를 대할 때, 또 자기의 신하의 아내를 대할 때 얼마나 정의롭지 못하며 공의롭지 못하게 행동하는 가를 확인해 볼 수 있습니다.

공과 의를 행하는 삶

사람들의 꿈꾸는 세상

모든 시대마다 사람들이 주장하는 이슈로는 대표적으로 '정의로운 사회구현', '모두가 함께 하는 공동체 사회구현', '차별 없는 세상 만들기' 등이 있습니다. 정권이 바뀔 때마다, 단체가 세워질 때마다 표현만

달리할 뿐 언제나 주장되는 공통된 주제입니다. 정의로운 사회, 공동체 사회, 차별 없는 세상을 향한 주장들에는 두 가지의 공통점이 있습니다. 하나는 이런 주장들은 언제나 주장 될 뿐이지 결코 실행되지 않는다는 것입니다. 시대마다 지역마다 동일한 주장이 계속하여 반복되는 것은 아직도 이루어지지 않았기 때문입니다. 두 번째 더 재미난 것은 정의로운 사회, 공동체 사회, 차별 없는 세상을 주장하는 사람은 대부분 자신들의 주장을 이루어 낼 수 없는 사람이라는 것입니다. 정작 좋은 사회를 만들어 낼 수 있는 능력을 가지고 지위에 있는 사람들은 결코 그런 주장을 하지 않는다는 것입니다.

예를 들어보겠습니다. '정의로운 사회'는 좋은 주장입니다. 하지만 권력을 가진 자는 정의로운 사회가 되어야 된다고 주장을 하지 않고 실제적인 노력을 하지 않습니다. 권력자는 절대로 정의를 요구하지 않습니다. 정의를 요구하는 사람은 언제나 눌린 자들입니다. 여러 가지 모양으로 억압을 받는 사람들이 정당하게 대접해 달라고 요청하고 환난 당하고 핍박당한 자가 공의롭게 해달라고 주장하는 것입니다. 정의사회가 구현되려면 지배의 위치에 있는 사람이 정의사회를 구현해야 하는데 권력자는 절대 정의를 행하지 않기에 정의사회는 구현되지 않습니다. 공동체도 마찬가지입니다. 공동체를 주장하는 사람 중에는 부자가 없습니다. 부자는 많은 것을 소유한 자요, 공동체는 자기가 소유한 것을 내어 놓아야 하는 원리이기 때문에 부자가 공동체를 주장하는 경우는 없습니다. 공동체를 주장하는 사람은 언제나 자기 소유가 별로 없는 사람, 어차피 공동체를 위해 내어 놓을 것이 하나도 없는 사람입니다. 차별 없는 세상도 마찬가지입니다.

하나님은 백성들 위에 왕을 세우실 때 백성들에게는 한 가지도 부탁한 것이 없습니다. '백성들아 정신 똑바로 차려라, 눈을 똑바로 떠라, 왕이 교만해져서 너희를 종삼을 것이다. 왕이 너희들의 아들이나 딸을 데려가고 재산을 뺏어갈 때 잘 지켜라'고 말씀하지 않습니다. 왜냐하면 왕이 이미 왕권으로 모든 것을 해버리면 미약한 백성은 어찌 할 수가 없다는 것을 아시기 때문입니다. 정신 차려야 할 사람은 왕입니다. '왕이 절대로 백성의 소유를 부당하게 뺏어오면 안 되고, 절대로 부당하게 백성을 억압해서는 안 되고, 왕이 절대로 높아져서는 안 되고, 왕이 절대로 군림해서는 안 되고, 왕이 절대로 스스로 높다고 생각하면 안 된다'고 성경은 왕에 대한 이야기만 합니다. 그런데 가장 실패하는 사람이 언제나 왕입니다. 왕이 정체성을 혼돈해 버립니다. 인간의 방법으로는 정의로운 사회가 이루어지지 않습니다. 인간의 노력으로는 복지국가가 세워지지 않습니다. 인간의 원리로는 공동체가 형성되지 않습니다. 인간의 가치로는 차별 없는 세상이 오지 않습니다.

하나님이 만드시는 세상

하나님께서 다윗에게 또 모든 성도들에게 하나님을 아는 자로서 실천할 수 있는 덕목으로 기대하시는 것이 정의와 공의, 공평과 인자입니다. 세상은 공평과 정의를 주장만 할 뿐 실행할 수 없습니다. 그러나 공평과 정의가 유일하게 가능한 곳, 공의로운 사회와 정의로운 사회와 복지국가와 차별 없는 세상과 공동체가 실제로 구현되고 실제로 이루어지고 실제로 누려지는 한 곳이 있는데 바로 교회요 하나님 나라입니다. 오직 교회만이 인간이 꿈꾸는 세상이 가능한 것입니다. 왜냐하면 하나님의 마음을 가진 성도가 정의와 공의, 공평과 인자를 행하기 때문입니다.

기독교는 공평과 정의가 실현되는 것을 소망으로 가지고 있으면 안 됩니다. 교회는 차별 없는 세상과 정의로운 사회를 꿈꾸고 있으면 안 됩니다. 기독교는 기대와 소망을 가진 곳이 아니요 교회는 바람과 비젼을 가지고 있는 곳이 아닙니다. 교회는 이미 정의로운 사회를 이룬 자들이요, 교회는 공평한 사회를 완성한 자들이요. 교회는 공평과 정의를 실행하고 있는 자들이어야 합니다. 왜냐하면 하나님이 인간을 향하여 공평과 정의를 행하시기 때문입니다. 하나님은 인간을 창조하신 분임에도 불구하고 인간 위에 군림하지 않습니다. 하나님은 인간을 구원하신 분임에도 불구하고 인간을 지배하지 않습니다. 하나님은 인간을 책임지시는 분임에도 불구하고 인간을 억압하지 않습니다. 하나님은 인간을 다스리시는 분임에도 불구하고 인간을 차별하지 않습니다. 하나님이 먼저 공평과 정의로 행하시고 하나님이 옳게 행하시고 하나님이 선하게 행하시고 계시기 때문에 교회는 이미 공평과 정의가 이루어진 것입니다.

인간이 요구한 것에 대해 하나님이 응답하신 것이 아닙니다. 인간은 찾지도 원하지도 바라지도 않을 때에 하나님은 공평과 정의로 행할 때에만 인간이 행복한 삶을 누릴 수 있기 때문에 하나님이 먼저 찾아오시고 하나님이 먼저 공급해주시고 하나님이 먼저 죽어 주시고 하나님이 먼저 보호해주시어 교회가 공평과 정의가 구현되게 하신 것입니다. 또 하나 교회만이 소망으로 가지고 있는 정도가 아니라 실제로 구현하고 있을 수 있는 이유는 하나님을 아는 성도들이 하나님과 같이 공평과 정의를 실천하며 살고 있기 때문입니다. 성도만이 선을 행할 수 있고 성도만이 정의와 공의를 행할 수 있고 성도만이 공평과 자비를 행할 수 있습니다. 왜냐하면 성도만이 구원된 자요 하나님의 마음을 가진 자요 성취된 자요 누리고 있는 자이기 때문입니다. 죄인과 성도가 어떻게 다른지를 깨닫고, 세상과 교회가 어떻게 다른지를 깨닫고, 죄와 하나님이 어떻게 다른지가 깨달아져야만 교회와 성도와 기독교의 역할이 가능한 것입니다.

다윗의 모습

본문에서 하나님은 다윗을 가르치고 훈련하고 이끌어 오시며 이스라엘가운데 하나님을 알리며, 하나님의 원리를 실천하는 역할을 진행시키셨습니다. 지금까지는 하나님이 다윗을 인도해오셨기에 그마나 다윗에게서 이 모양 저 모양의 선하고 신실한 모습을 볼 수 있었습니다. 앞으로 이어지는 장면부터는 인간 다윗의 온갖 추악한 모습들을 많이 보시게 될 것입니다. 사무엘하 8장 2절 "다윗이 또 모압을 쳐서 그들로 땅에 엎드리게 하고 줄로 재어 그 두 줄 길이의 사람은 죽이고 한 줄 길이의 사람은 살리니 모압 사람들이 다윗의 종들이 되어 조공을 드리니라"입니다. 너무나 잔인하고 살벌한 사건이지만 다윗이 행한 일입니다. 사무엘하 8장 18절 "여호야다의 아들 브나야는 그렛 사람과 블렛 사람을 관할하고 다윗의 아들들은 대신들이 되니라"입니다. 다윗이 공평과 정의로 행했다는 설명과는 다르게 나라의 여러 직위들은 집안끼리 나누어 가졌습니다. 분명히 성경에 다윗이 공평과 정의로 행했다는 설명이 나오지만 실제로 다윗이 어떻게, 어떤 행동을 공평하고 정의롭게 실행했는지는 나오지 않습니다.

하나님이 다윗을 만들고, 하나님이 죄인에게 하나님을 가르쳐 주어 하나님을 아는 자에게 가지는 유일한 기대는 정의와 공의를 행하는 것입니다. 성경은 다윗이 여호와의 궤를 모셔온다고 할 때 다윗의 마음을 가상하다고 칭찬한 적이 없습니다. 다윗이 여호와를 위하여 성전을 짓겠다고 할 때 드디어 여호와의 방황이 끝나고 안주할 곳이 생겼다고 기뻐하며 여호와의 집을 짓겠다는 다윗을 칭찬한 적이 없습니다. 왜냐하면 그와 같은 일들은 하나님이 원하시는 것이 아니기 때문입니다. 오늘날 성도에게 하나님이 기대하시는 것도 정의와 공의를 행하는 것입니다. 성도가 공평과 정의를 실천해야하는 대상은 바로 성도의 주변 사람들입니다. 하나님이 인간을 향하여 정의와 공의로 행해 주시니 그 은혜를 받은 자가 다른 사람에게 정의와 공의를 행해야 합니다. 정의와 공의로 사람에게 대해주어야 사람이 자유롭고 평안하고 행복을 누리며 살 수 있습니다. 하나님의 은혜를 아시고 하나님의 기대를 아셔서 하나님이 바라시는 대로 정의와 공의를 행하므로 여러분이 기쁘시고 여러분과 함께 하는 자가 기쁜 나날이 되시기를 주님의 이름으로 축원합니다.

9
여호와께서 선히 여기시는 대로

사무엘하 10 : 1 ~ 19

1 그 후에 암몬 자손의 왕이 죽고 그의 아들 하눈이 대신하여 왕이 되니 2 다윗이 이르되 내가 나하스의 아들 하눈에게 은총을 베풀되 그의 아버지가 내게 은총을 베푼 것 같이 하리라 하고 다윗이 그의 신하들을 보내 그의 아버지를 조상하라 하니라 다윗의 신하들이 암몬 자손의 땅에 이르매 3 암몬 자손의 관리들이 그들의 주 하눈에게 말하되 왕은 다윗이 조객을 당신에게 보낸 것이 왕의 아버지를 공경함인 줄로 여기시나이까 다윗이 그의 신하들을 당신에게 보내 이 성을 엿보고 탐지하여 함락시키고자 함이 아니니이까 하니 4 이에 하눈이 다윗의 신하들을 잡아 그들의 수염 절반을 깎고 그들의 의복의 중동볼기까지 자르고 돌려보내매 5 사람들이 이 일을 다윗에게 알리니라 그 사람들이 크게 부끄러워하므로 왕이 그들을 맞으러 보내 이르기를 너희는 수염이 자라기까지 여리고에서 머물다가 돌아오라 하니라 6 암몬 자손들이 자기들이 다윗에게 미움이 된 줄 알고 암몬 자손들이 사람을 보내 벧르홉 아람 사람과 소바 아람 사람의 보병 이만 명과 마아가 왕과 그의 사람 천 명과 돕 사람 만 이천 명을 고용한지라 7 다윗이 듣고 요압과 용사의 온 무리를 보내매 8 암몬 자손은 나와서 성문 어귀에 진을 쳤고 소바와 르홉 아람 사람과 돕과 마아가 사람들은 따로 들에 있더라 9 요압이 자기와 맞서 앞뒤에 친 적진을 보고 이스라엘의 선발한 자 중에서 또 엄선하여 아람 사람과 싸우려고 진 치고 10 그 백성의 남은 자를 그 아우 아비새의 수하에 맡겨 암몬 자손과 싸우려고 진 치게 하고 11 이르되 만일 아람 사람이 나보다 강하면 네가 나를 돕고 만일 암몬 자손이 너보다 강하면 내가 가서 너를 도우리라 12 너는 담대하라 우리가 우리 백성과 우리 하나님의 성읍들을 위하여 담대히 하자 여호와께서 선히 여기시는 대로 행하시기를 원하노라 하고 13 요압과 그와 함께 한 백성이 아람 사람을 대항하여 싸우려고 나아가니 그들이 그 앞에서 도망하고 14 암몬 자손은 아람 사람이 도망함을 보고 그들도 아비새 앞에서 도망하여 성읍으로 들어간지라 요압이 암몬 자손을 떠나 예루살렘으로 돌아가니라 15 아람 사람이 자기가 이스라엘 앞에서 패하였음을 보고 다 모이매 16 하닷에셀이 사람을 보내 강 건너쪽에 있는 아람 사람을 불러 내매 그들이 헬람에 이르니 하닷에셀의 군사령관 소박이 그들을 거느린지라 17 어떤 사람이 다윗에게 알리매 그가 온 이스라엘을 모으고 요단을 건너 헬람에 이르매 아람 사람들이 다

윗을 향하여 진을 치고 더불어 싸우더니 18 아람 사람이 이스라엘 앞에서 도망한지라 다윗이 아람 병거 칠백 대와 마병 사만 명을 죽이고 또 그 군사령관 소박을 치매 거기서 죽으니라 19 하닷에셀에게 속한 왕들이 자기가 이스라엘 앞에서 패함을 보고 이스라엘과 화친하고 섬기니 그러므로 아람 사람들이 두려워하여 다시는 암몬 자손을 돕지 아니하니라

다윗이 아니라 하나님

사람은 같다

　사람은 자기의 분수를 알아야 하고 주제파악을 잘해야 한다고 하기에 먼저 제 소개를 하겠습니다. 저는 무지하게 교만한 사람입니다. 왜냐하면 저는 다른 사람에게 별로 배울 게 없다고 생각하기 때문입니다. 그래서 저는 존경하는 사람이 누구냐는 질문에 대답을 하기가 힘듭니다. 존경하는 사람이 없고 제일 안 읽는 책 중에 하나가 위인전입니다. 또 저는 무지하게 거만한 사람입니다. 왜냐하면 저는 별로 다른 사람이 부럽지 않기 때문입니다. 물론 경제적 부유함이나 신분적 위치가 차이가 있습니다만 정작 얼마나 행복을 누리고 사느냐를 따지면 저는 부러울 게 없는 사람입니다. 또 저는 상당히 오만한 사람입니다. 왜냐하면 저는 다른 사람이 저보다 나아질 수 없다고 생각하기 때문입니다. 어떤 사람이 나를 이기려 하고 나를 정복하려 하고 나를 넘어뜨리려고 해도 아무도 나를 감당할 수 없을 것이라고 자신하고 있기 때문입니다. 또 저는 매우 사람을 기만하는 사람입니다. 왜냐하면 다른 사람의 삶을 안타까워하고 불쌍히 여기고 긍휼히 여기기 때문입니다. 멀쩡히 잘 살고 있는 사람을 불쌍히 여기고 나름대로 당당하게 살고 있는 사람을 심령이 가난한 사람이라고 판단하기 때문입니다. 또 저는 마지막으로 꽤나 자만한 사람입니다. 왜냐하면 제 스스로 이런 특정이 있어도 혼자만 마음속으로 품고 있어야 하는데 이렇게 당당하게 말하기 때문입니다.

　교만, 거만, 기만, 오만, 자만 등의 용어는 일반적으로 혐오를 듣는 단

어입니다. 가능한 이런 용어를 사용하지 않고 이런 소리를 듣지 않으려고 애를 씁니다. 사람들은 자신과 다른 사람을 비교하는 경우가 많습니다. 비교 후의 반응은 언제나 두 가지인데, 공통점은 나와 상대는 비교가 되지 않는다는 것이요, 차이점은 하나는 내가 다른 사람보다 못하다는 것이요, 다른 하나는 다른 사람이 나보다 못하다는 것입니다. 자신과 다른 사람을 비교하고, 상호간의 차이점을 드러내는 것은 모두 잘못된 관점이라고 성경은 말합니다. 인간 중에 나은 인간이 없고 못한 인간이 없습니다. 그래서 성경에는 '사람에게 배우라'는 권면이 없습니다. 제가 스스로를 교만하다, 거만하다, 오만하다, 기만하다, 자만하다고 소개한 이유는 사실 교만, 거만, 오만, 기만, 자만 등은 없다고 생각하기 때문입니다.

어떤 사람이 교만하다면 그것은 교만한 것이 아니고 참으로 우스운 것입니다. 동일한 사람인데 다른 앞에서 교만을 떤다면 그냥 우스운 것입니다. 어떤 사람이 거만하다면 그것도 참 웃기는 일입니다. 그가 거만을 떤다고 누가 그에게 기가 죽고 그가 거만을 떤다고 스스로 기가 사는 것이 아님에도 거만을 떨기에 그냥 우스운 겁니다. 또 어떤 사람이 다른 사람을 기만하려 든다면 참 어이없는 일입니다. 같은 수준의 사람끼리 누가 누구를 판단하고 누가 누구를 옳다 그르다 할 수 없는데 기만하면 어이없는 것입니다. 또 어떤 사람이 오만을 품으면 참으로 한심한 일입니다. 사람들이 만들어낸 어이없는 생각일뿐 실제로는 거만, 오만, 기만, 자만 등은 없는 것입니다. 성경에는 위인이 등장하지 않고 특별히 더 악질도 등장하지 않습니다. 이 사람은 저 사람과 다르니 이 사람에게서 이것을 배우고 저 사람에게서 저런 것을 본받으라는 가르침이 성경에는 없습니다. 성경은 모든 사람이 죄인으로서 똑같다고 선언하는 것입니다.

사람 or 하나님?

성경이 우리에게 가르치려는 것은 어떤 사람에 대한 것이 아니라 언제나 하나님입니다. 인간은 이 사람이든 저 사람이든 모두가 죄의 원리에 잡혀 있기 때문에 결국은 동일하고 배울 것이 없고 죄의 원리뿐입니다. 그래서 성경은 죄의 원리와 다른 하나님의 원리, 하나님을 가르치고 있는 것입니다. 사무엘하에 다윗에 관한 여러 사건들이 기록되어 있지만 다윗의 생애를 소개하거나 업적을 안내하는 것이 아닙니다. 다윗의 일거수일투족을 확인해서 다윗에게서 배워야 할 것과 다윗에게서 버려야 할 것을 분별해 내어야 하는 것이 아닙니다. 다윗도 우리와 똑같은 죄인으로 우리가 다윗에게서 배울 것은 한 가지도 없습니다. 다만 다윗을 통해서 우리가 확인 할 수 있는 사실은 딱 하나 다윗도 우리와 같은 죄인이요, 다윗도 우리와 똑같은 수준이라는 것입니다. 다윗을 위인으로 떠받들며 존경할 이유도 없고 특별히 다윗에 대해 악평을 할 까닭도 없습니다.

사무엘서를 읽는 이유는 여러 사람들 가운데 다윗의 특징을 발견하고자 함이 아니요, 이 사람과 저 사람 중 누가 유용한가를 분별하는 것이 아닙니다. 성경에서 우리가 배워야 할 것은 이 사람이든 저 사람이든 모든 사람은 다 죄의 원리로 행하고 있을 때에, 모든 사람과는 다르게 하나님은 어떻게 행동하시는가 즉 사람이 잡혀있는 죄의 원리와 하나님의 원리를 분간하는 것이어야 합니다. 다윗을 살펴보는 이유는, 다윗 같은 인간이 어떻게 우리와 동일한 원리로 행동하고 있는지를 확인해 보고, 그러나 다윗과는 전혀 다르게 하나님은 어떻게 다르게 행동하시며, 다르게 행동하시는 하나님이 다윗이라는 사람을 어떻게 만들어 가시는가를 발견하고 그 하나님으로 인해 인간이 어떻게 변화될 수 있는가를 확인해 보는 것입니다. 다윗을 만들어 가시는 하나님의 은혜를 배우는 것입니다.

하나님의 교육

인류의 하나님

사무엘하 10장에는 이스라엘과 암몬의 국제관계가 등장합니다. 성경에 등장하는 이스라엘에 대하여 이스라엘도 당시의 여러 나라들 중에 하나의 국가라고 생각하시면 안 됩니다. 본문에 두 나라가 있는데 하나는 이스라엘이고 다른 하나는 암몬으로 과연 어느 나라가 승리할 것인가에 관한 이야기가 아닙니다. 왜냐하면 하나님은 이미 여러 나라가 있는데, 그 중에 별도의 이스라엘이라는 다른 한 나라를 세우고자 함이 아니었기 때문입니다. 또 다윗 왕도 어떤 한 왕이라고 생각하시면 안 됩니다. 왜냐하면 이미 열방에 많은 왕들이 있는데, 또 어떤 한 왕을 세우는 것은 별로 의미가 없습니다. 하나님은 인간을 사랑하시되 처음부터 끝까지 모든 인간을 사랑하십니다. 하나님이 사랑하는 사람이 따로 있고 미워하는 사람이 따로 있다고 생각하면 안 됩니다. 하나님이 도와주는 나라가 따로 있고 하나님이 방치하는 나라가 따로 있다고 생각하면 안 됩니다. 만약 하나님은 이스라엘의 하나님으로써 이스라엘을 도우시고, 이스라엘을 돕기 위하여 주변의 나라들을 공격한다고 생각하면 성경에 대한 오해입니다. 이스라엘과 암몬, 다윗과 다른 사람, 왕과 다른 직분 등의 구분이 왜 등장하며, 이것들을 통하여 하나님이 무엇을 가르치고자 하는지 근본 목적을 잘 이해하셔야 합니다.

하나님의 원리

성경의 모든 내용들, 특별히 이스라엘을 중심으로 진행되는 내용들은 전부다 하나님의 어떤 가르침을 목적으로 하는 계시적인 사건입니다. 이스라엘과 열방이 모두가 다 하나님의 백성이요 모두가 다 하나님의 사람들로써 하나님이 사랑하고 하나님이 관심 갖고 하나님이 무엇인가를 가르치려고 하는 대상입니다. 하나님은 이스라엘과 열방 모두에게 하나님을 가르치려는데 그때에 조교의 역할을 감당하는 것이 이스라엘입니다. 하나님이 이스라엘에게 율법이라는 하나님의 원리를 주셨습니다. 이 율법에 대해서도 율법은 유대교의 경전이요 기독교의 계명이라고 다분히 종교적 측면으로 이해하는 것은 오해입니다. 율법은 어떤 민족이나 어떤 종파들을 위한 하나님의 계명이 아니라 모든 인간을 위한 하나님의 가르침입니다.

예를 들어보겠습니다. 어느 축구팀에 감독이 부임해서 선수들이 시합하는 모습을 관찰한 결과 감독의 기대에 전혀 맞지 않고 기본기가 엉망이요 전혀 축구를 할 줄 모르고 축구를 즐길 줄을 모르고 있습니다. 감독이 선수들에게 축구를 바르게 가르쳐야겠다고 마음을 먹고 전체 선수들을 집합시켰습니다. 한 선수를 앞으로 불러내어 공을 차보라고 합니다. 공을 차는 기본 준비 자세가 엉망이고 킥을 하는 모습이 엉망이어서 공이 엉뚱한 방향으로 가버립니다. 감독이 앞에 나온 선수를 붙잡고 상체의 균형 잡기, 하체의 각도, 킥을 하는 자세 등을 바로잡아 주고 나머지 모든 선수들이 감독의 설명을 보고 듣고 배우고 있습니다. 이 장면에서 사람들은 오해하면 안 됩니다. 모든 선수들이 앞에 나와 있는 선수에 대하여 '감독님은 저 선수만 사랑하여 특별 지도를 해 주고 있다'고 생각하면 오해입니다. 감독은 전체 선수를 지도하기 위한 방법으로 한 선수를 불러내어 시범을 보여주고 있는 것입니다. 모든 선수들도 오해하면 안 되지만, 앞에 나아온 선수도 오해하면 안 됩니다. 앞에 나온 선수가 '감독이 나를 부른 것은 내가 가장 자세가 좋았기 때문이다. 감독이 나를 가장 신뢰하고 나를 주전으로 선발하시려고 하신다'고 생각하면 착각이요 오해입니다.

위에서 예를 들어 설명한 장면이 하나님이 이스라엘을 다루고 있는 장면과 똑같은 것입니다. 하나님은 모든 인류에게 인간의 행복을 가르치고 계신 것입니다. 모든 인류가 인생을 엉망으로 살고 있고 죄의 원리로 살고 있고 죄의 가치로 살고 있고 죄의 방식으로 살고 있습니다. 그래서 하나님은 모든 인류를 대상으로 행복한 삶의 원리를 가르쳐 주기 위해서 한 사람을 부르십니다. 하나님이 시범조교로 부르신 한 사람의 이름이 아브라함입니다. 모든 인류에게 하나님의 원리를 가르치고 하나님의 방식을 가르치고 하나님의 뜻을 가르치고 어떻게 사는 게 옳게 사는 것인가를 아브라함을 예를 들어 설명하고 있는 것입니다. 하나님이 아브라함을 부르신 장면에 대하여 '하나님은 아브라함의 하나님이다. 하나님은 이스라엘의 하나님이다. 하나님은 배타적인 분이다. 하나님은 이스라엘을 위해서 주변 나라들을 무자비하게 살육 하시는 분이다' 라고 생각하는 것은 완벽한 오해입니다.

하나님의 선택

다시 한 번 축구팀의 예를 들어보겠습니다. 축구 감독이 선수들에게 바른 자세를 교정해 주고 싶으면 선수들 가운데 가장 폼이 엉성한 자를 골라서 가르칠 것입니다. 차마 축구선수라고 부를 수 없을 만큼 자세가 엉망인 선수를 올바른 모양으로 교정해내면 다른 선수들과 더 나아가 일반인까지도 어떻게 공을 차야 하는지를 배울 수 있습니다. 감독에 의하여 앞에 불려나온 선수는 자신이 가장 뛰어나다가 생각하면 안 됩니다. 도리어 자신처럼 자세가 안 좋고 킥이 엉망인 사람도 감독님의 가르침대로 따르니 공이 원하는 방향으로 보내지는 것을 경험한 후 감독님의 가르침은 정말로 옳은 원리요, 바른 자세요, 맞는 방법임을 깨닫게 되는 것입니다. 감독님이 자신의 가르침을 기록한 축구교본을 한 선수에게 주면 교본을 받은 선수는 책을 감추어 두고 몰래 혼자만 보는 것이 아니라 먼저는 본인이 배우고 익히고 또한 주변의 모든 동료들에게도 함께 배우고 익힐 수 있도록 공유해야 모두가 축구를 즐길 수 있고 모두가 재미있는 게임을 할 수 있게 되는 것입니다.

하나님이 아브라함을 불러서, 이스라엘을 불러서 가르치시고 가르치신 모든 내용을 적어 놓은 것이 바로 율법입니다. 즉 열방을 배제 한 것이 아니라, 이스라엘에게 뿐만 아니라 모든 인간에게 인간이 살아가야 하는 바른 방식, 인간이 행복을 누려가야 하는 바른 원리를 가르쳐 주셨습니다. 이스라엘뿐만이 아니라 모든 사람이 하나님의 가르침을 보고 함께 배우고 함께 익혀야 합니다. 하나님은 이스라엘만의 하나님이 절대로 아닙니다. 또 다윗 왕만을 도우시는 하나님이 아니십니다. 축구팀에게 축구 감독이 있다면 하나님은 모든 인생의 감독과 같으신 것입니다. 축구 감독이 축구 기술을 가르치는 이유는 모든 사람이 다 좋은 기술을 가지고 모든 사람이 공정한 경기를 해서 축구를 즐길 수 있도록 하기 위한 것입니다. 배우는 사람은 자기 자신의 나쁜 자세를 교정하고 더 즐거운 경기를 하는 법을 배우는 것에 애써야 합니다.

하나님의 역사役事

운동선수는 감독과 코치의 가르침을 배우지만 안타깝게도 죄인된 인간은 하나님의 가르침을 배우지 않습니다. 미련한 선수와 같은 행동입니다. 자신의 삶의 기준을 교정하고, 삶의 원리를 바로 잡아야 하는데 엉뚱한 목적에 집착할 뿐 기본을 배우지 않습니다. 경기에서 이기고 시합에서 승리하기만을 바랍니다. 하나님은 인간에게 상대를 이기는 방식을 가르쳐 주는 게 아니라 올바로 사는 방식, 모두가 행복하게 사는 방식을 가르쳐 주고 있는 것입니다. 성경은 다른 사람을 이기는 방식을 가르쳐 주지 않습니다. 왜냐하면 행복은 다른 사람을 이겨서 오는 것이 아니기 때문입니다. 축구 감독이 선수에게 새로운 기술을 가르쳐주는 이유는 상대선수를 이기기 위한 것이 아니라 건강을 유지하고 축구를 즐기도록 하기 위한 것입니다. 하나님이 율법을 주시고 하나님이 인간에게 하나님의 뜻을 알려주시는 것은 생존경쟁의 세상에서 상대를 이기게 하는 비법을 주는 것이 아니라 모든 인류가 올바른 인생을 살도록, 모두가 더불어 행복한 삶을 살도록 하기 위한 것입니다. 인간이 가지고 있는 죄의 원리, 죄의 방식으로는 행복해 질 수 없기 때문에 하나님의 원리, 하나님의 방식을 배우라는 것입니다. 성경이 하나님의 원리를 가르쳐 주는 것은 인간이 이겨야 하는 적이 다른 사람이 아니라 죄라는 것을 가르치며 죄를 이기는 방식을 알려 주고 있는 것입니다.

축구 감독의 예를 다시 들어보겠습니다. 감독이 조교를 불러내서 축구의 기본자세를 가르쳤습니다. 선수가 축구의 기본자세를 배웠다고 해서 바로 축구 시합이 가능한 것이 아닙니다. 개개인이 기본을 배웠다면 다음에는 모든 선수가 동시에 뛰는 시합 기술을 배워야 축구가 됩니다. 축구 경기를 위해 22명의 선수가 모였습니다. 한 사람을 불러내어서 바른 기술의 예를 들어서 모두에게 가르쳐 준 것이 성경에서는 한 사람, 아브라함을 부른 이유였습니다. 이제 축구 시합 기술을 가르치기 위하여 모든 선수를 모아놓고 두 팀으로 나누어 한쪽을 A팀, 다른 한쪽을 B팀이라고 정한 후 감독 자신이 A팀 선수로 들어갑니다. A팀에 감독 스스로가 들어가서 올바른 축구 기술과 축구 전술들을 A팀에게 적용하는 것을 A팀과 B팀 선수 전부에게 샘플로 보여주면서 가르치는 것입니다. 이때도 잊지 말아야 될 것은 감독이 들어가 있는 팀이든, 감독이 들어가 있지 않은 팀이든 두 팀은 적대적인 관계가 아니라 원래 모두 한 팀이라는 사실입니다. 단지 전술 훈련을 위해서, 양쪽 모두를 가르치기 위하여 한쪽 팀에 감독이 들어가 있을 뿐입니다.

감독이 A팀에 들어갔다고 해서 A팀 선수들이 '감독이 우리 A팀으로 오는 것을 보니 B팀 보다는 A팀이 주전급인가보다. 아마도 감독님이 우리 A팀을 훨씬 더 사랑하시나 보다. 이제 감독님과 함께 B팀을 박살내자'고 생각하면 큰 오해입니다. 동시에 B팀도 '감독님이 A팀으로 가는

구나, 감독님은 오직 A팀만 사랑하고 우리 B 팀은 버리시나보다' 라고 생각하며 토라지면 안 됩니다. 감독이 전체 선수를 두 팀으로 나누어서 게임을 하는 것은 축구 기술을 가르치기 위한 목적입니다. 양 팀 모두 감독의 팀이요, 양 팀 선수들 모두 감독의 선수들입니다. 감독이 직접 시합에 참여함으로 예전에 축구 자체를 모르고 겨우 주먹구구로 하던 시합의 수준을 벗어나서 감독의 전략, 감독의 의지, 감독의 목표, 감독의 뛰어난 용병술, 감독의 여러 가지 의도 등이 실제로 적용되는 것을 보고 예전에 마구잡이로 하던 선수들의 방식과 새롭게 제시되는 감독의 방식 중에 어떤 것이 옳은 지를 체험하고 바르게 보고 바르게 깨달으라고 하는 것입니다. 감독이 시합에 출전하는 것은 특정 팀을 이기게 하기 위한 것이 절대 아닙니다. 이긴 팀도 이겼다고 좋아하면 안 되고 진 팀도 졌다고 슬퍼하면 안 됩니다. 양쪽 팀, 양쪽 선수들 모두에게 '감독님이 가르쳐주는 대로 하면 훨씬 더 재미있구나. 감독님의 지시대로 하면 훨씬 더 즐겁구나. 감독님이 원리로 하면 훨씬 더 짜임새가 있구나' 라는 것을 가르치기 위해 감독이 몸소 한 쪽에 잠시 들어가 시합을 지휘했을 뿐입니다.

감독이 축구 시합에 참가한 경우가 바로 성경에서 이스라엘이라는 나라와 열방이라는 나라를 구분 시키는 이유요 이스라엘이 A팀이고 열방이 B팀입니다. 하나님이 이스라엘 팀에 들어가셨습니다. 이스라엘만 사랑하시고 열방을 미워하시기 때문이 아니요, 이스라엘 팀에 들어가셔서 열방을 박살내기 위해서가 아닙니다. 이스라엘과 열방 모두 다 하나님의 백성이요 하나님의 나라요 하나님의 민족이요 하나님의 사람들입니다. 이스라엘과 열방 모두에게 '어떻게 하는 방식이 더 나은 방식인가? 어떻게 사는 방식이 더 행복하게 사는 방식인가? 어떻게 하는 게 모두가 즐거운가?' 를 가르치기 위한 것입니다. 많은 사람들이 하나님은 이스라엘만의 하나님이라 생각하는 것은 오해입니다. 하나님은 배타적인 분이 아니라 온 인류를 사랑하시는 모든 인간의 하나님이십니다.

여호와께서 선히 여기시는 대로

하나님을 구하는 기도

본문을 읽을 때에 하나님이 이스라엘을 왜 부르셨고 하나님의 율법이 누구에게, 왜 주어졌는가를 이해하고 있어야 하며, 이스라엘과 암몬이 전쟁을 할 때 왜 하나님은 이스라엘 편에 서서 이스라엘로 이기게 하시는가에 대한 근본 이유와 근본 전제를 이해하셔야 한다는 것입니다. 사무엘하 10장에서 이스라엘과 암몬이 전쟁을 할 때 정작 싸움터에 나가는 것은 다윗이 아니라 다윗의 장수중의 하나인 요압입니다. 사무엘하 5장에서 다윗이 적군을 무찌르러 나갈 때마다 하나님께 여쭈었던 장면을 기억하실 것입니다. 그때 중요한 것은 다윗이 하나님께 묻는다는 것이었습니다. 다윗 스스로 이미 결정하고 자기가 이미 판단하고 자기가 모든 것을 다 정해놓고 하나님께 자기 의지와 결단을 보고하고 하나님의 도움을 요청하는 것이 아니라 하나님께 묻는다는 것입니다. 다윗도 장수로서 자기의 방식이 있고 자기의 의도가 있지만 다윗이 알고 있는 것 말고 하나님의 의도, 다윗보다 나으신 하나님의 목적, 다윗보다 더 옳으신 하나님의 방식이 무엇인가를 묻는 것이 올바른 신앙인의 모습이요 올바른 기도의 모습으로 우리가 배운 적이 있습니다.

다윗은 여호와께 묻고 여호와께서 응답 하시는 대로, 하나님의 뜻대로 행합니다. 하나님과 인간의 신앙의 결론은 하나님으로 인하여 인간이 변하는 것으로 등장합니다. 다윗이 전쟁에 나갈 준비를 철저하게 하여 군비도 많이 모았고 군사도 많이 모았고 훈련도 잘 돼 있고 누가 보아도 백발백중 나가면 이길 것 같은 확실한 상황에서도 하나님께 묻습니다. 다윗의 입장에서는 승리가 당연해 보여도 하나님이 나가지 말라고 하면 안 나가는 것입니다. 누가 보아도 승리할 것으로 예상이 되어도 하나님이 나가지 말라면 안 나가는 것입니다. 반대로 누가 보아도 계란으로 바위치기하는 형국이 되어도 하나님께 물었을 때 하나님이 나가라고 하면 나가는 것입니다. 상황을 판단하고 결정하는 근거가 내 방식, 내 원리, 내 사고, 내 기준이 아니라 하나님의 기준, 하나님의 원리, 하나님의 방식이 더 옳고 분명하다는 것을 인정하는 것입니다. 하나님의 뜻대로 행하는 것이 옳다는 것을 보여주기 위한 의도로 하나님은 다윗이 약할 때에도 나가서 이기게 하시고, 부족할 때에도 나가서 이기게 하시는 것입니다. 하나님이 다윗을 도우시는 싸움을 보는 모든 자들에게 하나님의 방식은 인간의 방식과 다르고, 하나님의 분량은 인간과 다르다는 것을 가르쳐 모두가 다 하나님을 깨닫게 하기 위한 것입니다.

여호와께서 선히 여기시는 대로

본문에서 신앙의 모습, 성숙한 성도의 모습을 보여주는 구절이 12절입니다. 다윗 족속에서 요압이 장수로 나가고 암몬과 여러 군사들이 연합군을 모아 전쟁에 나올 때에 요압이 전쟁에 나오면서 하는 말입니다. "너는 담대하라. 우리가 우리 백성과 우리 하나님의 성읍들을 위하여 담대히 하자. 여호와께서 선히 여기시는 대로 행하시기를 원하노라 하고"입니다. 요압은 암몬의 연합군을 맞아 전투에 임하는 장면으로 이래도 되고 저래도 되는 장면이 아니라 전장에 나가는 군사요 패배하면 죽는 것이요 이길 확률이 보장되어 있는 것도 아닙니다. 자기 동생 아비새와 말하기를 "만일 아람 사람이 나보다 강하면 네가 나를 돕고 만일 암몬 자손이 너보다 강하면 내가 가서 너를 도우리라"는 절박한 상황입니다. 그때에 '하나님 우리가 전쟁에 나갑니다. 하나님은 이스라엘의 하나님이시고 우리는 이스라엘이기에 하나님은 우리를 도우셔야 하고 우리가 승리해야 합니다' 라고 기도하지 않고 겸허하고 의연하게 '여호와께서 선히 여기는 대로 하옵소서' 라고 간구합니다. 이것이 하나님을 아는 자의 올바른 태도요 하나님을 모든 인류의 하나님으로 인정하는 바른 자세입니다.

예전의 이스라엘은 막무가내였습니다. 전쟁에서 한번 패배하자 모든 백성이 '여호와는 이스라엘의 하나님이신데 우리가 법궤를 놓고 가서 졌다. 법궤를 들고 가자. 그러면 하나님이 우리를 전쟁에서 이기게 하실 것이다' 라고 행동했었습니다. 당시 이스라엘의 행동은 하나님을 높이거나 하나님을 위하는 모습이 아니라 도리어 하나님을 배타적으로 만드는 것이요 하나님을 이스라엘만의 하나님으로 축소시키는 모습에 불과한 것이었습니다. 여호와는 모든 인간의 하나님이시오 하나님은 모든 인류를 사랑하시는 분이시기에 누구를 후원하고 누구를 편들고 누구를 버려서는 안 됩니다. 그렇다면 성경에 나타난 전쟁에서 어느 한 쪽이 이기는 장면을 통해 성경이 가르치고자 하는 것이 무엇인지를 분별해야 합니다.

하나님 편이 이겼다

사무엘하 10장의 전쟁에서는 결국 이스라엘의 요압이 이깁니다. 비록 요압이 이끄는 이스라엘이 승리하였을 지라도 결론에 신중해야 합니다. '이스라엘과 암몬의 전쟁에서 이스라엘이 승리하였다. 승리의 이유는 하나님을 의지하였기 때문이다' 라고 하면 안 됩니다. 본문은 이스라엘이 이겼다는 것이나 암몬이 졌다는 것을 가르치는 이야기가 아닙니다. 정확이 말하면 '이스라엘이 이겼고 암몬이 졌다' 고 표현하는 것이 아니라 '하나님 편이 이겼다' 라고 표현해야 하는 것입니다. '하나님 편이 이겼다' 는 표현과 '이스라엘이 이겼다' 는 표현은 전혀 다른 내용을 포함하고 있습니다. 하나님 편이 이겼다는 것은 하나님이 이스라엘을 도와서 암몬을 꺾었다는 이야기가 아닙니다. 왜냐하면 축구 경기의 예에서 설명한 것처럼 하나님은 이스라엘 팀에 속하여 암몬 팀과 싸움을 한 것이 아니요, 이스라엘 팀을 도와 암몬 팀을 무찌른 것이 아니기 때문입니다. 이스라엘이건 암몬이건 양쪽 다 하나님을 알아야 하고 하나님의 사랑을 받아야 하는 자들입니다.

성경에 나오는 전쟁은 어느 한쪽에 승리를 주기 위한 싸움이 아니라 양쪽 모두에게 하나님을 알리기 위한 하나님의 역사입니다. 하나님은 그 나라 중에 어느 한 나라 즉 이스라엘 나라에 들어가서서 이스라엘에게 하나님의 전략, 하나님의 의도, 하나님의 전술, 하나님의 방식을 적용합니다. 하나님이 이스라엘을 도와서 암몬을 쳐부수는 것이 아니라 이스라엘에게는 하나님의 전략과 하나님의 방식이 있고 암몬에게는 암몬의 전략과 방식 즉 죄의 전략이요 죄의 전술이요 죄의 방식이 있는 것입니다. 하나님이 이스라엘을 통해 암몬을 이긴 것이 아니라 하나님이 이스라엘 속에 역사하셔서 죄의 원리를 이기신 것이요 모든 사람에게 하나님의 전략, 하나님의 의도, 하나님의 뜻, 하나님의 원리대로 행해서 죄를 이겨야 하는 것을 알게 하시는 것입니다. 성경의 전쟁에서는 전쟁을 치르는 양쪽이 다 하나님을 배워야 합니다. 이스라엘은 하나님과 함께 하면 이기는 것을 배우는 것이요 암몬은 하나님이 함께 하는 팀을 이길 수 없다는 것을 배우는 것입니다. 하나님을 양쪽 다 배워서 모두가 다 하나님의 원리를 적용해야 둘 가운데 승자와 패자가 있는 것이 아니라 모두가 행복을 누릴 수 있는 것입니다.

성도의 마음

본문 12절에 요압이 한 '여호와께서 선히 여기시는 대로 행하시기를 원하노라' 는 말은 절대로 쉬운 것이 아니요 아무나 할 수 있는 말이 아닙니다. 이런 말을 하려면 먼저 하나님의 뜻을 알아야 하고, 하나님의 뜻대로 행하는 결과가 어떻게 될 것인지도 다 알아야 합니다. 성도는 이미 천국을 가진 자요 이미 행복을 가진 자요 이미 모든 것을 누리는 자로써 베풀어 줄 수 있고 나누어 줄 수 있고 감싸 안아 줄 수 있고 끌어안아 줄 수 있고 대신해 줄 수 있는 자들입니다. 성도는 본인이 이미 모든 것을 가진 것을 알고 결과를 알기에 하나님 앞에 나아가 요구하는 식으로나 하나님을 내 편이 되도록 매달리는 것이 아닙니다. 성도는 자신이 하나님 편인 것을 알기에, 모든 일의 결론이 어떻게 날지를 다 알기에 여유로움과 평안함과 자유로움 속에 '여호와의 선히 여기시는 대로 행하시기를 원하나이다' 라고 고백할 수 있는 것입니다. 하나님을 알고 하나님의 뜻을 따르며 하나님과 더불어 행복을 누리는 성도되시기를 주님의 이름으로 축원합니다.

10
헷 사람 우리아의 아내

사무엘하 11 : 1 ~ 27

1 그 해가 돌아와 왕들이 출전할 때가 되매 다윗이 요압과 그에게 있는 그의 부하들과 온 이스라엘 군대를 보내니 그들이 암몬 자손을 멸하고 랍바를 에워쌌고 다윗은 예루살렘에 그대로 있더라 2 저녁 때에 다윗이 그의 침상에서 일어나 왕궁 옥상에서 거닐다가 그 곳에서 보니 한 여인이 목욕을 하는데 심히 아름다워 보이는지라 3 다윗이 사람을 보내 그 여인을 알아보게 하였더니 그가 아뢰되 그는 엘리암의 딸이요 헷 사람 우리아의 아내 밧세바가 아니니이까 하니 4 다윗이 전령을 보내어 그 여자를 자기에게로 데려오게 하고 그 여자가 그 부정함을 깨끗하게 하였으므로 더불어 동침하매 그 여자가 자기 집으로 돌아가니라 5 그 여인이 임신하매 사람을 보내 다윗에게 말하여 이르되 내가 임신하였나이다 하니라 6 다윗이 요압에게 기별하여 헷 사람 우리아를 내게 보내라 하매 요압이 우리아를 다윗에게로 보내니 7 우리아가 다윗에게 이르매 다윗이 요압의 안부와 군사의 안부와 싸움이 어떠했는지를 묻고 8 그가 또 우리아에게 이르되 네 집으로 내려가서 발을 씻으라 하니 우리아가 왕궁에서 나가매 왕의 음식물이 뒤따라 가니라 9 그러나 우리아는 집으로 내려가지 아니하고 왕궁 문에서 그의 주의 모든 부하들과 더불어 잔지라 10 어떤 사람이 다윗에게 아뢰되 우리아가 그의 집으로 내려가지 아니하였나이다 다윗이 우리아에게 이르되 네가 길 갔다가 돌아온 것이 아니냐 어찌하여 네 집으로 내려가지 아니하였느냐 하니 11 우리아가 다윗에게 아뢰되 언약궤와 이스라엘과 유다가 야영 중에 있고 내 주 요압과 내 왕의 부하들이 바깥 들에 진 치고 있거늘 내가 어찌 내 집으로 가서 먹고 마시고 내 처와 같이 자리이까 내가 이 일을 행하지 아니하기로 왕의 살아 계심과 왕의 혼의 살아 계심을 두고 맹세하나이다 하니라 12 다윗이 우리아에게 이르되 오늘도 여기 있으라 내일은 내가 너를 보내리라 우리아가 그 날에 예루살렘에 머무니라 이튿날 13 다윗이 그를 불러서 그로 그 앞에서 먹고 마시고 취하게 하니 저녁 때에 그가 나가서 그의 주의 부하들과 더불어 침상에 눕고 그의 집으로 내려가지 아니하니라 14 아침이 되매 다윗이 편지를 써서 우리아의 손에 들려 요압에게 보내니 15 그 편지에 써서 이르기를 너희가 우리아를 맹렬한 싸움에 앞세워 두고 너희는 뒤로 물러가서 그로 맞아 죽게 하라 하였더라 16 요압이 그 성을 살펴 용사들이 있는 것을 아는 그 곳에 우리아를 두니 17 그 성 사람들이 나와서

요압과 더불어 싸울 때에 다윗의 부하 중 몇 사람이 엎드러지고 헷 사람 우리아도 죽으니라 18 요압이 사람을 보내 그 전쟁의 모든 일을 다윗에게 보고할새 19 그 전령에게 명령하여 이르되 전쟁의 모든 일을 네가 왕께 보고하기를 마친 후에 20 혹시 왕이 노하여 네게 말씀하기를 너희가 어찌하여 성에 그처럼 가까이 가서 싸웠느냐 그들이 성 위에서 쏠 줄을 알지 못하였느냐 21 여룹베셋의 아들 아비멜렉을 쳐죽인 자가 누구냐 여인 하나가 성에서 맷돌 위짝을 그 위에 던지매 그가 데벳스에서 죽지 아니하였느냐 어찌하여 성에 가까이 갔더냐 하시거든 네가 말하기를 왕의 종 헷 사람 우리아도 죽었나이다 하라 22 전령이 가서 다윗에게 이르러 요압이 그를 보낸 모든 일을 다윗에게 아뢰어 23 이르되 그 사람들이 우리보다 우세하여 우리를 향하여 들로 나오므로 우리가 그들을 쳐서 성문 어귀까지 미쳤더니 24 활 쏘는 자들이 성 위에서 왕의 부하들을 향하여 쏘매 왕의 부하 중 몇 사람이 죽고 왕의 종 헷 사람 우리아도 죽었나이다 하니 25 다윗이 전령에게 이르되 너는 요압에게 이같이 말하기를 이 일로 걱정하지 말라 칼은 이 사람이나 저 사람이나 삼키는 니라 그 성을 향하여 더욱 힘써 싸워 함락시키라 하여 너는 그를 담대하게 하라 하니라 26 우리아의 아내는 그 남편 우리아가 죽었음을 듣고 그의 남편을 위하여 소리내어 우니라 27 그 장례를 마치매 다윗이 사람을 보내 그를 왕궁으로 데려오니 그가 그의 아내가 되어 그에게 아들을 낳으니라 다윗이 행한 그 일이 여호와 보시기에 악하였더라

관계

하나님과 인간의 관계

사람들은 사람과 더불어 살고 있고 사람과 관계를 맺으며 살아가고 있습니다. 인간관계의 중요성을 강조하고 관계 개선과 유지를 위해 여러 가지 노력들을 합니다. 좀 더 관계를 중요시 하는 사람은 인간관계를 넘어 인간과 자연의 관계도 알고 사람이 사는 세상과 자연과 환경에 대해서도 많은 노력을 기울이는 것을 봅니다. 그러나 가장 잘 알아야 하는 관계 두 가지가 있는데 하나는 하나님과 인간의 관계이고 또 하나는 죄와 인간의 관계입니다. 인간은 인간관계를 형성하고 유지하고 발전시키는 것에는 많은 노하우가 있지만 하나님과 인간의 관계에 대해서는 무지하고 특별히 죄와 인간의 관계에서는 아예 아무것도 모를 때가 많습니다.

하나님과 인간의 관계는 처음부터 하나님의 은혜라는 것으로 설명될 수 있습니다. 관계 형성도 하나님이 일방적으로 은혜를 주셔서 맺어집니다. 인간이 어떤 종교적 행위나 신을 위한 어떤 헌신을 통하여 하나님과 관계를 맺을 수 없습니다. 그래서 성경에는 종교적 수단이나 종교적 방식이 전혀 없습니다. 기독교는 언제나 인간이 신을 찾아가는 방식이 아니라, 인간이 신을 높이는 행위가 아니라 하나님이 인간을 찾아오시고 하나님이 인간을 존중히 여겨 주시는 모습입니다. 어떤 신학자가 신학을 정의내리기를 '종교는 인간의 신학이 아니라 하나님의 인간학이다' 라고 했습니다. 하나님이 인간을 사랑하고 하나님이 인간을 하나님의 대상으로 삼아 주셔서 관계가 형성되고 또 하나님과 인간의 관계가 유지되는 것도 하나님의 은혜라는 것 밖에는 없습니다. 인간은 하나님을 배반하고 인간은 하나님을 떠나가고 인간은 하나님을 부인하지만 그럴 때에도 하나님은 인간을 찾아오고 인간을 맞아 주고 인간에게 더 큰 사랑을 베풀어주고 끌어안아 줌으로 하나님과 인간의 관계가 유지됩니다. 성경에 하나님의 명령 또는 하나님의 계명이 나오지만 이것은 인간이 하나님과의 관계를 개선시키는 방식이 아니라 인간이 하나님이 주신 은혜를 누리는 방식입니다. 하나님과 인간의 관계는 처음부터 끝까지 하나님이 은혜로 붙잡아 주심으로 유지됩니다.

비교할 수 없는 관계

하나님과 인간의 관계는 세상에서 비유를 들 수 있는 모형이 없고 예를 들어 설명해 줄 수 있는 유형이 없습니다. 오직 성경을 통해 성경 속에서 하나님이 인간을 대하시는 모습을 보면서 확인 할 수 있을 뿐입니다. 간혹 엉뚱한 예를 들거나 심지어는 정반대의 예를 드는 경우가 있습니다. 부모와 자식의 관계에서 부모가 자녀를 위해 얼마나 희생적으로 사랑 하는지 그 사랑은 정말로 비교 할 수가 없는 것과 같이 하나님의 인간 사랑도 그와 같다는 표현은 사실과 정반대로 설명하는 것입니다. 부모는 자식을 극진히 사랑하는 것 같지만 종종 비정한 부모와 부도덕한 자녀에 관한 뉴스들이 나오는 것을 보면 부모는 자식을 무한히 사랑한다는 예를 들 수 없습니다. 바르게 설명하려면 하나님이 어떻게 인간을 사랑하시는지 하나님의 모습을 이해해야 부모의 자녀에 대한 역할과 자녀의 부모에 대한 올바른 태도를 알 수 있다고 말해야 합니다. 또 혹자들은 부부가 일심동체요 한 몸이요 촌수도 없는 온전한 하나인 것과 같이 하나님과 인간의 관계도 부부관계와 같다는 비유를 들곤 합니다. 이것도 예를 반대로 설명한 것입니다. 부부관계를 통하여 하나님과 인간의 관계를 깨닫는 것이 아니라 하나님을 통하여 올바른 부부관계를 깨닫는 것입니다. 성경을 통해 하나님이 어떻게 백성을 다스리시는가, 하나님이 이스라엘을 어떻게 다스리시는가, 하나님이 인간을 어떻게 대해 주시는가를 깨달아 알아야 올바른 인간관계, 올바른 인간의 역할을 이해할 수 있습니다.

죄에 대한 진단과 처방

안일한 진단

하나님과 인간의 관계와 더불어 또 하나의 중요한 관계가 사람과 죄, 죄와 인간에 대한 관계입니다. 사람들은 하나님과 인간의 관계에 대해 오해하듯, 죄와 인간의 관계 대해 심각한 오해를 하고 있습니다. 사무엘하 11장은 다윗이 우리아의 아내 밧세바를 취하는 사건이 나오는 장입니다. 어느 분이 사무엘하 11장에 대한 소제목을 '옥에 티'라고 정한 것을 보았습니다. 아마도 그 분은 다윗은 참으로 모범적이고 거룩하고 성결한 삶을 살았는데 오직 밧세바 사건이 유일한 흠이요 이 사건만 없었다면 다윗의 생애가 온전했을 것이라고 생각하신 것 같습니다. 사무엘하

11장을 상고할 때 죄에 대하여 사람들이 진단하고 처방을 내리는 것을 보면서 사람들이 죄를 몰라도 너무 모른다는 느낌을 받습니다. 죄의 실체에 대해 터무니없이 안일한 판단을 내리고, 터무니없는 처방을 내리고 있습니다.

혹자들이 본문을 설명하는 예를 들어보겠습니다. "안타깝게도 다윗이 범죄하였습니다. 다윗이 범죄한 이유를 본문에서 찾아보겠습니다. 11장 2절에 보면 '저녁때에 다윗이 그의 침상에서 일어나' 입니다. 다윗이 평상시에 하나님의 뜻대로 잘 살았는데, 옥의 티로 죄를 지은 이유는 '저녁때에 침상에서 일어난 것' 때문입니다. 정상적 활동을 하는 사람은 주로 아침에 일어납니다. 다윗이 저녁에 일어났다는 것은 전날 무엇인가 불규칙한 생활을 했거나 무엇인가 비정상적인 일을 했을 가능성이 있고 생활의 패턴이 깨진 것입니다. 자신의 일상의 리듬이 깨지면 범죄에 노출이 되고 죄를 지을 수 있는 가능성이 많습니다. 여러분도 생활 리듬을 잘 유지하십시오." 과연 옳은 설명일까요? 한편으로는 일리가 있지만 죄의 실체는 전혀 다른 차원입니다.

또 다른 설명을 예로 들어보겠습니다. "여러분 11장 2절 중반부를 보면 '왕궁 옥상에서 거닐다가' 라고 되어 있습니다. 다윗은 아침에 일찍 일어났어야 했는데 늦게 일어났습니다. 왕으로써 국사를 돌봐야 하는데 늦게 일어났으면 그때라도 얼른 왕궁으로 가서 자신의 일에 성실하게 책임감 있게 부지런하게 임했어야 합니다. 그런데 다윗은 저녁에 일어났기에 자신의 책임을 소홀히 하고 왕궁 옥상에서 거닐고 있습니다. 책임을 맡은 자로서 안일하고 나태한 것이요 자기의 역할에 충실하지 못한 것입니다. 저녁에 일어나고 자신의 일에 집중하지 않으니 마음의 중심을 잃고 생활의 리듬을 잃고 판단의 기준을 잃어서 헛된 것들과 헛된 마음이 빠지는 것입니다. 여러분은 언제나 주어진 책임에 집중하시기 바랍니다." 과연 옳은 설명일까요?

또 다른 설명을 예로 들어보겠습니다. "성경에 기록되기를 '저녁 때에 다윗이 그의 침상에서 일어나 왕궁 옥상을 거닐다가 그곳에서 보니 한 여인이 목욕을 하는데 심히 아름다워 보이는지라' 입니다. 평상시와는 달리 늦게 일어나 집중력을 약해졌을 때에 먼 곳에서 어떤 여인이 목욕하는 것을 보았는데 정확하고 또렷하게 보인 것이 아니라 이미 마음이 해이해져 있기 때문에 아름다워 보인 것입니다. 죄를 지을 수 있는 상황과 환경에 노출되어 있으면 모든 것이 죄의 모습으로 보이는 것입니다. 여러분은 죄의 환경을 만들지 마시기 바랍니다." 과연 옳은 설명일까요? 만약 저녁에 일어나지 않고 아침에 일어나는 사람은 죄를 덜 짓고, 한가하지 않고 늘 바쁘게 집중하며 사는 사람은 죄를 덜 짓고, 좋은 환경에서 생활하는 사람은 죄를 덜 지을까요? 모두 죄에 대해 상당히 오해하고 있는 것입니다.

안일한 처방

죄에 대하여 오해하고 죄에 대하여 안일한 진단을 내리는 사람들은 죄를 줄이기 위한 처방을 내릴 때에도 안일한 대안을 제시합니다. 다윗이 저녁에 일어나 일상이 깨어지고 집중력이 약해졌기에 범죄 하였다고 설명하는 사람들이 내리는 처방 중에 가장 흔하고 일반적인 것이 사람은 바빠야 한다는 것입니다. 사람은 바쁘게 생활해야 하고 자신이 하고 있는 일에 집중해야 죄를 지을 생각을 덜하고 죄 지을 기회가 적다고 생각합니다. 약간의 도움은 되겠지만 죄의 본질을 전혀 모르는 것입니다. 성범죄의 예를 들어 보겠습니다. TV 드라마에서 어떤 사람이 바람을 피웠고 아내에게 이혼을 요구하면 아내가 깜짝 놀라서 남편에게 여자가 생겼냐고 묻습니다. 이때 남편이 대답하기를 '이 사람아, 내가 아침 일찍 나가서 밤늦게 들어오는데 바람피울 시간이 어디 있어. 바람을 피려고 해도 시간이 없어서 못 핀다' 고 합니다. 이때 아내는 '바람은 시간이 있는 사람만 피우는 것이 아니다' 라는 것을 알고 추궁해야 하는데 자기 남편이 정말 바쁘게 살기 때문에 바람피울 시간조차 없는 줄로 착각합니다. 규칙적으로 생활하고 자신의 일에 집중하며 살면 죄를 적게 범하는 것이 아닙니다. 죄와 시간적 여유와는 아무런 상관이 없습니다.

또 하나의 오해는 상황에 관한 것입니다. 아내가 남편을 추궁하면 남편이 다른 변명을 합니다. 남편이 대답하기를 '이 사람아, 바람은 아무나 피는 줄 알아. 돈이 있어야 바람을 피우지. 내가 출근 할 때 언제 지갑에 돈 두둑이 줘 본적 있어? 요즘에 누가 돈 없는 남자를 좋아해. 바람도 아무나 피우는 게 아니야. 돈 있어야 피우는 거야' 라고 말을 합니다. 이때 아내는 '바람은 돈 있는 사람만 피우는 것이 아니다' 라는 것을 알고 추궁해야 하는데 자기 남편이 정말 돈이 별로 없기에 바람피우지 못할 것으로 착각합니다. 돈이 있으면 범죄하기 쉽거나 돈이 적으면 범죄 할 가능성이 적은 것이 아닙니다. 죄와 경제적 상황은 아무런 상관이 없습니다.

또 하나의 오해는 힘에 관한 것입니다. 아내의 추궁에 대해 남편이 대답하기를 '이 사람아, 늘 바쁘지 돈도 없지 게다가 매일 회사 일에 지쳐서 파김치가 되어 이렇게 헉헉 거리는데 바람을 어떻게 피워. 바람도 힘이 있어야 피는 거야' 라고 말을 합니다. 이때 아내는 '바람은 힘으로 피우는 것이 아니다' 라는 것을 알고 추궁해야 하는데 늘 힘들어하는 남편을 측은하고 안타깝게 생각하는 것은 죄를 모르고 착각하는 것입니다. 우리나라 옛말에 '남자는 숟가락 들 힘만 있으면 옆을 바라본다' 는 말이 있습니다. 우리 조상들이 죄에 대해서는 잘 몰랐어도 죄의 본성에 대해서는 꿰뚫은 것입니다.

간혹 교회들에서 목사님들이 죄에 대하여 오해하면서 '성도들이 세상에 나가면 죄를 짓는다. 그러므로 성도들에게 어떻게 해서든 죄를 덜 짓게 하기 위해서는 교회에서 많은 프로그램을 준비해서 성도가 교회에

와서 오래 머물러 있게 해야 된다. 교회는 성도들이 딴 생각을 하지 못하도록 바쁘게 만들어야 한다'고 말씀하시곤 합니다. 죄를 몰라도 한참을 모르는 겁니다. 교회가 성도에게 죄의 본성을 알려주지 않고 죄를 이길 수 있는 힘을 길러 주지 않으면 장소가 교회로 바뀌어 졌다고 죄를 안 짓는 것이 아닙니다.

죄에 대한 오해

잘못된 행동이라는 오해

죄에 대하여 바로 알아야 합니다. 죄는 아무나 지을 수 있으며, 언제나 지을 수 있으며, 어느 곳에서도 지을 수 있습니다. 죄를 지을 수 있는 환경, 죄를 지을 수 있는 사람, 죄를 지을 수 있는 장소가 따로 있는 것이 절대로 아닙니다. 죄가 환경이나 장소나 여건의 문제가 아니라는 것을 분명히 아셔야 됩니다. 죄를 지었을 때 가장 무관하게 생각하는 것이 죄와의 관계입니다. 어떤 사람이 죄를 범하고 자신이 죄를 범한 것을 인식한 후 바로 회개를 하고 자기가 잘못했다고 반성을 하는 경우가 있습니다. 사람이 죄를 지었을 때에 자신이 죄의 종이 되어 있고 죄에 사로잡혀 있기 때문에 죄가 자신을 인도하기 때문에 죄를 진다고 생각하지 않고 단지 자신이 잠시 잘못된 행동을 했고 실수를 했다고 생각하는 것입니다. 본인의 죄의 종이 되어있는 것을 인식하지 못하고 마치 자신은 어느 것에도 매여 있지 않은 독립된 존재인데 잠깐 딴 마음을 먹었고 잠시 엉뚱한 생각을 해서 죄를 지었다고 생각합니다. 그래서 죄를 지을 때마다 왜 죄를 지냐고 물으면 대답하기를 '저도 제가 왜 그랬는지 모르겠습니다. 잠깐 정신이 이상해 졌나봅니다'라고 합니다. 그리고 다짐하기를 '이제는 안 그러겠습니다. 앞으로는 절대로 죄를 짓지 않겠습니다'고 합니다. 본인이 다짐하고 결단하고 마음먹으면 죄를 안 지을 수 있는 줄로 아는 것입니다. 주변 사람도 당사자가 강력하게 결단하는 모습을 보면 '그런 행동을 할 사람이 아니었는데 한 번 실수를 했나봐. 저렇게 반성하는 걸 보니까 앞으로는 실수 하지 않을 것이다' 라고 생각합니다. 당사자와 주변사람 모두 아직도 죄와 인간의 관계, 인간이 죄인이 되었다는 것을 모르고 있는 것입니다.

어떤 사람이 죄를 짓는 것은 죄라는 존재와는 무관한 채 그 사람만의 독단적이며 순간적인 행동이 절대로 아닙니다. 사람들은 죄를 가볍게 생각합니다. 범죄는 무지의 소산이라 생각하여 교육을 통하여 선한 것이 무엇인지 알려주면 죄를 안 지을 것이라고 교육에 집중 합니다. 한동안 성性 문제가 사회적 이슈가 되었을 때 해결 방식으로 성교육을 시키자는 주장이 있었습니다. 당연히 예방의 차원에서 성교육이 시행되어야 하지만, 성교육을 시행하면 성범죄가 줄어들 것이라는 생각은 비현실적이며 죄에 대해 무지한 생각일 뿐입니다. 성문제 뿐 아니라 다른 범죄도 마찬가지입니다. 불우한 환경이 범죄를 유발할 수 있는 원인으로 생각해서 환경을 개선해 주면 범죄가 줄어들 것으로 기대하면 안 됩니다. 범죄와 환경이 관계없음에 대한 가장 확실한 증거가 바로 아담입니다. 아담은 아무것도 부족한 것이 없었는데 하나님께 죄를 범했고, 본문에서 다윗도 지식이나 여건이나 환경이나 어떤 것도 부족함이 없는데 죄를 짓습니다. 죄는 단순한 순간적 우발적 충동적 개인적 행동이 절대로 아닙니다.

만약 교육이나 환경의 개선을 통하여 죄의 문제가 해결 될 수 있다면 굳이 예수님이 오시지도 않습니다. 하나님이 육신의 옷을 입고 강림하시고 십자가에 죽어서야 겨우 치유될 정도라면 죄의 존재는 보통 심각한 것이 아닙니다. 교육을 해서 개선될 수 있다면 예수님이 십자가를 지실 이유가 없고, 진리를 잘 가르치는 것으로 해결이 되었을 것입니다. 경제적 상황을 개선함으로 범죄가 줄어든다면 십자가를 지는 대신 오병

이어의 역사를 몇 번 더 행하셨으면 될 것입니다. 죄는 단순한 개인의 행동이 아니라 인간이 죄에게 잡혀 있는 것입니다. 인간이 죄의 원리, 죄의 가치, 죄의 기준에 잡혀있는 것입니다. 죄인은 죄라는 존재와 죄라는 세력에게 잡혀서 죄의 종이 되어 있다는 것입니다. 그래서 죄인은 죄라는 존재와 세력을 이겨내지 못하면 죄를 벗어날 수 없고 죄를 안 지을 수도 없는 것입니다.

중독, 전염이라는 오해

죄에 대한 오해의 다른 유형은 죄는 자꾸 범죄하여 습관이 되었고 심한 경우 중독이 되어 있다고 생각하는 것입니다. 인간이 죄를 지으면 죄라는 존재에게 잡혀 있다고 생각을 안 하고, 죄와는 아무런 연관을 짓지 않고, 범죄한 사람이 무엇인가 나쁜 생각을 했거나 잘못된 행동을 했고 그 행동을 여러 번 행하여 습관이 되고 중독되었다고 너무나 쉽게 생각합니다. 그래서 습관을 끊어내면 되고 중독을 치유하면 해결할 수 있다고 제안하지만 절대로 그렇지 않습니다. 본문에서 다윗은 헷 사람 우리아의 아내 밧세바를 범하고 곧이어 우리아를 죽이는 사건을 범합니다. 일련의 사건들은 우발적으로 한 사건이 일어난 후 충동적으로 다음사건으로 이어지는 것이 아닙니다. 죄가 죄 짓는 사람을 사로잡아 그 사람을 조종하기 때문에, 그 사람이 죄를 대항하고 거부해 낼 수 있는 힘이 없기 때문에, 죄라는 존재에게 끌려가는 것이지 절대로 죄의 연속 작용이거나 그 사람의 죄적 습관이 아닙니다. 죄는 존재요 세력입니다. 죄를 이겨내지 못하면 죄를 안 지을 방법이 없습니다.

죄인 스스로 죄를 벗어날 수 없음을 정확히 알기에 하나님은 죄인을 불쌍히 여기시고 죄인을 구하려고 인간에게 오신 것입니다. 엄밀하게 교회는 성도들에게 죄를 짓지 말라고 하는 것이 아닙니다. 죄지을 시간과 기회를 안 주기 위해서 세상에 못 나가게 하는 것이 아닙니다. 죄에 대하여 가르치고 죄를 이길 수 있는 복음을 가르치고 하나님의 원리, 하나님의 기준, 하나님의 가치를 가르치고 하나님의 말씀의 분량을 채워 예수 그리스도가 이미 죄를 이기셨고 성도는 죄 문제가 해결된 것을 바르게 알아 죄를 이긴 자의 삶을 구현해 나가도록 돕는 것입니다.

다윗의 행위

신앙의 왜곡

죄와 인간의 관계 중에 가장 무섭고 살벌한 것이 사무엘하 11장에 나오는 상태입니다. 다윗의 행위는 절대로 우발적 충동적 행위가 아니요 실수가 아닙니다. 본문은 누구나 범할 수 있는 일반적 범죄의 행위를 지적하고 있는 것이 아닙니다. 현재 다윗이 차지하고 있는 위치는 단순히 왕이라는 신분적 위치가 아닙니다. 이스라엘 사람들을 포함한 열방 사람들이 모두 죄의 원리와 죄의 가치에 사로잡혀있기에 죄와는 다른 하나님의 기준과 하나님의 원리와 하나님의 가치를 가르쳐 주는 하나님의 사람이라는 위치입니다. 다윗이 이스라엘 모든 백성들과 주변에 있는 열방 사람들에게 보여 주어야 하는 삶의 모습은 도덕적 기준과 윤리적 기준으로서의 삶의 모범이 아닙니다. 단순히 다른 사람보다는 조금 나은 정도의 기준을 훨씬 뛰어 넘어야 합니다. 도덕적으로 또는 윤리적으로 문제가 없는 정도가 아니라 훨씬 뛰어 넘어 하나님의 기준과 하나님의 가치를 드러내야 합니다.

다윗의 행동에서 가장 중요한 것은 교만과 배타성이 없어야 한다는 것입니다. 하나님이 다윗을 세웠을 때 다윗이 '내가 다른 사람보다 나으니까 하나님이 나를 세웠다' 고 생각하면 교만입니다. 다윗은 절대로 교만해서는 안 됩니다. 하나님이 다윗에게 은혜를 주셨을 때 다윗이 '나를 위해 은혜를 주셨다' 고 생각해서도 안 됩니다. 하나님이 다른 사람을 제외하고 오직 다윗에게만 도움을 주시고 은혜를 주셨다고 생각하는 것이 배타성입니다. 다윗은 하나님이 모든 사람을 위해서 자신을 세웠고 모든 사람을 위해서 자신이 쓰임 받고 있다는 사실을 인식해야 합니다. 그래야 교만하지 않고 배타적이 되지 않습니다. 다윗이 하나님의 사람일지라도 아직 죄의 가치와 개념을 온전히 떨치지 못했기 때문에 자꾸 죄적으로 생각한다는 것이 문제입니다. '하나님이 아무나 세우시진 않았을 것이다. 내가 다른 사람보다 뭔가 달라도 다르니 나를 세우셨을 것이다' 라는 교만한 마음이나, '하나님은 나를 사랑하시니까, 다른 사람보다 나를 사랑하시니까 나는 하나님의 도움으로 다른 사람들을 이길 수 있다' 는 배타적 마음이 죄의 마음입니다.

　하나님의 사람은 원래는 죄의 가치를 가지고 있었지만 하나님의 가치와 하나님의 기준과 하나님의 마음을 배웠기에 배운바 하나님의 의도와 하나님의 원리와 하나님의 관점으로 생각해야 합니다. 그런데 하나님에 의하여 세움 받았음에도 불구하고 마음에서는 여전히 예전 죄의 가치와 죄의 원리로 생각하여 하나님이 만들어준 자신의 신분과 위치와 상태와 역할을 엉뚱하게 오해하고 왜곡해 버릴 수 있다는 것입니다. 모든 인간은 교만한 마음이나 배타적 마음을 가지면 안 되는데 도리어 일반 사람이 갖는 교만과 배타성보다 훨씬 더 심한 교만과 배타성이 가질 수 있는 사람이 바로 하나님이 세운 사람들입니다. 왜냐하면 하나님이 자신을 세우시는 이유, 하나님이 자신을 도우시는 까닭, 하나님이 자신을 현재의 위치와 신분과 역할을 주신 목적을 오해하기 때문입니다. 본문에 등장하는 다윗의 사건은 어떤 신체 건강한 남성의 왕성한 성욕에 관한 가벼운 문제가 절대로 아닙니다. 하나님의 사랑을 변질 시키는 신앙의 왜곡의 모습을 보여주는 것입니다.

헷 사람 우리아의 아내 밧세바

본문에서 다윗이 어느 날 늦게 저녁때에 일어났습니다. 전날 업무가 많아서 늦게 일어날 수 있기에 별 문제가 아닙니다. 일어난 후 왕궁 옥상을 거닐었습니다. 늦게 일어나서 몸이 나른해서 잠깐 숨 돌리고 들어가서 일하려고 산책할 수 있기에 별 문제가 아닙니다. 우연히 어떤 여인이 목욕하는 것 보았지만, 의도적으로 남의 집 담을 넘어 본 것이 아니라 보이기에 보았을 뿐으로 별 문제가 아닐 수 있습니다. 하지만, 본문의 상황은 일상적으로 일어날 수 있는 평범한 사건이 아닙니다. 만약 어떤 사람이 우연히 여인이 목욕하는 것을 보고 음욕에 불타서 여인을 취하고 싶은 마음이 있으면 일반적으로는 주변사람들 몰래 조취를 취합니다. 자신이 믿을 수 있는 사람 즉 이 사건이 혹시 밖으로 드러나도 입 꼭 다물고 말하지 않을 사람을 은밀하게 시켜서 몰래 여인을 데려오게 할 것입니다. 간혹 영화에 보면 이런 일에 적격인 사람으로 벙어리들이 선발되곤 합니다. 행여 들통이 나도 발설하지 않고, 심지어는 아무리 심한 고문을 당하여도 어떠한 말도 할 수 없도록 아예 벙어리를 심부름꾼으로 세우는 것입니다. 또한 신하를 보내는 것이 영 마음에 걸리면, 자신이 마치 민정시찰을 나가는 것처럼 꾸며서 살짝 왕궁을 빠져 나와 아까 보아놨던 여인의 집에 가서 조치를 취하기도 합니다. 위의 설명이 일반적 경향이라면 다윗은 전혀 일반적이지 않다는 것입니다.

사무엘하 11장 3절에는 "다윗이 사람을 보내 그 여인을 알아보게 하였다"고 기록되어 있습니다. 우연히, 충동적으로 행동한 것이 아니라 일부러 사람을 보내어 여인이 누구인지 알아보게 했다는 것입니다. 알아본 결과 엘리암의 딸이요 헷 사람 우리아의 아내 밧세바로 밝혀졌습니다. 먼저 우리아가 누구인지 확인해 보겠습니다. 사무엘하 23장 39절에 보면 다윗의 여러 장수들이 나오는데 삼십 칠 명의 장수중에 한 사람이 우리아입니다. 우리아는 다윗의 장수요, 밧세바는 자신의 부하 장수 또는 자기 신하의 아내요 다윗이 너무나 잘 알고 있는 사람의 아내입니다. 만약 어느 날 저녁에 늦게 일어나서 왕궁을 걷던 중 우연히 여인이 목욕하는 장면을 보고 여인을 취하고 싶은 마음을 품었다가도 막상 그 여인이 자신이 알고 있는 사람의 아내, 심지어는 자기의 신하의 아내라는 사실이 밝혀졌으면 범행을 중단하는 것이 일반적입니다. 다윗은 사람을 보내어 그 여인이 우리아의 아내 밧세바라는 사실을 확인한 후에도 기어코 여인을 데려와서 취해버립니다. 다윗은 지금 자신이 죄를 범하고 있다는 인식이 전혀 없는 것입니다. 아무도 몰래, 은밀하게 범죄하는 것이 아니라 당당하게 행동하고 있는 것입니다.

후에 여인이 잉태했다는 소식을 듣고도 다음 행동을 하는데 전혀 주저함이 없습니다. 여인을 취하기로 마음먹는 순간부터 실제로 밧세바를 데려오는 것과 자신의 장수인 헷 사람 우리아를 전쟁 중에 집으로 돌아오게 하여 자신의 범죄를 감추려고 시도하고 마침내 우리아를 전장에서 죽게 하는 모든 과정이 너무도 당당하게 진행되고 있다는 것입니다. 다윗이 어떻게 이처럼 당당하게 행동하고 있는지, 보통 사람일지라도 죄책감을 느끼는 상황에서 왕이요 하나님의 사람임에도 불구하고 마치 떳떳한 일을 행하는 것처럼 행동하고 있는 지에 대한 이유를 확인해야 합니다. 다윗이 어떤 잘못을 했다고 비난하거나 또는 단지 실수일 뿐이라고 감싸줄 것이 아니라 분명히 잘못된 행동임에도 불구하고 당당할 수 있었던 이유, 단순한 간음죄 사건보다 더 무서운 죄를 찾아내야 합니다. 다윗의 행동에 깔려있는 근거는 이스라엘 사람과 헷사람과의 관계에서 비롯된 것입니다.

가드 사람 오벧에돔

밧세바에 대한 다윗의 행동을 이해하기 위하여 다윗의 다른 행동 하나를 확인해 보면 도움이 될 수 있습니다. 사무엘하 6장에 다윗이 여호와의 궤를 옮겨오는 장면이 있습니다. 여호와의 궤를 수레에 싣고 옮기던 중 소가 뛰니까 궤가 넘어지려고 하여 웃사가 여호와의 궤를 붙잡다가 죽습니다. 다윗이 기쁜 마음으로 궤를 옮겨 오려고 하는데 궤를 잘못 다루니까 사람이 죽는 모습을 본 것입니다. 여호와의 궤 때문에 사람이 죽는 광경을 목격하고 다윗은 여호와의 궤를 집으로 옮겨가야 되겠다는 마음을 철회합니다. 행여 여호와의 궤를 잘못 관리하면 죽을 수도 있겠다는 두려움 때문에 여호와의 궤를 다윗 성으로 가져오기를 포기 합니다. 여호와의 임재의 상징으로 축복의 수단으로 여겨졌던 여호와의 궤가 순식간에 혐오물질이 되었고 기피 대상이 되었습니다. 결국 다윗은 여호와의 궤를 가드사람 오벳에돔의 집에 보내버립니다.

오벳에돔은 가드 사람입니다. 가드라는 지역에 대해 살펴보면 가드는 여호수아가 여호와의 말씀을 따라 가나안 지역을 정복할 당시 하나님께서 가나안 사람을 다 몰아내라고 말씀하셨음에도 불구하고 몰아내지 못하여 아낙 자손이 여전히 남아있던 장소입니다. 또 사무엘상 5장에 의하면 이스라엘이 블레셋과 전쟁 하는데 전쟁에서 패배하자 이스라엘 백성들이 사무엘의 반대에도 불구하고 여호와의 궤를 전장에 안가지고 나가서 졌다고 주장하며 여호와의 궤를 가지고 나가지만 다시 패하고 여호와의 궤마저 빼앗겨 버렸습니다. 여호와의 궤가 블레셋 지역의 다곤 신전에 놓이게 됩니다. 다음 날 아침 블레셋 주민들은 자신들의 신상들이 다 목이 잘라져 있는 것을 발견하고 자신들의 거주 지역에 독종들이 발생하자 원인으로 여호와의 궤를 지목하고 돌려보내기로 결정한 후 여호와의 궤를 돌려보내는 장소가 가드입니다. 또 전쟁 중에 블레셋의 장수 하나가 나와서 이스라엘을 경멸하며 이스라엘의 하나님을 모욕하는 발언을 하는데 그 장수가 골리앗이요 그 장수의 출생지가 바로 가드입니다.

만약 다윗이 하나님의 중재자요 하나님의 마음을 가진 자요 백성들을 하나님의 심정으로 돌아보는 사람의 역할을 감당한다면 여호와의 궤를 가져올 때 여호와의 궤 때문에 문제가 발생한 것을 본 후 여호와의 궤를 잘못 관리하면 다른 불상사가 일어나 백성에게 화가 미칠 것을 염려하는 마음으로 여호와의 궤를 백성 중 누구에게 맡길 것이 아니라 자신이 직접 맡아야 할 것입니다. 화를 당해도 왕이 당해야 하고 무슨 일이 있어도 하나님의 사람에게 있어야 한다는 심정으로 어떻게든 백성에게 불행한 일이 발생할 소지를 미연에 방지하기 위해서라도 여호와의 궤를 다윗이 감당해야 하는 것입니다. 이것이 백성을 위한 왕의 도리요 하나님의 사람의 역할일진데 이스라엘의 왕이요 하나님의 기름 부은 받은 사람인 다윗은 여호와의 궤를 자기의 성으로 옮기지 않고 가드 사람 오벧에돔의 집에 맡겨 버립니다. 어떤 사람 오벧에돔이 아니라 이스라엘 백성이 아닌 가드 사람 오벧에돔에게 보내는 것입니다. 다윗의 심보에는 만약 불상사가 일어난다면 이스라엘 백성이 아닌 가드 사람, 이방인에게 임하라는 것입니다.

모세의 경우와 비교해 보면 다윗의 행동을 명확히 구별할 수 있습니다. 출애굽 한 이스라엘 백성들이 광야에 머물 때 하나님의 말씀에 순종하지 않고 불평불만을 쏟아내자 하나님은 모세에게 이스라엘 백성을 쓸어버릴 것이며 새로운 민족을 세우겠다고 선언하십니다. 이때 모세는 하나님을 막아서며, 하나님이 백성들에게 약속하신 것 즉 이스라엘 백성을 가나안 땅으로 인도하여 주시겠다는 약속을 상기시키며 하나님이 이스라엘 백성들을 지켜 주어야 한다고 항변하면서 이스라엘의 입장을 대변하며 이스라엘에게 닥칠 위험을 막아주었습니다. 이스라엘의 지도자로서 어떻게든 이스라엘에게 불행한 일이 발생하지 않도록 예방하는 것이 모세의 역할, 하나님의 사람의 역할이요 모세는 자신의 역할에 충실했습니다. 반면에 다윗은 여호와의 궤를 오벧에돔의 집에 방치한 후 여러 달을 보냅니다. 가드사람 오벧에돔의 집에 여호와의 궤가 있었는데 여호와가 오벧에돔과 그 집에 복을 주셨다는 소식이 다윗에게 들려왔습니다. 다윗은 오벧에돔의 집에서 여호와의 궤를 자신의 성으로 옮겨옵니다. 다윗은 여호와의 궤로 말미암아 불상사가 일어났을 때에는 느닷없이 오벧에돔의 집에 맡겼다고 여호와의 궤로 말미암아 복이 임하였을 때에는 느닷없이 오벧에돔의 집에서 빼앗아 오는 것입니다. 다윗의 이러한 행동의 저변에는 자신은 하나님의 사람이요 하나님의 백성이요 하나님의 복과 은혜와 사랑과 긍휼을 받은 자요 가드 사람 오벧에돔은 하나님의 사람이 아니고 하나님에게 버림받은 자요 이방인이요 하나님의 약속의 자녀 밖에 있는 자들이기에 복은 다윗에게 임하고 화는 이방인에게 임하라는 생각이 깔려있는 것입니다. 상식적으로 일반인도 상대에 대하여 갖지 않는 생각을 다윗이 가질 수 있는 이유는 하나님이 이스라엘을 세웠고 하나님이 이스라엘을 도우신다는 사실이 배타성으로 작용하고 있기 때문입니다.

다윗의 왜곡

본문에서 다윗이 어떤 여인을 취하는데 그 여인이 자신의 부하 장수인 헷사람 우리아의 아내임이 확인되었습니다. 밧세바가 우리아의 아내라는 사실보다 우리아가 헷 사람이라는 사실에 유의하여야 합니다. 헷 사람에 대한 기록은 창세기 12장에 처음 나옵니다. 하나님께서 아브라함에게 복의 근원이 되게 하시며 민족을 이루어 주시고 땅을 주신다고 약속하실 때에 언급한 땅이 가나안 지역입니다. 창세기 15장 19절에 의하면 가나안 지역에는 겐 족속과 그니스 족속과 갓못 족속과 헷 족속과 브리스 족속과 르바 족속과 아모리 족속과 가나안 족속과 기르가스 족속과 여부스 족속이 거주하고 있었습니다. 이스라엘 백성이 가나안 지역을 정복할 때 다 쫓아내지 못하여 남아있던 사람들 중의 한 부족이 헷 족속이요, 다윗시대에 헷 사람으로 다윗의 군대에 용병으로 참가하여 장수의 자리에까지 오른 사람이 헷 사람 우리아입니다. 다윗은 자신이 취하려는 여인이 헷 사람 우리아의 아내라는 사실을 확인한 후에 담대하게 밧세바를 자기에게 데려오게 하여 취합니다. 다윗의 마음에는 밧세바는 자신의 장수의 아내라는 사실보다 헷 사람의 아내 즉 이스라엘 백성이 아니요 하나님의 백성이 아니요 이방인에 불과한 헷 사람의 아내이기 때문에 헷 사람의 아내를 취하는데 아무런 죄의식이 없는 것입니다.

다윗은 단순히 간음죄를 범하고 있는 것이 아니라 다윗의 사고방식 속에, 다윗의 가치 속에, 다윗의 개념 속에 하나님의 사용하심과 하나님의 일하심에 대한 어마어마한 왜곡과 변질이 뿌리박혀 있는 것입니다. 하나님이 왜 이스라엘을 도우셨으며, 하나님이 왜 다윗을 도우셨는지에 대하여 철저하게 오해하고 있는 것입니다. 분명히 하나님은 이스라엘을 도우셨고 다윗을 도와주셨습니다. 그 이유는 다윗을 통하여 이스라엘 백성들로 하여금 하나님을 배우게 하고, 그 이스라엘을 통하여 열방들에게 하나님을 가르치기 위한 것이었습니다. 그런데 다윗은 하나님과 이스라엘의 관계, 하나님과 자신들의 관계를 오해하고 있으며 하나님이 자신을 세우신 목적, 자신이 해야 하는 역할을 오해하고 있는 것입니다. 절대로 다윗의 개인적인 단순한 범죄 행위가 문제가 아니라 하나님의 사람 다윗이 가지고 있는 왜곡된 개념이 문제입니다.

인간이 가지는 오해와 왜곡된 개념 중에 가장 무서운 개념, 죄의 개념보다 더 무서운 것이 신앙이 변질되고 하나님의 뜻이 왜곡 되는 것입니다. 다윗을 포함한 이스라엘은 하나님의 백성이요 다른 사람은 이방인에 불과하며, 하나님의 백성은 옳은 것이고 이방인은 틀리며, 하나님의 백성은 보호받아야 하고 이방인은 죽어도 마땅하다고 하는 생각이 다윗이 가지고 있는 하나님의 백성에 대한 오해, 하나님의 뜻에 대한 오해로서 가장 배려적이어야 하는 하나님의 마음을 가장 배타적으로 적용하고 있는 것입니다. 하나님께서 이스라엘에게 주신 율법에는 간음하지 말라는 조항이 있습니다. 다윗은 밧세바를 취하면서 본인이 하나님의 율법을 어기고 있다는 생각을 하지 않는 것입니다. 왜냐하면 하나님의 율법의 대상은 이스라엘이요, 이방인인 헷 사람은 율법의 대상이 아니요 헷 사람 우리아의 아내를 취하는 것은 율법을 어기는 것이 아니라는 생각으로 아주 무섭고 잔인한 신앙의 왜곡입니다.

귀환 백성의 왜곡

이방인에 대하여 배타적인 모습을 보이는 장면이 에스라서에도 등장합니다. 바벨론에 포로로 잡혀갔던 이스라엘 백성들이 바사제국의 고레스 왕의 귀한 조치에 따라 바벨론에서 이스라엘로 돌아오게 됩니다. 귀환민들이 예루살렘에 도착했을 때에 에스라는 모든 백성들을 모아놓고 이스라엘은 하나님의 백성이기에 율법을 준수해야 하며 정결하고 거룩해야 한다고 강조합니다. 이스라엘을 거룩하게 하는 것은 죄로부터의 거룩이요 하나님에게로의 거룩이어야 합니다. 그러나 안타깝게도 에스라는 죄로부터의 거룩과 죄로부터의 배타성이 아니라 이방으로부터의 거룩과 이방에 대한 배타성으로 행동합니다. 이스라엘은 하나님의 백성이기에 이방인의 피가 섞여서는 안 되고 더러운 사람들과 혼합 되어서는 안 된다고 주장하며 돌아온 사람 중에 이방 여인과 결혼한 사람들은 모두 아내를 돌려보내라고 선언합니다. 정작 하나님의 뜻과는 다르게 행동하고 있으면서 민족적 배타성의 근거로 하나님을 내세우는 것으로 아주 무섭고 잔인한 신앙의 왜곡입니다.

실상은 정반대로 행동했어야 합니다. 하나님을 모르는 세상 사람들은 배타적일수 있고 세상 사람들은 교만할 수 있습니다. 그러나 하나님을 아는 이스라엘은 하나님의 심정과 마음으로 행동했어야 합니다. 하나님은 이스라엘을 도우시지만 오직 이스라엘만 도우시는 것이 아니라 이스라엘을 돕는 사건을 통하여 온 인류를 도우시는 것입니다. 전쟁에서 이스라엘이 승리하고 이방이 패하는 경우는 오직 이스라엘만 이기게 하기 위한 전쟁이 아니라 전쟁의 승패를 통하여 이스라엘과 이방 모두에게 하나님을 가르치기 위한 것입니다. 이스라엘이 번성한다면 오직 이스라엘만 번성하도록 하기 위함이 아니라 이스라엘의 번성을 통하여 이스라엘과 이방 모두에게 하나님을 가르치기 위한 것입니다. 다윗과 이스라엘이 하나님의 일하심의 의미를 모두 오해하였고 하나님의 뜻을 왜곡하였습니다. 이스라엘만 거룩하고 이스라엘만 위대하고 이스라엘만 정결한 것으로 오해하였습니다. 하나님이 이스라엘만 돕는다고 생각하면 민족적 자만과 배타성, 우월적 행동들이 나오게 돼 있습니다. 다윗이 가드 사람 오벧에돔의 집에 느닷없이 여호와의 궤를 방치하고 느닷없이 여호와의 궤를 옮겨가는 행동과 헷 사람 우리아의 아내를 취하는 사건에는 하나님의 뜻을 오해한 민족적 자만과 배타성이 짙게 깔려있는 것입니다.

밧세바

성경에 다윗과 대조되어 나오는 사람이 밧세바와 우리아입니다. 다윗의 생각에 자신은 이스라엘 사람이고 우리아는 헷 사람이기에 전혀 인간적 가치와 존중함이 없다고 생각하지만 성경은 정반대로 표현해 줍니다. 11장 4절 "다윗이 전령을 보내어 그 여자를 자기에게로 데려오게 하고 그 여자가 그 부정함을 깨끗하게 하였으므로 더불어 동침하매 그 여자가 자기 집으로 돌아가니라"입니다. 혹자들은 다윗이 밧세바를 취할 때에 부정한 여인인가 즉 월경 중에 있는 여인인지의 여부를 점검하고 여자가 부정함을 깨끗하게 한 것을 알고 동침하였기에 나름대로 범죄의 와중에도 율법을 생각하고 하나님을 인식했다고 다윗의 편을 들어주기도 합니다. 4절의 말씀을 정확하게 번역하면 "다윗이 전령을 보내어 그 여자를 자기에게 데려오게 하고 그 여자와 동침하매 그 여자가 그 부정함을 깨끗하게 하고 자기 집으로 돌아가니라"입니다. 행동의 순서가 여인이 부정함을 깨끗하게 한 후 다윗이 여인을 취한 것이 아니라 다윗이 여인을 취한 후 여인이 그 부정함을 깨끗하게 하고 자기 집으로 돌아간 것입니다.

다윗은 자신은 왕이요 이스라엘 민족이라는 왜곡된 신앙관으로 자신의 행동에 대해 일반적 죄인들도 느낄 수 있는 죄책감을 느끼지 않습니다. 그런데 밧세바는 일반인 임에도 불구하고, 하나님에게 신앙적 가르침을 받지 않은 평범한 여인임에도 불구하고 자신이 다른 남자에게 불려와 동침한 일은 부정한 일이라 생각하여 그 부정함을 깨끗하게 하고 자기 집으로 돌아갔다는 표현입니다. 하나님을 배운 다윗과 하나님을 배우지 못한 밧세바 중에 다윗이 적어도 열배는 더 나아야 하고 윤리 도덕적 기준을 넘어 훨씬 거룩해야 합니다. 그런데 실상 다윗은 밧세바 보다 윤리적 수준이 떨어지고 이방인의 아내보다 거룩하지 못합니다.

이어지는 다윗의 행동은 더욱 우리를 안타깝게 합니다. 다윗은 남의 아내를 취한 후 자신의 범죄가 들통날까봐 두려워 우리아를 죽이려고 합니다. 다윗과 우리아의 행동을 비교할 때도 다윗이 의로워야 하고 거룩해야 하지만 실제로는 우리아가 다윗보다 열배는 의롭게 행동합니다. 다윗은 이스라엘 군사들을 전쟁에 보내고 자신은 남의 여인을 취하고 있습니다. 반면에 헷 사람 우리아는 여호와의 궤가 진에 나가있고 백성들이 진에 나가있고 장수들이 진에 나가있는데 자신만 집에 들어가 아내와 동침할 수 없다고 말합니다. 하나님의 차원을 제외하고 상식으로만 생각해도 헷 사람 우리아보다는 이스라엘의 왕 다윗이 나았어야 합니다. 본문은 다윗과 밧세바, 다윗과 우리아를 단순히 대조하여 다윗이 상식이하의 행동으로 이방인보다 못하다는 것을 드러내려는 것이 아니라 다윗이 상식 이하의 행동을 하면서도 부끄러워하는 것이 아니라 도리어 당당하게 행동하는 신앙의 왜곡된 근거를 밝혀주려는 것입니다.

바른 신앙

본문은 단순히 한 남자의 실수를 보여주고 있는 것이 아닙니다. 한 남자의 실수는 허다하게 많이 볼 수 있습니다. 본문은 죄가 단순히 잘못된 행동이 아니라는 것을 보여주고 있고, 죄는 뿌리 깊은 것이며 죄의 원리에 잡혀 있는 것이고, 그 중에 가장 무서운 것은 종교의 왜곡, 하나님의 뜻을 왜곡, 하나님의 의도를 왜곡 하는 것임을 보여주고 있습니다. 성경은 다윗에 대하여 두 개의 장면을 대조하여 보여주고 있습니다. 지난번 사울을 죽일 수 있는 기회가 있을 때에 다윗은 죽이지 않았습니다. 그때 다윗의 상황과 여건과 조건으로 보아서는 사울을 죽여도 정당함을 입증 받을 수 있었습니다. 다윗이 망설일 때에 도리어 주변의 모든 사람이 다윗의 정당성을 세워주려고 했습니다. 심지어는 자신들이 다윗을 대신하여 사울을 죽이려고 하기까지 했습니다. 하나님이 주신 기회라고 참모들이 설득하여도 다윗은 끝끝내 사울을 죽이지 않았습니다. 하나님이 다윗을 부르시고 왕으로 기름 부으셨다면 하나님의 때에 하나님이 왕으로 세워 주실 것으로 알았기 때문입니다. 주변의 사람들이 하나님의 일하심을 기대하지 않고 자신들이 결과를 만들어 내려고 시도할 때에 다윗은 하나님의 일하심을 의지하며 하나님을 인정했습니다. 바로 그 사건을 통하여 다윗은 진정한 하나님의 사람으로써 인정을 받았고, 하나님의 사람의 역할을 잘 감당했던 것입니다. 본문에서는 다윗에 대한 전혀 다른 모습을 보여주는 것입니다. 누가보아도 부정한 행동을 하며, 부정한 행동임에도 정정당당히 행하는 모습을 통해 신앙에 대한 왜곡, 종교에 대한 왜곡, 하나님 뜻에 대한 왜곡, 하나님 가치에 대한 왜곡, 하나님과 인간관계에 대한 왜곡의 모습을 보여주는 것입니다.

안타깝게도 오늘날 기독교는 세상에서 사랑의 종교, 긍휼의 종교, 자비의 종교로 인정받지 못하고 있습니다. 대신 기독교는 오만의 종교, 교만의 종교, 배타의 종교, 독단의 종교로 비난받고 있습니다. 물론 성도는 죄인과 구별된 거룩한 자들입니다. 하나님이 우리를 성도되게 하신 것은 차별화를 만들어 내어 배타적으로 행동하기 위한 것이 아닙니다. 도리어 불신자들을 끌어안고 그들보다 훨씬 더 고상하고 훨씬 더 높고 훨씬 더 위에 있는 하나님 차원의 가치를 적용하여 그들에게 참다운 인간의 모습을 보여주도록 하기 위한 것입니다. 다윗이라는 한 남자의 범죄가 아니라 한 종교인의, 한 신앙인의 왜곡된 모습을 보시고 혹시 우리도 그와 같은 왜곡은 없는지 점검 하면서 말씀을 통해 우리의 신분과 위치와 역할을 늘 점검하여 하나님의 사람답게 살아가시기를 주님의 이름으로 축원합니다.

11
여호와를 업신여기고

사무엘하 12 : 1 -12

1 여호와께서 나단을 다윗에게 보내시니 그가 다윗에게 가서 그에게 이르되 한 성읍에 두 사람이 있는데 한 사람은 부하고 한 사람은 가난하니 2 그 부한 사람은 양과 소가 심히 많으나 3 가난한 사람은 아무것도 없고 자기가 사서 기르는 작은 암양 새끼 한 마리뿐이라 그 암양 새끼는 그와 그의 자식과 함께 자라며 그가 먹는 것을 먹으며 그의 잔으로 마시며 그의 품에 누우므로 그에게는 딸처럼 되었거늘 4 어떤 행인이 그 부자에게 오매 부자가 자기에게 온 행인을 위하여 자기의 양과 소를 아껴 잡지 아니하고 가난한 사람의 양 새끼를 빼앗아다가 자기에게 온 사람을 위하여 잡았나이다 하니 5 다윗이 그 사람으로 말미암아 노하여 나단에게 이르되 여호와의 살아 계심을 두고 맹세하노니 이 일을 행한 그 사람은 마땅히 죽을 자라 6 그가 불쌍히 여기지 아니하고 이런 일을 행하였으니 그 양 새끼를 네 배나 갚아 주어야 하리라 한지라 7 나단이 다윗에게 이르되 당신이 그 사람이라 이스라엘의 하나님 여호와께서 이와 같이 이르시기를 내가 너를 이스라엘 왕으로 기름 붓기 위하여 너를 사울의 손에서 구원하고 8 네 주인의 집을 네게 주고 네 주인의 아내들을 네 품에 두고 이스라엘과 유다 족속을 네게 맡겼느니라 만일 그것이 부족하였을 것 같으면 내가 네게 이것 저것을 더 주었으리라 9 그러한데 어찌하여 네가 여호와의 말씀을 업신여기고 나 보기에 악을 행하였느냐 네가 칼로 헷 사람 우리아를 치되 암몬 자손의 칼로 죽이고 그의 아내를 빼앗아 네 아내로 삼았도다 10 이제 네가 나를 업신여기고 헷 사람 우리아의 아내를 빼앗아 네 아내로 삼았은즉 칼이 네 집에서 영원토록 떠나지 아니하리라 하셨고 11 여호와께서 또 이와 같이 이르시기를 보라 내가 너와 네 집에 재앙을 일으키고 내가 네 눈앞에서 네 아내를 빼앗아 네 이웃들에게 주리니 그 사람들이 네 아내들과 더불어 백주에 동침하리라 12 너는 은밀히 행하였으나 나는 온 이스라엘 앞에서 백주에 이 일을 행하리라 하셨나이다 하니

하나님이 보시는 순서

기준의 차이

　부모와 자녀의 관계에서 자녀는 나이와 상관없이 언제나 부모 앞에 아이입니다. 다섯 살 때는 다섯 살이니까 아이이지만 열 살이 되어도 중학생이 되어도 고등학생이 되어도 여전히 아이일 뿐입니다. 자녀를 언제나 아이로 인식하기 때문에 자녀들의 잘못이나 실수에 대하여 부모들은 늘 넉넉하고 용서해 주는 마음을 갖습니다. 그런데 똑같은 나이인데도 전혀 다르게 대접받고 전혀 다르게 취급받는 경우가 있습니다. 형제 또는 남매가 있는 경우 형이나 오빠는 나이와 관계없이 언제나 큰 사람 취급을 받습니다. 심부름은 늘 형이 해야 하고, 장난감을 소유하는 순서는 늘 동생에게 양보해야 합니다. 형으로서 동생을 이해하고 배려하고 손해를 보라는 요청은 한편으로는 불공평하고 형은 큰 억울함을 당하고 있는 것처럼 느껴지기도 하지만 형에게 손해와 양보를 하라는 부모의 요구에는 반드시 어떤 전제가 깔려있습니다. 즉 부모가 이미 형에게는 형다운 배려를 해주고 있다는 것이며 더 큰 자라는 인정이 있다는 것이며 양보를 해낼 수 있도록 여러 가지를 후원하고 있다는 것이며 동생을 향한 관대한 태도를 보였을 때 후에 형에게는 형이 행동한 것보다 더 많은 것으로 갚아 주겠다는 약속들을 내포하고 있습니다. 얼핏 보면 형이 많은 손해를 받는 것 같지만 실제적으로 일방적 손해나 억울함을 강요하는 것만은 아니라는 것입니다. 사람끼리도 최소한으로 억울함을 배제하고 평등함을 추구하려고 하는데 하나님이 인간을 대하실 때 인간에게 무리한 요구를 하시거나 희생을 요구하시거나 불공평한 대접을 절대로 하실 리가 없습니다. 큰 아이에게 부모가 큰 아이다운 행동을 요구하는 것처럼 만약 하나님께서 하나님의 자녀들에게 무엇인가를 말씀하시고 기대하신다면 그것은 요구나 명령이 아니라 그것을 행할 수 있는 모든 것을 이미 허락하셨고 또 계속해서 허락하고 계시다는 것을 전제로 담고 있어야만 이해가 될 수 있는 것입니다.

사람들의 생각

다윗의 행동에 대한 하나님의 판단과 하나님의 기준은 우리가 가지고 있는 것과 상당히 다릅니다. 다윗이 밧세바를 취한 죄는 전혀 우발적이거나 충동적이거나 순간적인 행동이 아니라 죄에 잡힌 죄인의 전형적인 행동입니다. 우리가 일상적으로 다윗의 행동에 대하여 생각하고 있는 것과 하나님이 다윗의 행동을 판단하시는 것은 전혀 다르다는 것을 확인 할 수 있습니다. 일반적인 생각을 설명해 보겠습니다. 다윗이 어느 날 저녁 때 늦게 일어나 왕궁 옥상을 거닐다가 우연히 어떤 여인이 목욕하는 장면을 보게 되었고 그 순간 절제하지 못하고 마음이 충동되어 우발적으로 여인을 범했습니다. 불행하게도 그 여인이 잉태하게 되자 다윗은 사건을 어떻게든 무마해보려고 남편 우리아를 데려오고 결국에는 우리아를 죽이는 사태로 발전한 것입니다. 아마 원래 우리아를 죽일 의도는 없었을 것이고 그 여인을 나중에 아내로 취할 계획도 없었을 것입니다. 다만 사태가 예상치 않은 곳으로 발전하다 보니까 결국 최악의 상태에 이른 것으로 결론을 내는 것입니다. 이와 같이 설명하는 분들은 사람이 한 번 실수 할 수 있는 것이요, 잠깐 다른 마음이 들어서 실수를 범했을 때 얼른 하나님 앞에 회개하면 다음 범죄를 막을 수 있고 다윗이 즉시 회개했었다면 우리아를 죽이는 추가적인 잘못을 범하지 않았을 것이요 혹시 하나님께 책망을 받아도 밧세바를 범한 일에 대해서만 책망받을 것인데 즉시 회개하지 않았기에 큰 책망을 받았다고 생각하기도 합니다. 결국 혹시라도 어떤 죄를 지으면 가능한 한 빨리 회개하여 다음 죄를 짓지 말라는 권고로 결말이 납니다. 위와 같은 설명은 죄를 전혀 모르는 소치에 불과합니다. 죄와 인간과의 관계에 있어서 죄가 주인이지 인간이 주인이 아닙니다. 죄에 사로잡힌 죄인이 죄를 막아서고 죄를 절제하고 죄를 거부할 수 없습니다.

하나님의 판단

본문에서 하나님은 다윗의 행동에 대하여 전혀 다른 순서로 보시고 다르게 판단하십니다. 12장 9절 "그러한데 어찌하여 네가 여호와의 말씀을 업신여기고 나 보기에 악을 행하였느냐 네가 칼로 헷 사람 우리아를 치되 암몬 자손의 칼로 죽이고 그의 아내를 빼앗아 네 아내로 삼았도다"라고 말씀하셨습니다. 다윗의 사건을 이해하고 판단하는 순서가 전혀 다릅니다. 사람들은 다윗이 우선 밧세바를 범하고 나중에 일이 얽히고 얽히다 보니까 우리아를 죽이고 결국은 아내로 데려왔다고 생각을 하지만 하나님은 반대로입니다. 다윗이 우리아를 죽였고 그의 아내를 빼앗아 아내로 삼았다고 말합니다. 사람의 생각과 하나님의 판단 중에 하나님의 판단이 맞습니다. 다윗이 목욕하는 여인을 보았을 때 사람을 보내어 신원을 알아보라고 했고 헷 사람 우리아의 아내라는 것을 확인했습니다. 여인의 신원을 확인하는 순간 다윗에게는 이미 모든 범죄의 레퍼토리가 다 짜 있는 것입니다. 이스라엘 백성이 아닌 헷 사람의 아내임이 밝혀졌고, 이방인의 아내라면 이 사람을 대하는 자신의 행동에는 문제 될 것이 없겠다는 생각이 들었고 만약 문제가 발생되면 어떻게 처리할 것인가에 대한 각본도 짜였고 결국에는 이 여인을 어떻게 할 것인가에 대한 계획도 모두 완성된 것입니다. 절대로 우발적이지 않으며, 하나의 사건이 터지고 그 다음 사건이 터진 것이 아니라 첫 행동을 할 때 이미 모든 마지막 결론까지 다 내려져 있었다는 것입니다.

밧세바가 누구인지 알아 본 순간 다윗은 이미 그 여인을 아내 삼기로 결정하였습니다. 아내 삼기로 결정을 하고나서 행동을 옮기려고 하니까 모든 일이 매우 일사분란하게 진행이 되었습니다. 남의 아내를 취하여 내 아내를 삼으려고 하는데 여인의 남편이 옆에 있으면 여러 가지 불편한 점이 많이 있습니다. 천만 다행스럽게도 여인의 남편은 전쟁터에 나가 있기에 여인을 하룻밤 불러내어 취하는데 아무런 장애물이 없습니다. 그 여인을 아내 삼으려면 남편 우리아를 죽여야 하는데 이미 남편은 죽음이 빈번한 전쟁터에 나가 있기에 특별한 음모를 꾸밀 필요도 없습니다. 다윗은 전쟁터에 있는 장수 요압에게 편지를 써서 우리아의 죽음을 사주하고 사후에 어떤 추궁도 받지 않을 것을 미리 언질을 줍니다. 사무엘하 11장 25절의 "이 일로 걱정하지 말라. 칼은 이 사람이나 저 사람이나 삼키느니라"는 말은 작전에 실패한 장수를 위로하는 말이 아니라 자신의 음모를 감추기 위한 교활한 술책의 표현인 것입니다. 우리아가 전쟁에 나가있기에 이 여인을 취하는데 아무런 거리낌이 없고, 얼마 후 전쟁터에서 우리아가 죽었다는 소식이 전해오면 모든 일은 다 순적이 이루어지는 것이라는 생각을 하고 모든 일을 진행하고 있는 것입니다.

다윗의 계획과는 다르게 아직 우리아가 죽지 않은 상태에서 밧세바가 임신을 했다는 소식이 들려옵니다. 그러자 일단 시간을 벌기 위해서 우리아를 집으로 들여보내려고 하지만 우리아가 다윗의 작전에 말려들지 않자 전쟁에서 죽게 하는 것은 원래부터 우리아를 죽이려던 계획의 일환이지 갑자기 생각해낸 대안이 아닙니다. 전쟁터에서 잠시 돌아왔던 우리아가 집에 들어가서 잤느냐 안 잤느냐는 전혀 중요하지 않습니다. 왜냐하면 밧세바를 아내로 삼을 때 문제 삼을 수 있는 사람은 우리아 뿐인데 우리아가 전쟁에서 죽으면 누구의 아이이든, 언제 임신을 했든 아무 상관이 없고 밧세바를 왕궁으로 데려와 버리면 더 이상 다른 사람은 사건의 내막을 알 수 도 없고 이 사건은 세인들의 관심 밖으로 밀려나고 결국 다윗은 모든 원하는 바를 다 성취할 수 있는 것입니다. 다윗은 우리아의 아내 밧세바에 대하여 누구인지를 알아본 순간 최종 결론까지의 모든 레퍼토리를 완성했던 것입니다. 하나님은 이 사건을 절대로 우발적 사건으로 보시는 것이 아니라 처음부터 완벽하게 짜인 죄의 행동이라고 보시는 것입니다. 밧세바를 범한 사건과 우리아를 죽인 사건 그리고 밧세바를 데려다가 아내 삼은 사건은 각각 별개의 사건들이 아니라 하나의 사건입니다. 또한 한 사건 이후에 그때마다 새로 일어나는 각각의 범죄가 아니라 처음부터 의도된 일련의 범죄라고 보고 있는 것입니다.

은밀히 or 분명히

사무엘하 12장 12절에 하나님이 다윗의 행동에 대하여 "너는 은밀히 행하였으나"라고 말씀하셨습니다. 본문에 사용된 '은밀히 행하였다'는 표현은 본인의 의도와 속셈이 상대방에게 들통 나지 않게 했다는 의미입니다. 예를 들어 어떤 아이가 자연스럽게 어떤 행동을 했습니다. 당장에는 어른들이 아이의 행동이 문제라는 것을 전혀 인식하지 못하다가 어느 순간 아이의 행동이 잘못된 행동이라는 것을 인식한다면 아이의 입장에서는 자연스러운 행동이었다고 주장하겠지만 어른의 입장에서는 마치 아이가 행동을 아주 교활하고 치밀하고 은밀하게 한 것으로 느껴질 수 있습니다. 다윗이 은밀하게 행하였다는 것은 다윗의 행동이 다른 사람에게 자신의 의도와 목적과 과정이 전혀 들통 나지 않게끔 했다는 의미입니다. 다윗의 행동 자체가 아무도 보지 못하게, 관여된 사람이 전혀 없게, 오로지 자기만 알게 행동했다는 의미에서의 '은밀히'가 아닙니다. 다윗은 당당하게 행동했고 사람을 보내어 여인의 신분을 확인했고 전령을 보내어 여인을 데려오게 했고 요압에게 편지를 써서 우리아를 죽이려고 시도했기에 다윗의 행동이 은밀했던 것이 아닙니다.

다윗의 행동에 여러 사람이 관계되고 구체적 행동이 밝히 드러나게 움직였음에도 불구하고 '은밀하게 행하였다'고 말하는 의미는 다윗의 행동 속에 담긴 의도와 목적이 전혀 드러나지 않았다는 것입니다. 정말로 다윗은 은밀하게 행동 했습니다. 성경에서 다윗의 사건을 읽는 많은 그리스도인과 일반 세상 사람들이 다윗의 행동에 대하여 그 속셈과 모사와 음모를 알아차리지 못하고 있다는 것이 과연 다윗이 은밀하게 했다는 증거입니다. 다윗의 행동에 대하여 사람들은 다윗이 얼마나 치밀한 죄적인 사고방식 속에서 죄의 잔혹한 음모 하에 진행했다고 생각하기 보다는 단순히 우발적인 행동이라고 생각하고 여타의 일들은 잘하다가 오직 그 행동 하나만 잘못했다고 생각해서 이 사건을 옥의 티라는 표현을 쓸 정도로 다윗의 의도와 다윗의 음모에 대하여 모두가 속고 있는 것이고 그것이 바로 다윗이 은밀히 했다는 결정적인 증거인 것입니다.

다윗은 생각하는 것이 죄요 마음먹은 것이 죄요 행동하는 것이 죄인 죄인일 뿐입니다. 다윗이 은밀하게 행동한 것이 사람들에게 통하는 이유는 모든 사람들이 죄에 대하여 모르기 때문입니다. 그러나 죄가 무엇인줄 알고 죄가 어떤 존재인지 아는 하나님에게는 다윗의 행위는 절대로 은밀하게 행한 것이 아니라 눈에 보이는 행위요 뻔한 행위요 수가 읽히는 행위입니다. 사람들은 죄인의 속성을 모르기에 '다윗이 그럴 리가 없다. 단지 우발적이었다. 하나 잘못했을 때 회개했으면 다음 것은 막을 수 있었는데 옥에 티다' 라는 방식으로 생각하지만 죄를 아시는 하나님에게는 다윗의 악의가 보이고 다윗의 교활함이 보이고 다윗의 잔학함이 보이는 것입니다. 다윗은 하나님에게는 절대로 '은밀하게' 행할 수 없습니다. 죄와 죄인을 알지 못하는 사람들은 죄인의 죄를 보고 실수라고 말합니다. 실수이기 때문에 이번 한 번만 사랑으로 덮어주고, 죄된 행동이 잘못된 것이라고 가르쳐 주면 다음부터는 안 그럴 것이라고 기대를 하며 용서도 해주고 사랑으로 감싸주고 어떻게든 옳은 것을 가르치려고 애씁니다. 그런데 얼마 지나지 않아 또 다시 죄된 행동이 나오면 배신을 당했다는 둥, 그 사람이 그럴 줄 정말 몰랐다는 둥, 세상에 믿을게 없다는 둥 여러 가지 늦은 후회의 소리를 합니다. 그러나 하나님은 죄와 죄인을 잘 알고 계시기에, 죄인을 그런 식으로는 고쳐 낼 수 없다는 것을 아시기에, 하나님이 친히 육신을 입고 오셔서 십자가를 지심으로 인간을 개선시키시고 새로운 피조물로 만들어 주시는 것입니다. '죄를 바르게 아느냐? 하나님을 바르게 아느냐? 에 따라 인간의 행동에 대한 진단이 다르고 그 행동에 대한 처방이 다른 것입니다. 항상 하나님이 옳으시기에 하나님의 판단을 따라야 하고 하나님의 처방에 순종해야 하는 것입니다.

만일 그것이 부족하였을 것 같으면

나단의 예화

하나님은 다윗이 죄인이라는 것을 아셨습니다. 그럼 혹자는 '하나님께서 다윗이 죄인이라는 것을 아셨다면 죄인이 죄 질것이라는 것도 아셨을 것이기에 죄인이 당연히 죄를 겼을 때 죄지은 것을 책망하시면 안된다' 고 항변하실 수 있고 이 항변은 맞는 주장입니다. 그래서 사무엘하 11장에 나온 다윗의 행동에 대한 하나님의 반응은 사무엘하 12장에서 전혀 다른 각도에서 등장하는 것입니다. 하나님은 다윗의 간음에 대하여 한마디도 언급하지 않으시고 다윗이 우리아를 죽인 살인 교사죄에 대하여 한마디도 언급하지 않습니다. 다윗의 행동을 묵인하시는 것이 아니라 다윗의 행동을 전혀 다른 차원과 다른 각도에서 보고 계시다는 것입니다.

다윗이 범죄 한 후 하나님께서 나단 선지자를 다윗에게 보내십니다. 나단 선지자는 다윗에게 가서 책망대신 다윗에게 전혀 엉뚱한 이야기를 합니다. 다윗 왕에게 고위 공직자로서 적절하지 않은 행동을 했다고 공직자 윤리 위원회에 제소하겠다는 말도 아니요, 왕의 기준에 합당하지 않은 행동을 했다고 비난하지도 않고 왕이 도덕적으로 너무 해이해 졌다고 힐책하지도 않습니다. 얼핏 읽어보면 다윗의 행동과는 아무런 관계가 없는 이야기만 하는 것처럼 보입니다. 나단이 다윗에게 전한 말은 사무엘하 12장 1절부터 4절에 나옵니다. 요약하면 '왕이시여 두 사람이 있었는데 한 사람은 부자요 다른 한 사람은 가난한 자입니다. 부자네 집에 손님이 왔는데 부자가 자기네 양은 아껴 잡지 아니하고 가난한 사람의 양 새끼를 빼앗아다가 자기에게 온 사람을 위하여 잡았다' 는 것입니다. 다윗은 나단이 전하는 말의 핵심을 파악하지 못합니다. 나단의 말에 대한 다윗의 반응은 5절과 6절에 나오는 대로 "여호와의 살아계심을 두고 맹세하노니 이 일을 행한 그 사람은 마땅히 죽을 자라. 그가 불쌍히 여기지 아니하고 이런 일을 행하였으니 그 양 새끼를 네 배나 갚아 주어야 하리라"입니다.

사람들은 다윗의 행동을 간음죄라고 말합니다. 하지만 나단의 이야기에 근거하면 다윗의 행동은 간음죄이기 보다는 도적질에 해당하고, 또 다윗 스스로의 이야기에 근거하면 도적질이기 보다는 상대방을 불쌍히 여기지 아니한 것으로 긍휼을 베풀지 않은 죄가 됩니다. 사람들의 행각과 다윗의 생각이 서로 다를 때에는 하나님의 판단을 통해 바르게 분별해야 합니다. 다윗을 향해 말씀하시는 하나님의 관점을 이해하기 위해서는 하나님과 다윗의 관계를 먼저 아셔야 합니다. 기독교는 하나님의 선행적先行的 행위가 있어야만 합니다. 즉 인간이 하나님의 축복을 받아내기 위한 조건적 행위가 전혀 없을 때 하나님이 인간에게 먼저 복 주시고 은혜 주시고 여러 가지로 베푸시는 역사가 있어야만 기독교는 이야기가 됩니다. 만약 하나님이 다윗에게 미리 은혜를 주시지 않았다면 지금 이 순간 하나님은 다윗에게 아무 말씀도 하실 수가 없습니다. 하나님이 다윗을 향하여 아무것도 행하지 않은 채 그저 다윗의 행동은 잘못이라고 책망한다면 그것은 기독교와 무관한 행동이요, 흔히 말하는 방식으로 '하늘이 노㷞한 것'에 불과해 집니다.

내가 네게 맡겼느니라

하나님이 다윗을 불러서 말씀하시는 과정에는 순서가 있습니다. 하나님은 다윗을 불러서 '다윗아 네가 무엇을 했느냐? 네가 어떻게 했느냐? 네가 왜 그렇게 했느냐?' 고 질문하거나 다그치지 않습니다. 다윗의 행동에 관하여 말씀하시기 이전에 하나님께서 다윗을 향하여 무엇을 해주었으며 왜 해주었으며 어떻게 해주었는가를 먼저 말씀하십니다. 다윗의 행동을 심문하시는 것이 아니라 다윗을 위하여 행하신 하나님의 역사를 밝히는 일을 먼저 하시는 것입니다. 하나님이 다윗을 위하여 행하신 일이 12장 7절과 8절입니다. "나단이 다윗에게 이르되 당신이 그 사람이라. 이스라엘의 하나님 여호와께서 이와 같이 이르시기를 내가 너를 이스라엘 왕으로 기름 붓기 위하여 너를 사울의 손에서 구원하고 네 주인의 집을 네게 주고 네 주인의 아내들을 네 품에 두고 이스라엘과 유다 족속을 네게 맡겼느니라" 입니다. 하나님은 분명히 다윗을 도와 주셨습니다. 평범한 목동에 불과하던 다윗을 하나님이 이스라엘의 왕으로 세웠습니다. 왕이라는 신분과 명예로 세우신 것은 다윗에게 적절한 역할을 기대하시기 때문입니다. 하나님이 왜 다윗을 도우셨고 하나님이 왜 다윗에게 여러 가지 역사를 행하셨고 하나님이 왜 다윗을 왕으로 세우시고 하나님이 왜 다윗으로 하여금 전쟁에서 승리하게 하셨는지에 대한 이유를 알아야 합니다.

하나님은 한 사람을 왕으로 만드는 것에 목적이 있었던 것이 아니라 그 당시의 모든 사람이 가지고 있던 죄의 사고방식의 허상을 보여주시고 하나님의 원리와 하나님의 가치와 하나님의 개념과 하나님의 방식이 옳다는 것을 가르쳐 주기 위하여 다윗을 만들어 오셨습니다. 그런 의미에서 다윗은 그 누구보다도 먼저, 그 누구보다도 많이 하나님의 은혜를 입은 자입니다. 다윗은 하나님의 가치와 하나님의 개념과 하나님의 원리가 죄의 가치보다 죄의 개념보다 죄의 방식보다 더욱 좋은 것이라는 사실을 가장 많이 배운 자요 가장 많이 아는 자요 모든 백성에게 가르칠 수 있는 자로 세워진 것입니다. 만약 다윗이 하나님의 원리가 죄의 원리보다 옳으며 하나님의 방식이 죄의 방식보다 좋으며 하나님의 개념이 죄의 개념보다 정확하다는 것을 가르쳐내지 못하면 다윗은 아무런 의미가 없는 것입니다. 다윗에게 하나님을 증거 하는 역할을 맡기기 위하여 하나님은 다윗에게 죄보다 좋고 죄보다 행복한 하나님의 은혜와 축복을 알려 주었고 가르쳐 주었고 누릴 수 있는 존재로 만들어 주셨습니다. 만약 하나님이 먼저 다윗에게 은혜를 주시지 않고, 하나님이 먼저 다윗에게 가르침을 주시지 않으셨다면 하나님은 다윗의 행동에 대하여 책망할 수 없는 것입니다.

분명히 하나님은 먼저 다윗에게 죄보다 나은 좋은 것들을 많이 주셨습니다. 하나님은 다윗을 책망하거나 다윗의 행동에 대하여 질문하기 전에 하나님이 먼저 다윗에게 주신 은혜에 대하여 말씀하시는 것입니다. 하나님은 '너를 이스라엘 왕으로 기름 붓기 위하여 너를 사울의 손에서 구원하고 네 주인의 집을 네게 주고 네 주인의 아내들을 네 품에 두고 이스라엘과 유다 족속을 네게 맡겼느니라' 입니다. 그 결과 다윗은 왕이 되었고 모든 것을 소유하고 있으며 하나님이 주식 복락들을 누리고 있는 자입니다. 이렇게 하나님이 먼저 복을 주시고, 다윗이 하나님의 복락들을 누리고 있다는 것을 말씀하신 후에야 '너는 이미 하나님이 주신 좋은 것을 가지고 있으니 너는 하나님을 인정하고 하나님의 뜻대로 행해야 하는 것이지 않느냐?' 고 물으시는 것입니다.

만일 그것이 부족하였을 것 같으면

기독교는 하나님이 먼저 인간에게 충분하고 온전하고 적당하게 해주시고 그 결과를 기대하시는 것입니다. 기독교의 원리는 '하나님이 인간의 주인이시다. 하나님이 인간에게 공급하신다. 하나님이 인간을 보호하신다' 는 것이 전제 되어야 합니다. 만약 하나님이 인간에게 충분하게 풍성하게 부족함이 없이 공급하지 않으시면 하나님은 인간을 책망할 수 없고 꾸짖을 수 없습니다. 하나님이 인간에게 식량을 부족하게 주시고 식량 가지고 싸우지 말라고 하면 말이 안 됩니다. 하나님이 인간에게 땅을 조금만 주셔서 인간이 살기에도 모자라게 만들어 놓으신 채로 땅 때문에 다투지 말라고 하면 말이 안 됩니다. 하나님이 인간의 삶을 죄에서 지켜 주지 않으면서 죄에 대하여 염려하지 말고 두려워하지 말라고 하면 말이 안 됩니다. 문제가 발생하지 않도록 문제를 해결 해 주지 않은 채 문제를 만들지 말라고 말하면 그것이 문제입니다. 하나님의 행하심과 말씀하심은 언제나 옳습니다. 인간의 삶에 문제가 없도록 해주시고, 문제가 발생하지 않아도 되는 상황과 이유를 다 마련해주신 후에 범죄하지 말라고 권면하십니다. 하나님은 다윗에게 다윗의 행동이 간음죄냐 도적질이냐를 따지기 이전에 하나님과 다윗의 관계 속에서 하나님이 다윗을 세웠고 하나님이 다윗을 가르쳤고 하나님이 다윗을 만들었음을 강조하시고, 다윗이 하나님에게서 배운 것이 무엇이요 결국 다윗이 어떻게 살았어야 하는지를 확인하시는 것입니다.

하나님이 하신 말씀의 핵심은 12장 8절 후반부입니다. 하나님이 다윗에게 베풀어주신 모든 은혜를 한 마디로 표현하고 있는 것이 "만일 그것이 부족하였을 것 같으면 내가 네게 이것저것을 더 주었으리라"입니다. 하나님은 충분히 주시는 분이요 넉넉히 주시는 분이요 풍성하게 주시는 분이요 부요하게 주시는 분입니다. 하나님은 다윗에게 모든 것을 다 주셨고 다윗의 필요를 모두 채워주셨습니다. 만약 다윗이 생각하기에 '하나님 조금 모자란 것 같은데요? 하나님 조금 부족한 것 같은데요? 하나님 이것 가지고는 안 될 것 같은데요?' 라고 했다면 하나님은 다윗에게 부족하거나 모자라거나 또는 어떤 죄를 지어야 하는 동기가 될 만한 상황을 막아 주기 위하여 더 주시고 더 채우시고 더 공급해 주었을 것입니다. 하나님은 다윗에게 현재 다윗이 가지고 있는 만큼 주셨습니다. 왜냐하면 지금 다윗이 가지고 있는 분량이 다윗에게 충분하고 다윗에게 넉넉하고 하나님이 이미 주신 것으로 다윗의 모든 필요가 충족되었기 때문입니다. 하나님은 다윗에게 '부족한 가운데에서도 마음을 지켜봐라. 조금 모자라지만 어렵고 힘들어도 더 어려운 사람도 있으니까 자족하게 생각하고 죄를 짓지 말아봐라' 고 부탁하신 것이 아닙니다. 하나님은 다윗에게 '내가 네게 풍성하게 주었지. 네게 필요한 모든 것을 주었으니 죄 지을 이유가 없지? 그러므로 죄 짓지 말라' 고 권면하신 것입니다.

만약 하나님이 인간에게 충분히 채워주지 않은 채 도적질 하지 말라고 말씀하신 후 인간이 도적질 하면 인간이 도적질한 원인은 사람에게 있는 것이 아니라 하나님께 있는 것입니다. 그러나 반대로 하나님이 인간에게 충분히 주었는데도 인간이 도적질하면 인간이 도적질한 행동에 대한 죄명罪名은 도적질이 아니라 전혀 다른 것입니다. 사람들은 다윗의 행동을 간음죄라고 말하고 나단이 나와서 도적질에 관한 예화를 들지만 하나님은 다윗의 행동에 대해 전혀 다른 차원으로 말씀하십니다.

여호와의 말씀을 업신여기고

네가 어찌하여

하나님은 다윗에게 다 맡기셨습니다. 만약 부족하였을 것 같으면 이것저것을 더 주셨을 것이라고 말씀하십니다. 이미 다윗에게 충분히 주셨습니다. 하나님은 다윗에게 충분히 주셨는데 다윗은 남의 아내를 취했습니다. 다윗이 남의 아내를 취한 행동을 하나님은 간음죄라고 말하지 않고 도적질이라고 말하지 않고 '여호와의 말씀을 업신여겼다' 고

'여호와를 경멸하였다' 고 말씀하십니다. 사무엘하 12장 7절과 8절에 하나님이 다윗에게 주시고 맡기신 것을 선언하신 후에, 부족하였으면 이것저것을 더 주었을 것이라고 강조하신 후에 9절에 다윗의 행동에 대한 하나님의 심정이 나오는 것입니다. "그러한데 어찌하여 네가 여호와의 말씀을 업신여기고 나 보기에 악을 행하였느냐", 10절 "이제 네가 나를 업신여기고 헷 사람 우리아의 아내를 빼앗아 네 아내를 삼았은즉"입니다.

다윗이 어떻게 하나님을 업신여겼습니까? 하나님이 다윗에게 주시고 맡기신 것, 하나님은 충분하다고 주신 것을 다윗이 부족하다고 느끼는 것 그래서 하나님이 주시지 않은 것을 스스로 취한 것이 바로 여호와를 업신여긴 것입니다. 하나님이 기준이 되시는데, 기준 되시는 하나님이 충분하다고 넉넉하다고 이것이면 됐다고 하나님의 기준에서 옳게 맞게 정확하게 주셨는데 그 하나님의 기준에 의하여 판단하지 않고 자신의 새로운 기준을 적용하여서 적다고 말하고 그래서 자신이 임의로 자신의 부족을 채우려고 행동하는 것이 바로 여호와를 업신여기는 것이요 하나님의 기준을 부인하는 것이요 바로 선악과를 통한 아담의 범죄와 동일한 것입니다. 다윗이 하나님이 주시지 않은 남의 아내를 취한 것이 하나님의 기준이 옳다는 것을 인정하지 않는 것이요 근본적으로 하나님을 인정하지 않는 것이요, 여호와의 원리를 따르지 않는 것이요, 하나님의 진리 되심을 거부하는 것이요, 하나님을 업신여기는 것입니다. 하나님이 다윗에게 하시는 말씀은 다윗의 간음이나 도적질이나 살인죄를 책망하시는 것이 아닙니다. 하나님은 이스라엘의 다른 백성들에게는 묻지 않는 것을 다윗에게는 묻는 것입니다. "다윗아, 너는 하나님을 배웠지 않느냐? 너는 나에게 진리를 배웠지 않느냐? 너는 나에게 하나님의 은혜를 배웠지 않느냐? 다른 사람은 몰라도 너는 나를 아는 자이기에 나를 인정하고 내 원리가 옳다는 것을 증명했어야 되지 않느냐?"라고 안타까워하시며 다윗의 행동은 단지 불의한 행동을 한 것에 머물지 않고 하나님을 인정하지 않은 것이요 하나님을 거부한 것이요 하나님을 업신여긴 것이라고 말씀하시는 것입니다. 하나님은 다윗에게 간음죄 대신에 하나님이 옳다는 것, 하나님이 기준이 된다는 것, 하나님의 원리가 행복이라는 것을 드러내지 않은 것, 여호와를 업신여겼다는 판단을 하시는 것입니다.

계명의 의미

다윗에 대한 하나님의 평가를 보시면서 성경에 나타나는 계명들의 의미와 이유를 잘 분별해야 합니다. 하나님이 '행하라', '행하지 말라'고 정하신 것들이 있습니다. 왜 행하라고 하셨는지 왜 행하지 말라고 하셨는지 성경적, 하나님의 근거를 잘 생각하셔야 합니다. 하나님의 말씀은 세상의 원리와는 전혀 다른 차원입니다. 십계명의 예를 들어보면 하나님은 '하나님 이외에는 아무것도 섬기지 말라'고 말씀하셨습니다. 만약 어떤 불신자가 하나님 이외의 다른 우상을 섬겨도 하나님은 특별한 조치를 취하지 않습니다. 그 사람이 어떤 어려움에 처해있을 때 겪고 있는 어려움이 너무 힘들어서 이 신이든 저 신이든 어떤 신이든지 제발 자신에게 도움이 될 수 있다면 받고 싶어서 간절한 마음으로 우상숭배를 한다면 하나님이 그냥 두십니다. 그런데 이스라엘 백성, 하나님의 백성이 다른 신을 섬기고 우상을 섬기면 못하게 하십니다. 왜냐하면 하나님을 모르는 불신자는 어떤 우상 신에게서 도움이 올 수 있다고 생각하기 때문에 우상을 숭배하는 것입니다. 하지만 하나님은 이스라엘 백성들에게, 하나님의 자녀들에게 우상은 헛된 것이요 오직 하나님이 창조자요 공급자요 후원자요 하나님 이외에는 어느 우상에게서도 어느 것도 얻을 것이 없다는 것을 가르쳤습니다. 하나님을 모르는 사람은 하나님을 모르기 때문에 우상을 찾고 우상에게 도움을 구할 수 있습니다. 그러나 하나님을 배운 자들, 우상에게서는 어떤 것도 얻을 수 없다는 것을 아는 자가 우상을 섬기면 그 행동은 무익한 행동이요 쓸데없는 행동이요 헛된 행동입니다.

만약 하나님을 모르는 어떤 사람이 우상숭배를 하면 내버려 두시지만 하나님을 아는 자가 우상숭배를 하면 하나님이 바로잡으십니다. 하나님은 하나님의 백성이 우상을 숭배할 때 '너는 다른 신을 숭배했으니까 나를 모독한 것이다. 우상숭배 죄 또는 신성 모독죄다' 라고 정죄하지 않으십니다. 대신 다윗을 판단하신 것과 같은 방식으로 전혀 다른 차원의 판단을 내리십니다. 하나님은 '네가 만약 나를 대신하여 다른 신을 섬기면 너의 죄명은 자원낭비 죄다. 하나님이 너에게 힘을 주었고 하나님이 너에게 물질을 주었고 하나님이 너에게 에너지를 주었고 하나님이 너에게 생명을 주었는데 그것을 아무 쓸모없는 일에, 아무런 열매 없는 일에, 아무런 가치 없는 일에 허비한 것이고 낭비한 것이기에 낭비 죄 또는 허비 죄이다' 라고 판단하시는 것입니다. 신성 모독죄이기 이전에 헛된 행동을 한 것이요, 무익한 행동을 한 것이요, 하나님이 주신 지혜와 건강과 물질을 낭비한 죄라고 말씀하십니다.

'우상숭배하지 말라' 는 계명도 마찬가지입니다. 하나님은 질투하시고 시기가 많으시고 자기 사랑에 대한 독점권이 많으셔서 하나님의 사랑을 다른 것에 빼앗길 수 없다는 차원이 절대로 아닙니다. '도적질하지 말라' 도 마찬가지입니다. 세상의 법에도 도적질 하지 못하게 되어 있습니다. 만약 하나님을 모르는 어떤 사람이 살아가는데 너무 힘이 들고 어렵고 부족하고 무엇인가 꼭 필요한 것이 있고 그것을 얻으면 행복해 질 것 같아서 도적질해서 훔쳤으면 한편으로는 분명히 도적질이기에 책망하지만 다른 한편으로는 그 사람의 형편을 보고 조금은 배려해 주기도 하고 이런 경우를 정상참작이라고 합니다. 하나님도 하나님의 백성들에게 '도적질하지 말라' 고 말씀하지만 그 이유가 세상과는 전혀 다른 차원인 것입니다. 하나님이 '도적질하지 말라'고 말씀하시는 이유는 도적질할 필요가 없기 때문입니다. 왜냐하면 하나님이 하나님의 백성에게 행복을 주시고 자유를 주시고 기쁨을 주시고 하늘의 신령한 모든 것을 다 주셨기에 하나님께서 주신 것 말고 다른 무엇을 도적질 하여 소유하여도 더 이상 나아질 수 없기 때문입니다. 하나님께서 이미 충분히 주었고 하나님이 넉넉히 주었고 하나님 이외에 그 어디로부터 얻어 오는 것, 어디로부터 훔쳐 오는 것, 어디로부터 가져 오는 것도 하나님이 주신 기쁨과 자유와 행복에 보탤 수 있는 것이 없기 때문에 도적질은 필요가 없다는 것입니다. 세상이 도적질 하지 말라고 말하는 이유는 도적질은 남의 것을 훔치는 범죄이기 때문이지만 하나님께서 도적질 하지 말라고 말씀하시는 이유는 도적질할 이유가 없기 때문입니다.

　세상의 법과 하나님의 계명에 '도적질하지 말라'는 동일한 조항이 있을지라도 세상은 아무런 대책 없이 단지 악한 행동이기 때문에 금지하는 것이요 하나님은 도적질할 필요가 없도록 충분한 대책을 먼저 제공하여 주신 후에 도적질할 이유가 없기 때문에 도적질할 필요가 없다고 선언하시는 것입니다. 하나님은 어떤 조항을 정하시거나 어떤 권고를 주시기 전에 하나님께서 먼저 조항이 성립될 수 있도록, 권고가 수용될 수 있도록 사전에 충분한 조치를 다 이루어 놓으시는 것입니다. '살인하지 말라', '간음하지 말라', '거짓 증거 하지 말라', '탐내지 말라'는 조항들이 모두 동일한 의미입니다. 하나님이 금지하시는 행동들은 그 행동을 통하여 아무 것도 얻을 것이 없고 삶이 나아질 수 없기 때문입니다. 성도는 부족함이 없고 더 이상 필요한 것이 없고 하나님이 주신 것 이외에 성도에게 보탬이 되는 것은 없습니다. 성도는 하나님이 만들어 주신 성도요 하나님이 구원하신 성도요 하늘의 신령한 모든 복을 다 받은 성도요 하나님 나라를 유업으로 받은 하나님의 자녀요 하나님의 백성입니다. 하나님은 충분히 주셨습니다.

하나님을 아는 자

본문에서 하나님은 이스라엘 왕인 다윗에게가 아니라 하나님의 백성, 하나님을 배운 사람인 다윗에게 '내가 너에게 모든 것을 맡겼느니라. 내가 너에게 준 게 부족하였느냐?' 고 묻는 것입니다. 하나님은 다윗에게 '너는 죄인들의 사고가 아닌 하나님을 배웠고 진리를 배웠고 참 된 것을 배웠고 영원한 것을 배웠고 온전한 것을 배웠으니 하나님을 모르는 자들과는 다른 기준을 가지고 거룩한 삶을 살았어야 하는데 하나님을 모르는 자들조차도 조심하는 범죄를 행한 것은 하나님을 배운 것을 무의미하게 만드는 것이요 너를 세우고 너를 도와주고 너에게 모든 것을 맡긴 하나님을 인정하지 않는 것이요 하나님을 업신여기는 것이 아니냐?' 라고 묻는 것입니다. 하나님은 절대로 일방적이지 않으십니다. 하나님은 충분히 주셨다고 말씀하지만 다윗의 입장에서는 받은 것이 충분하지 못하고 부족하게 여겼을 수도 있습니다. 그래서 하나님은 '만일 그것이 부족하였을 것 같으면 내가 네게 이것저것을 더 주었으리라' 고 말씀하시는 것입니다. 하나님이 주신 것이 부족하였으면, 하나님이 주시지 않은 것을 범죄를 행하면서 까지 스스로 취할 것이 아니라 하나님께 청원하고 간구하면 하나님께서 충분히 주시겠다는 말씀입니다.

복음서에서 예수님께서 기도를 가르치실 때도 전혀 다른 차원이 등장합니다. 기도를 하느냐 하지 않느냐가 중요한 것이 아니라 기도를 어떻게 하며 무엇을 기도하느냐가 달라져야 한다는 것입니다. 세상사람 또는 이방인은 중언부언하고 간절히 하고 매달려서 하고 부르짖어서 하고 떼를 써서 하고 뇌물을 줘가면서 합니다. 그러나 하나님의 자녀는 이방인과 같이 하지 말라는 것입니다. 이유는 하나님은 너희의 필요한 것을 아셔서 너희가 구하기 전에 먼저 주시는 분이시기 때문입니다. 기도하는 방법의 문제가 아니라 내가 기도하는 대상이신 하나님을 바로 알아야 기도가 바르게 될 수 있습니다. 이방인들이 하는 기도는 하나님을 모르는 자들이 행하는 기도요, 성도는 하나님을 알기 때문에 이방인들과 전혀 다른 기도의 모습을 보일 수 있는 것입니다. 하나님을 모른 다면 성도도 이방인들과 같은 기도를 반복할 수 밖에 없습니다. 하나님이 성도에게 기대하시고 요구하시고 바라시고 권고하시는 것은 기대하고 바라고 요구하고 권고할 만한 모든 것을 이미 허락하셨다는 것이 전제되어 있는 것입니다. 그러므로 신앙생활은 하나님이 나에게 베푸신 것, 하나님이 나에게 허락하신 것이 무엇인지를 알아야 바르게 할 수 있는 것입니다.

아담, 다윗, 베드로

신앙에서 가장 중요한 것은 하나님을 알고 하나님을 인정하는 것입니다. 성경에서 하나님에게 믿음이 없는 것으로 책망 받았던 경우를 살펴보아도 동일한 내용입니다. 아담의 경우 아담이 하나님께 예물을 드리지 않았다고 책망 받은 적이 단 한 번도 없습니다. 하나님이 먹지 말라고 정하신 것을 먹은 것 즉 아담이 하나님의 기준을 거부한 것 또는 하나님을 인정하지 않은 것에 대해 책망하신 것입니다. 다윗에게도 하나님이 주신 것이 부족하여 더 달라고 했으면 더 주었을 것인데 하나님이 충분히 주셨다는 것을 인정하지 않은 것이요 결국 하나님을 업신여겼다고 판단하시는 것입니다. 복음서에서 예수님은 제자들을 모아놓고 이제 죄인들을 위하여 죽으실 것을 말씀 하실 때 베드로가 열심을 내서 그런 일은 있어서는 안 된다고 예수님을 막아서며 관원들이 예수를 잡으러 왔을 때에 관원의 귀를 자르기까지 합니다. 예수님은 베드로에게 '너 밖에 믿을 사람이 없다' 고 칭찬하시지 않고 '사단아 물러가라. 네가 하나님의 일을 생각지 아니하고 사람의 일만 생각하는 도다' 라고 책망하십니다.

하나님을 가장 영화롭게 하는 것, 하나님을 가장 잘 믿는 것은 하나님을 아는 것이요 하나님을 인정하는 것이요 하나님의 말씀대로 사는 것입니다. 아담이 하나님을 인정하지 않음으로 하나님이 주신 복락들을 누리지 못했습니다. 다윗이 하나님의 일하심이 옳다는 것을 인정하지 않음으로 하나님이 주신 행복을 누리지 못했습니다. 베드로가 하나님의 방식이 맞는다는 것을 인정하지 않음으로 하나님의 평안을 누리지 못했습니다. 하나님을 모르는 사람과 하나님을 아는 성도는 전혀 다른 존재요 다른 기준을 가진 자요 다른 원리를 가진 자입니다. 하나님은 성도에게 성도다운 모습을 기대하시는 것입니다. 내가 성도라는 사실이 짐과 부담으로 느껴지는 것이 아니라 하나님이 나에게 하나님의 수준을 요구할 만한 하나님의 자녀가 되었다는 감격과 환희가 있으시고 받은바 은혜를 삶 속에 풍성히 누려 가시기를 주님의 이름 축원합니다.

12
원수의 훼방거리

사무엘하 12 : 13 ~ 31

13 다윗이 나단에게 이르되 내가 여호와께 죄를 범하였노라 하매 나단이 다윗에게 말하되 여호와께서도 당신의 죄를 사하셨나니 당신이 죽지 아니하려니와 14 이 일로 말미암아 여호와의 원수가 크게 비방할 거리를 얻게 하였으니 당신이 낳은 아이가 반드시 죽으리이다 하고 15 나단이 자기 집으로 돌아가니라 우리아의 아내가 다윗에게 낳은 아이를 여호와께서 치시매 심히 앓는지라 16 다윗이 그 아이를 위하여 하나님께 간구하되 다윗이 금식하고 안에 들어가서 밤새도록 땅에 엎드렸으니 17 그 집의 늙은 자들이 그 곁에 서서 다윗을 땅에서 일으키려 하되 왕이 듣지 아니하고 그들과 더불어 먹지도 아니하더라 18 이레 만에 그 아이가 죽으니라 그러나 다윗의 신하들이 아이가 죽은 것을 왕에게 아뢰기를 두려워하니 이는 그들이 말하기를 아이가 살았을 때에 우리가 그에게 말하여도 왕이 그 말을 듣지 아니하셨나니 어떻게 그 아이가 죽은 것을 그에게 아뢸 수 있으랴 왕이 상심하시리로다 함이라 19 다윗이 그의 신하들이 서로 수군거리는 것을 보고 그 아이가 죽은 줄을 다윗이 깨닫고 그의 신하들에게 묻되 아이가 죽었느냐 하니 대답하되 죽었나이다 하는지라 20 다윗이 땅에서 일어나 몸을 씻고 기름을 바르고 의복을 갈아입고 여호와의 전에 들어가서 경배하고 왕궁으로 돌아와 명령하여 음식을 그 앞에 차리게 하고 먹은지라 21 그의 신하들이 그에게 이르되 아이가 살았을 때에는 그를 위하여 금식하고 우시더니 죽은 후에는 일어나서 잡수시니 이 일이 어찌 됨이니이까 하니 22 이르되 아이가 살았을 때에 내가 금식하고 운 것은 혹시 여호와께서 나를 불쌍히 여기사 아이를 살려 주실는지 누가 알까 생각함이거니와 23 지금은 죽었으니 내가 어찌 금식하랴 내가 다시 돌아오게 할 수 있느냐 나는 그에게로 가려니와 그는 내게로 돌아오지 아니하리라 하니라 24 다윗이 그의 아내 밧세바를 위로하고 그에게 들어가 그와 동침하였더니 그가 아들을 낳으매 그의 이름을 솔로몬이라 하니라 여호와께서 그를 사랑하사 25 선지자 나단을 보내 그의 이름을 여디디야라 하시니 이는 여호와께서 사랑하셨기 때문이더라 26 요압이 암몬 자손의 랍바를 쳐서 그 왕성을 점령하매 27 요압이 전령을 다윗에게 보내 이르되 내가 랍바 곧 물들의 성읍을 쳐서 점령하였으니 28 이제 왕은 그 백성의 남은 군사를 모아 그 성에 맞서 진 치고 이 성읍을 쳐서 점령하소서 내가 이 성읍을 점령하면 이 성읍이 내 이름으로 일컬음을

받을까 두려워하나이다 하니 29 다윗이 모든 군사를 모아 랍바로 가서 그 곳을 쳐서 점령하고 30 그 왕의 머리에서 보석 박힌 왕관을 가져오니 그 중량이 금 한 달란트라 다윗이 자기의 머리에 쓰니라 다윗이 또 그 성읍에서 노략한 물건을 무수히 내오고 31 그 안에 있는 백성들을 끌어내어 톱질과 써레질과 철도끼질과 벽돌구이를 그들에게 하게 하니라 암몬 자손의 모든 성읍을 이같이 하고 다윗과 모든 백성이 예루살렘으로 돌아가니라

자기 판단

알지 못하는 사람들

죄인의 가장 큰 특징은 자신의 문제 즉 자신이 죄인이라는 사실을 알지 못한다는 것입니다. 흔히 '문제는 답을 가지고 있다', 또는 '문제를 알면 답을 알 수 있다'는 말이 있습니다. 그 말을 다른 표현으로 하면 '문제를 모르면 답도 알 수 없다'는 말과 같습니다. 만약 죄인이 자신이 죄인이라는 것을 알면 어떻게든 죄에서 벗어나 보려고 애를 쓸 것이며, 죄인의 삶보다 더 나은 삶이 있다는 것을 안다면 새 삶을 살려고 몸부림 칠 것입니다. 그런데 죄인은 자신이 죄인이라는 사실을 모른다는 것입니다. 흔히들 '우물 안 개구리'는 늘 우물 안에 있으니 참으로 답답할 것이라고 생각을 하지만 정작 우물 안에 있는 개구리는 절대로 답답하지 않습니다. 도리어 우물 밖에 있는 자들 즉 예전에는 우물 안에 있었으나 현재는 우물 밖으로 나온 자 또는 한번이라도 우물 밖으로 나온 경험이 있는 자로서 어떤 모양으로든 우물 밖을 경험한 사람이 답답해하지 늘 우물 안에만 있던 사람은 절대로 답답해하지 않습니다. 아는 사람하고 모르는 사람 중에 언제나 아는 사람이 답답하고, 아는 사람하고 모르는 사람 중에 결국엔 아는 사람이 지는 것입니다.

데살로니가후서 3장 13절에 "형제들아 너희는 선을 행하다가 낙심하지 말라"는 권고가 나옵니다. 이 구절은 죄인을 알고 의인을 아는 하나님의 말씀입니다. 선을 행하는 사람은 자신이 선을 행한다는 정당함이

있고 자신은 선을 알고 선을 행하고 다른 사람에게 선한 영향력을 줄 수 있다고 생각하는 사람입니다. 혹시 주변에 악행을 행하는 사람이 있으면 선을 아는 자로써 가르쳐 주고 싶고 고쳐 주고 싶고 변화를 주고 싶어 합니다. 자신의 시간도 들이고 자신의 에너지도 쏟고 자신의 물질도 들이고 자신의 여러 가지 수고를 베풀어서 악행 하는 자를 도와주려고 합니다. 그런데 상대방의 반응은 전혀 고마워하는 것이 아니라 귀찮아하는 눈치이며 방해 받고 있다는 느낌을 줍니다. 그때 선을 행하던 사람이 갑자기 상대방에 대하여 정죄와 심판과 저주의 말을 퍼붓습니다. 선을 행하던 자가 마음속으로 생각하기를 '내가 지금 나 좋으라고 수고하는 것이 아니라 당신을 위해주는 것이다. 내가 공연히 내 돈 들여가면서 내 시간 들여가면서 내 힘 들여가면서 당신을 위해 수고하면 고마워하고 감사할 줄 알아야 하는데 귀찮아하다니 매우 괘씸하다' 고 합니다. 그리고는 자신이 하던 일들을 중단해 버립니다. 이러한 태도는 아직 죄를 잘 모르는 것입니다. 왜냐하면 죄인은 원래 그런 반응을 보이기 때문입니다. 죄인들은 의로운 사람들이 자신들을 위하여 수고하고 애쓰고 있다고 생각 안 합니다. 도리어 귀찮아하고 방해한다고 생각하기 때문에 남의 일에 간섭 하지 말라는 반응을 보일 뿐입니다. 그래서 성경은 '선을 행하다가 낙심치 말라' 고 권면하며 선을 행하는 자가 죄인이 나타낼 반응을 당연히 알고 있어야 지치지 않고 낙심치 않을 수 있다고 가르치는 것입니다.

다윗의 판단

자신이 죄인임을 모르는 다윗이 자신의 행동에 대하여 어떻게 판단하고 다윗이 죄인임을 아시는 하나님이 다윗을 어떻게 판단하시는가를 비교해 보려고 합니다. 사무엘하 11장에서 다윗은 죄를 범했으면서도 자신의 범죄가 무엇인지 모르고 있습니다. 전혀 회개의 기미가 보이지 않고 반성의 의도가 없습니다. 하나님이 나단을 보내어 다윗을 가르치십니다. 나단이 직접적으로 말하면 너무 신랄 하기에 다른 예화를 들어주고 다윗의 판단과 반응을 살펴보게 하십니다. 부자와 가난한 사람이 있는데 부잣집에 손님이 오매 부자가 자기 양을 잡지 않고 가난한 사람의 양을 뺏어다가 손님을 접대했다는 이야기를 합니다. 이야기를 들은 다윗은 자기 이야기라고는 전혀 생각을 하지 못합니다. 만약 그 이야기가 자기의 행동을 빗댄 말이라는 것을 이해했다면 나단의 말을 듣자마자 다윗의 가슴이 섬뜩해야 합니다. 놀라고 당황하고 긴장하고 우물쭈물하며 어찌할 줄 몰라 하는 모습이어야 합니다.

   나단의 이야기를 다 들은 다윗이 아주 대단한 선언을 합니다. 12장 5절로 6절 "다윗이 그 사람으로 말미암아 노하여 나단에게 이르되 여호와의 살아 계심을 두고 맹세하노니 이 일을 행한 그 사람은 마땅히 죽을 자라. 그가 불쌍히 여기지 아니하고 이런 일을 행하였으니 그 양 새끼를 네 배나 갚아 주어야 하리라"입니다. 다윗이 이렇게 말하는 것은 나단의 이야기가 절대로 자신의 이야기가 아니라고 생각하는 것입니다. 남의 이야기라고 생각하기에 매우 극단적이며 여호와의 살아계심을 두고 맹세하며 자신의 이야기가 아니기에 마땅히 죽어야 한다고 선언합니다. 만약 자신의 이야기임을 눈치 챘다면 약간의 개연성을 두었을 것입니다. 마치 다윗은 전혀 자기는 부자와 같은 죄를 범한 적이 없고 도리어 자신은 하나님의 대리인으로써 여호와의 권위와 여호와의 기준과 여호와의 의로움에 합당하게 살고 있으며, 부자와 같은 죄를 짓는 사람들을 판단하고 심판하여 올바르게 교육시키는 사명을 가지고 있는 자처럼 당당하게 행동합니다.

일관성이 없는 자

   죄인의 또 하나의 특징은 일관성이 없다는 것입니다. 일관성이 없다는 것은 기준이 없다는 것과 같습니다. 다윗이 부자와 같은 죄를 범한 자는 마땅히 죽어야 한다고 말할 때 나단이 당신이 바로 그 사람이라고 밝혀 줍니다. 나단의 지적에 의해 자신이 정죄한 사람이 바로 자신임이 드러났다면 어떻게 행동했어야 합니까? 만약 다윗이 왕으로서 지조가 있고 소신이 있고 일관성이 있는 사람이라면, 직전에 그런 사람은 죽어야 한다고 선언 했으면, 자신이 바로 죄인이요 자신의 행동이 죄인 것이 밝혀졌다면 스스로 자살을 하든 또는 죄에 합당한 행동을 했어야합니다. 하지만 다윗은 동일한 행동에 대하여 타인에게는 여호와의 살아계심을 두고 맹세하노니 마땅히 죽어야 한다고 선언하고 자신에 대하여는 아무런 조치를 취하지 않습니다. 죄인은 기준이 없기에 행동에 일관성이 없습니다. 죄인은 언제나 자신에게 유리한 방향으로만 행동할 뿐입니다. 시대를 막론하고 어떤 사람이 죄를 범하면 사람들은 다윗이 판단하고 행동했던 것 같이 하지만 하나님은 다르십니다. 하나님의 판단과 결정을 보면서 성도들은 하나님의 사람답게 행동하는 것을 배워야 합니다.

여호와의 판단

사람들의 오해

사람들은 하나님에 대하여 많은 오해를 합니다. 간혹 영화들에 신이 등장할 때 영화 속의 신은 마음먹는 것과 행동하는 것이 사람과 똑 같습니다. 가끔 힘이 좀 세고 아는 것이 좀 많은 것 빼놓고는 인간과 별 차이가 없습니다. 모두 인간의 방식으로, 인간의 기준으로, 인간의 관점으로 신을 생각하기 때문입니다. 사람들은 하나님을 높여 드리려는 의도는 가지고 있지만 정작 어떻게 높여야 하는 줄을 모릅니다. 자신들의 관점으로만 하나님을 생각하기 때문에 사람들이 만들어 낸 하나님의 모습은 사람들의 모습과 별 차이가 없습니다. 하나님은 엄격하시고 하나님은 정의로우시고 하나님은 일관되신 분이라고 생각하고 하나님과는 결코 타협이 불가능하다고 생각합니다. 맞는 말이지만 이해를 바르게 해야 합니다. 하나님이 정의롭고 곧으시고 하나님이 타협이 불가능하다면 누구와 왜 그렇게 하시는 가를 정확히 이해해야 합니다. '하나님은 공의로우시다' 라고 말할 때 공의의 대상이 누구인지가 밝혀져야 합니다. 공의의 대상은 전혀 언급하지 않은 채 단지 '공의롭다' 는 성품만을 말하면 오해가 발생합니다. 공의를 설명할 때 '하나님은 공의로우시기에 행한 대로 갚으신다. 선을 행한 자에게는 주시고 악을 행한 자에게는 벌을 주신다' 고 하면 큰일 납니다. 왜냐하면 하나님의 구원사역이 있기 전의 모든 인간은 모두 죄인이기에 인간은 죄를 짓고, 하나님은 공의로서 죄인에게 죄를 행한 대로 형벌을 내리시면 살 사람이 아무도 없기 때문입니다.

하나님의 성품

하나님이 정의롭고 공의롭다고 말할 때에는 반드시 하나님이 정의와 공의를 누구에게 적용하는지를 이해하셔야 합니다. 하나님은 공의로우시지만 사람에게는 공의롭지 않습니다. 하나님이 사람을 공의로 대하시면 저와 여러분 중에 살아날 자가 없습니다. 하나님은 공의로우신데 하나님 스스로에게 공의로우십니다. 하나님은 인자와 긍휼이 많으십니다. 이때에도 누구에게 인자와 긍휼이 많은지를 언급해야 합니다. 하나님이 본인의 하시는 일을 번복할 때마다 '나는 하나님이니까 내 맘대로 해도 괜찮다' 고 본인에게 인자하신 것이 아닙니다. 하나님은 하나님 본인에게는 일관되게 행동하시면서 죄인들의 행동을 보시고 죄인들에게는 인자와 긍휼을 베푸십니다. 단순하게 표현하면 공의와 긍휼은 같이 갈 수 없습니다. 선을 행하면 상을 주고 악을 행하면 벌을 주는 것이 공의로운 행동인데 악을 행했는데도 불구하고 용서와 자비를 베푸시고 인자와 긍휼로 대하시는 것은 공존 할 수 없는 것입니다. 표현상으로는 '공의와 긍휼'이 공존할 수 없지만 실제적으로는 공의와 긍휼이 공존할 수 있습니다. 그 이유는 공의는 하나님에게 적용시키고 인자와 긍휼은 인간에게 베풀기 때문입니다.

다윗에 대한 판단

하나님의 공의와 하나님의 긍휼, 하나님의 정의와 하나님의 인자하심의 성품을 다윗에게 적용해 보겠습니다. 다윗은 나단의 말을 듣고 즉시 그 사람은 죽어야 한다고 말했습니다. 사람은 다른 사람의 행동에 대하여 쉽게 판단을 하고 정죄를 하지만 하나님은 사람과 다르십니다. 하나님은 다윗의 행동을 다 보셨습니다. 다윗의 행동은 하룻저녁에 일어난 우발적 사건이 절대로 아닙니다. 순식간에 벌어진 일이 아니라 시간적으로 상당히 오래 동안 진행된 사건입니다. 어느 날 저녁에 늦게 일어났고, 지붕에 올라가서 어떤 여인이 목욕하는 모습을 보았고, 사람을 보내서 여인이 누구인지를 알아보게 했고, 전령을 보내어 여인을 궁으로 데려와 취했고, 얼마의 시간이 지나 여인이 임신했다는 소식이 들렸습니다. 그러자 전쟁터에 있는 여인의 남편을 데려와 집에 들어가게 하는데 안 들어가니까 하룻밤이 지나고 또 하룻밤이 지나도 우리아는 집에 들어가지 않았고 우리아를 다시 전쟁터로 보내어 죽게 하여 전쟁터에서 우리아가 죽었다는 소식이 들려오자 밧세바를 다시 궁으로 들여 아내로 삼습니다. 한 순간의 잘못이 아니요, 하루 이틀의 우발적 행동이 아니요, 자기 혼자 은밀히 행한 범죄가 아니라 여러 날, 여러 달, 여러 사람이 동원된 치밀한 범죄입니다. 하나님은 다윗이 행하는 이 모든 과정을 친히 낱낱이 보고 계셨습니다.

다윗은 나단이 전해주는 부자가 가난한 자의 양을 빼앗은 한 가지 사실을 듣고 그 자리에서 부자는 죽어야 된다고 판단을 했으니, 하나님은 다윗의 오랜 기간에 걸친 치밀하고 악한 행동을 다 보신 후 다윗을 무엇이라 판단하시고 어떤 형벌을 내리실 것으로 예상하십니까? 다윗이 자기도 죄인인 주제에 다른 사람에게 죽어야 한다는 사형을 구형했으니 아마도 하나님은 단순한 사형 정도가 아니라 극형을 구형하고 본인만이 아니라 삼족을 멸하는 형벌을 내려도 적당할 것이라고 예상이 될 것입니다. 그러나 하나님은 우리의 기대와는 전혀 다르게 행동하십니다. 본문에 하나님의 다윗에 대한 처벌이 없습니다. 나단을 보내어 다윗에게 양에 대한 예를 들어줌으로 말미암아 자신이 죄인인 줄 모르고 있는 다윗에게 바로 네가 죄인이라는 것을 알게 하시는 작업만 하십니다. 왜냐하면 죄인의 가장 큰 문제는 본인이 죄인이라는 것을 모르는 것이기 때문입니다.

자신의 정체를 모르는 자와는 대화가 불가능 합니다. 가장 우선해야 하는 일은 다윗이 죄인이요, 다윗이 책망한 죄를 범한 부자가 바로 다윗 자신임을 알려 주어야 그 다음 대화가 이어질 수 있습니다. 그래서 하나님은 '다윗, 네가 바로 죄인이다' 라고 알게 하십니다. 하나님은 다윗으로 하여금 '아, 내가 죄인이었구나. 내가 여호와의 모든 것을 멸시하였고, 여호와께서 주신 것이 부족한 줄 알았으면 더 구했으면 되는데 내가 여호와를 업신여기고 내 스스로 더 취하려고 한 것이 바로 죄였구나!' 라는 사실을 깨닫고 고백하게 만드시는 것입니다. 사무엘하 12장 13절 "다윗이 나단에게 이르되 내가 여호와께 죄를 범하였노라"입니다. 하나님께서 나단을 통하여 말씀하신 것을 듣고 다윗이 자신의 모습을 깨닫게 된 것입니다.

여호와의 조치

다윗이 죄인임이 밝혀졌습니다. 그 다음은 무슨 일이 일어날 것 같습니까? 예를 들면 하나님께서는 '다윗아 네 스스로 죄를 인정했으니 자술서를 써라. 죄를 범하였으니 응분의 대가를 받아야 하지만 네가 죄인임을 스스로 고백했으니 정상을 참작하여 선처를 해 주겠다' 는 조치를 취하셔야 할 것입니다. 다윗은 '하나님 제가 잘못했습니다. 하나님께서 이번만 용서해 주시면 제가 몇 배로 선하게 살겠습니다. 하나님 제가 우리아의 가족들에게 큰 죄를 범하였으니 제가 그 가족들이 먹고 살 수 있도록 책임지겠습니다. 하나님께서 한 번만 용서를 해주시면 제가 하나님께 제사로 소를 일천 마리쯤 드리겠습니다. 하나님 제 죄의 사죄를 위해 애쓰는 모든 제사장들에게도 제가 특별히 배려해서 더욱더 풍성히 사례를 하겠습니다. 하나님 앞으로 두 번 다시 제가 이런 일을 하면 왕위에서 스스로 물러나겠습니다. 하나님 한번만 봐주십시오. 하나님 잘못했습니다' 라고 회개하며 개선하는 모습이 보여야 할 것입니다. 그런데 성경에는 하나님의 조치도 다윗의 회개도 등장하지 않습니다.

　하나님은 다윗의 죄를 지적하셨고 다윗은 자신이 죄인임을 고백했습니다. 이어지는 하나님의 말씀이 12장 13절 후반부 "나단이 다윗에게 말하되 여호와께서도 당신의 죄를 사하셨나니 당신이 죽지 아니하려니와" 입니다. 일반적인 생각에 의하면 중간에 일정한 내용이 생략된 것으로 여겨집니다. 다윗은 하나님께 한 번만 용서해 달라고 사정하는 장면이 없고 단지 자신이 죄를 지었다고 고백할 뿐이요, 하나님께서는 죄에 대한 어떠한 징계조치가 없고 단지 다윗의 죄를 사하셨으니 다윗이 죽지 아니할 것이라는 선언뿐입니다. 하나님께서 다윗에 대하여 어떤 책망이나 형벌을 내리지 아니하시고 단지 다윗의 고백을 들으신 것만으로 모든 것을 사해주심으로 사건이 종결되어버립니다. 사람들의 일반적인 기대와는 전혀 다른 결론입니다. 아마도 일반적인 사람들은 비록 결국에는 용서해주고 싶은 마음을 가지고 있으면서도 행여 죄의 중함을 모를까봐, 행여 습관이 될까봐 일부러 냉정하게 행동하고 엄하게 조치를 취할 것입니다. 용서를 해 주기 위해서 반성하는 모습을 요구하고 반성하고 회개하는 태도 때문에 못 이기는 척 용서를 해 줄 것입니다. 하지만 성경은 우리의 기대와 전혀 다른 모습을 보여주고 있습니다.

다윗이 애원하는 모습이 보이지 않고 하나님이 속내와 다르게 연기하는 모습도 보이지 않습니다. 하나님은 다윗에게 죄를 알게 하시고 바로 죄의 용서를 선언해 버리십니다. 사람들의 조치와 하나님의 조치가 차이가 나는 것은 죄와 죄인에 대한 이해가 다르기 때문입니다. 사람들은 아직도 죄를 모르기 때문에 지극히 일반적인 조치를 취하는 것입니다. 사람들은 생각하기를 사람이 죄를 짓는 것은 자신의 행동이 잘못된 행동임을 모르기 때문이기에 바른 행동 또는 옳은 행동을 가르쳐주면 죄를 짓지 않고 바르게 행동할 줄로 착각하고 있습니다. 그런데 실상은 아무리 바르고 옳은 것을 가르쳐주어도 여전히 범죄할 뿐입니다. 또 다시 범죄가 발생하면 이번에는 교육이 아니라 강력한 징계를 내려 형벌에 대한 두려움 때문이라도 범죄를 행하지 않을 것으로 착각합니다. 하지만 아무리 형량이 중하여져도 범죄가 줄어들지 않습니다. 하나님은 죄와 죄인의 실상을 너무나 정확히 알고 계십니다. 죄에게 사로잡혀 있는 죄인은 죄를 가르쳐 주거나 죄의 징계를 엄하게 하는 것으로 고칠 수 없다는 것을 알기 때문에 하나님은 바로 용서를 해버립니다. 혹자들은 죄인을 용서하면 더욱 죄가 흥왕할 것이라고 주장할 것입니다. 하나님은 단지 용서만 하시는 것이 아니라 궁극적으로는 예수 그리스도를 보내어 인간의 죄 문제를 해결해 주실 것입니다.

여호와의 원수가 비방할 거리

전문가들의 분석

본문에는 저와 여러분과 대부분의 성도들이 평상시 간과하는 한 가지 사실을 지적해 줍니다. 다윗의 죄에 대한 심판과 처벌이 없는 대신에 우리가 별로 인식 하지 못하는 부분, 거의 생각하지 못하는 개념을 성경은 지적해 줍니다. 사무엘하 12장 14절 "이 일로 말미암아 여호와의 원수가 크게 비방할 거리를 얻게 하였으니"입니다. 사람들이 죄를 지으면 그 사람이 죄를 지은 원인에 대해 전문가들이 분석을 할 때 대체적으로 두 가지의 결과로 모아집니다. 하나는 그 사람의 기질 또는 성향입니다. 성격이나 평상시의 태도, 눈빛, 인상, 심지어는 출신지역이나 계층 또는 혈액형이 언급되기도 합니다. 다른 하나는 그 사람의 과거입니다. 부모의 생존여부, 성장과정, 동료들, 경력 등을 운운합니다. 과거의 사실들을 상처, 기억, 아픔, 원한, 복수 등의 용어들을 사용하여 문제의 원인으로 지적합니다. 결국 죄인에 대한 전문가의 분석은 죄인의 성향, 주변 인물, 주변 환경만을 문제 삼을 뿐 본문에서 하나님께서 말씀하시는 여호와의 원수에 대해서는 전혀 언급하지 않습니다. 왜냐하면 여호와의 원수에 대한 인식이 없기 때문입니다.

다윗의 행동을 분석하는 전문가 중에 상담가의 예를 들어보겠습니다. "다윗은 어렸을 때부터 부모나 형제에게 사랑을 받고 자라지 못했습니다. 일종의 애정결핍입니다. 부모의 사랑 중에 특별히 어머니의 따뜻한 사랑을 받지 못했기 때문에 다윗은 장성하여서도 여성에게 집착하는 것입니다. 그래서 여자 특별히 남의 아내를 범하는 일을 자주 행합니다. 사무엘이 다윗의 부친 이새의 집에 새로운 왕에게 기름을 부으려고 갔을 때 첫째부터 일곱째까지 기름 부음 받을 대상자가 아무도 없었습니다. 만약 다윗이 부모의 사랑을 받은 자 이었다면 부모가 사무엘을 붙잡고 막내아들을 데려오겠으니 한번만 보아 달라고 애원했어야 합니다. 그런데 다윗의 부모는 사무엘에게 다윗을 보여주려는 의지를 나타내지 않았습니다. 부모가 생각하기에도 자신의 아들이 왕이 될 것 같아 보이지 않은 것입니다. 다윗과 다윗이 돌보는 양 중에 양을 더 소중히 여긴 것입니다. 이처럼 다윗은 부모의 사랑과 인정을 받지 못했습니다. 다윗이 부모의 사랑을 받지 못하니 당연히 형제들의 사랑도 받지 못합니다. 형제들 중 어느 누구도 아버지에게 다윗을 데려와 소개하자는 제안을 하지 않는 것입니다. 다윗은 부모형제 누구에게도 사랑을 받지 못한 애정결핍증세가 있어서 장성하여 유독 애정행각에 집착하는 것입니다." 한편으로는 나름 일리가 있는 분석처럼 여겨집니다.

다윗의 행동을 분석하는 전문가 중에 성장과정을 분석한 예를 들어 보겠습니다. "다윗의 어린 시절을 살펴보니까 다윗의 행동에는 분명한 이유가 있다는 것이 밝혀졌습니다. 다윗은 팔형제의 막내였습니다. 형들에게 우애가 좋지 않다는 것은 이미 밝혀졌습니다. 형들이 다윗을 한 번씩만 괴롭혀도 다윗은 최소 일곱 번 괴롭힘을 당하는 것입니다. 막내가 형들에게 괴롭힘을 당할 때 부모가 나서서 연약한 아들을 보호해야 함에도 불구하고 부모는 아무런 보호를 해 주지 않았습니다. 그래서 다윗은 어렸을 때부터 늘 뺏기고 잃어버리고 남한테 당하는 것이 마음에 쌓여있었습니다. 그래서 다윗은 어렸을 때부터 '내가 크면, 내가 힘이 세지면, 내가 강건해 지면 원수를 다 갚고 뺏겼던 것을 뺏어버리리라' 는 마음이 자리잡았을 것입니다. 어린 시절부터 애정결핍과 남에게 늘 뺏기던 경험이 다윗이 왕이 되자 여성에 대한 집착과 남의 것을 빼앗는 행동으로 나타납니다. 성경에는 다윗이 아내를 취하는 사건이 있는데 다윗은 절대로 젊은 처자에게는 관심이 없습니다. 예전에 사울의 딸 미갈과 결혼 직후 사울을 피하여 도망하였고 미갈은 다른 곳에 시집갔습니다. 다윗은 나중에 시집가서 잘 살고 있는 미갈을 남편에게서 빼앗아 옵니다. 또 나발의 아내 아비가일을 취합니다. 또 우리아의 아내 밧세바를 강제로 빼앗아 옵니다. 젊은 여자를 신부로 맞이하는 대신 이미 남의 아내가 되어있는 아내를 빼앗는 것은 어린 시절의 애정 결핍과 뺏겼던 것에 대한 상처가 커서 만들어진 비뚤어진 행동입니다." 아주 그럴듯한 주장입니다.

하나님의 분석

사람들이 심리학을 동원하고 상담학을 동원하고 교육학을 동원하고 법의학을 동원하고 각양의 전문지식을 동원해도 원인만 다양해 질뿐 문제를 전혀 해결해 내지 못합니다. 왜냐하면 죄의 본질을 모르기 때문입니다. 하나님은 기질도 성향도 출신배경도 성장과정도 심리학도 상담학도 언급하지 않습니다. 전혀 다른 차원으로 사람들이 언급하지 않는 부분인 여호와의 원수 즉 죄와 사단에 대해서 언급하십니다. 죄인의 행동은 그 사람의 우발적 충동적 행동이 아니라 그 사람이 죄에게 잡혀있다는 사실을 놓치시면 안 됩니다.

창세기 4장에서 가인이 아벨을 죽였을 때 하나님은 가인에게 살인죄를 지었으니 죽어야 한다고 선고하신 것이 아니라 가인이 자신이 만나는 자가 자신을 죽일까 두렵다고 말할 때 표를 주면서까지 가인을 지켜주셨습니다. "죄가 문에 엎드려 있느니라. 죄가 너를 원하나 너는 죄를 다스릴지니라." 즉 죄가 가인을 사로잡고 죄가 가인을 충동질하며 죄가 가인을 주장 할 것, 여호와의 원수 된 죄가 가인을 조종하고 있다는 것을 지적해 줍니다. 또 출애굽기 32장에서 모세가 시내 산에 올라가 있을 때에 아론이 금송아지를 만들어서 백성들로 죄를 범케 했을 때에도 아론이 잘못했으니 처벌해야 한다고 말하지 않습니다. 출애굽기 32장 25절 "모세가 본즉 백성이 방자하니 이는 아론이 그들을 방자하게 하여 원수에게 조롱거리가 되게 하였음이라"고 선언합니다. 죄를 모르는 사람은 단지 죄된 행동만 지적하고 책망할 것입니다. 그러나 성경은 범죄가 죄인의 우발적이고 잘못된 행동이라고 보는 것이 아니라 죄가 있고 사단이 있고 죄가 그 사람을 지배하고 있기에 죄의 종된 자가 죄의 지배를 거부할 수 없고 종노릇 하고 있음을 지적하는 것입니다.

죄의 원인, 죄의 결과

사람들은 다윗의 행동 속에서 다윗이 죄에 잡힌 존재라고 하는 것을 언급하지 않고 단지 다윗의 잘못이라고만 말합니다. 다윗의 행동만을 죄로 생각하기에 죄의 결과에 대해서도 죄에 대한 여호와의 진노라고 말해 버립니다. 사무엘하 12장 15절 "우리아의 아내가 다윗에게 낳은 아이를 여호와께서 치시매 심히 앓는지라"에 근거하여 여호와께서 다윗의 행동을 심판하시고 형벌을 내리셨다고 말합니다. 사람들과는 달리 여호와는 다윗의 죄의 원인을 여호와의 원수 즉 죄요 사단이라고 선언하셨습니다. 다윗이 죄에 잡혀있기 때문에 죄를 짓고 있다고 말하면 죄의 결과도 죄로부터 오는 것으로 선언해야 합니다. 다윗이 죄를 고백하고 하나님께 울며불며 회개하자 하나님이 용서하신 것이 아닙니다. 여호와께서 다윗에게 "네가 나를 업신여겼다"고 선언하셨고, 여호와께서 "당신의 죄를 사하셨으니 당신이 죽이 아니할 것입니다"라고 선언하실 뿐입니다. 다윗의 범죄에 대한 징계와 형벌이 등장하는 대신에 용서와 하나님의 계시, 가르침이 등장하는 것입니다.

인간이 죄를 범하면 당연히 죄의 결과가 오고, 이때 죄의 결과는 당연히 죄에게서 오는 것입니다. 하나님은 죄와 죄인의 관계, 죄인과 범죄의 관계, 범죄와 범죄의 결과에 대해 정확히 알고 계십니다. 죄인이 범죄하면 죄에게서 죄의 결과를 받을 것이기에 하나님마저 또 형벌을 내리시면 죄인은 도무지 살 수가 없습니다. 인간이 범죄하면 하나님이 죄인에게 형벌을 내리시는 대신에 이미 죄에게서 죄의 결과를 당하고 있는 인간에게 더 큰 죄의 결과가 임하지 않도록 보호해 주시며 이미 당하고 있는 결과도 견뎌낼 수 있도록 도와 주시어 사람이 살 수 있도록 만들어 주십니다. 본문의 강조는 14절 "이 일로 말미암아 여호와의 원수로 크게 비방할 거리를 얻게 하였으니 당신이 낳은 아이가 반드시 죽으리라"가 아니라 13절 "다윗에게 말하되 여호와께서도 당신의 죄를 사하셨나니 당신이 죽지 아니하려니와"입니다.

죄는 존재입니다. 나의 잘못된 하나의 행동이 아니라 존재입니다. 기독교가 복음의 종교요 예수가 구원자가 될 수 있는 것은 기독교가 죄를 선언하기 때문입니다. 죄가 있다는 것을 인정하지 않으면 예수가 인간을 위해서 와야 한다는 것을 인정하지 못하는 것입니다. 기독교는 인간의 문제를 죄로 보고, 죄에 빠진 인간 스스로는 문제를 해결할 수 없기에 인간의 문제를 해결하기 위해 하나님이 개입하시고 하나님이 도우시고 하나님이 역사하셔서 모든 걸 해결하신 후에 '너는 새 사람이 되었다. 너는 이제 문제가 해결 되었다'는 소식을 전해 주기에 그 소식을 복음이라고 하는 것입니다.

여호와의 은혜

다윗의 애원

하나님께서 다윗의 죄를 지적하셨고, 다윗이 자신의 죄를 하나님께 고백했고, 하나님께서 다윗의 죄를 사하심으로 하나님과 다윗 사이에 있는 문제는 해결된 것입니다. 하나님께서 다윗의 죄를 사하시고 다윗이 죽지 아니할 것을 선언하신 후에 다윗 대신 다윗이 낳는 아이를 죽이시면 안 됩니다. 12장 15절 이하의 사건을 사람들이 많이 오해합니다. 사람들은 '다윗이 범죄를 고백하자 하나님이 다윗 대신 아이에게 징계를 내리셨다. 아이가 아픈 것을 보고 다윗이 자기 죄의 결과라는 생각 때문에 하나님 앞에 금식하며 울며불며 회개와 사죄의 눈물을 흘렸다. 하지만 하나님은 공의로운 분이시기 때문에 그 아이를 죽게 했다. 하나님은 공의로운 분이시지만 동시에 긍휼이 많으신 분이시기에 밧세바에게 새로운 아이를 주셨고 다윗은 자신에게 베푸신 하나님의 사랑을 생각하며 아이의 이름을 여디디야라고 지었다'고 오해합니다. 하나님은 이미 다윗의 죄를 사하셨습니다. 밧세바가 낳은 아이가 앓다가 죽는 것은 하나님과 다윗의 관계에서 범죄와 형벌의 문제로 다루어지는 것이 아닙니다. 이미 하나님은 다윗을 이미 용서하셨고, 세상에도 일사부재리一事不再理의 원칙이 있는데 하나님께서 이미 사하신 문제를 다시 언급하시면서 다른 일을 야기하면 안 됩니다.

사람들이 15절 이하의 본문을 오해하는 이유는 여호와의 원수를 생각하지 못하기 때문입니다. 죄, 사단의 존재에 대하여는 전혀 인식하지 못하고 도리어 하나님의 징계에 매어달리는 것입니다. 하나님은 이미 용서하셨고 하나님은 다윗에게 어떤 진노나 형벌을 내리지 않으셨기에 다윗이 당하고 있는 것은 하나님의 징계가 아니라 여호와의 원수 즉 죄와 사단에게서 오고 있다는 것을 알아야 합니다. 죄는 절대로 행동이아니라 존재요 세력입니다. 인간이 죄를 지으면 죄에게 걸려드는 것이기에 죄가 그 결과를 주는 것입니다. 사람들은 죄를 모르기에 죄가 주는 결과를 모르고 여호와의 원수에 대해서는 어떠한 말도 할 줄 모르고 오직 여호와의 긍휼과 어긋나는 여호와의 징계만 운운하는 것입니다. 다윗은 이미 하나님께 용서를 받았지만 죄에게 잡혀 있고, 죄의 훼방을 받은 결과로 다윗이 낳은 아이가 심히 앓고 있는 것입니다.

은혜를 구함

다윗은 16절에서 "다윗이 그 아이를 위하여 하나님께 간구하되 다윗이 금식하고 안에 들어가서 밤새도록 땅에 엎드려" 구합니다. 18절에 의하면 이레 만에 아이가 죽었으니 다윗이 약 일주일정도 하나님께 매어달린 것입니다. 이레 동안 다윗이 하나님께 매어달린 것은 사죄하며 회개한 것이 아닙니다. 왜냐하면 하나님은 이미 다윗의 죄를 사하셨기에 이제사 다윗이 다시 사죄할 필요가 없기 때문입니다. 아이가 죽자 즉시 다윗의 행동이 돌변합니다. 신하들이 다윗을 위로할 방법을 찾지 못하여 안절부절할 때 다윗은 아이의 죽음을 직감하고 스스로 돌변합니다. 20절 "다윗이 땅에서 일어나 몸을 씻고 기름을 바르고 의복을 갈아입고 여호와의 전에 들어가서 경배하고 왕궁으로 돌아와 명령하여 음식을 그 앞에 차리게 하고 먹은지라" 입니다. 만약 다윗이 이레 동안 회개를 했다면, '하나님, 나를 대신하여 아이가 앓는 것이 너무 가슴 아픕니다. 아이를 치실 바에야 차라리 나를 치십시오. 제가 잘못한 것이니 제가 형벌을 받겠습니다' 라는 심정이었다면 아이가 죽었을 때에 더 처절하게 울었어야 합니다. 자신을 대신하여 형벌을 받아 앓다가 결국 자신을 대신하여 아이가 죽었다고 생각하여 도무지 일어나지 못하고 음식을 먹을 수 없어야 합니다. 하지만 다윗은 아이가 죽었다는 것을 알고 즉시 일어나 음식을 차리게 하고 먹습니다.

　다윗이 이레 동안 하나님께 간구한 것은 자신의 죄를 회개하는 것이 아니라 하나님의 은혜를 구했던 것입니다. 다윗은 이미 하나님께 죄 사함을 받았고 죽지 아니하리라는 긍휼을 입었습니다. 하나님께는 용서함을 받아서 문제가 해결되었지만 여전히 죄에 잡혀있는 것입니다. 다윗은 하나님의 징계를 두려워해서 하나님을 달래 보려는 심정이 아니라 도리어 하나님의 용서에 감사하며 더욱 큰 은혜를 구하고 있는 것입니다. 다윗은 '하나님, 용서해 주셔서 감사합니다. 하나님 말씀대로 여호와의 원수가 저를 훼방하고 있습니다. 제가 죄를 감당해 낼 수 없습니다. 죄의 훼방에서 저를 하나님이 막아주시고 하나님이 버텨주시고 하나님이 지켜주시옵소서' 라고 은혜를 구하는 것입니다. 사람들은 죄를 모르기 때문에 죄를 두려워하지 않습니다. 정작 두려워해야 하는 죄를 두려워하지 않는 대신 감사해야 하는 용서하시는 하나님을 두려워합니다. 하나님께 죄로부터 자신을 보호해달라는 은혜를 구하는 대신 계속하여 자신의 잘못을 언급하여 제발 징계하지 말아달라고 매어달리고 있는 것입니다. 본문에 의하면 하나님은 죄를 용서해 주시고 다윗은 죄를 용서받았습니다. 다윗은 용서받기 위해서가 아니라 사죄 받은 후에 더욱 하나님께 매어 달렸습니다. 하나님의 징계를 철회해달라는 요구가 아니라 여호와의 원수로부터 지켜달라고 간구한 것입니다. 다윗은 '여호와의 원수인 죄가 나를 유혹하며 죄의 길로 끌고 갈 것입니다. 하나님이 안막아 주면 또 끌려갑니다. 하나님이 안 잡아 주면 또 실패 합니다. 하나님이 안 지켜 주면 감당할 수 없습니다' 라고 구한 것입니다. 용서를 구하는 차원을 훨씬 넘어가서 하나님의 도움을 구하고 하나님의 힘을 후원받기를 간구한 것입니다. 이 사건을 통하여 죄의 실체, 죄의 활동을 깨달았고 하나님의 긍휼, 하나님의 은혜를 깨달은 것입니다.

여호와께서 그를 사랑하사

다윗이 이레 동안 간구하였지만 결국 아이가 죽었습니다. 아이가 죽었다는 것은 다윗과 죄와의 문제가 해결됐다는 것입니다. 하나님은 이미 다윗을 용서하셨지만, 여호와의 원수의 조롱으로 아이가 아팠기에 막아달라고 은혜를 구했으나 아이가 죽음으로 다윗이 죄로부터 당해야 될 것이 끝난 것입니다. 그래서 다윗이 아이가 죽자 도리어 털고 일어나 음식을 차리고 먹는 것입니다. 이 사건 이후에 하나님이 다윗에게 은혜를 주셔서 다윗이 처와 동침하여 아이를 낳았고 다윗이 아이의 이름을 솔로몬이라고 짓습니다. 하나님이 나단을 보내셔서 하나님도 그 아이를 사랑한다고 하시며 여디디야라는 이름을 주십니다. 하나님을 병주고 약주는 분으로 생각하시면 안 됩니다. 다윗의 간절한 기도에도 불구하고 하나님이 냉정하게 공의롭게 행하여 아이를 죽게 하시고 다른 한편으로는 다윗이 안타까워서 새로운 아이를 주시고 이름까지 지어주셨다고 생각하면 안 됩니다. 하나님은 다윗의 죄를 사하였지만 여호와의 원수의 훼방으로 인하여 다윗이 아이를 잃는 슬픔을 받습니다. 그 때 하나님은 다윗을 위로 하시고 마음을 붙잡아 주시기 위하여 그가 난 아들을 하나님이 사랑한다고 하여 여디디야라고 이름을 붙이고 그 아들을 통하여 다윗의 왕위가 이어가게 하시고 그 아들을 통하여 그 나라가 번성과 평화와 안정을 이루어 가게 하시고 그 아들을 통하여 하나님이 인류 구원의 약속을 이어가게 하셨고 이것이 바로 하나님의 은혜입니다.

　인간이 죄인임을 깨달아 알아야 하기 때문에 하나님은 다윗에게 여호와의 원수를 알리셨고, 하나님이 사죄하는 과정을 통하여 다윗은 다시 한 번 죄를 이겨내기 위하여 하나님의 은혜를 구해야 한다는 걸 알게 하셨고 그리고 결국에 가서는 인간의 죄 문제를 해결하기 위하여 예수를 보내셔서 저와 여러분을 성도로 만들어 주시는 것입니다.

　본문을 통해서 죄가 무엇인지를 모르는 사람들의 판단과 죄가 무엇인지를 아시는 하나님의 판단을 분별하시고, 사람을 도우시는 하나님의 은혜를 깨달으시고, 성도는 하나님의 은혜를 받은 자요 하나님의 축복을 받은 자로써 삶 가운데 하나님의 은혜를 누리며 사셔서 삶이 즐겁고 행복하고 평안하고 모든 사람의 부러움이 되시고 그 사랑을 알려 주시는 빛과 소금이 되시기를 주님의 이름으로 축원합니다.

13
이스라엘에서 행치 못할 것

사무엘하 13 : 1 ~ 39

1 그 후에 이 일이 있으니라 다윗의 아들 압살롬에게 아름다운 누이가 있으니 이름은 다말이라 다윗의 다른 아들 암논이 그를 사랑하나 2 그는 처녀이므로 어찌할 수 없는 줄을 알고 암논이 그의 누이 다말 때문에 울화로 말미암아 병이 되니라 3 암논에게 요나답이라 하는 친구가 있으니 그는 다윗의 형 시므아의 아들이요 심히 간교한 자라 4 그가 암논에게 이르되 왕자여 당신은 어찌하여 나날이 이렇게 파리하여 가느냐 내게 말해 주지 아니하겠느냐 하니 암논이 말하되 내가 아우 압살롬의 누이 다말을 사랑함이니라 하니라 5 요나답이 그에게 이르되 침상에 누워 병든 체하다가 네 아버지가 너를 보러 오거든 너는 그에게 말하기를 원하건대 내 누이 다말이 와서 내게 떡을 먹이되 내가 보는 데에서 떡을 차려 그의 손으로 먹여 주게 하옵소서 하라 하니 6 암논이 곧 누워 병든 체하다가 왕이 와서 그를 볼 때에 암논이 왕께 아뢰되 원하건대 내 누이 다말이 와서 내가 보는 데에서 과자 두어 개를 만들어 그의 손으로 내게 먹여 주게 하옵소서 하니 7 다윗이 사람을 그의 집으로 보내 다말에게 이르되 이제 네 오라비 암논의 집으로 가서 그를 위하여 음식을 차리라 한지라 8 다말이 그 오라비 암논의 집에 이르매 그가 누웠더라 다말이 밀가루를 가지고 반죽하여 그가 보는 데서 과자를 만들고 그 과자를 굽고 9 그 냄비를 가져다가 그 앞에 쏟아 놓아도 암논이 먹기를 거절하고 암논이 이르되 모든 사람을 내게서 나가게 하라 하니 다 그를 떠나 나가니라 10 암논이 다말에게 이르되 음식물을 가지고 침실로 들어오라 내가 네 손에서 먹으리라 하니 다말이 자기가 만든 과자를 가지고 침실에 들어가 그의 오라버니 암논에게 이르러 11 그에게 먹이려고 가까이 가지고 갈 때에 암논이 그를 붙잡고 그에게 이르되 나의 누이야 와서 나와 동침하자 하는지라 12 그가 그에게 대답하되 아니라 내 오라버니여 나를 욕되게 하지 말라 이런 일은 이스라엘에서 마땅히 행하지 못할 것이니 이 어리석은 일을 행하지 말라 13 내가 이 수치를 지니고 어디로 가겠느냐 너도 이스라엘에서 어리석은 자 중의 하나가 되리라 이제 청하건대 왕께 말하라 그가 나를 네게 주기를 거절하지 아니하시리라 하되 14 암논이 그 말을 듣지 아니하고 다말보다 힘이 세므로 억지로 그와 동침하니라 15 그리하고 암논이 그를 심히 미워하니 이제 미워하는 미움이 전에 사랑하던 사랑보다 더한지라 암논이 그에게 이르되 일어나 가라 하니 16

사람의 나라, 하나님의 나라 217

다말이 그에게 이르되 옳지 아니하다 나를 쫓아보내는 이 큰 악은 아까 내게 행한 그 악 보다 더하다 하되 암논이 그를 듣지 아니하고 17 그가 부리는 종을 불러 이르되 이 계집을 내게서 이제 내보내고 곧 문빗장을 지르라 하니 18 암논의 하인이 그를 끌어내고 곧 문빗장을 지르니라 다말이 채색옷을 입었으니 출가하지 아니한 공주는 이런 옷으로 단장하는 법이라 19 다말이 재를 자기의 머리에 덮어쓰고 그의 채색옷을 찢고 손을 머리 위에 얹고 가서 크게 울부짖으니라 20 그의 오라버니 압살롬이 그에게 이르되 네 오라버니 암논이 너와 함께 있었느냐 그러나 그는 네 오라버니이니 누이야 지금은 잠잠히 있고 이것으로 말미암아 근심하지 말라 하니라 이에 다말이 그의 오라버니 압살롬의 집에 있어 처량하게 지내니라 21 다윗 왕이 이 모든 일을 듣고 심히 노하니라 22 압살롬은 암논이 그의 누이 다말을 욕되게 하였으므로 그를 미워하여 암논에 대하여 잘잘못을 압살롬이 말하지 아니하니라 23 만 이 년 후에 에브라임 곁 바알하솔에서 압살롬이 양 털을 깎는 일이 있으매 압살롬이 왕의 모든 아들을 청하고 24 압살롬이 왕께 나아가 말하되 이제 종에게 양 털 깎는 일이 있사오니 청하건대 왕은 신하들을 데리시고 당신의 종과 함께 가사이다 하니 25 왕이 압살롬에게 이르되 아니라 내 아들아 이제 우리가 다 갈 것 없다 네게 누를 끼칠까 하노라 하니라 압살롬이 그에게 간청하였으나 그가 가지 아니하고 그에게 복을 비는지라 26 압살롬이 이르되 그렇게 하지 아니하시려거든 청하건대 내 형 암논이 우리와 함께 가게 하옵소서 왕이 그에게 이르되 그가 너와 함께 갈 것이 무엇이냐 하되 27 압살롬이 간청하매 왕이 암논과 왕의 모든 아들을 그와 함께 그에게 보내니라 28 압살롬이 이미 그의 종들에게 명령하여 이르기를 너희는 이제 암논의 마음이 술로 즐거워할 때를 자세히 보다가 내가 너희에게 암논을 치라 하거든 그를 죽이라 두려워하지 말라 내가 너희에게 명령한 것이 아니냐 너희는 담대히 용기를 내라 한지라 29 압살롬의 종들이 압살롬의 명령대로 암논에게 행하매 왕의 모든 아들들이 일어나 각기 노새를 타고 도망하니라 30 그들이 길에 있을 때에 압살롬이 왕의 모든 아들들을 죽이고 하나도 남기지 아니하였다는 소문이 다윗에게 이르매 31 왕이 곧 일어나서 자기의 옷을 찢고 땅에 드러눕고 그의 신하들도 다 옷을 찢고 모셔 선지라 32 다윗의 형 시므아의 아들 요나답이 아뢰어 이르되 내 주여 젊은 왕자들이 다 죽임을 당한 줄로 생각하지 마옵소서 오직 암논만 죽었으리이다 그가 압살롬의 누이 다말을 욕되게 한 날부터 압살롬이 결심한 것이니이다 33 그러하온즉 내 주 왕이여 왕자들이 다 죽은 줄로 생각하여 상심하지 마옵소서 오직 암논만 죽었으리이다 하니라 34 이에 압살롬은 도망하니라 파수하는 청년이 눈을 들어 보니 보아라 뒷산 언덕길로 여러 사람이 오는도다 35 요나답이 왕께 아뢰되 보소서 왕자들이 오나이다 당신의 종이 말한 대로 되었나이다 하고 36 말을 마치자 왕자들이 이르러 소리를 높여 통곡하니 왕과 그의 모든 신하들도 심히 통곡하니라 37 압살롬은 도망하여 그술 왕 암미훌의 아들 달매에게로 갔고 다윗은 날마다 그의 아들로 말미암아 슬퍼하니라 38 압살롬이 도망하여 그술로 가서 거기에 산 지 삼 년이라 39 다윗 왕의 마음이 압살롬을 향하여 간절하니 암논은 이미 죽었으므로 왕이 위로를 받았음이더라

다윗의 아들들

다윗의 역할

승승장구乘勝長驅하던 다윗의 명성은 사무엘하 11장부터 강강장구降降長驅합니다. 승승장구는 점점 더 나아진다는 의미요 반대말로 점점 더 안 좋아진다는 의미로 제가 강강장구라는 말을 만들어 보았습니다. 사무엘하 11장부터 24장까지에서 다윗과 다윗의 여러 아들들의 행악과 범죄들을 살펴 볼 것입니다. 사람들은 한 사람이 잘 나가면 모든 것을 그 사람의 공로로 인정해 줍니다. 전부 그 사람이 잘 한 결과라며 칭찬 일색으로 영웅 만들기를 합니다. 그러나 성경은 다윗의 승승장구를 전혀 다윗의 지혜나 다윗의 용기로 보지 않고 하나님의 도우심과 하나님의 만들어 가심으로 설명합니다. 또한 사람들은 어떤 사람들의 상황이 나빠지고 안 좋아지면 그 사람의 잘못으로 모든 것을 덮어씌웁니다. 그 사람의 행동이 잘못 되었고 그럴 줄 알았고 이미 그런 문제를 내포 하고 있었다고 마녀 사냥식으로 몰아갑니다. 그러나 성경은 다윗의 행동과 아들들의 행동을 그들의 잘못으로만 몰아가지 않을 것입니다.

다윗을 이해하기 위해서는 언제나 다윗의 위치와 역할을 잘 분별해야 합니다. 하나님이 다윗에게 왕의 신분과 위치를 만들어 오신 이유와 왕으로서 다윗이 감당해야할 역할이 무엇인지를 이해해야 본문을 바르게 알 수 있습니다. 하나님은 다윗을 단순히 이스라엘이라는 나라의 통치자 또는 지도자로 세운 것이 아닙니다. 이스라엘이라는 나라도 당시 애굽이나 블레셋 등 이미 여러 나라들이 있는데 또 다른 한 나라를 세우기 위한 것이 아니라 모든 나라들이 하나님을 모를 때에 하나님을 중재하기 위한 제사장적 역할로 하나님이 이스라엘이라는 나라를 세웠습니다. 그와 마찬가지로 이스라엘 백성들이 하나님에 대하여 무지하고 하나님의 원리를 따르지 않을 때에 하나님을 가르치고 하나님의 원리와 기준과 마음과 역사를 백성들에게 전달하기 위한 하나님의 중개자로써 다윗을 세웠습니다. 그래서 다윗은 왕이라는 위치와 신분이 중요한 것이 아니라 백성에게 하나님을 드러내고 하나님을 가르치고 하나님을 증거 해야 하는 역할이 훨씬 더 중요합니다.

하나님이 다윗을 왕으로 세우면서 왕의 위치와 신분에 관한 명령은 하나도 하시지 않습니다. '나라를 견고히 하라, 국방을 튼튼히 하라, 경제 성장을 이루어라, 주택 문제를 해결하라, 여당과 야당이 연정을 해서 정치적 안정을 꾀하라' 는 어떠한 지시도 없습니다. 하나님이 이스라엘 왕에게 금지하신 것은 '말馬을 두지 말라, 은금을 많이 두지 말라, 아내를 많이 두지 말라' 는 것이었습니다. 사람들이 왕이 되고 싶어 하는 이유는 말을 많이 둘 수 있고 은금을 많이 가질 수 있고 아내를 많이 가질 수 있기 때문입니다. 그런데 성경은 사람들이 원하는 것을 두지 말라고 했으니 성경이 말하는 왕은 세상이 말하는 왕과 전혀 다르다는 것을 이해하셔야 됩니다. 하나님이 이스라엘에게 행하라고 명령하신 것은 '율법을 늘 왕의 옆에 두고 읽어서 하나님 여호와 경외하기를 배우며 이 율법의 모든 말과 규례를 지켜 행하라' 는 것이었습니다. 하나님의 말씀대로 행하면 왕의 마음이 형제 위에 교만하지 아니하리라는 것입니다. 사람들이 왕이 되고 싶어 하는 이유는 다른 사람 위에 높아지고 싶기 때문입니다. 그런데 성경은 왕을 세우면서 왕에게 하나님 마음을 가져 절대로 백성들 위에 교만하지 말라고 말씀하십니다. 다윗은 나라를 튼튼하게 하고 부강하게 만드는 것이 하나님 앞에 주목 받는 것이 아니라 하나님의 말씀대로 하나님의 원리대로 행동하는 것이 가장 중요한 것입니다.

하나님을 강조

하나님이 세운 왕 다윗이 하나님의 명령을 얼마나 순종 했는지 본문을 통해 확인해 볼 수 있습니다. 사무엘하 12장 26절부터 31절에 재미있는 이야기가 나옵니다. 요압 장군이 전쟁에 나가 거의 성을 함락시키고 승리하기 직전에 공격을 멈추고 왕을 초청하여 왕으로 하여금 승리를 얻게 합니다. 요압 장군이 승리를 취하면 자신의 공적이 드러날까봐 승리의 영광을 왕에게 돌리려는 것입니다. 결국 다윗이 전장에 나와 성을 취하여 승리를 얻고 면류관을 씁니다. 이러한 장면들은 세상의 영웅전이나 위인전에서 흔히 볼 수 있는 장면들입니다. 영웅은 언제나 왕 혼자이어야 하고 모든 신하는 각양의 방법을 통해 왕을 높여주어야 합니다. 왕권이 강해야 왕의 권위가 세워지고 왕권이 안정되고 나라가 견고해진다고 말합니다.

그러나 하나님을 믿는 공동체, 하나님을 믿는 사람들의 행동은 전혀 다른 것입니다. 하나님의 공동체의 특성은 모든 인간은 하나님의 공로, 하나님의 수고, 하나님의 노력, 하나님의 일하심 즉 하나님의 은혜로 사는 것이요, 하나님 이외의 어느 누구의 공로나 업적이 인정되지 않는 것입니다. 세상에는 영웅 만들기가 있지만 기독교에는 영웅 만들기가 없습니다. 세상은 일이 잘못되면 사람에게서 원인을 찾아내는 마녀사냥이 있지만 기독교는 일이 잘못되어도 사람의 책임을 묻는 마녀사냥이 없습니다. 왜냐하면 하나님은 인간을 위해, 전적으로 인간을 위해 일하시는 분이기 때문에, 인간을 억압하거나 인간을 누르거나 인간을 지배하는 분이 아니기 때문입니다. 하나님의 수고, 하나님의 일하심, 하나님의 공로를 드러내며 하나님을 인정해도 하나님은 인간에게 수고의 대가를 따지거나 일하심을 명분으로 인간을 지배하지 않으시기 때문입니다. 인간의 공동체에서 어떤 일의 성패에 대하여 개인의 업적이 드러나기 시작하면 공동체는 곧 깨집니다. 어떤 일이 되어 졌을 때 많이 수고한 사람과 적게 수고한 사람이 나누어지고 크게 공헌한 자와 적게 공한 자가 구별되고 적극적으로 헌신한자와 소극적으로 동참한 자가 차별되기 시작하면 공동체 내부에 평안한 마음과 자유로운 마음과 행복한 마음이 다 깨져버립니다. 하나님은 인간의 공로를 인정치 않고 하나님의 수고와 하나님의 역사로 되었다고만 주장하십니다. 하나님의 은혜를 강조하는 것 즉 인간의 공로 대신에 하나님의 일하심을 강조하는 것은 하나님의 독단이나 하나님의 독점으로 연결되지 않습니다. 도리어 인간의 차별을 없애주어 모든 인간이 동등하게 서로를 존중하게 살 수 있게 하는 하나님의 사랑의 원리입니다.

다윗의 행적

본문에서 요압의 제안과 다윗의 행동은 하나님의 원칙, 하나님의 원리, 하나님의 마음, 하나님의 심정, 하나님의 방식과는 전혀 무관한 것입니다. 요압의 제안은 한 나라의 신하, 왕의 부하로서는 충성의 모습이요 신실한 모습일 수 있습니다. 전쟁의 승리를 자신이 취하지 아니하고 승리의 영광을 왕이 받도록 하여 왕만 존귀를 얻게 하는 것은 신하로서는 매우 충성스러운 것일 수 있습니다. 이때 다윗은 영광을 얻기 위하여 전장에 나아가면 안 되는 것입니다. 다윗은 전장에 나아가 승리의 면류관을 쓸 것이 아니라 정반대로 해야 합니다. 다윗은 '요압장군이여, 전쟁을 계속하여 승리를 쟁취하라. 네가 승리해도 너 때문에 이긴 것이 아니다. 하나님이 적군을 네 손에 붙이지 아니하면 너는 이길 수 없고, 내가 나간다 할지라도 나 때문에 이긴 것이 아니라 하나님이 적군을 내 손에 붙이지 아니하면 나는 이길 수 없다. 네가 나가나 내가 나가나 우리는 하나님의 도움으로만 살 수 있다. 나에게 충성하며 나를 높이려고 하지 마라. 우리는 오직 하나님만 의지하고 하나님의 원리를 따른다' 라고 말했어야 합니다. 이스라엘 백성에게 하나님을 드러내고 하나님의 도우심을 강조하는 것이 다윗의 역할일진대 다윗은 요압의 제안대로 전장에 나아가 승리를 쟁취함으로 자신의 역할에 실패하는 것입니다. 하나님이 왕에게 부탁하셨던 것 즉 백성들 위에 교만하지 말라는 마음을 잃어버린 것입니다. 하나님을 강조하는 것은 인간의 공로를 무시하거나 인간의 수고를 멸시하는 것이 아닙니다. 하나님을 주장한다는 것이 하나님을 높이고 인간을 낮추는 작업이 아닙니다. 하나님의 은혜를 강조하는 것이 모든 사람이 동등한 신분으로, 같은 자격으로 함께 즐거워 할 수 있도록 하는 것입니다.

다윗의 아들들

사무엘하 13장부터 24장에서 다윗과 자녀들의 범죄를 볼 것입니다. 하나님이 왕을 세우시면서 왕에게 부탁했던 것 중에 하나가 아내를 많이 두지 말라는 것이었습니다. 안타깝게도 다윗은 하나님의 말씀을 순종하지 않았습니다. 사무엘하 3장 2절에 다윗의 아들을 소개하고 있습니다. 자녀가 여섯인데 여섯 아들의 어머니가 다 다릅니다. "다윗이 헤브론에서 아들들을 낳았으되 맏아들은 암논이라. 이스라엘 여인 아히노암의 소생이요 둘째는 길르압이라. 갈멜 사람 나발의 아내였던 아비가일의 소생이요 셋째는 압살롬이라. 그술 왕 달매의 딸 마아가의 아들이요 넷째는 아도니야라. 학깃의 아들이요 다섯째는 스바댜라. 아비달의 아들이요 여섯째는 이드르암이라. 다윗의 아내 에글라의 소생이니"입니다. 그리고 사무엘하 5장 13절 "다윗이 헤브론에서 올라온 후에 예루살렘에서 처첩들을 더 두었으므로 아들과 딸들이 또 다윗에게서 나니 예루살렘에서 그에게서 난 자들의 이름은 삼무아와 소밥과 나단과 솔로몬과 입할과 엘리수아와 네벡과 야비아와 엘리사마와 엘랴다와 엘리벨렛이었더라"입니다. 다윗의 아들들이 소개되지만 동시에 다윗의 아내들이 소개되고 있고, 다윗은 아내를 많이 두지 말라는 하나님의 말씀과는 다르게 많은 아내를 두고 있는 것입니다. 사무엘하 13장의 주요 등장인물은 암논, 압살롬, 다말입니다. 암논은 다윗의 첫째 아들이고 압살롬은 셋째 아들이고 다말은 압살롬의 누이요 다윗의 딸입니다. 암논에게 다말을 겁탈하는 교활한 술수를 가르쳐준 요나답은 다윗의 형 시므이의 아들로 암논에게는 삼촌이 되는 것입니다. 다말 사건은 하나님의 말씀에 순종하지 않은 결과로 다윗의 형제들과 다윗의 자녀들 즉 이복자녀들이 벌이는 복잡한 가족 간의 불행한 일입니다.

화근

하나님의 말씀이 옳다

본문에서 각 사람의 행동이 어떻게 잘못되었는지를 분별하기 이전에 근본적으로 하나님과 다윗의 관계에서 나타나는 문제의 원인을 확인해 보아야 합니다. 하나님이 인간에게 말씀하시고 하나님이 인간에게 계명을 주실 때 하나님의 말씀이 언제나 옳습니다. 인간을 축복하시는 하나님, 인간을 도우시는 하나님, 인간을 주관하시는 하나님의 말씀이 옳고 인간은 하나님의 말씀대로 행하는 것이 가장 좋습니다. 인간이 하나님의 말씀에 순종하면 복이 되고 불순종하면 화가 됩니다. 복이 되고 화가 되는 것은 행동과 구별된 것이 아니라 당연하게 연결되어 있는 것입니다. 하나님의 말씀을 순종하면 하나님이 어여삐 여기사 복을 주시는 것이 아니라 하나님의 말씀이 옳은 것이기에 하나님의 말씀대로 행하는 것 자체가 이미 복을 내재하고 있는 것입니다. 하나님의 말씀을 불순종하면 하나님이 괘씸하게 여기사 재앙을 주시는 것이 아니라 옳으신 하나님의 말씀에 불순종하는 것 자체가 옳지 않은 원리를 따르는 행동이기에 당연하게 옳지 않은 일 즉 화가 내재되어 있는 것입니다.

하나님은 인간에게 명령하시고 인간이 하나님의 명령에 불순종할 때에 진노하시고 심판하시고 형벌을 내리시는 것이 아닙니다. 불순종과 화禍의 관계와 명령과 형벌의 관계가 오해되고 있기에 하나님이 오해받고 기독교가 왜곡되고 있습니다. 하나님의 말씀에 불순종하면 화가 임하는 것은 맞습니다. 하지만 그 이유는 하나님의 징계 때문이 아니라는 것을 설명해야 합니다. 하나님의 말씀을 불순종하면 불순종의 대가로 하나님이 재앙을 내리시기 때문에 인간에게 화가 임하는 것이 아니라, 선한 결과를 내재한 하나님의 말씀을 순종하지 않고 도리어 불순종한 것은 선한 결재를 내재한 하나님의 말씀대신 악한 결과를 내재한 죄의 원리를 순종하였기에 죄에게서 죄의 결과가 임한 것입니다. 예를 들면, 병원에서 의사가 '요즘은 환절기입니다. 일교차가 크니 주무실 때 꼭 이불을 덮으세요' 라고 권고합니다. 의사의 권고는 옳은 말이요 좋은 말입니다. 어떤 사람이 의사의 권고를 따르지 않으면 의사가 불순종의 대가로 징계를 내려 감기몸살이 들게 만드는 것이 아닙니다. 감기몸살이 든 것은 의사의 옳은 권고를 듣지 않은, 즉 잘 때에 이불을 덮지 않았기 때문입니다. 의사의 권고와 감기몸살은 옳은 말과 옳은 말을 듣지 않은 당연한 결과일 뿐 전혀 의사의 진노 또는 의사의 징계가 아닌 것입니다. 하나님이 인간에게 주시는 말씀은 선한 결과를 내재한 옳으신 말씀입니다. 하나님은 인간에게 명령하시고 명령에 불순종할 때에 심하게 징계하시는 분이 절대로 아닙니다.

하나님의 뜻이 옳다

하나님은 언제나 인간에게 유익한 말씀을 하십니다. 하나님이 인간에게 말씀하시는 경우 하나님의 말씀이 얼마나 은혜로운 말씀이요 축복의 말씀인 것을 이해해야 합니다. 하나님이 인간에게 말씀하시고 명령하셨을 때 명령을 따른 인간들의 수고의 결과로 인하여 하나님이 좋아지고 하나님이 덕을 보고 하나님이 이득을 보고 하나님에게 유익하고 하나님에게 보탬이 되는 것은 하나도 없습니다. 하나님께서 말씀 하신 것 중에 하나님 자신을 위하여, 하나님 자신의 이득을 위하여 의도된 것은 하나도 없습니다. 하나님 자신에게는 아무런 유익도 되지 않는 말씀을 인간에게 하십니다. 왜냐하면 하나님은 인간을 사랑하기 때문입니다. 하나님은 충분하고 온전하고, 하나님은 모든 것을 이룬 분이시기 때문에 하나님만이 인간의 유익을 위하여 말씀하시고 일하십니다.

혹자들은 하나님께서 인간을 도와주시려면 단지 말씀만 하실 것이지 왜 하나님의 좋은 말씀이라고 인간에게 강요하느냐고, 왜 순종을 요구하느냐고 항변합니다. 이러한 항변은 인간의 속성, 죄인의 속성을 모르고서 하는 말입니다. 인간의 자유의지의 선택에 맡기는 것은 옳고 그름을 분별할 수 있는 자에게는 주어질 수 있지만 죄인이 되어 선택적 분별이 안 되는 자에게는 주어질 수 없는 겁니다. 시각장애인에게 집을 찾아가는 약도를 주고 약도를 따를 것인지의 여부를 본인의 선택에 맡기는 것은 아무런 의미가 없는 것과 마찬가지입니다. 하나님은 말씀을 주시고 하나님의 뜻을 주시고 하나님의 계명을 주시고 하나님의 말씀이 옳다는 것을 알고 깨닫고 이해하고 순복할 때까지 가르치고 교육하며 설득하며 기어코 예수를 보내어 십자가에 죽게 하며 우리를 구원하여 새로운 피조물로 만들어 낼 때까지 일하시는 분입니다. 그만큼 하나님은 인간을 사랑하시는 것입니다. 인간은 명령한 후 순종하면 상을 주고 불순종하면 징계를 합니다. 그러나 하나님은 절대로 그렇게 행하지 않습니다. 하나님은 말씀하신 후 순종하면 복을 주시고 불순종하면 은혜를 줘버리십니다. 인간으로 하여금 순종하면 받은 복을 누리게 하시고 불순종하면 은혜를 주어 기어코 복을 누리게까지 만들어 주시는 분이 하나님입니다.

이스라엘 백성이 출애굽한 후 광야에서 일어난 사건을 통해 확인할 수 있습니다. 광야에서 먹을 것이 없자 백성들이 불평합니다. 하나님께서 매일 매일 만나를 줄 테니까 그날 거둔 것은 그날 다 먹으라고 말씀하십니다. 하지만 이스라엘 백성은 그날 거둔 것을 다 먹으면 행여 다음 날 만나가 내리지 않을지도 모른다는 불안감 때문에 일정량은 먹고 일정량은 남깁니다. 밤새도록 내일 만나가 안 내리면 어떻게 해야 할지 염려하느라 잠도 안 오고 먹은 것도 배가 부르지 않습니다. 내일도 만나를 주시겠다는 하나님의 말씀을 불신하며, 그날 거둔 것을 모두 먹으라는 하나님의 말씀에 불순종하는 것입니다. 분명 이스라엘은 불신과 불순종을 행했음에도 불구하고 다음날 만나는 여전히 풍성하게 내립니다. 자그만치 육일동안 이스라엘이 계속하여 불신과 불순종을 범해도 하나님은 일관되게 만나를 제공하십니다. 여섯째 날에는 두 배로 주어 일곱째 날에 만나를 거두러 나가지 않도록 배려하시고 일곱째 날에는 아무 일도 하지 말라고 말씀하십니다. 이스라엘은 여섯째 날에 두 배로 거두어 소산을 풍성히 소유하고 있으면서도 또 일곱째 날에 하나님 말씀에 불순종하고 만나를 거두러 나갑니다. 이렇게 반복적으로 불순종하는 백성들에게 하나님은 다음 날에 또 만나를 내려 주십니다. 하나님은 순종하는 자에게 당연히 복을 주시고, 불순종 하는 자에게는 은혜를 주셔서 결국 하나님을 알고 하나님의 은혜를 누리게끔 인간을 도우시며 인간을 축복하시는 분입니다.

광야 여정에서 이스라엘 백성들이 마실 물이 없다고 하나님께 불평을 합니다. 하나님께서는 모세에게 반석을 명하여 물을 내라고 지시하십니다. 모세는 반석을 명하여 물을 내라는 하나님의 말씀에 불순종하고 지팡이로 반석을 쳤습니다. 모세가 하나님의 명령에 불순종하였기에 반석에서는 물이 나오지 않아야 할 것입니다. 그러나 하나님은 반석에서 물을 내시어 백성들로 하여금 마시게 하셨습니다. 모세가 불순종했다는 사실보다 더욱 중요한 것이 백성들이 물을 먹고 살아야 한다는 것입니다. 모세가 순종했으면 물이 나왔을 것이지만, 모세가 불순종하자 하나님은 은혜로 물을 주시는 것입니다. 하나님은 인간을 도우시며 인간을 축복하시며 인간을 공급하시며 인간을 위하시는 사랑의 하나님 이십니다. 인간을 위하여 이렇게 일하시는 분은 오직 하나님뿐입니다. 하나님 옳고 하나님의 말씀이 옳고 하나님의 원리와 방식대로 행해야 인간이 살 수 있습니다. 하나님은 절대로 인간을 창조자의 권위나 주관자의 권세로 지배하고 통치하는 분이 아닙니다. 하나님은 죄인 된 인간을 치유하시는 분, 죄인 된 인간을 구원하시는 분, 죄인 된 인간을 인도하시는 분으로 수고하며 역사하며 일하시는 분입니다.

다윗 가문의 위기

본문에서 다윗의 가문은 위기에 처해 있습니다. 다윗의 가문이 위기에 처한 이유는 다윗이 아내를 많이 두지 말라는 하나님의 말씀을 어겼기 때문이 아닙니다. 아내를 많이 두어 여러 아내와 여러 자식들이 서로 시기와 암투를 벌여서 가문이 위기에 처한 것이 아닙니다. 하나님께서 왕에게 아내를 많이 두지 말라고 하신 의미는 아내가 몇 명이냐는 숫자의 문제가 아니라 왕권의 안정을 어디에 두느냐의 문제입니다. 왕들이 아내를 많이 두는 이유는 왕실의 숫자를 늘림으로 왕권을 강화하려는 의도입니다. 하나님께서 아내를 많이 두지 말라고 말씀하신 이유는 이스라엘 나라의 안정과 왕권의 강화는 인간의 인위적인 방법에 있는 것이 아니라 하나님께 있다는 것입니다. 하나님이 나라를 세우고 하나님이 왕을 세우고 하나님이 나라를 평안하게 하시는 원동력임을 인정하라는 것입니다. 다윗이 아내를 많이 두었다는 사실은 왕권의 안정을 하나님께 두지 않은 것입니다. 옳으신 하나님의 말씀, 맞으신 하나님의 말씀, 인간을 도우시고 인간에게 합당하게 하시는 하나님 말씀을 거부한 것이 다윗 가문의 화근이요 본문의 문제가 발생하게 되는 원인입니다. 다윗이 여호와의 원리대로 살지 않았다는 것은 다른 표현으로 죄의 원리대로 살았다는 것이요 결과적으로 여호와의 원수 즉 사단이 크게 비방할 거리를 얻었다는 것입니다.

죄인들의 행위

암논의 죄

성도는 사건을 하나님의 관점으로 보아야 합니다. 성도는 하나님의 심정, 하나님의 마음, 하나님의 기준을 가진 자로서 하나님의 수준에서 사고해야 합니다. 본문에는 여러 등장인물이 있습니다. 가장 먼저 암논의 행동, 암논의 죄를 상고해 보겠습니다. 다윗의 경우에서 확인했듯이 죄는 절대로 우발적이거나 순간적으로 일어난 행동이 아닙니다. 의도하지 않았는데 상황에 따라 예상밖으로 발생한 충동적 사건이 아닙니다. 암논은 처음에는 단지 다말에 대하여 아름다운 여인으로 생각하였을 뿐이고 단지 손이라도 한번 잡아봤으면 좋겠다고 생각했을 뿐인데 어쩌다보니 잠자리를 갖게 되었고, 어쩌다보니 다말을 멀리한 것이 아닙니다. 만약 암논이 다말을 사모하였다면, 암논이 다말을 범하려고 했을 때에 다말이 다윗에게 말하여 자신을 아내로 달라고 하라고 권고하는 말을 들었어야 합니다. 암논만 다말을 사모한 것이 아니라 다말이 자신을 받아주려는 마음을 기뻐하고 즐거워하며 즉시 다윗에게 달려갔어야 합니다.

그러나 암논은 다말의 요청을 거부하고 다윗에게 다말을 아내로 달라고 부탁하지 않습니다. 암논은 처음부터 다말을 사모한 것이 아니며, 다말을 아내로 맞이할 의도가 전혀 없었던 것입니다. 암논의 행동은 우발적 행동이 아니라 평상시에 이미 죄를 의도하고 있었고 죄를 지을 기회만 보고 있었고 기어코 죄를 범한 것입니다. 암논의 행동은 단순히 간음죄, 겁탈 죄, 강간죄가 아닙니다. 이스라엘 내에, 하나님을 아는 백성

내에, 하나님의 질서 내에, 하나님의 뜻이 있는 곳에, 하나님의 명령이 있는 곳에서 하나님의 뜻을 어기는 것이기 때문에 단지 성범죄로 취급되는 것이 아니라 여호와 멸시 죄입니다. 우발적 성범죄가 아니라 근본적으로 하나님의 원리를 따르지 않은 것입니다.

요나답의 죄

요나답은 다윗의 형 시므이의 아들입니다. 암논이 다말로 인하여 악한 계획을 품고 있을 때에 요나답이 교활한 술수를 제공합니다. 후에 암논의 행동이 드러나고 암살롬에 의하여 암논이 죽임을 당합니다. 압살롬이 양털 깎는 날을 잡아 암논을 죽이고 압살롬이 왕의 모든 아들들을 죽이고 하나도 남기지 아니하였다는 소문이 다윗에게 들릴 때에 요나답이 다윗의 옆에서 말을 거듭니다. 13장 32절 "다윗의 형 시므이의 아들 요나답이 아뢰어 이르되 내 주여 젊은 왕자들이 다 죽임을 당한 줄로 생각하지 마옵소서. 오직 암논만 죽었으리이다. 그가 압살롬의 누이 다말을 욕되게 한 날부터 압살롬이 결심한 것이니이다. 그러하온즉 내 주 왕이여 왕자들이 다 죽은 줄로 생각하여 상심하지 마옵소서. 오직 암논만 죽었으리이다 하니라" 입니다. 압살롬의 집에서 발생한 일에 대하여 요나답이 자세히 보고 하고 있습니다. 정작 자신이 암논의 행동의 동조자요 교활한 술수를 제공한 장본인이면서 전혀 시치미를 떼고 오직 이미 죽은 암논의 행위만 부각시키며 교묘하게 다윗을 위로하고 자신은 빠져나갑니다. 요나답의 행위 또한 살인공모 죄가 아니요, 왕을 속인 사기죄가 아닙니다. 요나답의 죄도 근본적으로 여호와 멸시 죄입니다.

압살롬, 다윗의 죄

압살롬은 자기 누이 다말이 암논에게 겁탈을 당한 사실을 알고 범행자인 암논을 죽입니다. 압살롬과 다말은 남매 사이로 압살롬이 자기 누이가 당한 일에 대하여 분해하고 복수의 칼을 갈았다면 다윗은 다말의 아버지로서 더욱 안타까워하며 딸의 억울함을 풀어주었어야 합니다. 암논이 다말에게 죄를 범한 소식이 압살롬에게도 들려졌고 다윗에게도 들려졌습니다. 압살롬은 누이에게 발생한 일에 분노해서 죄지은 암논을 처형하였는데, 정작 아버지인 다윗은 아무런 조치를 취하지 않았습니다. 다윗은 다말을 범한 암논의 행동에 대하여 암논을 불러 책망하지도 않았고 징계를 내리지도 않았습니다. 또한 다윗은 압살롬이 암논을 죽이고 도망가 버려도 아무런 조치를 취하지 않습니다. 가족 내에서, 형제 간에, 남매간에 죽고 죽이는 살인극이 펼쳐져도 다윗은 한 번도 어떤 조치를 취하지 않습니다. 암논의 범죄를 살인으로 갚은 압살롬의 행위나 암논과 압살롬의 범죄에 대하여 아무런 조치를 취하지 않는 다윗의 행위는 모두 하나님을 멸시하는 죄입니다. 암논, 요나답, 압살롬, 다윗이 연관된 범죄 현장에서 상황적으로 누가 옳고 정당한가를 분석하는 것이 아니라 성경이 지적하여 주는 죄인의 행동 양식을 알아야 하는 것입니다.

하나님의 행하심

성경에서 배워야 하는 것은 하나님의 행하심입니다. 하나님이 어떻게 행동하시는가를 보면서 인간이 어떻게 행동해야 하는 가를 배워야 합니다. 인간이 잘못했을 때에 하나님은 죄에 대한 대가를 받아 죽어야 한다고 말씀하지 않았습니다. 죄인이 죄의 결과를 당하면 살 수 없기에 징계할 수 없고, 죄인의 죄를 묵인하면 범죄가 흥왕할 것이기에 죄를 묵인할 수도 없습니다. 하나님은 인간이 죄를 범할 경우 죄인에게 본인의 행동이 죄라는 것을 지적하시고, 죄인이 달라질 수 있는 방법, 죄인이 변화될 수 있는 방법을 알려 주십니다. 하나님의 본질적인 해결이 바로 구원입니다. 죄에 사로잡힌 죄인이 죄에게서 벗어나지 않고서는 죄를 중단할 수 없기 때문입니다. 죄로부터 구원받지 않으면 인간의 문제는 결코 해결될 수 없는 것입니다. 그래서 하나님은 예수 그리스도의 성육신과 십자가와 부활 사건을 통해 죄인을 구원하시어 새로운 피조물, 새로운 존재 즉 하나님의 원리와 성품과 마음을 갖는 자로 변화시켜 주시는 것입니다.

다윗 또는 다윗의 모든 가족 또는 이스라엘 백성들은 하나님의 옳으신 말씀, 인간을 행복하고 자유롭고 평화롭게 하시는 하나님의 원리를 따르지 않았기에 하나님께 받는 징계가 아니라 단지 죄인으로 죄를 범한 현상들과 죄의 결과들에 허덕이고 있는 것입니다. 세상에서는 사람들로 하여금 죄를 못 짓게 하려고 애를 씁니다. 그러나 성경에서 하나님은 인간으로 하여금 죄를 안 짓게 만드십니다. 세상이 사람에게 죄를 못 짓게 만들려는 노력과 하나님이 사람에게 죄를 안 짓게 만드시는 것은 전혀 다른 차원입니다. 죄를 짓지 못하게 하려는 노력은 근본적인 문제를 해결하지 못한 채 단지 행동으로 돌출되지 못하게 막으려는 것에 불과합니다. 죄인이기 때문에, 죄에 사로잡혀 있기 때문에 죄가 발생하는데 죄 문제를 해결시켜주지 않고 죄만 짓지 말라고 하는 것은 말장난에 불과합니다. 죄를 짓지 못하도록 하기 위하여 동원되는 수단이 범죄자에게 중한 형벌을 내리는 것입니다. 그러나 역사가 증거하듯이 어떠한 방법으로도 죄를 줄이지 못하고 죄를 없애지 못했습니다.

하나님은 인간으로 하여금 죄를 못 짓게 하시는 것이 아니라 죄를 안 짓게 하십니다. 죄를 안 진다고 하는 것은 죄를 지을 필요가 없다는 것입니다. 하나님께서 인간의 문제를 해결하시고 인간의 필요를 공급하시고 인간에게 보장과 약속과 축복을 제공하시어 인간이 죄를 지음으로 얻어낼 것이 없고 인간이 죄를 지음으로 획득할 것이 없고 인간이 죄를 지음으로 나아지거나 개선될 것이 없도록 만들어 주십니다.

성도는 죄를 못 짓는 것을 답답해하고 갇혔다는 느낌을 받는 사람들이 아닙니다. 성도는 죄를 안 짓는 분으로써, 죄를 안 짓는 스스로의 모습에 대견해 하며 자신을 그렇게 만들어 주신 하나님을 기뻐하며 즐거워하며 성도들과 함께 더불어 하나님의 은혜를 누리며 더불어 사는 자들입니다. 하나님의 옳으신 말씀에 순종하며 하나님의 은혜를 누려 가시기를 주님의 이름으로 축원합니다.

14
버린 자가 되지 않게

사무엘하 14 : 1 ~ 33

1 스루야의 아들 요압이 왕의 마음이 압살롬에게로 향하는 줄 알고 2 드고아에 사람을 보내 거기서 지혜로운 여인 하나를 데려다가 그에게 이르되 청하건대 너는 상주가 된 것처럼 상복을 입고 기름을 바르지 말고 죽은 사람을 위하여 오래 슬퍼하는 여인 같이 하고 3 왕께 들어가서 그에게 이러이러하게 말하라고 요압이 그의 입에 할 말을 넣어 주니라 4 드고아 여인이 왕께 아뢸 때에 얼굴을 땅에 대고 엎드려 이르되 왕이여 도우소서 하니 5 왕이 그에게 이르되 무슨 일이냐 하니라 대답하되 나는 진정으로 과부니이다 남편은 죽고 6 이 여종에게 아들 둘이 있더니 그들이 들에서 싸우나 그들을 말리는 사람이 아무도 없으므로 한 아이가 다른 아이를 쳐죽인지라 7 온 족속이 일어나서 당신의 여종 나를 핍박하여 말하기를 그의 동생을 쳐죽인 자를 내놓으라 우리가 그의 동생 죽인 죄를 갚아 그를 죽여 상속자 될 것까지 끊겠노라 하오니 그러한즉 그들이 내게 남아 있는 숯불을 꺼서 내 남편의 이름과 씨를 세상에 남겨두지 아니하겠나이다 하니 8 왕이 여인에게 이르되 네 집으로 가라 내가 너를 위하여 명령을 내리리라 하는지라 9 드고아 여인이 왕께 아뢰되 내 주 왕이여 그 죄는 나와 내 아버지의 집으로 돌릴 것이니 왕과 왕위는 허물이 없으리이다 10 왕이 이르되 누구든지 네게 말하는 자를 내게로 데려오라 그가 다시는 너를 건드리지도 못하리라 하니라 11 여인이 이르되 청하건대 왕은 왕의 하나님 여호와를 기억하사 원수 갚는 자가 더 죽이지 못하게 하옵소서 내 아들을 죽일까 두렵나이다 하니 왕이 이르되 여호와께서 살아 계심을 두고 맹세하노니 네 아들의 머리카락 하나도 땅에 떨어지지 아니하리라 하니라 12 여인이 이르되 청하건대 당신의 여종을 용납하여 한 말씀을 내 주 왕께 여쭙게 하옵소서 하니 그가 이르되 말하라 하니라 13 여인이 이르되 그러면 어찌하여 왕께서 하나님의 백성에게 대하여 이같은 생각을 하셨나이까 이 말씀을 하심으로 왕께서 죄 있는 사람 같이 되심은 그 내쫓긴 자를 왕께서 집으로 돌아오게 하지 아니하심이니이다 14 우리는 필경 죽으리니 땅에 쏟아진 물을 다시 담지 못함 같을 것이오나 하나님은 생명을 빼앗지 아니하시고 방책을 베푸사 내쫓긴 자가 하나님께 버린 자가 되지 아니하게 하시나이다 15 이제 내가 와서 내 주 왕께 이 말씀을 여쭙는 것은 백성들이 나를 두렵게 하므로 당신의 여종이 스스로 말하기를 내가 왕께 여쭈오면 혹시 종이 청하는 것을 왕께서

시행하실 것이라 16 왕께서 들으시고 나와 내 아들을 함께 하나님의 기업에서 끊을 자의 손으로부터 주의 종을 구원하시리라 함이니이다 17 당신의 여종이 또 스스로 말하기를 내 주 왕의 말씀이 나의 위로가 되기를 원한다 하였사오니 이는 내 주 왕께서 하나님의 사자 같이 선과 악을 분간하심이니이다 원하건대 왕의 하나님 여호와께서 왕과 같이 계시옵소서 18 왕이 그 여인에게 대답하여 이르되 바라노니 내가 네게 묻는 것을 내게 숨기지 말라 여인이 이르되 내 주 왕은 말씀하옵소서 19 왕이 이르되 이 모든 일에 요압이 너와 함께 하였느냐 하니 여인이 대답하여 이르되 내 주 왕의 살아 계심을 두고 맹세하옵나니 내 주 왕의 말씀을 좌로나 우로나 옮길 자가 없으리이다 왕의 종 요압이 내게 명령하였고 그가 이 모든 말을 왕의 여종의 입에 넣어 주었사오니 20 이는 왕의 종 요압이 이 일의 형편을 바꾸려 하여 이렇게 함이니이다 내 주 왕의 지혜는 하나님의 사자의 지혜와 같아서 땅에 있는 일을 다 아시나이다 하니라 21 왕이 요압에게 이르되 내가 이 일을 허락하였으니 가서 청년 압살롬을 데려오라 하니라 22 요압이 땅에 엎드려 절하고 왕을 위하여 복을 빌고 요압이 이르되 내 주 왕이여 종의 구함을 왕이 허락하시니 종이 왕 앞에서 은혜 입은 줄을 오늘 아나이다 하고 23 요압이 일어나 그술로 가서 압살롬을 데리고 예루살렘으로 오니 24 왕이 이르되 그를 그의 집으로 물러가게 하여 내 얼굴을 볼 수 없게 하라 하매 압살롬이 자기 집으로 돌아가고 왕의 얼굴을 보지 못하니라 25 온 이스라엘 가운데에서 압살롬 같이 아름다움으로 크게 칭찬 받는 자가 없었으니 그는 발바닥부터 정수리까지 흠이 없음이라 26 그의 머리털이 무거우므로 연말마다 깎았으며 그의 머리 털을 깎을 때에 그것을 달아본즉 그의 머리털이 왕의 저울로 이백 세겔이었더라 27 압살롬이 아들 셋과 딸 하나를 낳았는데 딸의 이름은 다말이라 그는 얼굴이 아름다운 여자더라 28 압살롬이 이태 동안 예루살렘에 있으되 왕의 얼굴을 보지 못하였으므로 29 압살롬이 요압을 왕께 보내려 하여 압살롬이 요압에게 사람을 보내 부르되 그에게 오지 아니하고 또 다시 그에게 보내되 오지 아니하는지라 30 압살롬이 자기의 종들에게 이르되 보라 요압의 밭이 내 밭 근처에 있고 거기 보리가 있으니 가서 불을 지르라 하니라 압살롬의 종들이 그 밭에 불을 질렀더니 31 요압이 일어나 압살롬의 집으로 가서 그에게 이르되 어찌하여 네 종들이 내 밭에 불을 질렀느냐 하니 32 압살롬이 요압에게 대답하되 내가 일찍이 사람을 네게 보내 너를 이리로 오라고 청한 것은 내가 너를 왕께 보내 아뢰게 하기를 어찌하여 내가 그술에서 돌아오게 되었나이까 이 때까지 거기에 있는 것이 내게 나았으리이다 하려 함이로라 이제는 네가 나로 하여금 왕의 얼굴을 볼 수 있게 하라 내가 만일 죄가 있으면 왕이 나를 죽이시는 것이 옳으니라 하는지라 33 요압이 왕께 나아가서 그에게 아뢰매 왕이 압살롬을 부르니 그가 왕께 나아가 그 앞에서 얼굴을 땅에 대어 그에게 절하매 왕이 압살롬과 입을 맞추니라

편견

　세상은 편견이 심하고 편 가르기를 잘 합니다. 잘난 사람과 못난 사람을 나누고 배운 사람과 못 배운 사람을 나누고 가진 사람과 못 가진 사람을 나누고 영웅과 악당을 신랄하게 구분합니다. 단지 구분만 하는 정도가 아니라 구분 속에는 사람들을 대하는 태도와 자세도 현격하게 다르다는 것을 적용하고 있습니다. 어떤 사람이 한 가지를 잘하면 사람은 한 가지를 잘 할 뿐인데 모든 것을 잘 하는 것처럼 여겨주고 그 사람을 높입니다. 말도 마찬가지입니다. 세상에 어떤 좋은 말이 있으면 그 말이 좋은 말이냐 안 좋은 말이냐는 것은 그 말 자체가 가지고 있는 내용이 좋고 훌륭하냐 아니면 옳지 못한 말이냐에 의하여 말의 중요성이 결정되어야 합니다. 그런데 많은 사람들은 말 자체가 옳으냐, 중요하냐보다 누가 말을 했느냐를 훨씬 더 중요하게 여기는 것 같습니다. 그래서 좋은 말을 할 때에는 그 말 뒤에 언제나 누가 한 말이라는 것을 첨부하여야 훨씬 영향력이 있고 듣는 사람들이 잘 들어주는 것 같습니다.

　예를 들어보겠습니다. 어떤 어려운 일이 있을 때 사회적으로 약자 층에 속한 사람이 '우리 포기하지 맙시다' 라고 말하면 뭔가 오기처럼 느껴지고 초라한 사람의 마지막 몸부림처럼 느껴집니다. 그러나 유명인사가 '영국의 처칠 수상이 제2차 세계대전 중에 한 대학교에 가서 학생들과 국민들을 향하여 아주 짧은 그러나 감동적인 연설을 하기를 Never give up, never give up, never give up. 결코 포기 하지 말자고 했던 것처럼 우리도 결코 포기하지 맙시다' 라고 하면 좀 멋있어 보입니다. 서점에 나와 있는 설득력 또는 대화법, 처세술, 경영학에 관련된 서적들을 보면 말을 할 때에는 '바른 말을 하라' 고 조언이 나와 있는 게 아니고 '말을 할 때는 유명한 말을 하라' 고 되어 있습니다. 사람들은 바른말에 귀를 기울이는 것이 아니라 유명한 말에 귀를 기울이고 그 유명한 말을 누가 한 말인것까지 첨부하면 훨씬 지적이고 교양 있어 보이고 영향력이 있어 보인다고 안내되어 있었습니다. 그리고 그 책 부록에 명문장 100선, 명대사 500선이 소개되어 있었습니다. 안타깝게도 명언록에 하나님의 말씀은 한 마디도 소개되지 않았습니다. 소개된 표현 중에 예수님 말씀은 두개가 들어있었습니다. 하나는 '무엇이든지 남에게 대접을 받고자 하는 대로 너희도 남을 대접하라' 마7:12이었고, 다른 하나는 '오른손이 하는 것을 왼손이 모르게 하라' 마6:3이었습니다. 사람들이 사람들의 말은 들어도 하나님의 말은 듣지 않는 것 같습니다.

다말, 드고아의 여인

오직 하나님

사람은 사람을 구분하지만 성경이 강조하는 사상은 인간은 동일하다는 것입니다. 하나님께서 동등하게 창조하셨기에 모든 면에서 인간은 동등하고 죄인이 되었을 때도 모든 인간은 다 똑같은 죄인입니다. 하나님 보시기에 인간 중에 특별히 뛰어나고 훌륭한 인간이란 없습니다. 훌륭하다고 해 봐야 죄인이고 못된 놈이라고 해 봐야 죄인입니다. 혹시 공부 잘 하는 사람이 있으면 그는 공부 잘 하는 죄인이고 혹시 공부 못하는 사람이 있으면 그는 공부 못하는 죄인입니다. 성경은 죄인이라는 공통점을 강조하고, 인간은 동일성은 무시한 채 차별성을 강조하려고 합니다. 인간의 차별성을 강조하는 죄인들의 습성이 성경을 읽을 때에도 늘 작용하여 성경의 메시지를 오해할 때가 많이 있습니다.

혹자들은 성경이 우리에게 보여주고 싶은 사람이 다윗이라고 생각을 합니다. 다윗을 성도의 아름다운 믿음의 모델로 생각하고 다윗은 하나님의 마음에 합한 사람이요 수 백 개의 시편을 지어 하나님을 찬양한 사람이요 주님의 영광을 위하여 성전을 지은 신실한 사람이라고 다윗을 한껏 높여주곤 합니다. 그러나 다윗을 높이는 것은 사람들의 사고방식일 뿐 정작 성경이 강조하려는 것은 다윗이 아니라 언제나 하나님입니다. 만약 다윗의 삶 가운데 아름답고 신실하고 성숙한 모습이 있다면 그것은 다윗의 수고와 노력의 결과가 아니라 하나님이 다윗을 만나 주시고 가르치시고 교육하시고 만들어 내신 하나님의 작품입니다. 하나님이 하시면 누구라도 다윗처럼 될 수 있고 하나님이 그렇게 인간을 만들어 주신다는 하나님의 신실함과 하나님의 열심이 강조되는 것이지 절대로 다윗의 열심, 다윗의 수고, 다윗의 헌신, 다윗의 충성을 칭찬하는 것이 아닙니다. 세상에서는 혹 어떤 사람을 영웅으로 만들기 위하여 결점이 드러나는 행동들은 감추어 주고 드러내지 않지만 성경은 모든 것을 적나라하게 드러내어 모든 사람은 같으나 하나님이 그 사람을 은혜로 만들어 가시는 것을 보여줍니다.

말하지 않는 사람들

사무엘하 13장에서 다윗의 가족 내에서 발생한 불행한 일, 다윗의 아들 암논이 동일한 다윗의 아들 압솔롬의 누이 다말을 겁탈하는 사건을 살펴보았습니다. 이 사건에서 암논은 어느 기준으로 보아도 분명 옳지 않게 행동했습니다. 윤리적 기준, 도덕적 기준, 사회적 기준 등 어느 기준에도 옳지 않고 특별히 하나님의 기준에는 더더욱 옳지 않은 행동이었습니다. 그런데 암논의 행동을 살펴보면서 저와 여러분이 이상하게 느끼는 것은 아무도 암논의 행위를 잘못했다고 지적하지 않고 죄라고 책망하지 않는다는 것입니다. 압살롬도 사건이 발생한 당시에는 아무 말도 하지 않았습니다. 후에 압살롬이 암논을 살해하지만 압살롬의 행동이 정당하고 옳은 것으로 아무도 인정해 주지 않았습니다. 만약 암논이 잘못했다는 것을 압살롬이 지적하려고 했다면 사건이 발생한 즉시 다윗에게 좇아가서 암논의 잘못된 행동을 지적하고 징계할 것을 요청했어야 합니다. 그런데 압살롬은 일절 다윗에게 보고하지 않았고, 한참 지난 후에 암논을 데려다가 죽이고, 암논을 죽인 자신의 행동이 잘못인 줄 알아 멀리 도망가 버립니다. 암논의 행동도 잘못이지만 암논을 징계하는 압살롬의 행동도 결코 옳다고 볼 수 없습니다.

또 성경 속에서 더더욱 저와 여러분이 당황하는 것은 다윗의 태도때문입니다. 다윗은 일반적 기준으로 왕이기에 백성 가운데 정의를 바로 세우고 질서를 잡아야 할 자입니다. 하나님의 기준에 의하면 하나님의 사람으로 백성들에게 하나님의 원리, 하나님의 진리, 하나님의 말씀을 가르치도록 세움 받은 자입니다. 그런데 성경에는 다윗이 암논의 행위를 듣고 분개하였다고 기록되었을 뿐 다윗이 암논을 부르거나 암논에게 징계를 내린 기록이 없습니다. 사건이 있은 직후에만 아무 말이 없는 것이 아니라 후에도 아무런 조취를 취하지 않습니다. 혹시 사람들은 사건을 덮어줄 수 있고, 혹시 사람들은 왕의 아들이니까 묵인해 줄 수 있지만 이스라엘 백성 가운데 발생한 일에 대하여 하나님의 기준과 하나님의 관점에서 올바르게 분별해주고 가르쳐 주어야 하는 책임과 역할을 맡은 다윗에게서는 기대하기 힘든 행동입니다.

말하는 사람, 나말

암논의 행동에 대하여 다윗은 아무것도 하지 않습니다. 이렇게 모두가 아무 소리도 하지 않을 때에 바른 소리를 한 사람이 있는데 그 바른 소리는 우리가 생각하는 기준이 아닌 전혀 다른 기준에서 다른 각도로 말을 합니다. 바른 소리를 한 주인공은 다말입니다. 암논의 가해 행동에 의하여 피해자가 되는 다말이 하나님의 기준과 신앙적 기준에서 아주 정확하게 말을 합니다. 암논과 다말이 함께 있을 때에 만약 암논이 부적절한 행동을 한다면 다말은 암논을 막아서며 '이래서는 안 됩니다. 이것은 인간적으로 옳지 않습니다. 도리적으로 옳지 않습니다. 윤리적으로 옳지 않습니다' 등 여러 말을 하면서 암논의 행위를 거부해야 마땅할 것입니다. 하지만, 다말은 암논의 행동을 거부 할 때에 일반적으로 사람들이 예상하는 것과는 다른 근거를 제시합니다. 13장 12절에서 다말은 "그가 그에게 대답하되 아니라. 내 오라버니여 나를 욕되게 하지 말라. 이런 일은 이스라엘에서 마땅히 행하지 못할 것이니 이 어리석은 일을 행하지 말라"고 말합니다. 도덕적으로 옳지 않다, 윤리적으로 옳지 않다, 가정적으로 옳지 않다고 말하는 것이 아니라 "이 일은 이스라엘에서 마땅히 행치 못 할 일이다"라고 말하는 것입니다. 윤리적이기 이전에, 도덕적이기 이전에, 사회적이기 이전에, 모든 죄인은 행하는 일이라고 하더라도 이스라엘은 달라야 한다는 것이 다말의 주장입니다. 다말은 이방 사람들은 죄만 알지만 이스라엘은 하나님을 알고 하나님의 방식을 알고, 이스라엘은 옳고 그른 것을 알고, 이스라엘은 진리를 알고, 이스라엘은 행해야 할 것과 행하지 말아야 할 것을 아는 하나님의 백성이요 하나님의 사람들이요 하나님의 족속들이라는 것입니다. 그러기에 "이 일은 이스라엘에서는 마땅히 행하지 못할 일"이라고 말하는 것입니다.

아무도 암논의 행동에 대하여 언급하지 않을 때에 "이 일은 이스라엘에서는 마땅히 행하지 못할 일"이라는 선언을 해야 하는 책임을 맡은 사람이 다윗입니다. 사건을 하나님의 관점에서 바르게 분별하고, 하나님의 관점에서 바르게 말하는 역할을 맡기기 위하여 하나님이 다윗을 만들어 놓았는데 정작 다윗은 하나님의 기준에 근거한 말을 전혀 하지 않고 도리어 피해자인 다말이 하나님의 심정을 대변하는 말을 하고 있습니다. 이것이 바로 성경의 가르침입니다. 하나님은 '누구의 말이냐? 가 중요한 것이 아니라 '그 말이 옳으냐 그르냐? 그 말이 맞느냐 틀리냐?'라는 것을 중요하게 생각하는 것입니다. 다윗의 말이면 왕이요 통치자요 하나님의 사람으로서 말의 권위가 있고 힘이 있고 영향력이 있는 것이 아닙니다. 범죄 피해를 입은 일개 여인 다말의 말이면 투정이요 항변이요 사소하고 아무런 영향력이 없는 것이 아닙니다. 그 말을 누가 하느냐에 따라 그 말의 비중이 달라지는 것이 아니라 그 말이 옳은 말이냐, 그 말이 바른 말이냐, 그 말이 하나님의 원리와 하나님의 심정과 하나님의 마음과 같은 말이냐가 중요한 것입니다. 성경은 다윗을 영웅으로 만들지 않고, 다윗의 하는 모든 일을 옳다고 하는 것이 아니라 누구를 통해서라도 하나님의 옳으신 말씀을 가르치며 증거하며 나타내고 있는 것입니다.

하나님의 교육

드고아 여인

사무엘하 14장에는 두 사람의 대화가 나옵니다. 하나는 다윗이요 또 하나는 드고아 여인입니다. 다윗이 왕이요 하나님의 기름부름 받은 자요 하나님의 보호하심을 받은 신앙의 인물이라면 드고아 여인은 무명의 여인으로 어떤 부연 설명 없이 단지 드고아 여인이라고만 등장합니다. 감히 왕께 나아올 수 없는 자요 왕 앞에서 대면하여 또박또박 말 할 수 없는 자일 것입니다. 예상하기로는 다윗은 옳고 바른 이야기를 계속하고 여인은 머리를 조아린채 감사하다는 말만 계속 반복할 것입니다. 하지만 본문은 예상과는 전혀 다른 모습을 보여줍니다. 압살롬이 죄를 범하였음에도 불구하고 다윗은 압살롬을 방관하고 있고 압살롬은 도망하여 그술 왕 암미훌의 아들 달매에게로 갔습니다. 다윗의 신하 요압이 살펴보니 다윗은 그술 땅에 도망가 있는 압살롬을 사모하며 그리워하는 마음에 잡혀 있을 뿐 어떤 조취를 취할 자세가 전혀 안 되어 있습니다. 신실한 신하 요압이 다윗 왕의 마음을 풀어주기 위해 드고아 여인을 다윗에게 보내어 다윗에게 압살롬을 데려올 수 있는 명분을 만들기 위하여 본문의 드라마가 생긴 것입니다.

드고아 여인이 다윗 왕에게 가서 자기의 두 아들에 관한 이야기를 합니다. 아들이 둘이 있는데 둘의 사이가 안 좋아 어느 날 싸웠고 아무도 말려주는 자가 없어서 형이 동생을 쳐 죽였으며 그 소식을 들은 동네 사람들이 동생을 쳐 죽인 살인자를 그냥 두어선 안 되니 형을 죽이도록 내어 놓으라고 주장하니 왕께서 도와 달라는 것입니다. 만약 동네 사람들이 하고 싶은 대로 해버리면 동생은 형에게 맞아 죽었고 형은 동네 사람들에게 맞아 죽어 드고아 여인은 이미 과부인지라 결국 집안의 대가 끊어지게 되었다는 것입니다. 여인의 청을 들은 다윗은 여인의 요구대로 동네 사람들로 하여금 여인에게 유일하게 남아 있는 아들을 죽이지 못하도록 막아주고 보호해 주겠다고 대답을 합니다. 바로 그때 여인이 들이받으면서 하는 말이 14장 13절 "여인이 이르되 그러면 어찌하여 왕께서 하나님의 백성에게 대하여 이 같은 생각을 하셨나이까? 이 말씀을 하시므로 왕께서 죄 있는 사람 같이 되심은 그 내쫓긴 자를 왕께서 집으로 돌아오게 하지 아니 하심이니이다"입니다. 즉 비록 죄가 있더라도 압살롬을 방치하지 말고 이제 그가 돌아와서 회복될 수 있도록 해주어야 하는데 다윗이 아무런 조치를 취하지 않음으로 왕이 죄인같이 되었다고 말하는 것입니다. 동시에 다윗이 압살롬을 돌아오게 해도 되는 근거를 제시하는 것이 14절 "우리는 필경 죽으리니 땅에 쏟아진 물을 다시 담지 못함 같을 것이오나 하나님은 생명을 빼앗지 아니하시고 방책을 베푸사 내쫓긴 자가 하나님께 버린 자가 되지 아니하게 하시나이다"입니다.

드고아 여인의 말은 압살롬을 돌아오게 하자는 것입니다. 압살롬을 돌아오게 하기 위한 설득 가운데 하나님의 성품과 하나님의 원리를 아주 정확하게 보여주고 있습니다. 사람들은 하나님에 대하여 오해하고 있는 반면 드고아 여인은 하나님의 성품을 바르게 알아 압살롬에 대하여 정당한 요청을 하는 것입니다. 사람들은 하나님이 공의로우신 분으로서 잘하는 자에게 상주고 못하는 자에게 벌주시며 또한 하나님은 인생의 생사여탈권과 축복권과 저주권을 가지고 계셔서 순종하는 자에게는 축복을 주시며 불순종 하는 자에게는 저주를 내리신다고 오해합니다. 만약 사람들이 오해하는 것과 같은 방식대로라면 드고아 여인은 왕에게 압살롬을 추적하여 기어코 죽여서 이스라엘내에 공의를 확립해야 한다고 주장해야 할 것입니다. 하지만 여인은 압살롬을 돌아오게 하도록 왕을 설득하며 그 근거가 하나님의 성품 즉 "하나님은 생명을 빼앗지 아니하시고 방책을 베푸사 내쫓긴 자가 하나님께 버린 자가 되지 아니하게 하시나이다" 입니다. 하나님은 심판자가 아니요, 하나님은 징계하는 자가 아닙니다. 도리어 하나님은 인간을 구원하는 자요, 인간을 후원하시는 자요, 인간을 도우시는 분입니다.

뒤바뀐 역할

드고아 여인은 사람들이 하나님에 대하여 오해하는 것과는 다르게 하나님에 대한 바른 이해를 보여줍니다. 또한 드고아 여인은 다윗이 해야하는 역할을 대신 감당하고 있습니다. 이스라엘 백성에게 하나님을 바르게 드러내고 증거하는 역할을 위해 세움 받은 사람이 다윗입니다. 압살롬에 대하여 하나님의 마음과 심정으로 합당한 조치를 취해야 하는 사람이 다윗입니다. 드고아 여인이 한 말은 다윗이 해야 할 말이었는데 다윗이 아무 말도 하지 않고 있기에 도리어 다른 사람과 비교하여 볼 때 너무나 미천한 드고아 여인을 통하여 다윗이 가르침을 받고 있는 것입니다.

다윗이 감당했어야 하는 역할을 상상하면 다음과 같습니다. 왕의 가족 내에서 암논이 다말을 범하는 사건이 발생하자 왕권의 안정을 걱정하는 신료들이 비상대책회의를 개최합니다. 왕의 참모들은 국가의 정의를 확립하기 위해서라도 이스라엘 내에서 마땅히 행하지 못할 짓을 행한 암논과 압살롬을 처형해야 한다고 건의를 할 것입니다. 다윗은 압살롬의 아버지로서 자식을 향한 부정父情을 운운하여 관용을 베풀 것을 요청하지만 참모들은 압살롬이 왕의 아들이기에 특혜를 주는 대신 더욱 엄중하게 처리하자고 왕을 압박합니다. 압살롬의 죄를 묵인할 수 없으며 특별히 왕의 친인척의 비리를 묵과하는 것은 백성들 앞에 모범이 되지 못하고 결국 왕궁은 백성의 신뢰를 잃고 권위를 상실하게 됨으로 일벌백계의 원칙으로 압살롬을 죽여야 한다는 결론에 도달할 것입니다. 다윗은 압살롬을 살려달라고 요청할 수 있습니다. 그러나 압살롬이 자신의 자식임을 강조하고 아버지의 심정으로 자식을 용서해 달라고 간구하면 안 됩니다.

모든 신료들이 압살롬을 죽이자고 결의할 때 다윗이 압살롬을 살려달라고 설득할 수 있는 근거가 바로 드고아 여인이 했던 말 즉 "하나님은 생명을 빼앗지 않는 분이시며 하나님은 방책을 베푸사 내쫓긴 자로 하나님께 버린 자가 되지 않게 하십니다"입니다. 다윗은 참모들을 향해 다음과 같이 말했어야 합니다. '저와 여러분은 모두 죄인이었습니다. 우리 모두가 하나님 앞에 죄인이요 만약 하나님께서 우리가 행한 대로 갚았으면 다 죽어야 했습니다. 그런데 저와 여러분이 여기 이렇게 살아서 저는 왕 노릇을 하고 있고 여러분은 참모 노릇을 하고 있습니다. 오늘 이 자리에 우리가 어떻게 서 있을 수 있습니까? 바로 하나님이 생명을 빼앗지 않았기 때문이요 방책을 베푸사 하나님께 내어 쫓긴 자로 버린 자가 되지 않게 하시는 은혜를 입었기 때문입니다. 하나님의 살려주시는 은혜를 받은 우리가, 다른 사람을 치리할 때에는 하나님 원리를 전혀 적용치 않고 공의가 어쩌니 징계가 어쩌니 운운하는 것은 하나님께 은혜 받은 사람의 원칙에 맞지 않습니다. 하나님의 가르침대로 하나님의 마음으로 하나님의 심정으로 하나님의 뜻대로 하나님의 사람답게 행동합시다.' 하지만, 안타깝게도 다윗은 하나님의 심정을 대변하는 말을 하지 못했습니다. 또한 다윗은 압살롬을 그술 땅에서 데려온 후에 압살롬에게 분명하게 다음과 같이 말했어야 합니다. '압살롬아 너에게 아무런 잘못이 없기에 데려온 것이 아니다. 너는 분명히 범죄하였다. 그러나 하나님의 뜻으로, 하나님의 심정으로, 하나님의 마음으로 모두가 너를 끌어 안아주고 감싸준 것이니 너도 은혜 받은 자답게 이제 은혜를 베풀며 살아라.' 하지만, 안타깝게도 다윗은 하나님의 심정을 대변하는 말을 하지 못했습니다.

하나님이 다윗을 왕으로 세우고, 하나님이 다윗을 가르치고, 하나님이 다윗을 하나님의 사람으로 만들어 놓은 것은 하나님의 성품을 드러내고 하나님의 마음과 원리와 심정을 대변하는 역할을 맡긴 것입니다. 다윗은 한 나라의 왕의 직분을 감당하는 것이 중요한 것이 아니라 하나님을 알리는 역할을 감당하는 것이 중요한 것입니다. 암논과 압살롬의 문제를 다루는 다윗은 전혀 하나님의 사람의 역할을 감당하지 못하고 있습니다. 바로 그 때 하나님은 왕이 옳은 것이 아니라 누구라도 하나님의 말씀의 가르침을 받아야 한다는 걸 알려주기 위해서 드고아 여인이라는 무명의 여인을 통하여 다윗부터 깨우쳐 주고 다윗을 가르쳐 주고 있는 것입니다.

성경을 읽을 때에 '누가 말한 것이냐?'에 집중할 것이 아니라 누가 말하였든지 '하나님 마음, 하나님 심정, 하나님 뜻, 하나님의 성품을 드러낸 하나님의 말씀'에 집중하여야 합니다. 대부분의 성도님들은 "여호와는 나의 목자시니 내게 부족함이 없으리로다"는 구절을 기억하실 것입니다. 당연히 귀한 내용에 은혜를 받지만 이 시를 지은 사람이 다윗이기 때문에 더 잘 기억하고 있을 것입니다. 하지만 대부분의 성도님들은 "하나님은 생명을 빼앗지 아니하시고 방책을 베푸사 내쫓긴 자가 하나님께 버린 자가 되지 아니하게 하시나이다"는 구절을 기억하지 못할 것입니다. 왜냐하면 다윗이나 솔로몬 또는 모세나 아브라함 등 유명한 사람이 말한 것이 아니라 무명의 드고아 여인이 한 말이기 때문일 것입니다. 사무엘하 14장은 다윗을 아주 초라하게 만들고 부끄럽게 하는 장면입니다. 하나님의 진리를 드러내고 백성들을 가르쳐야 할 당사자가 그 원리대로 행치 않고 있음에 하나님이 한 드고아 여인을 통하여 다윗을 깨우치게 하고 있으니 그 깨우침 받은 다윗으로써는 상당히 겸연쩍은 모습이어야 합니다.

말과 행동

말과 행동이 다른 죄인

죄인은 말과 행동이 다릅니다. 그러나 하나님은 말과 행동이 같으십니다. 사무엘하 11장에서 다윗이 밧세바를 범하였을 때 나단이 와서 부유한 사람이 가난한 자의 양을 가져다가 자기 손님 접대한 이야기를 들려주니까 그 말을 들은 다윗이 그 사람은 마땅히 죽어야 한다고 단호하게 대답했습니다. 나단이 다윗의 말을 받아 다윗이 죽어야 한다고 말한 당사자가 바로 다윗임을 알렸습니다. 다윗 스스로 그런 행위를 한 사람은 죽어야 한다고 선언했음에도 불구하고, 당사자가 자신임이 밝혀졌을 때 절대로 죽으려 하지 않았습니다. 사무엘하 14장에서 동일한 상황이 한 번 더 반복됩니다. 요압이 드고아 여인을 통해 다윗이 행해야할 일을 알려 주었습니다. 다윗이 요압의 의도를 파악하여 압살롬을 데려옵니다. 압살롬을 데려온다는 것은 위치적 이동뿐만이 아니라 그의 모든 것을 덮어 주며 허물을 감싸 안아주고 앞으로는 그런 일이 발생하지 않도록 가르치며 훈계하며 양육하며 지도 편달한다는 역할까지 감당하는 것이어야 하나님 말씀에 올바로 순종하는 것입니다. 하지만 다윗은 압살롬을 데려오도록 허락하였으나 자신의 얼굴을 보지 말라고 합니다. 압살롬을 데려왔지만 하나님의 마음으로 압살롬을 대하지 않은 것입니다. 하나님의 마음과 심정, 하나님의 원리대로 하면 형통하지만 하나님의 원리대로 하지 아니하면, 다른 표현으로 죄의 원리대로 하면 꼭 화근이 되어 탈이 나게 되어 있습니다. 다윗이 압살롬을 데려온 후에 하나님의 마음으로 대하지 않은 결과가 사무엘하 15장에서 볼 수 있는 압살롬의 반역입니다.

말씀과 행동이 동일하신 하나님

하나님 말씀이 옳고 하나님 원리대로 행하는 것이 가장 좋습니다. 하나님은 진리를 말씀하시고 진리로 행동하시는 분이십니다. 본문에서 드고아 여인을 통하여 밝혀진 "하나님은 생명을 빼앗지 아니하시고 방책을 베푸사 내쫓긴 자가 하나님께 버린 자가 되지 아니하게 하시나이다"라는 하나님의 성품은 실제로 성경전체에서 반복적으로 증명됩니다. 아담이 죄를 범했습니다. 하나님의 축복을 받은 인간이 범죄하였어도 하나님은 죄인을 죽이시지 않았습니다. 이스라엘 백성이 광야를 지나가면서 기회 있을 때마다 원망과 불평과 갖은 우상 숭배로 하나님 앞에 죄를 지었습니다. 그때마다 하나님이 자신을 배반한 이스라엘을 몰살시킨 것이 아닙니다. 계속하여 만나를 공급하시고 입히고 가르치고 인도하여 결국엔 그들을 가나안으로 인도하셨습니다. 본문에 나온 대로 생명을 빼앗지 아니하시고 실제로 그렇게 행하시는 분입니다.

또한 하나님은 방책을 베푸시는 분입니다. 죄인이 대책이 없고, 죄인이 아무 대안이 없고, 죄인이 아무 가능성이 없을 때에 하나님이 예수 그리스도라는 방책을 베푸사 이 땅에 직접 강림하시어 인간들의 죄를 감당하시고 인간을 구원해 내시고 살려 내시는 분입니다. 또한 하나님은 하나님께 내어 쫓긴 자로 하나님께 버린 자가 되지 않게 하시는 분입니다. 하나님을 떠나 하나님을 부인하며 하나님을 저주하며 멀리 벗어나 방황하고 있는 우리들을 찾아오셔서 '너는 내 아들이라, 너는 내 백성이라, 너는 내 것이라' 선언하시며 거듭나게 하시고 중생하게 하시고 하나님 앞에서 영생하게 하시어서 영원토록 하나님 나라의 기업을 잇게 하리라고 확증하여 주시는 분이요 말씀대로 행하시는 우리의 좋으신 하나님 이십니다. 저와 여러분은 성도입니다. 하나님의 마음을 가진 자, 하나님의 성품을 가진 자, 하나님의 원리를 가진 자들입니다. 하나님처럼 생각하시고 하나님처럼 말씀하시고 하나님처럼 행동하셔서 여러분이 먼저 하나님의 은혜를 풍성히 누리시고 여러분을 통하여 세상 모든 사람들이 하나님을 만나고 하나님의 은혜를 누릴 수 있는 귀한 사랑을 베푸시는 멋진 성도되시기를 주님의 이름으로 축원합니다.

15
일어나 도망하자

사무엘하 15 : 1 - 37

1 그 후에 압살롬이 자기를 위하여 병거와 말들을 준비하고 호위병 오십 명을 그 앞에 세우니라 2 압살롬이 일찍이 일어나 성문 길 곁에 서서 어떤 사람이든지 송사가 있어 왕에게 재판을 청하러 올 때에 그 사람을 불러 이르되 너는 어느 성읍 사람이냐 하니 그 사람의 대답이 좋은 이스라엘 아무 지파에 속하였나이다 하면 3 압살롬이 그에게 이르기를 보라 네 일이 옳고 바르다마는 네 송사를 들을 사람을 왕께서 세우지 아니하셨다 하고 4 또 압살롬이 이르기를 내가 이 땅에서 재판관이 되고 누구든지 송사나 재판할 일이 있어 내게로 오는 자에게 내가 정의 베풀기를 원하노라 하고 5 사람이 가까이 와서 그에게 절하려 하면 압살롬이 손을 펴서 그 사람을 붙들고 그에게 입을 맞추니 6 이스라엘 무리 중에 왕께 재판을 청하러 오는 자들마다 압살롬의 행함이 이와 같아서 이스라엘 사람의 마음을 압살롬이 훔치니라 7 사 년 만에 압살롬이 왕께 아뢰되 내가 여호와께 서원한 것이 있사오니 청하건대 내가 헤브론에 가서 그 서원을 이루게 하소서 8 당신의 종이 아람 그술에 있을 때에 서원하기를 만일 여호와께서 반드시 나를 예루살렘으로 돌아가게 하시면 내가 여호와를 섬기리이다 하였나이다 9 왕이 그에게 이르되 평안히 가라 하니 그가 일어나 헤브론으로 가니라 10 이에 압살롬이 정탐을 이스라엘 모든 지파 가운데에 두루 보내 이르기를 너희는 나팔 소리를 듣거든 곧 말하기를 압살롬이 헤브론에서 왕이 되었다 하라 하니라 11 그 때 청함을 받은 이백 명이 압살롬과 함께 예루살렘에서부터 헤브론으로 내려갔으니 그들은 압살롬이 꾸민 그 모든 일을 알지 못하고 그저 따라가기만 한 사람들이라 12 제사 드릴 때에 압살롬이 사람을 보내 다윗의 모사 길로 사람 아히도벨을 그의 성읍 길로에서 청하여 온지라 반역하는 일이 커가매 압살롬에게로 돌아오는 백성이 많아지니라 13 전령이 다윗에게 와서 말하되 이스라엘의 인심이 다 압살롬에게로 돌아갔나이다 한지라 14 다윗이 예루살렘에 함께 있는 그의 모든 신하들에게 이르되 일어나 도망하자 그렇지 아니하면 우리 중 한 사람도 압살롬에게서 피하지 못하리라 빨리 가자 두렵건대 그가 우리를 급히 따라와 우리를 해하고 칼날로 성읍을 칠까 하노라 15 왕의 신하들이 왕께 이르되 우리 주 왕께서 하고자 하시는 대로 우리가 행하리이다 보소서 당신의 종들이니이다 하더라 16 왕이 나갈 때에 그의 가족을 다 따르게 하고 후궁 열 명을 왕이 남겨 두어 왕궁

을 지키게 하니라 17 왕이 나가매 모든 백성이 다 따라서 벧메르학에 이르러 멈추어 서니 18 그의 모든 신하들이 그의 곁으로 지나가고 모든 그렛 사람과 모든 블렛 사람과 및 왕을 따라 가드에서 온 모든 가드 사람 육백 명이 왕 앞으로 행진하니라 19 그 때에 왕이 가드 사람 잇대에게 이르되 어찌하여 너도 우리와 함께 가느냐 너는 쫓겨난 나그네이니 돌아가서 왕과 함께 네 곳에 있으라 20 너는 어제 왔고 나는 정처 없이 가니 오늘 어찌 너를 우리와 함께 떠돌아다니게 하리요 너도 돌아가고 네 동포들도 데려가라 은혜와 진리가 너와 함께 있기를 원하노라 하니라 21 잇대가 왕께 대답하여 이르되 여호와의 살아 계심과 내 주 왕의 살아 계심으로 맹세하옵나니 진실로 내 주 왕께서 어느 곳에 계시든지 사나 죽으나 종도 그 곳에 있겠나이다 하니 22 다윗이 잇대에게 이르되 앞서 건너가라 하매 가드 사람 잇대와 그의 수행자들과 그와 함께 한 아이들이 다 건너가고 23 온 땅 사람이 큰 소리로 울며 모든 백성이 앞서 건너가매 왕도 기드론 시내를 건너가니 건너간 모든 백성이 광야 길로 향하니라 24 보라 사독과 그와 함께 한 모든 레위 사람도 하나님의 언약궤를 메어다가 하나님의 궤를 내려놓고 아비아달도 올라와서 모든 백성이 성에서 나오기를 기다리더다 25 왕이 사독에게 이르되 보라 하나님의 궤를 성읍으로 도로 메어 가라 만일 내가 여호와 앞에서 은혜를 입으면 도로 나를 인도하사 내게 그 궤와 그 계신 데를 보이시리라 26 그러나 그가 이와 같이 말씀하시기를 내가 너를 기뻐하지 아니한다 하시면 종이 여기 있사오니 선히 여기시는 대로 내게 행하시옵소서 하리라 27 왕이 또 제사장 사독에게 이르되 네가 선견자가 아니냐 너는 너희의 두 아들 곧 네 아들 아히마아스와 아비아달의 아들 요나단을 데리고 평안히 성읍으로 돌아가라 28 너희에게서 내게 알리는 소식이 올 때까지 내가 광야 나루터에서 기다리리라 하니라 29 사독과 아비아달이 하나님의 궤를 예루살렘으로 도로 메어다 놓고 거기 머물러 있으니라 30 다윗이 감람 산 길로 올라갈 때에 그의 머리를 그가 가리고 맨발로 울며 가고 그와 함께 가는 모든 백성들도 각각 자기의 머리를 가리고 울며 올라가니라 31 어떤 사람이 다윗에게 알리되 압살롬과 함께 모반한 자들 가운데 아히도벨이 있나이다 하니 다윗이 이르되 여호와여 원하옵건대 아히도벨의 모략을 어리석게 하옵소서 하니라 32 다윗이 하나님을 경배하는 마루턱에 이를 때에 아렉 사람 후새가 옷을 찢고 흙을 머리에 덮어쓰고 다윗을 맞으러 온지라 33 다윗이 그에게 이르되 네가 만일 나와 함께 나아가면 내게 누를 끼치리라 34 그러나 네가 만일 성읍으로 돌아가서 압살롬에게 말하기를 왕이여 내가 왕의 종이니이다 전에는 내가 왕의 아버지의 종이었더니 이제는 내가 왕의 종이니이다 하면 네가 나를 위하여 아히도벨의 모략을 패하게 하리라 35 사독과 아비아달 두 제사장이 너와 함께 거기 있지 아니하냐 네가 왕의 궁중에서 무엇을 듣든지 사독과 아비아달 두 제사장에게 알리라 36 그들의 두 아들 곧 사독의 아히마아스와 아비아달의 요나단이 그들과 함께 거기 있나니 너희가 듣는 모든 것을 그들 편에 내게 소식을 알릴지니라 하는지라 37 다윗의 친구 후새가 곧 성읍으로 들어가고 압살롬도 예루살렘으로 들어갔더라

마음 도적질

사람의 마음

압살롬의 주변에 여러 사람들이 모였습니다. 죄의 마음으로 연합하고 죄의 마음으로 뭉치는 것에는 특별히 노력하고 수고하는 것이 필요하지 않습니다. 죄의 마음에는 자연스럽게 저절로 한마음이 잘 됩니다. 압살롬이 암논을 살해하고 스스로 도망하여 그술에 머물러 있을 때 요압이 드고아 여인을 동원하여 다윗 왕을 잘 설득하여 예루살렘으로 돌아오게 했습니다. 압살롬은 암논이 자기 누이 다말을 범한 행동이 죽어 마땅한 범죄로 인식하여 죽였습니다. 압살롬의 사고방식에 의하면 암논을 죽인 자신 또한 살인자로서 죽어야 마땅할 것입니다. 범죄한 암논은 죽이고, 살인을 행한 자신은 그술에 도망가 살고 있었습니다. 살인자로서 죽어야 마땅하지만 도피하여 생명을 연명했고 그술 지역에서라도 살아있음이 감지덕지 한 것이 당연한데 죄인은 그렇게 생각하지 않는다는 것입니다. 더 나아가 요압에 의해 예루살렘에 왔으면 고향 땅에 온 것만 해도 과분하다고 여겨야 되는데 예루살렘에 와서 몇 해가 지나다보니 과분한 것은 다 사라지고 왕이 자신을 만나주지 않는 것이 화가 나고 자신을 인정해 주지 않는 것이 서운하고 분개가 되는 것입니다. 죄인은 은혜를 기억할 줄 모르고 은혜를 감사할 줄 모릅니다.

압살롬이 예루살렘에 머물러 있다가 새로운 계획을 세웁니다. 자신을 위하여 병거와 말들을 준비하고 호위병 오십 명을 세워놓고 성문 곁에 서서 사람들의 마음을 얻으려고 노력을 합니다. 재판을 받기위해 억울하고 원통한 일이 있는 사람이 올 때에 그 사람들을 붙잡고 "네 일이 옳고 바르다마는 네 송사를 들을 사람을 왕께서 세우지 아니하셨다." 그리고 "내가 이 땅에서 재판관이 되고 누구든지 송사나 재판할 일이 있어 내게로 오는 자에게 내가 정의 베풀기를 원하노라"고 말하고 압살롬의 의도대로 일들이 진행되어 백성들의 마음을 얻습니다. 마침내 백성들의 마음이 압살롬에게 모아졌고 헤브론에서 왕에 대하여 반역을 행하는 단계에까지 이릅니다. 압살롬이 반역을 행할 때 주변에 사람들이 모였습니다. 압살롬의 주변에 모였던 사람들은 아마도 압살롬에게 도움을 받은 자 또는 압살롬에게 은혜를 받은 자였을 것입니다. 재판을 받는 것은 대부분 억울하고 원통하고 정당치 못한 대접을 받는 것에 대한 호소입니다. 상황이 절박할 때에, 도움 받을 곳이 없을 때에 압살롬이 자신들을 도와주었으니 정말로 간이라도 빼어주고 싶을 심정이었을 것입니다. 큰 도움을 입어 감사한 마음을 품고 있을 때에 압살롬이 반역을 한다니 압살롬이 행하는 일에 동참 할 수도 있었을 것입니다.

하지만 사람들은 압살롬에게만 은혜를 받은 것이 아니었습니다. 다윗이 나라를 세우고 유지해 나가는 동안 백성들이 다윗에게 받은 은혜도 결코 적지 않습니다. 다윗에게 받았던 많은 은혜와 압살롬에게 받았던 은혜의 비중을 따져보면 아마도 다윗에게 받은 도움과 은혜가 훨씬 더 클 것입니다. 그런데 사람들은 정당하게 행동하지 않는다는 것입니다. 죄인들은 정당하게, 옳게 행동하지 않습니다. 이전에 다윗에게 받았던 도움은 추억이 되어버렸고, 얼마 전에 압살롬에게 받았던 도움은 큰 은혜가 되어 지금 압살롬의 반역에 동참하고 있는 것입니다.

다윗의 실패

압살롬의 반역은 단지 왕이 되기 위한 야망의 도전이 아니며, 아버지에 대한 배반의 심정으로 인한 보복이 아닙니다. 성경은 다윗은 언제나 성군으로 소개하고 다윗에 대항하는 모든 사람을 악인으로 소개하는 것이 아닙니다. 다윗이 사울과 비교될 때에는 하나님을 증거하는 역할을 감당하는 모습으로 소개되었지만, 드고아 여인과 비교될 때에는 하나님을 증거하는 역할을 감당하지 못하는 모습으로 소개되었습니다. 압살롬의 반역을 통하여 다윗의 역할과 다윗에 대한 압살롬의 생각을 분별하여야 합니다. 만약 압살롬이 생각하기에 다윗은 하나님이 세우신 왕이요 항상 하나님의 마음에 합하게 행동하고 있기에 하나님이 늘 다윗을 지키며 보호하며 인도하며 공급하며 주관하며 책임지고 계시다고 인정했다면 과연 압살롬은 다윗에게 반역을 꿈꿀 수 있었을까요? 만약 압살롬이 하나님이 다윗을 지키고 계신다고 생각하고 있음에도 불구하고 반역을 일으킨다면 압살롬은 다윗을 이겨야 되는 정도가 아니라 하나님을 이겨야 한다는 훨씬 큰 문제에 봉착합니다. 만약 압살롬이 하나님이 다윗을 지키고 계신다고 생각했으면 자신이 하나님을 이겨야 하기에 하나님의 보호하심을 받고 있는 다윗을 향해 반역은 꿈도 꾸지 않을 것입니다.

압살롬이 다윗에게 반역을 하겠다고 꿈꾸고 있었다는 것은 이미 압살롬의 생각에 다윗은 하나님의 왕의 위치와 신분을 상실했다고 인정한 것입니다. 압살롬의 생각에 다윗은 이미 하나님의 왕의 역할에 실패했고 하나님의 기준에 합당치 못하게 행동했고 그래서 하나님의 보호하심을 받지 못하고 있다고 생각을 한 것입니다. 사무엘하 15장에 등장하는 압살롬의 반역 장면에서 압살롬이 얼마나 불의한 자인가를 확인하는 것이 아니라 압살롬이 반역을 계획할 여지를 남겨 놓을 정도로 다윗이 얼마나 하나님의 왕의 역할, 하나님의 중재자 역할, 백성에게 하나님을 가르쳐야 하는 왕의 기능을 올바로 감당치 못하고 실패했는가를 확인할 수 있는 것입니다. 사람들이 재판을 받으러 갈 때에 3절 이하에 압살롬이 "네 송사를 들을 사람을 왕께서 세우지 아니하셨다. 내가 이 땅에서 재판관이 되고 누구든지 송사나 재판할 일이 있어 내게로 오는 자에게 내가 정의 베풀기를 원하노라"고 말하는 것을 통해 다윗의 행동을 알 수 있습니다. 당시에 다윗이 모든 일을 선하고 의롭고 공평하게 처리하고 있었다면 백성들은 아무도 압살롬의 말을 귀담아 듣지 않았을 것입니다. 당시에 다윗이 모든 일을 선하고 의롭고 공평하게 처리하고 있었다면 백성들은 도리어 다윗의 편을 들며 하나님께서 다윗을 세우셨고 다윗이 나라를 하나님의 원리대로 하나님의 뜻대로 하나님의 방식대로 공평하게 다스리고 있다고 칭송하며 모두 다윗에게 나아갈 뿐 압살롬에게 관심을 갖지 않고 도리어 압살롬의 행동을 막아섰을 것입니다. 하지만 압살롬이 반역을 행하였다는 것은 이미 다윗이 자신의 역할을 실패했다는 증거가 되는 것입니다.

압살롬의 도전

다윗이 자신의 역할에 실패했다 하더라도 압살롬의 생각과 행동이 옳은 것이 아닙니다. 이스라엘의 왕의 위치는 이방의 왕과 같은 통치자가 아닙니다. 단순히 나라의 통치자가 아니기에 백성이 세울 수 있는 것도 아니고 백성이 선출해서 뽑을 수 있는 것도 아닙니다. 백성들의 마음을 도적질해서 이스라엘의 왕 즉 하나님이 세우시는, 하나님을 가르치는 역할을 감당하는 존재가 될 수 없습니다. 하나님의 사람은 여론몰이에 의하여 추대되는 존재가 아닙니다. 압살롬은 다윗이 이미 하나님의 중재자의 역할을 실패했음에도 불구하고 왕의 신분을 유지하고 있는 것을 보면서 다윗은 하나님이 세우시고 보호하시는 왕이 아니라 단지 통치자요 지배자인 왕에 불과하다는 생각을 하고, 누구라도 백성의 마음을 얻기만 하면 왕이 될 수 있다고 생각을 하는 것입니다. 이스라엘이라는 나라 가운데 이미 왕의 위치와 왕의 기능, 왕과 하나님과의 관계가 얼마나 왜곡되었고 변질되었는가를 보여 주는 것입니다.

압살롬은 하나님께 선택되거나, 하나님에 의하여 기름부음 받기를 바라는 정도가 아니라 아예 자기 스스로 왕이 되겠다고 나서는 것입니다. 압살롬이 생각하는 왕은 하나님이 세우시는 왕과 위치와 기능과 역할과는 전혀 다른 것입니다. 하나님이 세우신 나라 이스라엘의 왕은 하나님이 세우시기에 압살롬이 이스라엘의 왕이 되고 싶으면 하나님과의 관계를 개선하고 하나님 마음에 합하려고 노력해야 하는 것이 정상인데 압살롬은 하나님에 대하여는 전혀 무관한 채 사람들의 마음을 얻고 사람들과의 관계를 개선하려고 노력했습니다. 압살롬은 이스라엘의 왕이 하나님의 중재자가 아니라 백성의 통치자요 지배자라고 생각하는 것입니다. 이스라엘의 왕의 위치는 반역을 통하여서라도 이기는 자가 획득할 수 있다고 생각하고 또 왕은 반역을 통해서라도 얻어 내면 그 만큼 좋은 부와 권력과 명예가 보장되어 있다고 왜곡되게 생각하고 있습니다.

다윗의 도피

왜 도망갈까?

본문에 나타나는 대로 압살롬은 이백 명의 사람들을 모아서 아히도벨과 함께 반역을 일으킵니다. 압살롬이 반역을 일으켰다는 소식이 예루살렘에 있는 다윗에게 전해집니다. 압살롬이 반역을 일으켰다는 소리를 듣자마자 다윗은 그냥 도망을 갑니다. 다윗이 왜 도망을 갔을까요? 일반적으로 반역이 일어나면 왕이 막아서야 하는 것이 정상입니다. 사무엘하 15장 9절에 의하면 다윗은 이스라엘의 수도 예루살렘에 있고 압살롬은 헤브론에서 올라오고 있습니다. 이스라엘이 그 동안 다윗파와 압살롬파로 나누어져 내분에 쌓여 있었거나 다윗 왕의 지도력의 혼란을 겪고 있었던 것이 아닙니다. 압살롬이 오랜 동안 다윗의 왕궁 내에서 근무하며 내부 동조자들을 규합한 것도 아니며 군부의 절대적 지지를 얻어 이스라엘의 모든 군사들을 데리고 반란을 일으킨 것도 아닙니다. 15장 11절에 의하면 압살롬이 반란을 일으킬 때 이백 명이 있었다고 하고 18절에 의하면 다윗이 도망갈 때 왕 앞으로 행진한 사람만도 육백 명이

나 됩니다. 압살롬의 반역에 맞서 전쟁을 치렀다면 다윗이 숫자적으로도 우세하였고 전쟁의 경험상으로도 우세하였을 것입니다. 그러나 다윗은 이스라엘의 인심이 다 압살롬에게 돌아갔다는 보고를 듣는 순간 14절에 나오는대로 "일어나 도망하자. 그렇지 아니하면 우리 중 한 사람도 압살롬에게서 피하지 못하리라. 빨리 가자. 두렵건대 그가 우리를 급히 따라와 우리를 해하고 칼날로 성읍을 칠까 하노라"고 반응합니다. 다윗은 왜 급히 도망치려고 했을까요?

성경이 등장하는 인물들을 통하여 말하려는 의도를 잘 파악해야 합니다. 사무엘서 전체에서 다윗을 통하여 두 가지 양상이 교차적으로 등장합니다. 하나는 죄인으로서 너무나 쉽게 하나님께 대한 불순종과 범죄의 모습이요 다른 하나는 죄인임에도 불구하고 하나님께 가르침을 받은 하나님의 백성의 모습입니다. 사무엘하 11장 이하에서 다윗이 하나님 앞에 불순종하는 죄인의 모습이 드러났다면 사무엘하 15장에서는 반대의 모습이 드러나는 것입니다. 압살롬은 다윗과 이스라엘의 왕의 위치를 자기 나름대로 생각했지만 다윗이 압살롬의 반역을 제압하지 않고 도망가는 것에는 그만한 이유가 있습니다. 예전에 다윗은 사건의 유형상으로는 압살롬과 거의 비슷한 행동을 한 적이 있습니다. 사울이 이스라엘의 왕의 자리에 있음에도 불구하고 다윗은 사무엘에게 왕으로 기름부음 받은 적이 있습니다. 물론 다윗은 자신이 의도하지 않았지만 여하튼 왕이 있음에도 불구하고 새로이 왕으로 기름부음을 받았으니 다윗의 입장으로는 정당하지만 사울의 입장으로서는 다윗은 진압되어야 할 반역의 주동자처럼 여겨졌을 것입니다. 그때 사울은 다윗을 잡아 죽이기 위해 전국 방방곡곡으로 찾아다녔고 다윗은 하나님의 보호하심으로 기적적으로 생명을 유지할 수 있었습니다.

현재 다윗의 상황은 자신과 사울의 관계에서 발생한 사건과 정반대의 상황이 된 것입니다. 자신이 하나님의 뜻에 온전히 순종치 못하여 하나님을 드러내는 왕으로서의 역할을 잘 감당하지 못했다는 것을 본인도 알고 있습니다. 그런 때에 압살롬이 반역자로 등장한 것입니다. 압살롬이 반역을 했다는 소식을 듣고 다윗은 다음과 같이 생각하는 것입니다. '예전에 사울이라는 왕이 있었는데 아말렉을 진멸하라는 하나님의 명령에 불순종하니까 하나님이 사울을 폐하고 나 다윗을 왕으로 세운 적이 있었다. 오늘날 나 다윗이 하나님의 왕으로 있지만 하나님의 말씀에 불순종 하였을 때에 하나님이 나를 폐하고 압살롬을 새로운 왕으로 기름부었을 수도 있다' 는 것입니다. 사울과 다윗의 관계에서 사울의 관점에서는 다윗이 반역이었지만 다윗의 관점에서는 하나님의 일하심이었습니다. 마찬가지로 다윗과 압살롬의 관계에서 다윗의 관점에서는 압살롬이 반역이지만 압살롬의 관점에서는 하나님의 역사일수 있다는 것입니다. 만약 현재 다윗이 압살롬을 가로 막으면 하나님이 압살롬을 통하여 하시고자 하는 일을 자기가 막아설 수도 있는 것이라고 생각하는 것입니다.

압살롬도 가능한가?

혹자들은 다윗의 이러한 생각을 판단착오라고 말할 수 있습니다. 현재의 상황은 사울의 상황과는 차원이 다르다고 말할 수 있습니다. 사울은 이스라엘의 왕으로 있었지만 악령에 시달리고 미친 모습을 자주 보였기에 이스라엘의 왕의 역할을 온전히 수행하지 못했기에 다윗이 왕으로 기름부음을 받을 만한 이유가 충분했다고 말할 수 있습니다. 왕의 개인적 안위보다는 나라의 안정이 더 중요하기에 다윗과 같은 하나님의 마음에 합한 영리하고 지혜롭고 똑똑한 자를 빨리 왕으로 세워야 한다고 주장할 수 있습니다. 사울과 비교하여 볼 때 다윗은 미치지도 않았고 나라가 위기에 처한 것도 아닙니다. 설사 다윗에게 큰 약점이 있어 다른 사람을 왕으로 세워야 한다면 다윗보다 나은 사람이어야지 암논을 죽인 살인자요 도망자요 백성의 마음을 훔친 압살롬을 세우는 것은 정당성이 없다고 항변할 수 있습니다.

하지만 하나님 앞에 불순종했던 사울이나 지금 하나님 앞에 불순종한 다윗이나 다른 점이 없습니다. 사울과 다윗은 똑같은 수준입니다. 사울이 생각하기에 너무나 나약해 보였던 다윗이 왕이 되는 것이나, 다윗이 생각하기에 살인자인 압살롬이 왕이 되는 것이나 똑같은 차원입니다. 사울이나 다윗이 별반 다르지 않고, 다윗이나 압살롬이 별반 다르지 않습니다. 왜냐하면 하나님이 쓰시는 기준에 합당한 사람이란 원래부터 없기 때문입니다. 지금 다윗 자신이 하나님의 왕으로서의 역할을 올바로 수행해내지 못할 때에 하나님께서 압살롬을 세우실 수 있습니다. 다윗은 압살롬의 행동에 대하여 단순한 반역이라고만 생각하는 것이 아니라 어쩌면 하나님께서 압살롬을 통하여 역사하고 계실수도 있다고 생각하기에 압살롬을 제압하거나 막아서기 보다는 차라리 도망을 가는 것입니다.

여호와께서 선히 여기시는 대로

하나님과 나

다윗이 압살롬을 피해서 피난길을 갑니다. 여러 신복들이 다윗과 동행했고 15장 25절에 의하면 특별히 사독과 제사장들은 여호와의 법궤를 들고 나왔습니다. 아마도 다윗의 가는 길에 여호와의 법궤가 함께하여 하나님의 은혜를 구하기 위한 의도였을 것입니다. 그때에 다윗은 신앙의 바른 모습을 보여줍니다. 신앙은 하나님이 있는 곳에 내가 있는 것이지 내가 있는 곳에 하나님을 모셔오는 것이 아닙니다. 하나님이 계시고 하나님의 원리, 하나님의 마음, 하나님의 뜻, 하나님의 방식이 있으면 내가 하나님께로, 하나님 방식으로, 하나님 원리로, 하나님 마음으로 행하면 그 하나님의 뜻과 원리와 방식이 이미 자유와 평화와 안식과 행복이기 때문에 저절로 행복해지는 것입니다. 반대로 내가 있는데 나의 것을 이루기 위하여 하나님을 모셔오고 하나님의 능력을 당겨오고 하나님의 방식을 끌어오는 것이 아닙니다. 내 뜻과 하나님의 뜻이 있을 때에, 내 방식과 하나님의 방식이 있을 때에 하나님의 뜻과 하나님의 방식이 나에게 더 유익하고 좋은 것임을 알아 하나님의 뜻대로 행하는 것이어야 합니다. 제사장들이 법궤를 들고 왔을 때 다윗은 제사장들에게 자신을 배반하지 않고 법궤를 들고 나오면서까지 자신을 보호해주려는 심정에 고마움을 표시한 것이 아닙니다. 다윗은 하나님의 궤를 정중하게 돌려보냅니다. 25절 "왕이 사독에게 이르되 보라 하나님의 궤를 성읍으로 도로 메어 가라. 만일 내가 여호와 앞에서 은혜를 입으면 도로 나를 인도하사 내게 그 궤와 그 계신 데를 보이시리라"입니다. 덧 붙여 말하기를 26절 "그러나 그가 이와 같이 말씀하시기를 내가 너를 기뻐하지 아니한다 하시면 종이 여기 있사오니 선히 여기시는 대로 내게 행하시옵소서 하리라"입니다.

사람들은 구약에서 건전한 신앙의 모델로 다윗을 선정하고, 다윗의 모습 중에 성도의 모범이 될 만한 행위로 하나님을 위하여 성전을 건축한 것을 가장 우선적으로 꼽습니다. 또한 자그만치 사천 명이나 되는 찬양대를 둔 것과 시편을 수백 편 지어서 하나님을 노래한 것을 칭송합니다. 그러나 제가 보기에는 다윗의 삶 전체를 통하여 하나님을 가장 높인 장면을 뽑으라면 두 장면을 뽑겠는데 하나는 지난 번 사무엘상 24장과 26장에서 자기가 도망 다닐 때에 사울이 쫓아와서 죽이려 할 때 자신이 사울을 죽일 수 있음에도 불구하고 죽이지 않은 사건입니다. 하나님이 자신을 왕으로 기름 부었다면 왕으로 등극하는 때도 하나님이 정하실 것을 기대하며 하나님의 일하심을 인정하며 하나님의 때를 기다린 것이 하나님을 가장 높인 샘플이라고 할 수 있습니다. 다른 하나는 하나님을 인정하고 하나님을 높이며 하나님께 가장 순종하는 모습을 보여주는 장면으로 사무엘하 15장에서 압살롬이 반역하여 올 때 도망가는 장면입니다. 외형상으로만 생각하면 도망가는 것이 패배자의 전형적인 모습이고 수동적인 모습인 것 같지만, 압살롬의 행위를 하나님의 일하심일지도 모른다는 생각에 근거를 두고 있고 하나님이 만약 선히 여기신다면 다시 돌아갈 수도 있다고 하나님의 전적인 주권에 순종하는 모습이기 때문입니다.

패자는 없도록

압살롬이 반역을 일으켰을 때에 만약 다윗이 도망을 가지 않고 압살롬을 제압하면 반란은 곧 진압이 되었을 것입니다. 압살롬의 행위를 살인자임에도 불구하고 살려둔 은혜를 망각한 패륜아의 범죄로 판결하여 강력하게 진압하고 처형할 수 있었을 것입니다. 만약 다윗이 압살롬을 제압했다면 반역은 성공적으로 막아내지만 이스라엘 내에서 근본적인 두 가지의 실패가 일어납니다. 첫 번째는 이스라엘에 하나님이 없어지는 것입니다. 이스라엘의 가장 중요한 요소는 온 백성이 하나님을 인식하는 것입니다. 하나님이 이스라엘 나라를 세우셨고 왕을 세우셨습니다. 만약 왕이 하나님 마음에 합하지 않고 하나님의 원리대로 행하지 않을 때는 하나님이 폐하시고 전혀 엉뚱한 자일지라도 하나님이 세우시면 왕이 될 수 있기에 누가 왕이냐는 사실이 중요한 것이 아니라 누구라도, 어느 위치에서라도 하나님의 원리대로 살면 하나님의 은혜를 누리며 구원 받을 수 있기에 온 백성이 하나님을 따르자는 신앙이 이스라엘에 남아 있어야 합니다.

다윗의 경우 자신은 남의 아내를 빼앗고 여인의 남편을 죽이고도 왕이기 때문에, 군사가 있기 때문에, 힘이 있기 때문에, 부가 있기 때문에, 권력이 있기 때문에 모든 반란을 진압하고 왕의 자리를 유지해 낼 수 있다면 백성들은 아무도 하나님을 두려워하지 아니하고 오직 왕을 두려워할 것입니다. 다윗이 압살롬을 진압하면 다윗은 하나님의 왕으로 세워진 근본적인 신앙 개념을 다 파괴시키는 것입니다. 다윗은 압살롬의 반역을 막아서면 안 되고 물러서야 합니다. 자신의 잘못도 있고 만약 하나님이 자신을 가르치고 이스라엘에게 하나님의 원리를 가르치는 것이라면 압살롬을 통하여도 일하실 수 있다는 것을 인정해야 합니다. 왕이라는 자신의 위치가 중요한 것이 아니고 왕부터 하나님의 일하심과 다스림에 순종하는 모습을 보여주기 위해서라도 물러나야 하는 것입니다.

다윗이 압살롬의 반역을 진압할 경우 발생하는 두 번째 실패는 허다한 죄인들이 생겨나는 것입니다. 반역자인 압살롬과 동행했던 이백 명과 동조자들의 가족들과 다윗의 도피에 동행하지 아니한 세력들을 모두 죽여 버리면 하나님의 신앙공동체인 이스라엘은 용서도 은혜도 자비도 긍휼도 없는 단지 힘의 원리가 지배하는 세상나라 중의 하나가 되어버릴 것입니다. 다윗은 하나님에 의하여 세워진 왕으로서 백성들에게 하나님을 드러내야 하고 백성들이 죄인이 되지 않도록 해야 합니다. 다윗의 도망은 생명을 부지하기 위한 단순한 도망이 아니라 자신의 실패를 절실히 체감하며 다시금 하나님을 드러내야 하는 왕의 역할을 감당하려는 고뇌의 결실인 것입니다.

다윗의 간청

선히 여기시는 대로

다윗의 간절한 기대는 "여호와께서 선히 여기시는 대로 내게 행하시옵소서"입니다. 다윗의 고백은 절대로 염세주의이거나 운명론이 아닙니다. 여호와께서 주관자이시고 지배자이시니까 여호와가 인도하시면 자신은 여호와가 인도 하시는 대로 따라갈 뿐이라는 의미가 절대로 아닙니다. 혹시 하나님이 압살롬을 통해서 자신을 치시는 것이라면 하나님을 당해낼 재주가 없기에 어쩔 수 없이 따르고 오직 주께서 선히 여기시는 대로 처분만 바란다는 차원이 절대로 아닙니다. 하나님은 한 사람의 운명에 개입하셔서 하나님 마음대로 이리저리 끌고 다니시지 않습니다. 하나님은 인간에게 아무 말씀도 안 하시는 분이 아닙니다. 하나님이 알아서 복 줄 사람에게 복을 주시고 은혜 줄 사람에게 은혜 주시고 왕으로 세울 사람은 왕으로 세우시는 등 모든 것을 하나님 임의대로 행하시는 분이 아닙니다.

다윗이 보여주는 또 하나의 멋있는 장면이 바로 이 말과 행동 속에 들어있습니다. 하나님은 먼저 벌써 이미 하나님의 원리, 하나님의 뜻, 하나님의 방식, 하나님의 의도, 하나님의 마음, 하나님의 법을 다 가르쳐 주셨습니다. '하나님이 선히 여기시는 대로 내게 행하시옵소서' 라는 고백을 하기 위해서는 다윗이 하나님의 일하시는 원리와 방법을 모두 알고 있다는 사실이 전제되어야 합니다. 만약 하나님께서 하나님의 원리와 방법을 알려 주지 않으셔서 인간이 하나님의 뜻을 모른 채 하나님의 선히 여기시는 대로 순종해야 한다면 부정적인 의미에서 '하나님 멋대로' 입니다. 하지만 하나님께서 먼저 하나님의 뜻과 마음과 원리와 방법을 알려 주신 상태에서, 하나님의 뜻과 마음과 원리와 방법이 인간에게 최상 최고로 유용하며 인간을 기쁨과 자유와 평안과 안식과 행복을 누리게 하는 것임을 알게 하신 상태에서 하나님의 선히 여기시는 대로 순종하는 것은 아주 기대되는 것이요 소망인 것입니다.

다윗은 비록 때때로 범죄를 하고 악을 행하고 불순종하기도 했지만 또 하나님께로부터 많은 은혜를 받았고 하나님의 성품과 원리를 배워서 알고 있습니다. 압살롬이 반역을 해서 쳐들어오는 순간에 다윗은 하나님께로 배웠던 것들, 그동안 하나님에 의하여 가르침 받았던 것들을 생각하는 것입니다. 다윗은 '내가 하나님의 원리대로 행하지 아니하매 나의 죄의 원리가 화근이 되어 이런 결과들이 나타나는 구나. 그러면 내가 이것을 막아 설 수는 없고 하나님이 나를 선히 여겨 주셔서 나를 다시 예루살렘으로 돌아오도록 하게 해주시는 은혜를 기다려야겠다' 라고 생각하는 것입니다. 다윗은 '내가 압살롬을 제압하고 어떻게든 왕권을 회복해야지' 라는 다짐이 아니라 '내가 하나님이 선히 여기시는 거기에 가있고, 하나님이 선히 여기시는 그 일을 행하고 있고, 하나님이 선히 여기시는 마음을 먹고 있고, 하나님이 선히 여기시는 그 일을 하자' 고 다짐하는 것입니다. 그러면 다윗이 여호와 보시기에 선히 여길 만한 일을 하고 있으매 여호와께서 다윗을 선한 길로 인도하사 예루살렘으로 돌아오시게 하실 것을 다윗은 알고 있는 것입니다.

신앙의 행동

다윗은 절대로 수동적인 자세로 막연히 하나님의 인도하심을 기다리고 있는 것이 아니라 이미 하나님께서 자신을 선히 여기시는 쪽으로 인도할 행동을 벌써 하고 있는 것입니다. 다윗의 도망은 도망이 아니라 여호와가 선히 여기실만한 행동인 것입니다. 압살롬을 제압하는 것이 아니라 도망가는 행동이 하나님의 일하심을 인정하며 허다한 죄인을 만들어내지 않는 하나님의 심정을 담고 있는 행동인 것입니다. 다윗은 자신도 하나님 보기에 합당치 않은 일을 행했었습니다. 압살롬이 암논을 죽인 살인자이지만 압살롬과 다윗을 비교하면 그래도 압살롬이 나은 것입니다. 압살롬이 암논을 죽인 것은 암논이 누이를 범함으로 이스라엘에서 마땅히 행할 수 없는 일을 저질렀기 때문으로 일종의 의협심입니다. 다윗이 우리아를 죽인 것은 밧세바를 아내로 맞이하고 싶은 자기 욕망을 채우기 위한 살인이었기에 압살롬보다 더 악한 것입니다.

다윗이 나단에 의하여 죄를 지적받고 하나님 앞에 사죄하니까 하나님이 용서하셨습니다. 하나님의 용서하심으로 말미암아 생명을 부지하고 있는 자신이 자신을 향하여 범죄하고 있는 압살롬을 정죄하여 죽여 버리면 하나님의 긍휼과 자비와 은혜가 어디 있고 하나님의 용서가 어디 있고 이스라엘에 평화와 질서와 안녕이 어떻게 설수 있느냐는 것입니다. 자신이 죄인이었음에도 불구하고 죄 사함 받아 왕의 위치를 지키고 있다면, 자기가 왕이라고 해서 압살롬을 몰아붙이고 힘과 권력을 이용하여 용서와 자비를 베풀지 않으면 여호와의 선히 여기심을 받지 못할 것을 알고 있는 것입니다. 비록 다윗이 왕이지만 왕은 힘이 아니요 권력이 아님을 알고 있는 것입니다. 다윗은 자신에게 반역하는 압살롬보다 더 큰 반역을 이루었던 자임에도 불구하고 하나님이 용서하사 용서의 하나님을 가르치셨다면 자신도 압살롬을 용서하고 끌어안음으로 해서 하나님의 마음을 드러내 주어 모든 백성들에게 하나님의 의를 행해야 하고, 이러한 행동이 하나님이 선히 여기시는 행동임을 알고 있는 것입니다. 다윗은 도망가고 있는 것이 아니라 여호와가 선히 여기실만한 행동을 하고 있는 것입니다.

도움을 구하는 삶

다윗은 어리석은 자가 아닙니다. 누가 봐도 싸움에 이길 만한 상황인데 도망가는 것이 아니라 압살롬의 반역된 행동에 대해 자기가 행할 것과 하나님이 하실 일을 구별할 줄 아는 자입니다. 압살롬이 반역을 해오니까 자기가 진압하지 아니하고 하나님의 일하심일지도 모른다는 생각에 하나님의 뜻을 거역하지 않기 위해 순순히 도망갑니다. 만약 압살롬의 행동이 하나님이 행하시는 행동이라면 이루어지는 것을 수용해야 하지만, 만약 압살롬의 행동이 하나님의 뜻과 무관한 압살롬 개인의 욕망이라면 실패하도록 막아서야 합니다. 그래서 다윗은 한편으로는 압살롬의 행동을 하나님의 뜻인 줄로 알고 받아 들여서 도망가면서 동시에 다른 한편으로는 하나님께 기도를 하는 것입니다. 압살롬의 주변에는 책사 아히도벨이 있었습니다. 31절에서 다윗은 "여호와여 원하옵건대 아히도벨의 모략을 어리석게 하옵소서"라고 기도합니다. 압살롬의 반역이 하나님의 뜻이 아니고 압살롬의 뜻이라면 아히도벨의 모략이 성공하지 못하고 실패하게 하사 자신을 구원해 달라고 간구하는 것입니다.

다윗은 기도에 그치지 않고 적극적으로 방어에 나서기도 합니다. 자신의 책사였던 후새를 압살롬에게 보내면서 34절에 "네가 만일 성읍으로 돌아가서 압살롬에게 말하기를 왕이여 내가 왕의 종이니이다. 전에는 내가 왕의 아버지의 종이었더니 이제는 내가 왕의 종이니이다 하면 네가 나를 위하여 아히도벨의 모략을 패하게 하리라"고 지시합니다. 죄인이 머리를 쓰면 교활하다고 하고 성도가 머리를 쓰면 지혜롭다고 하는 것입니다. 하나님의 뜻일 수도 있기에 순종하면서 도망가지만 압살롬의 뜻일 수도 있기에 압살롬의 참모의 모략이 이루어지지 않길 하나님께 구하는 것입니다. 다윗은 비록 연약하고 부족해서 범죄하고 불순종하고 잘못할 때도 있지만, 하나님의 말씀을 배우고 듣고 익힌 것이 있기에 가장 결정적인 순간에 하나님께로 받은 것들을 잘 선용하여 하나님께로 배운 원리대로 행동해서 결국에 다윗은 예루살렘으로 돌아옵니다. 오늘날 성도의 삶 속에 죄인을 몰라 당하는 삶이 아니라 죄인을 알기에 져 줄줄 알고, 하나님을 몰라 하나님에게 눌림 받는 삶이 아니라 하나님을 알기에 하나님과 동행하는 멋진 삶이 되시기를 주님의 이름으로 축원합니다.

16
모략을 가르치라

사무엘하 16 : 1 - 17 : 26

1 다윗이 마루턱을 조금 지나니 므비보셋의 종 시바가 안장 지운 두 나귀에 떡 이백 개와 건포도 백 송이와 여름 과일 백 개와 포도주 한 가죽부대를 싣고 다윗을 맞는지라 2 왕이 시바에게 이르되 네가 무슨 뜻으로 이것을 가져왔느냐 하니 시바가 이르되 나귀는 왕의 가족들이 타게 하고 떡과 과일은 청년들이 먹게 하고 포도주는 들에서 피곤한 자들에게 마시게 하려 함이니이다 3 왕이 이르되 네 주인의 아들이 어디 있느냐 하니 시바가 왕께 아뢰되 예루살렘에 있는데 그가 말하기를 이스라엘 족속이 오늘 내 아버지의 나라를 내게 돌리리라 하나이다 하는지라 4 왕이 시바에게 이르되 므비보셋에게 있는 것이 다 네 것이니라 하니 시바가 이르되 내가 절하나이다 내 주 왕이여 내가 왕 앞에서 은혜를 입게 하옵소서 하니라 5 다윗 왕이 바후림에 이르매 거기서 사울의 친족 한 사람이 나오니 게라의 아들이요 이름은 시므이라 그가 나오면서 계속하여 저주하고 6 또 다윗과 다윗 왕의 모든 신하들을 향하여 돌을 던지니 그 때에 모든 백성과 용사들은 다 왕의 좌우에 있었더라 7 시므이가 저주하는 가운데 이와 같이 말하니라 피를 흘린 자여 사악한 자여 가거라 가거라 8 사울의 족속의 모든 피를 여호와께서 네게로 돌리셨도다 그를 이어서 네가 왕이 되었으나 여호와께서 나라를 네 아들 압살롬의 손에 넘기셨도다 보라 너는 피를 흘린 자이므로 화를 자초하였느니라 하는지라 9 스루야의 아들 아비새가 왕께 여짜오되 이 죽은 개가 어찌 내 주 왕을 저주하리이까 청하건대 내가 건너가서 그의 머리를 베게 하소서 하니 10 왕이 이르되 스루야의 아들들아 내가 너희와 무슨 상관이 있느냐 그가 저주하는 것은 여호와께서 그에게 다윗을 저주하라 하심이니 네가 어찌 그리하였느냐 할 자가 누구겠느냐 하고 11 또 다윗이 아비새와 모든 신하들에게 이르되 내 몸에서 난 아들도 내 생명을 해하려 하거든 하물며 이 베냐민 사람이랴 여호와께서 그에게 명령하신 것이니 그가 저주하게 버려두라 12 혹시 여호와께서 나의 원통함을 감찰하시리니 오늘 그 저주 때문에 여호와께서 선으로 내게 갚아 주시리라 하고 13 다윗과 그의 추종자들이 길을 갈 때에 시므이는 산비탈로 따라가면서 저주하고 그를 향하여 돌을 던지며 먼지를 날리더라 14 왕과 그와 함께 있는 백성들이 다 피곤하여 한 곳에 이르러 거기서 쉬니라 15 압살롬과 모든 이스라엘 백성들이 예루살렘에 이르고 아히도벨도 그와 함께 이른지라 16 다윗의 친구 아

렉 사람 후새가 압살롬에게 나갈 때에 그에게 말하기를 왕이여 만세, 왕이여 만세 하니 17 압살롬이 후새에게 이르되 이것이 네가 친구를 후대하는 것이냐 네가 어찌하여 네 친구와 함께 가지 아니하였느냐 하니 18 후새가 압살롬에게 이르되 그렇지 아니하니이다 내가 여호와와 이 백성 모든 이스라엘의 택한 자에게 속하여 그와 함께 있을 것이니이다 19 또 내가 이제 누구를 섬기리이까 그의 아들이 아니니이까 내가 전에 왕의 아버지를 섬긴 것 같이 왕을 섬기리이다 하니라 20 압살롬이 아히도벨에게 이르되 너는 어떻게 행할 계략을 우리에게 가르치라 하니 21 아히도벨이 압살롬에게 이르되 왕의 아버지가 남겨 두어 왕궁을 지키게 한 후궁들과 더불어 동침하소서 그리하면 왕께서 왕의 아버지가 미워하는 바 됨을 온 이스라엘이 들으리니 왕과 함께 있는 모든 사람의 힘이 더욱 강하여지리이다 하니라 22 이에 사람들이 압살롬을 위하여 옥상에 장막을 치니 압살롬이 온 이스라엘 무리의 눈앞에서 그 아버지의 후궁들과 더불어 동침하니라 23 그 때에 아히도벨이 베푸는 계략은 사람이 하나님께 물어서 받은 말씀과 같은 것이라 아히도벨의 모든 계략은 다윗에게나 압살롬에게나 그와 같이 여겨졌더라 1 아히도벨이 또 압살롬에게 이르되 이제 내가 사람 만 이천 명을 택하게 하소서 오늘 밤에 내가 일어나서 다윗의 뒤를 추적하여 2 그가 곤하고 힘이 빠졌을 때에 기습하여 그를 무섭게 하면 그와 함께 있는 모든 백성이 도망하리니 내가 다윗 왕만 쳐죽이고 3 모든 백성이 당신께 돌아오게 하리니 모든 사람이 돌아오기는 왕이 찾는 이 사람에게 달렸음이라 그리하면 모든 백성이 평안하리이다 하니 4 압살롬과 이스라엘 장로들이 다 그 말을 옳게 여기더라 5 압살롬이 이르되 아렉 사람 후새도 부르라 우리가 이제 그의 말도 듣자 하니 6 후새가 압살롬에게 이르매 압살롬이 그에게 말하여 이르되 아히도벨이 이러이러하게 말하니 우리가 그 말대로 행하랴 그렇지 아니하거든 너는 말하라 하니 7 후새가 압살롬에게 이르되 이번에는 아히도벨이 베푼 계략이 좋지 아니하니이다 하고 8 또 후새가 말하되 왕도 아시거니와 왕의 아버지와 그의 추종자들은 용사라 그들은 들에 있는 곰이 새끼를 빼앗긴 것 같이 격분하였고 왕의 부친은 전쟁에 익숙한 사람인즉 백성과 함께 자지 아니하고 9 지금 그가 어느 굴에나 어느 곳에 숨어 있으리니 혹 무리 중에 몇이 먼저 엎드러지면 그 소문을 듣는 자가 말하기를 압살롬을 따르는 자 가운데에서 패함을 당하였다 할지라 10 비록 그가 사자 같은 마음을 가진 용사의 아들일지라도 낙심하리니 이는 이스라엘 무리가 왕의 아버지는 영웅이요 그의 추종자들도 용사인 줄 앎이니이다 11 나는 이렇게 계략을 세웠나이다 온 이스라엘을 단부터 브엘세바까지 바닷가의 많은 모래 같이 당신께로 모으고 친히 전장에 나가시고 12 우리가 그 만날 만한 곳에서 그를 기습하기를 이슬이 땅에 내림 같이 우리가 그의 위에 덮여 그와 그 함께 있는 모든 사람을 하나도 남겨 두지 아니할 것이요 13 또 만일 그가 어느 성에 들었으면 온 이스라엘이 밧줄을 가져다가 그 성을 강으로 끌어들여서 그 곳에 작은 돌 하나도 보이지 아니하게 할 것이니이다 하매 14 압살롬과 온 이스라엘 사람들이 이르되 아렉 사람 후새의 계략은 아히도벨의 계략보다 낫다 하니 이는 여호와께서 압살롬에게 화를 내리려 하사 아히도벨의 좋은 계략을 물리치라고 명령하셨음이더라 15 이에 후새가 사독과 아비아달 두 제사장에게 이르되 아히도벨이 압살롬과 이스라엘 장로들에게 이러이러하게 계략을 세웠고 나도 이러이러하게 계략을 세웠으니 16 이제 너희는 빨리 사람을 보내 다윗에게 전하기를 오늘밤에 광야 나루터에서 자지 말고 아무쪼록 건너가소서 하라 혹시 왕과 그를 따르는 모든 백성이 몰사할까 하노라 하니라 17 그 때에 요나단과 아히마아스가 사람이 볼까 두려워하여 감히 성에 들어가지 못하고 에느로겔 가에 머물고 어떤 여종은 그들에게 나와서 말하고 그들은 가서 다윗 왕에게 알리더니 18 한 청년이 그들을 보고 압살롬에게 알린지라 그 두 사람이 빨리 달려서 바후림 어떤 사람의 집으로 들어가서 그의 뜰에 있는 우물 속으로 내려가니 19 그 집 여인이 덮을 것을 가져다가 우물 아귀를 덮고 찧은 곡식을 그 위에 널매 전혀 알지 못하더라 20 압살롬의 종들이 그 집에 와서 여인에게 묻되 아히마아스와 요나단이 어디 있느냐 하니 여인이 그들에게 이르되 그들이 시내를 건너가더라 하니 그들이 찾아도 만나지 못하고 예루살렘으로 돌아가니라 21 그들이 간 후에 두 사람이 우물에서 올라와서 다윗 왕에게 가서 다윗 왕에게 말하여 이르되 당신들은 일어나 빨리 물을 건너가소서 아히도벨이 당신들을 해하려고 이러이러하게 계략을 세웠나이다 22 다윗이 일어나 모든 백성과 함께 요단을 건널새 새벽까지 한 사람도 요단을 건너지 못한 자가 없었더라 23 아히도벨이 자기 계략이 시행되지 못함을 보고 나귀에 안장을 지우고 일어나 고향으로 돌아가 자기 집에 이르러 집을 정리하고 스스로 목매어 죽으매 그의 조상의 묘에 장사되니라 24 이에 다윗은 마하나임에 이르고 압살롬은 모든 이스라엘 사람과 함께 요단을 건너니라 25 압살롬이 아마사로 요압을 대신하여 군지휘관으로 삼으니라 아마사는 이스라엘 사람 이드라 하는 자의 아들이라 이드라가 나하스의 딸 아비갈과 동침하여 그를 낳았으며 아비갈은 요압의 어머니 스루야의 동생이더라 26 이에 이스라엘 무리와 압살롬이 길르앗 땅에 진 치니라

책사

인간의 모습

'도전! 지구 탐험대' 라는 재미있는 TV프로그램이 있었습니다. 지구의 여러 부족들을 찾아다니며 그들의 문화를 체험하는 것입니다. 오지에 사는 부족들의 외형적인 삶의 양상은 우리의 모습과 아예 비교조차가 되지 않습니다. 우리는 과학기술을 활용하여 다양한 기술문명들을 아주 손쉽게 사용하는 최첨단 시대를 살고 있고 오지의 부족들은 기술문명은 단 하나도 없는 자연 그대로입니다. 겉보기에는 비교할 수 없고 서로 견준다는 것이 말도 안 되는 것처럼 보이지만 그들이 살고 있는 모

습이나 우리가 살고 있는 내면적인 측면은 거의 같다는 것을 확인할 수 있습니다. 가정이 있고 동네사람과 함께 어울림이 있고, 서로 동네의 대표가 되기 위한 경쟁과 갈등이 있고, 배우자를 선택하기 위한 노력들이 있고, 서로 잘났다는 암투가 있습니다. 아무리 문명이 발달해도 인간의 원리, 인간의 방식, 인간의 기준은 달라지지 않습니다.

또 학문과 지식의 발달에 따라 배운 자와 못 배운 자 사이에는 삶의 양상이 매우 다를 것 같아 보입니다. 우리는 철학도 배우고 경영학, 인류학, 사회학, 공학도 배웠습니다. 오지에 사는 사람들은 다양한 학문을 접하지 못했습니다. 그러나 살아가는 원리는 별 차이가 나지 않습니다. 인간의 본성, 인간의 마음, 인간의 죄인 됨이 똑같기 때문에 비록 여러 가지 다양성이 있을지라도 그 다양성 때문에 만들어지는 독특성 보다는 죄인이 가지고 있는 공통성이 훨씬 더 많습니다. 또 인간의 언어, 인간의 종교, 인간의 문화, 인간의 기호, 인간의 문명, 인간의 과학, 인간의 기술들이 심한 삶의 외형적 차이를 만들어 낸다 할지라도 모든 인간이 근본적으로 인간인 이상, 그 모든 인간이 근본적으로 죄인인 이상 마음먹기나 심보들이 다 똑같습니다. 성경이 오늘날 우리에게 여전히 유효한 것은 성경이 인간의 상황적인 문제를 해결해 주려는 것이 아니라 인간의 본질적 문제가 죄라는 것을 알려주고 그 죄의 양상은 삶의 외형적 문제가 아니라 본질이라는 것을 지적해 주기에 오늘날 우리에게도 여전히 동일하게 진리로 우리 문제의 해결책으로 제시 될 수 있는 것입니다.

주연과 조연

본문은 압살롬이 다윗을 추적하는 장면입니다. 다윗이 왕궁을 버리고 도망갈 때에 압살롬은 다윗을 계속 추적하여 죽이고 이스라엘의 왕으로 바로 등극을 할 것인지 아니면 일단 전열을 가다듬고 다음날 쳐들어가서 다윗을 잡을 것인지를 결정해야 하는 중요한 순간입니다. 압살롬은 혼자 생각하지 아니하고 자기 참모들을 불러서 의견을 듣습니다. 압살롬에게 의견을 제시한 두 사람은 압살롬의 참모인 아히도벨과 다윗의 참모였던 후새입니다. 두 사람의 의견을 다 듣고 압살롬은 자신의 참모인 아히도벨의 의견을 따르지 않고 다윗의 참모였던 후새의 모략을 따릅니다. 결과는 압살롬이 결정을 잘못 내린 것으로 납니다. 혹자들은 일반적으로 압살롬이 참모를 잘못 썼고 가장 결정적인 순간에 선택을 잘못했기에 실패할 수밖에 없었고, 더 지혜로운 참모들을 많이 두고 더 현명한 판단을 내려야 한다고 교훈을 찾기도 합니다. 과연 성경의 교훈은 무엇인지 확인해 보겠습니다.

영웅전이나 위인전을 통하여 참모는 참으로 중요하다는 것을 발견합니다. 똑같이 비범한 사람임에도 참모가 있던 사람들은 일을 잘 처리하여 영웅이 되고, 참모가 없는 사람은 시작은 탁월했으나 나중에는 아무 것도 아닌 존재로 평범하게 사라질 때도 있습니다. 영웅전이나 위인전에서 참모 또는 책사의 가장 중요한 역할은 주인공의 악역을 감당해 주는 것입니다. 일을 처리하다 보면 어쩔 수 없이 안 좋아 보이는 행동을 해야 하는데 주인공이 악행을 하면 이미지가 나빠지니까 옆에 있는 참모들이 악역을 대신해 주는 장면들이 나오고, 참모의 또 다른 역할은 주인공이 주인공 될 수 있도록 영웅 만들기를 하는 것입니다. 영웅들도 우유부단한 경우가 많지만 책사의 설명에 따라 우유부단한 모습이 온유한 것으로 여겨집니다. 또 어떤 때는 영웅이 상당히 즉흥적이고 충동적으로 행동하는 경우도 있지만 책사의 묘략에 따라 우발적 행동이 용감하고 적극적이고 능동적인 것처럼 보이기도 합니다. 우리에게 잘 알려져 있는 영웅들의 모습은 실제 인물의 진정한 모습이기보다는 주변에 있던 사람들이 묘사해낸 이미지가 대부분일 것입니다.

영웅의 주변에 있는 참모들의 가장 결정적인 역할은 영웅이 행동해야 하는 결정적인 순간에 결정적인 모략을 내는 것입니다. 압살롬은 반역에 일차적인 성공을 해서 다윗을 몰아냈고, 가장 중요한 순간에 쫓아가서 다윗을 죽이고 왕으로서 등극을 하느냐 아니면 일단 취한 왕의 위치를 견고히 하고 후에 쫓아가서 다윗을 잡느냐를 결정해야 하는 순간입니다. 압살롬은 자기 주변의 책사에게 모략을 요청하고 이때에 어떻게 좋은 의견을 내어 그 의견대로 행했을 때 선한 결과가 나왔느냐에 따라 그 사람이 지혜로운 책사냐 아니냐가 결정 나는 것입니다.

책사는 없다

일반적인 영웅전에 보면 영웅과 함께 꼭 동반해서 따라다니는 책사가 있기 마련입니다. 일반 영웅전과 성경의 차이점은 세상에는 영웅이 있지만 성경에는 영웅이 없다는 것입니다. 성경에 인간 영웅이 없으면 영웅 옆에 따라 다니는 책사가 없는 것도 당연합니다. 성경엔 영웅도 없고 영웅을 만들거나 영웅을 돕는 사람도 없습니다. 이스라엘을 생각할 때 가장 먼저 떠오르는 영웅은 아마도 모세와 다윗일 것입니다. 모세 옆에서 모세에게 온갖 지혜를 동원해 주었던 전략가가 없습니다. 모세에게 아이디어를 내고 모세에게 어떻게 행동해야 할지를 알려주고 모세에게 나아갈 때와 들어올 때를 정해주는 지혜로운 전략가가 없습니다. 다윗에게 있어서 가장 결정적인 순간에 결정적으로 돕는 책사가 없습니다. 다윗이 사울을 원수로 생각하여 사울을 죽이고 왕으로 등극하고 싶어 할 때 다윗을 가로 막으며 선대 왕 사울을 죽이면 왕의 정통성을 인정받을 수 없다고 진언하며 다윗에게 참고 인내하며 기다릴 것을 간청하는 책사가 없습니다. 정반대로 다윗의 주변 인물들은 다윗이 광야 굴 속에서 사울을 만났을 때 다윗에게 하나님께서 사울을 제거할 기회를 주셨다고 사울을 죽일 명분을 만들기에 급급합니다. 다윗은 참모들의 전략을 따르지 않고 도리어 참모들을 막아섰습니다.

또 다윗의 주변에 있던 사람들은 한편으로는 다윗을 돕는 사람이었지만 다른 한편으로는 늘 다윗의 걱정거리였습니다. 다윗이 헤브론에서 왕이 되었을 때에 이스라엘에 이스보셋이라는 왕이 아직 살아있고 그 왕의 장관인 아브넬이 있었습니다. 아브넬이 다윗의 진영으로 넘어와 나라를 합칠 수 있도록 협력하기를 제안하였고 다윗은 이스보셋의 제안을 받아들여 아브넬을 돌려보냅니다. 다윗 왕이 판단하여 결정을 내렸으면 다윗의 참모들이 모두 복종해야 합니다. 그러나 다윗 왕의 참모 중의 하나인 요압은 아브넬이 왔다가 살아서 돌아갔다는 소식을 듣고 쫓아가서 아브넬을 죽여 버립니다. 이 사건을 듣고 다윗이 참담해서 백성들 앞에서 울부짖는 소리가 3장 39절 "내가 기름 부음을 받은 왕이 되었으나 오늘 약하여서 스루야의 아들 요압인 이 사람들을 제어하기가 너무 어려우니 여호와는 악행한 자에게 그 악한 대로 갚으실지로다 하니라"입니다. 다윗의 참모로써 다윗을 도와주는 자들이었으나 결정적일 때에 다윗의 결정을 따르기보다는 반대로 행동하는 자들 이었습니다.

본문에서도 비슷한 장면이 한 번 더 나옵니다. 압살롬의 반역에 의하여 다윗이 도망을 갑니다. 만약 다윗이 압살롬의 반역을 진압하기로 하면 다윗이 판단을 해서 결정하면 됩니다. 하지만 다윗은 나름대로 하나님과 자신과 백성들과의 관계 속에서 자신이 물러나는 것이 옳다고 판단하여 도망을 가고 있습니다. 다윗이 도망을 갈 때에 사울 족속 중에 한 사람 시므이가 와서 조롱하며 저주하며 말하기를 7절 이하에 "피를 흘린 자여, 사악한 자여, 가거라. 가거라. 사울의 족속의 모든 피를 여호와께서 네게로 돌리셨도다. 그를 이어서 네가 왕이 되었으나 여호와께서 나라를 네 아들 압살롬의 손에 넘기셨도다. 보라, 너는 피를 흘린 자이므로 화를 자초하였느니라"입니다. 시므이의 조롱을 듣고 화를 내야 할 당사자는 다윗입니다. 그러나 다윗은 전혀 화를 내지 않고 시므이가 내 뱉는 소리를 다 듣습니다. 바로 그 때 다윗 옆에서 스루야의 아들인 아비새가 다윗을 도와주려는 심정으로 시므이를 죽이겠다고 나섭니다.

다윗은 또 자신의 참모들을 막아섭니다. 10절 "왕이 이르되 스루야의 아들들아, 내가 너희와 무슨 상관이 있느냐? 그가 저주하는 것은 여호와께서 그에게 다윗을 저주하라 하심이니 네가 어찌 그리하겠느냐 할 자가 누구겠느냐?"고 만류합니다. 다윗에게는 다윗을 도와주는 책사보다는 도리어 짐 꺼리, 방해꾼들이 더 많았던 것 같습니다.

복음서를 읽어보아도 예수님 주변에 참모가 한 사람도 없습니다. 하나님께서 육신을 입고 이 땅에 강림하셨기에 이 땅을 지배하기 위해서 하늘의 천군 천사와 각양의 능력들을 가진 모든 참모들을 동원해서 그들의 지혜를 들어가며 행동하신 것이 아닙니다. 세상의 기준으로 보면 예수님은 제대로 일을 이루어내실 만한 조건을 갖춘 분이 아닙니다. 그런데 성경은 전혀 다른 차원을 강조하는 것입니다.

누구에게 물을 것인가?

압살롬의 자질

압살롬이라는 개인을 살펴보면 참으로 영웅이 될 만한 자질이 있는 사람입니다. 영웅이 되기 위해서는 본인도 자질이 있어야 하고 동시에 옆에 좋은 전략가도 있어야 금상첨화가 됩니다. 압살롬이 영웅이 될만한 자질을 갖춘 첫 번째 조건은 잘생겼다는 것입니다. 영웅은 백성들에게 칭송받을 만한 업적을 이루어야 하지만, 외모에도 백성들의 부러움을 사야 합니다. 사무엘하 14장 25절에 "온 이스라엘 가운데에서 압살롬 같이 아름다움으로 크게 칭찬 받는 자가 없었으니 그는 발바닥부터 정수리까지 흠이 없음이라"고 소개하고 있습니다. 압살롬뿐만 아니라 압살롬의 자녀도 27절에 의하면 "압살롬이 아들 셋과 딸 하나를 낳았는데 딸의 이름은 다말이라. 그는 얼굴이 아름다운 여자더라"고 소개됩니다. 둘째로 압살롬은 영웅이 될 수 있는 의협심을 갖추었습니다. 자기 누이 다말에게 불미스러운 일이 생겼을 때 아버지도 형제들도 왕궁에 있는 신하 중 누구도 불의한 일에 대하여 정당하게 처리해 주지 않았습니다. 바로 그때 누이의 억울한 일을 위하여 자신이 친히 수고하고 그 결과 나라에서 추방을 당하는 역할을 감당한 자가 바로 압살롬입니다. 셋째로 압살롬은 영웅이 갖추어야 하는 신중함마저 겸비하였습니다. 암논이 다말에게 불미스러운 일을 행했다고 해서 다음날 쫓아가서 암논을 죽여 버리면 왕실과 국가에 큰 분란이 일어납니다. 압살롬은 자그만치 이년 후에 즉 두해를 기다려서 양털 깎는 때에 맞추어 암논을 유인해 처리합니다. 기다릴 줄 알며, 치밀하게 계획을 세우고, 일사분란하게 일을 처리합니다. 넷째로 압살롬은 영웅이 갖추어야 하는 인복人福도 있습니다. 백성들이 압살롬에게 마음을 실어주지 않으면 반역을 일으킬 수 없고, 정작 반역을 일으킬 때에 아무도 안 따라오면 반역은 성공할 수 없습니다. 압살롬이 성문에서 사람들 마음을 꾀려고 시도할 때 사람들이 따라왔습니다. 단지 연약한 백성들만 따라온 것이 아니라 다재다능한 인재들이 동참해야 하는데 다윗의 신하이었던 아히도벨도 따라와서 압살롬 진영에 서고 큰 역할들을 합니다. 다섯째로 압살롬은 매우 사려 깊은 사람입니다. 다윗을 추적해야 할지를 결정하는 순간에 자기 신하인 아히도벨에 말을 듣고 또한 다윗의 부관이었던 후새의 말도 듣습니다. 다윗의 신하이었던 사람이 다윗에게 이롭게 말해줄 것이라고 예상할 수 있음에도 불구하고 압살롬은 양쪽 진영의 말을 다 듣고 숙고하여 판단을 내립니다. 이와 같이 세상의 기준으로 볼 때 영웅이 될 만한 대부분의 요소를 갖추고 있습니다.

압살롬의 한계

압살롬은 영웅이 되지 못합니다. 때를 잘못 만났거나 주변에 좋은 사람이 없어서 실패하는 것이 아닙니다. 압살롬은 가장 결정적인 순간에 자기 참모인 아히도벨의 전략을 듣지 아니하고 다윗의 참모였던 후새의 말을 듣고 다윗을 추적하기를 포기합니다. 덕분에 다윗은 강을 건너서 안전한 곳으로 피신을 가고 나중에 다시 진영을 재정비하여 돌아오게 됩니다. 혹자들은 압살롬이 자신의 참모인 아히도벨의 지혜로운 전략을 듣지 아니하고 반대 진영 다윗의 참모인 후새의 전략에 속았기 때문이라고 말합니다. 역사에서 만약을 가정하는 것이 가장 어리석지만 만약 그날 저녁에 압살롬이 아히도벨의 말을 듣고 당장 추적하여 공격하면 왕을 죽이고 모든 백성을 데리고 돌아 올 수 있습니다. 하지만 아무리 압살롬이 예상대로 다윗을 죽여도 압살롬은 이스라엘 왕으로 등극할 수 없습니다. 압살롬이 제 아무리 아히도벨의 충고를 받아들여서 당장 따라가서 추적해서 전쟁을 벌였을지라도 압살롬은 결코 다윗을 이길 수 없고 압살롬은 결코 왕이 될 수 없습니다. 왜냐하면 이스라엘의 왕은 하나님이 세우고 하나님이 지키고 하나님이 보호하고 하나님이 폐위하기 때문입니다.

 이스라엘의 왕은 하나님이 세우고 하나님이 폐위하는 것이지 정세에 따라 상황에 따라 상대에 따라 판단에 따라 전투력에 따라 인물이 달라지는 것이 아닙니다. 압살롬이 아히도벨의 말을 듣지 않고 후새의 말을 들어서 쫓아가지 않은 것은 압살롬의 판단착오가 아니라 압살롬의 한계인 것입니다. 압살롬은 그 이상은 할 수가 없습니다. 왜냐하면 압살롬의 행동은 다윗을 추적하느냐 자신의 진영을 정비하느냐는 결정적인 순간에 다윗을 추적하지 않은 판단착오가 아니라 자신의 상황자체에 대한 근본적 인식이 잘못되었기 때문입니다. 압살롬은 자신의 상황에 대한 본질을 잘못 이해한 것이지 판단을 잘못한 것이 아닙니다.

 다윗과 압살롬이 주어진 상황에 대하여 본질을 어떻게 다르게 인식하고 있는지 확인해 보겠습니다. 압살롬이 반역을 일으켰을 때에 다윗이 도망가는 이유는 어떻게든 왕권을 지키고 버텨보려는 욕심 때문이 아닙니다. 다윗이 왕권에 목적을 두었다면 도망가지 말고 육백 명의 군사로 이백 명에 불과한 압살롬의 군대를 진압해 버리면 끝납니다. 또한 다윗이 도망갈 때에 시므이가 와서 조롱하고 저주하면 당장 시므이를 죽여 버리면 됩니다. 하지만 다윗은 압살롬을 제압하지 않았고, 시므이를 죽이지 않았습니다. 하나님이 왜 자신을 왕으로 세우셨고, 왜 지금 이런 일을 발생하고 있는 지에 대하여 생각한 것입니다. 자신이 왕으로 등극하는 것과 왕에서 물러나는 것은 다윗의 능력과 결정에 달린 것이 아니라 하나님께 달려 있다는 것을 알고 있기 때문입니다. 예전에 자신이 전혀 왕이 되고자 하는 의도가 없었을 때에 하나님은 기름을 부으셔서 기어코 자기를 왕이 되게 하셨습니다. 그렇다면 반대로 자신이 왕위를 아무리 부여잡고 싶어도 하나님이 허락지 아니하시면 왕위를 지킬 수 없다는 것을 알고 있습니다. 그래서 다윗은 인위적으로 왕권을 부여잡는 것이 아니라 하나님이 선히 여기시는대로 행동하는 것입니다.

그러므로 압살롬이 왕으로 등극하는 것의 결정은 압살롬이 누구의 말을 듣느냐, 압살롬이 다윗을 추적하느냐의 여부에 의하여 결정되는 것이 아니라 하나님이 다윗을 어떻게 다루실 것인지에 달려있는 것입니다. 압살롬의 판단, 압살롬의 결정, 압살롬의 정세 분석, 압살롬의 행동에 왕위가 좌우되는 것이 아닙니다. 하나님이 다윗을 폐하기로 하시면 압살롬은 왕이 될 수 있고, 하나님이 다윗을 보호하시기로 하면 압살롬은 절대로 왕이 될 수 없습니다. 모든 결정은 압살롬에게 달려있는 것이 아니라 하나님께 달려 있는 것입니다. 혹자들은 압살롬이 판단을 잘못했고 자기 신하의 말을 듣지 않았기 때문에 실패했다고 말하지만 성경은 전혀 다르게 설명합니다. 사무엘하 17장 14절 "압살롬과 온 이스라엘 사람들이 이르되 아렉 사람 후새의 계략은 아히도벨의 계략보다 낫다 하니 이는 여호와께서 압살롬에게 화를 내리려 하사 아히도벨의 좋은 계략을 물리치라고 명령하셨음이더라" 입니다. 압살롬은 판단착오를 한 것이 아니라 압살롬으로는 최고의 결정, 가장 확실한 결정을 한 것입니다. 압살롬으로서는 최상의 결정을 했음에도 불구하고 실패할 수밖에 없는 것입니다. 왜냐하면 하나님이 압살롬의 계획을 돕지 않았기 때문입니다.

압살롬의 오해

압살롬이 가지고 있는 근본적 오류는 이스라엘 왕권에 대한 오해요 동시에 하나님에 대한 오해입니다. 압살롬이 반역을 일으켰다는 것은 하나님이 다윗을 왕으로 세우고 지금도 하나님이 다윗을 지키고 계신다고 생각하지 않은 것입니다. 하나님이 다윗을 보호하신다고 생각했으면 압살롬은 반역을 못합니다. 압살롬이 다윗을 이기는 것이 아니라 하나님을 이겨야 하는 싸움에 도전 할 수 없는 것입니다. 압살롬은 다윗이 남의 아내를 빼앗기 위하여 여인의 남편을 전쟁에서 죽이고, 자기 집안에서 발생한 불의한 일에도 전혀 조취를 취하지 않은 것에 대하여 왕으로서의 자격을 잃었다고 생각한 것입니다. 다윗이 하나님의 왕의 역할을 실패하고 있기에, 하나님도 하나님의 뜻과 다르게 행동하고 하나님의 원칙에 어긋나게 행동하는 다윗을 도울 리가 없다고 생각하며, 하나님과 다윗이 분리되었으니 자신이 다윗을 공격하면 충분히 다윗을 이길 수 있다고 생각하기 때문에 반역을 일으킬 수 있었던 것입니다.

한편으로는 압살롬의 생각이 옳지만 다른 한편으로는 압살롬의 생각이 틀린 것입니다. 다윗이 하나님의 기름부음 받은 왕의 역할을 실패하고 있다는 압살롬의 판단은 옳습니다. 하지만 다윗이 실패하였기 때문에 하나님도 다윗을 버릴 것이요 다윗을 돕지 않을 것이요, 하나님의 뜻대로 행하지 않는 자에게 은혜를 주거나 복을 주거나 인도해주거나 보호해주심을 철회할 것으로 생각한 것이 틀린 것입니다. 압살롬은 하나님의 은혜에 대하여 잘못 판단한 것입니다. 하나님이 다윗에게 은혜를 주신 과정을 바르게 이해해야 합니다.

　다윗이 소년이요 목동으로 하나님에 대하여 무지하고, 사람들에게도 전혀 인정받지 못할 때에 하나님이 다윗을 불러서 왕으로 세웠습니다. 하나님이 다윗을 보았을 때 다윗이 생각하는 것이 왕 같고, 행동하는 것이 왕 같고, 판단하는 모든 것이 왕 다운 자질이 보여서 하나님께서 이스라엘의 왕으로 가장 자격있는 사람으로 다윗을 인정하여 왕으로 세운 것이 아닙니다. 도리어 다윗은 부모에게도, 형제에게도, 백성들에게도, 사무엘에게도 인정을 받지 못할 때에 하나님이 다윗을 세워서 왕으로 삼았습니다. 다윗이 자격을 갖추었기에 왕으로 세운 것이 아니기에, 다윗이 왕임에도 불구하고 왕의 역할과 왕의 기능과 왕의 신분에 맞지 않게 행동할 지라도 하나님이 다윗을 왕으로 세운 것을 후회하시거나 철회하시는 것이 아니라는 것입니다. 비록 다윗이 실수하고 비록 다윗이 하나님 말씀에 불순종하고 비록 다윗이 하나님의 뜻과 어긋나게 살지라도 하나님은 여전히 다윗을 돕고 다윗에게 은혜를 주시고 다윗을 지키시고 다윗을 공급하십니다. 그래서 모든 백성으로 '우리가 범죄 했을지라도 하나님께 나아가야 하는구나. 우리가 잘못하였을지라도 하나님은 우리를 도우시는구나. 우리가 비록 하나님을 떠나 있을지라도 하나님은 우리를 포기지 않으시는구나!' 라는 사실을 깨달아 알게 하시는 것입니다.

　하나님은 다윗의 범죄를 통해서라도 하나님을 백성에게 알리시는데 압살롬은 하나님의 의도와 하나님의 성품과 하나님의 은혜를 잘못 생각한 것입니다. 다윗은 장수의 아내를 **빼앗는** 범죄를 행하였고, 자신은 도리어 이스라엘 내에서 마땅히 행하지 못할 일을 범한 자를 처벌함으로 나라의 기강을 세웠으니 아버지와 자신을 비교하여 볼 때 자신이 더 의롭다고 생각한 것입니다. 다윗은 자신도 범죄하였을 뿐만 아니라 암논의 범죄도 묵인하고 있을 때 압살롬은 의로운 마음을 가지고 행동하였으며 더 정정당당하고 백성들 앞에서 공의를 따져보았을 때 백성들의 마음을 얻었으니 자신이 더 옳고 왕으로서의 자격이 많다고 생각하는 것입니다. 하지만 압살롬의 생각은 자신의 생각일 뿐 하나님은 압살롬의 생각과는 전혀 다른 분이십니다.

성도의 자세

안타깝게도 오늘날 많은 사람들이 압살롬처럼 생각합니다. 하나님께 잘 보이면 하나님께서 들어 써 주시고, 하나님께 잘못 보이면 하나님이 진노하시고 형벌하시고 심판하시고 버리실 줄로 압니다. 사람은 그렇게 행동하지만 하나님은 그렇게 행동하지 않습니다. 압살롬의 교훈을 통해서 성경이 가르치는 하나님의 진리는 어느 참모의 말을 듣고 어떤 결정을 선택하느냐에 따라 삶의 방향이 달라지는 것이 아닙니다. 압살롬의 근본 문제가 하나님에 대한 오해였고 하나님과 인간의 관계에 대한 오해였습니다. 오늘날 우리들의 삶을 풀어갈 때에도 인간 본분의 위치를 하나님께 두고, 삶의 원리를 하나님께 두고, 나와 더불어 사는 사람들과의 관계의 중요성을 하나님께 두어야 하는 것이 가장 중요합니다.

성도는 진리를 알고 있는 자요, 성도는 문제가 발생하기 전에 이미 문제의 본질이 무엇이고, 어떤 문제가 발생이 될 것이며, 그 문제를 어떻게 처리해야 되는지도 다 아는 자 이어야 합니다. 진리를 아는 자답게, 인생을 아는 자답게, 하나님을 아는 자답게, 하나님의 자녀답게 생각하시고 행동하셔서 하나님의 은혜를 날마다 삶의 순간순간에 누려 가시기를 주님의 이름 축원합니다.

17

만 명과 한 명

사무엘하 18 : 1 ~ 33

1 이에 다윗이 그와 함께 한 백성을 찾아가서 천부장과 백부장을 그들 위에 세우고 2 다윗이 그의 백성을 내보낼새 삼분의 일은 요압의 휘하에, 삼분의 일은 스루야의 아들 요압의 동생 아비새의 휘하에 넘기고 삼분의 일은 가드 사람 잇대의 휘하에 넘기고 왕이 백성에게 이르되 나도 반드시 너희와 함께 나가리라 하니 3 백성들이 이르되 왕은 나가지 마소서 우리가 도망할지라도 그들은 우리에게 마음을 쓰지 아니할 터이요 우리가 절반이나 죽을지라도 우리에게 마음을 쓰지 아니할 터이라 왕은 우리 만 명보다 중하시오니 왕은 성읍에 계시다가 우리를 도우심이 좋으이다 하니라 4 왕이 그들에게 이르되 너희가 좋게 여기는 대로 내가 행하리라 하고 문 곁에 왕이 서매 모든 백성이 백 명씩 천 명씩 대를 지어 나가는지라 5 왕이 요압과 아비새와 잇대에게 명령하여 이르되 나를 위하여 젊은 압살롬을 너그러이 대우하라 하니 왕이 압살롬을 위하여 모든 군지휘관에게 명령할 때에 백성들이 다 들으니라 6 이에 백성이 이스라엘을 치러 들로 나가서 에브라임 수풀에서 싸우더니 7 거기서 이스라엘 백성이 다윗의 부하들에게 패하매 그 날 그 곳에서 전사자가 많아 이만 명에 이르렀고 8 그 땅에서 사면으로 퍼져 싸웠으므로 그 날에 수풀에서 죽은 자가 칼에 죽은 자보다 많았더라 9 압살롬이 다윗의 부하들과 마주치니 압살롬이 노새를 탔는데 그 노새가 큰 상수리나무 번성한 가지 아래로 지날 때에 압살롬의 머리가 그 상수리나무에 걸리매 그가 공중과 그 땅 사이에 달리고 그가 탔던 노새는 그 아래로 빠져나간지라 10 한 사람이 보고 요압에게 알려 이르되 내가 보니 압살롬이 상수리나무에 달렸더이다 하니 11 요압이 그 알린 사람에게 이르되 네가 보고 어찌하여 당장에 쳐서 땅에 떨어뜨리지 아니하였느냐 내가 네게 은 열 개와 띠 하나를 주었으리라 하는지라 12 그 사람이 요압에게 대답하되 내가 내 손에 은 천 개를 받는다 할지라도 나는 왕의 아들에게 손을 대지 아니하겠나이다 우리가 들었거니와 왕이 당신과 아비새와 잇대에게 명령하여 이르시기를 삼가 누구든지 젊은 압살롬을 해하지 말라 하셨나이다 13 아무 일도 왕 앞에는 숨길 수 없나니 내가 만일 거역하여 그의 생명을 해하였더라면 당신도 나를 대적하였으리이다 하니 14 요압이 이르되 나는 너와 같이 지체할 수 없다 하고 손에 작은 창 셋을 가지고 가서 상수리나무 가운데서 아직 살아 있는 압살롬의 심장을 찌르니 15 요압의 무기를 든 청

년 열 명이 압살롬을 에워싸고 쳐죽이니라 16 요압이 나팔을 불어 백성들에게 그치게 하니 그들이 이스라엘을 추격하지 아니하고 돌아오니라 17 그들이 압살롬을 옮겨다가 수풀 가운데 큰 구멍에 그를 던지고 그 위에 매우 큰 돌무더기를 쌓으니라 온 이스라엘 무리가 각기 장막으로 도망하니라 18 압살롬이 살았을 때에 자기를 위하여 한 비석을 마련하여 세웠으니 이는 그가 자기 이름을 전할 아들이 내게 없다고 말하였음이더라 그러므로 자기 이름을 기념하여 그 비석에 이름을 붙였으며 그 비석이 왕의 골짜기에 있고 이제까지 그 것을 압살롬의 기념비라 일컫더라 19 사독의 아들 아히마아스가 이르되 청하건대 내가 빨리 왕에게 가서 여호와께서 왕의 원수 갚아 주신 소식을 전하게 하소서 20 요압이 그에게 이르되 너는 오늘 소식을 전하는 자가 되지 말고 다른 날에 전할 것이니라 왕의 아들이 죽었나니 네가 오늘 소식을 전하지 못하리라 하고 21 요압이 구스 사람에게 이르되 네가 가서 본 것을 왕께 아뢰라 하매 구스 사람이 요압에게 절하고 달음질하여 가니 22 사독의 아들 아히마아스가 다시 요압에게 이르되 청하건대 아무쪼록 내가 또한 구스 사람의 뒤를 따라 달려가게 하소서 하니 요압이 이르되 내 아들아 너는 왜 달려가려 하느냐 이 소식으로 말미암아서는 너는 상을 받지 못하리라 하되 23 그가 한사코 달려가겠노라 하는지라 요압이 이르되 그리하라 하니 아히마아스가 들길로 달음질하여 구스 사람보다 앞질러가니라 24 때에 다윗이 두 문 사이에 앉아 있더라 파수꾼이 성 문 위층에 올라가서 눈을 들어 보니 어떤 사람이 홀로 달려오는지라 25 파수꾼이 외쳐 왕께 아뢰매 왕이 이르되 그가 만일 혼자면 그의 입에 소식이 있으리라 할 때에 그가 점점 가까이 오니라 26 파수꾼이 본즉 한 사람이 또 달려오는지라 파수꾼이 문지기에게 외쳐 이르되 보라 한 사람이 또 혼자 달려온다 하니 왕이 이르되 그도 소식을 가져오느니라 27 파수꾼이 이르되 내가 보기에는 앞선 사람의 달음질이 사독의 아들 아히마아스의 달음질과 같으니이다 하니 왕이 이르되 그는 좋은 사람이니 좋은 소식을 가져오느니라 하니라 28 아히마아스가 외쳐 왕께 아뢰되 평강하옵소서 하고 왕 앞에서 얼굴을 땅에 대고 절하며 이르되 왕의 하나님 여호와를 찬양하리로소이다 그의 손을 들어 내 주 왕을 대적하는 자들을 넘겨 주셨나이다 하니 29 왕이 이르되 젊은 압살롬은 잘 있느냐 하니라 아히마아스가 대답하되 요압이 왕의 종 나를 보낼 때에 크게 소동하는 것을 보았사오나 무슨 일인지 알지 못하였나이다 하니 30 왕이 이르되 물러나 거기 서 있으라 하매 물러나서 서 있더라 31 구스 사람이 이르러 말하되 내 주 왕께 아뢸 소식이 있나이다 여호와께서 오늘 왕을 대적하던 모든 원수를 갚으셨나이다 하니 32 왕이 구스 사람에게 묻되 젊은 압살롬은 잘 있느냐 구스 사람이 대답하되 내 주 왕의 원수와 일어나서 왕을 대적하는 자들은 다 그 청년과 같이 되기를 원하나이다 하니 33 왕의 마음이 심히 아파 문 위층으로 올라가서 우니라 그가 올라갈 때에 말하기를 내 아들 압살롬아 내 아들 내 아들 압살롬아 차라리 내가 너를 대신하여 죽었더면, 압살롬 내 아들아 내 아들아 하였더라

패러다임의 변화

인간이야기

성경에는 사람이 사는 일상생활에 관한 이야기가 많습니다. 신과 인간의 관계, 부모와 자식의 관계, 왕과 신하의 관계 그리고 환경문제, 질서문제, 문화문제, 전쟁, 부부 등 여러 가지 일상사에 관한 일이 성경에 있기 때문에 성경을 통해 나름대로 교훈을 찾아냅니다. 사람들이 평상시 교양서적들을 통해서 교훈을 찾고 가르침을 받는 일에 익숙해져 있기 때문에 성경을 통해 유사한 방법으로 가르침을 찾으려고 하는 것은 매우 자연스러운 현상일 것입니다. 하지만 세상의 책들이 말하려고 하는 것과 성경이 말하려고 하는 것은 근본적인 차이가 있다는 것을 분별하실 수 있어야 합니다. 일반서적의 교훈과 성경의 가르침 사이의 차이점을 분별하지 못하면 굳이 성경이어야 할 이유가 없어지는 것입니다.

예를 들어, '성공의 비결', '어떻게 하면 학생들이 대학에 진학하는가?' '어떻게 하면 직장에서 성공하는가?' 등 출세와 성공에 관한 많은 책들을 보면 '사당오락' 四當五落 즉 네 시간 자면 붙고 다섯 시간 자면 떨어진다는 내용이 있습니다. 남들 자는 만큼 자고 남들 공부하는 만큼 공부해서는 성공할 수 없다는 것입니다. 남들보다 더 많이 일하고, 남들보다 더 조금 자야만 성공할 수 있다는 교훈입니다. 유사한 교훈을 성경에서도 발견해 냅니다. 창세기에서 야곱이 외삼촌 라반의 집에서 머물 때에 가족들의 적극적인 후원을 받지 못하고 도리어 반대를 겪어서 자기 기업을 이루는데 상당히 어려움을 겪습니다. 결국은 자기 기업을 이루어서 독립할 때에 이런 고백을 합니다. 창세기 31장 38절 이하에 "외삼촌의 양 떼의 숫양을 내가 먹지 아니하였으며 물려 찢긴 것은 내가 외삼촌에게로 가져가지 아니하고 낮에 도둑을 맞았든지 밤에 도둑을 맞았든지 외삼촌이 그것을 내 손에서 찾았으므로 내가 스스로 그것을 보충하였으며 내가 이와 같이 낮에는 더위와 밤에는 추위를 무릅쓰고 눈 붙일 겨를도 없이 지냈나이다"입니다. 이 본문을 읽는 성도가 '세상이나 성경이나 성공하는 원리는 다 같구나. 사당오락이나 눈 붙일 겨를도 없이 일했다는 이야기나 모두 열심히 하자는 것이구나. 열심히 하는 자가 성공하는 것이구나. 나도 오늘부터 열심히 살아야겠다'라고 생각하면 안 됩니다. 물론 '열심히 살아야 된다'는 교훈 자체는 맞습니다. 하지만 창세기의 본문이 가르치고자 하는 내용과는 전혀 다른 것입니다.

동일한 상황, 다른 판단

세상의 교훈과 성경의 가르침이 다른 이유는 근본적으로 세상을 바라보는 관점, 세상에 대한 평가 자체가 다르기 때문입니다. 세상의 가르침은 '인간죄인이 문제다'라고 단 한 번도 말하지 않습니다. 물론 인간이 문제라고 말할 때가 있습니다. '그 사람은 인간성이 나쁘다, 그 사람은 성실성이 떨어진다, 그 사람은 융통성이 부족하다' 등 개인의 특성을 차별화해서 문제 삼을 때가 있습니다. 하지만 개인의 특성이 아니라 인간 자체, 모든 인간이 죄에 빠져있는 죄인이라는 사실을 문제 삼지 않습니다. 세상은 모두 죄인의 개념, 죄인의 가치, 죄인의 기준을 가지고 있는 상태에서 누가 성공하느냐는 것을 화제로 삼습니다. 인간이 죄인이라는 것을 문제 삼지 않고 성공여부를 목적으로 삼기에 교훈으로 제시되는 것들이 대체적으로 방법적인 것입니다. 새로운 방법, 새로운 시도, 새로운 접근, 새로운 발상 등 방법의 다양화를 추구하는 것이 세상의 방식입니다.

성경은 '인간이 죄인이 된 것이 문제다'라고 선언합니다. 죄인이 가지고 있는 죄인의 관념, 죄인의 가치, 죄인의 기준, 죄인의 원리인 근본 죄의 원리가 바뀌어야 한다고 강조합니다. 단지 방식이 변하는 것이 아니라 근본 개념이 바뀌어야 한다는 것입니다. 새로운 것을 찾고자 하는 많은 노력에 대해 성경은 한마디로 '해아래 새것이 없다'고 선언합니다. 인간이 죄인인 이상 죄인이 생각하는 모든 새로운 발상은 죄인의 차원을 벗어나지 않기에 전혀 새로운 것이 없다는 것입니다. 성경은 새로운 것이 필요하다는 것을 오직 한 가지만 말합니다. 죄의 개념, 죄의 원리, 죄의 가치 등 죄에게서 나오는 것 말고 전혀 근본적으로 새로운, 죄가 아닌 하나님에게서 나오는 하나님의 개념, 하나님의 원리, 하나님의 기준, 하나님의 가치, 하나님의 관점이 새롭게 나타나야 한다는 것입니다. 죄인의 목적을 가지고 '어떤 방법이 옳을까?', '성경이 제시하는 방식은 무엇일까?'를 논할 것이 아니라 '죄인인 내가 가지고 있는 원리와 성경이 말해주는 하나님의 원리는 어떤 차이가 있나?'를 발견해야 합니다.

만 명과 한 명

만 명과 한 명

본문에서 다윗은 전쟁에 나가 승리합니다. 다윗은 이미 많은 전쟁에서 승리한 경험이 있는 전쟁 영웅입니다. 장수로서 전쟁에서 승리한다는 것은 대단히 기쁜 일입니다. 하지만 사무엘하 18장의 승리는 전혀 기쁜 일이 아닙니다. 장수는 전쟁에서 승리한다는 것 자체도 매우 중요하지만 누구랑 싸워서 이겼느냐가 훨씬 더 중요합니다. 누구와 전쟁을 했으며, 왜 전쟁을 했으며, 어떻게 승리했느냐는 본질적인 사항을 살펴보아야 합니다. 본문에서 다윗은 전쟁에서 승리를 했지만, 다윗이 이긴 대상은 아들 압살롬입니다. 아들 압살롬과 전쟁을 했다는 사실 자체가 부끄러운 일이지, 결코 아들과의 전쟁에서 이겼다는 사실이 기뻐할 일이 아닙니다.

압살롬이 반역을 일으켰을 때 다윗이 일단 도망을 하였다가 진영을 정비하고 이제 압살롬을 진압하기 위해서 정벌대가 출발하는 장면이 18

장 1절과 2절입니다. 부하들을 삼대에 나누어 세 명의 장수에게 배치하고 출발하도록 합니다. 그때 다윗 옆에서 다윗의 신복으로 늘 다윗을 향하여 충성을 하던 요압이 다윗을 향하여 한마디 말을 합니다. 18장 3절 "백성들이 이르되 왕은 나가지 마소서. 우리가 도망할지라도 그들은 우리에게 마음을 쓰지 아니할 터이라. 왕은 우리 만 명보다 중하시오니 왕은 성읍에 계시다가 우리를 도우심이 좋으니이다 하니라"입니다. 신하로부터 이 말을 들은 다윗 왕은 매우 기분이 좋았을 것입니다. 요압이 '왕은 우리 같은 인간 만 명보다 정말로 중요합니다. 왕은 전쟁에 나오지 마소서' 라고 말한 의도를 파악해야 합니다. 사람마다 상황이 다르고 처지가 다르기 때문에 생각이 다릅니다. 하지만 각 사람이 생각하고 말하는 것에는 나름대로 기준들이 있습니다. 어떤 사람의 말을 판단할 때는 '그 사람의 기준이 옳은가?', 더 나아가 '우리는 어떤 기준을 가져야 하는가?'를 분별해야 합니다. 요압이 다윗을 향해 자신과 같은 백성 만 명보다 왕이 훨씬 중요 하다고 말하는 기준이 무엇인지 알아야 하고, 요압의 기준이 옳은지 판단해야 합니다.

아들과 군사들

신하 요압이 왕 다윗에게 '왕은 우리 같은 백성 만 명보다 훨씬 중요합니다' 라고 말했을 때 요압이 왕에게 듣고 싶은 대답, 다윗에게서 기대한 반응이 무엇이었을까요? 아마도 요압은 다윗이 '요압 장군 고맙소. 왕을 생각해 주고 나라를 생각해 주니 정말 고맙소. 차마 내 입으로는 말할 수 없으나 당신이 그렇게 말해주니 고맙소. 왕권이 안정 돼야 나라가 안정이 되는 것이고 나라가 안정이 돼야 백성이 편안한 하루하루를 볼 낼 수 있지 않겠소? 비록 내 아들 압살롬이 아들이지만 나라를 불안케 하고 왕권을 흔들고 온 백성을 염려케 했으니 용서할 수 없소. 요압 장군 부탁이요. 압살롬을 반드시 진압해 주시오. 압살롬 같은 아들

보다 요압 당신 같은 장군이 내 옆에 있는 것이 정말 믿음직스럽고 든든하오. 이번에 꼭 승리하고 돌아오시오' 라고 말해주기를 기대했을 것입니다.

하지만 다윗은 요압의 기대와는 전혀 다른 대답을 합니다. 사무엘하 18장 5절 "왕이 요압과 아비새와 잇대에게 명령하여 이르되 나를 위하여 젊은 압살롬을 너그러이 대우하라 하니 왕이 압살롬을 위하여 모든 군 지휘관에게 명령할 때에 백성들이 다 들으니라"입니다. 요압은 한 명의 왕이 만 명의 백성보다 중요하다고 말했습니다. 왜냐하면 왕이 중요하기 때문에, 왕권이 중요하기 때문에, 나라의 안정이 중요하기 때문에, 그래야 백성이 평안하기 때문입니다. 하지만 왕은 나라와 백성은 안중에도 없이 오직 자신의 아들 압살롬을 살려달라고 부탁하는 것입니다. 다른 표현으로 하면 '요압아 나라의 중요한 역할을 맡은 한 사람이 평범한 백성 만 명보다 중요하다고 네가 말한대로 나도 그렇게 생각한다. 나는 내 아들 압살롬이 너희 같은 백성 만 명보다 중요하다. 비록 너희가 압살롬을 진압하러 가지만 절대 압살롬을 죽이지 말고 살려야 한다. 반역은 진압하되 압살롬은 살려야 한다. 진압과정에서 여러 군사가 죽을 수도 있다. 하지만 가장 중요한 것은 내 아들 압살롬이다. 반드시 내 아들 압살롬을 살려야 한다' 고 말하는 것입니다.

다윗이 자기 아들 압살롬을 살려야 한다는 말을 듣고 있는 요압에게는 다윗의 심정이 이해가 되는 것이 아닙니다. 다윗의 입장에서는 백성 만 명보다 자기 아들 한 명이 훨씬 중요하게 생각될 수 있습니다. 하지만 요압의 입장에서는 다윗의 요청이 말이 되지 않습니다. 나라의 충실한 신하인 요압의 입장에서 이스라엘의 왕에게 반역을 일으켜서 나라의 안정과 백성의 평안을 깨뜨린 압살롬이 어떻게 중요할 수 있겠습니까? 조금 전에 백성 만 명보다 왕 한 사람이 중요하다고 인간의 가치를 다르게 표현한 사람이 요압이었습니다. 요압은 자기가 왕과 나라를 위한다고 생각했습니다. 자기가 왕과 나라와 백성들을 생각하고 백성들의 평안한 나날들을 소망하기 위한 방법으로 백성 만 명보다 왕 한 사람이 중요하다고 말한 것처럼 다윗도 한 나라의 왕이요 백성들의 지도자로서 백성들을 소중히 여길 줄로 기대했습니다. 왕을 살려내기 위해서 백성 만 명이 죽을지언정 왕이 살아야 백성이 평화로울 수 있다고 말할 때에 다윗 왕도 백성들을 위해서라면 아들이라도 버릴 수 있다고 말해 주길 기대했습니다.

요압과 다윗의 충돌

요압은 백성들을 위하여 왕이 중요하다고 말하였는데 정작 다윗은 백성들을 위하지 않고 백성과 아들 중에 자기 아들이 중요하다고 생각하는 것입니다. 요압이 생각한 기준과 다윗이 생각한 기준이 전혀 다릅니다. 전쟁에 나가서 압살롬이 상수리나무에 걸려 있을 때에 신하들은 압살롬을 죽이지 않으려고 하지만 가장 다윗을 위해 충성하고 다윗의 왕권을 중요시여기고 다윗의 심정을 배려하려고 했던 요압이 기어코 압살롬을 죽입니다. 요압이 생각하는 방식과 다윗이 생각하는 방식이 다른 것입니다. 요압이 중요시 여기는 것과 다윗이 중요시 여기는 것이 충돌하는 것입니다. 다윗은 압살롬을 살려 달라고 명령하지만 요압은 압살롬을 죽여버립니다. 이후에 아도니야가 반역할 때 요압은 다윗으로는 나라의 안정을 유지할 수 없다고 생각하며 아도니야의 반역에 동참하게 됩니다. 본문에서 두 가지 바보 같은 싸움을 만나게 됩니다. 하나는 다윗과 압살롬이 부자간에 싸우는 전쟁이요 다른 하나는 요압과 다윗이 서로 다른 기준과 개념으로 충돌하는 것입니다.

인간의 생활에서 사람들이 충돌하는 이유도 '근본이 되는 것이 무엇이냐? 기준이 되는 것이 무엇이냐?' 는 것입니다. 요압이 생각한 기준과 다윗이 생각한 기준이 정말로 충돌할 만한, 정말 중요해서 지켜내야 하는 충돌이면 이해할 수 있습니다. 하지만 본문에 등장하는 충돌은 요압의 죄적 기준과 다윗의 하나님적 기준이 충돌하는 것이 아니며, 죄의 방법을 쓰고자 하는 요압과 하나님의 방법을 쓰고자 하는 다윗이 충돌하는 것이 아닙니다. 요압과 다윗 두 사람 모두 죄의 방식 속에서 죄의 원리끼리 충돌하고 있을 뿐입니다. 요압이 백성 만 명보다 한 명 왕이 중하다고 말할 때 다윗은 요압의 생각을 받아 들여서는 안 됩니다. 백성들을 위하는 왕으로서, 백성들보다 왕이 중요하다는 요압의 인식과는 전혀 다르게, 도리어 한 명의 왕보다 만 명의 백성이 중요하다고 말했어야 합니다. 하지만 다윗은 매우 교활하게 반응합니다. 요압이 18장 3절을 말하자 다윗은 4절에서 "왕이 그들에게 이르되 너희가 좋게 여기는 대로 내가 행하리라 하고 문 곁에 왕이 서매 모든 백성이 백 명씩 천 명씩 대를 지어 나가는지라"입니다. 다윗은 요압의 말을 수긍하며 "너희가 좋게 여기는 대로 내가 행하리라"고 말하는 것입니다. 다윗이 '그래 요압 자네 말이 옳아. 왕이 안정 돼야 나라가 안정되고 나라가 안정 돼야 백성이 평안할 수 있지. 그래서 내가 나가서 죽어서 왕권이 위태롭고 나라가 불안해지면 모두가 흔들릴 수가 있다. 자네가 선히 여기는 대로 내가 여기 있을 것이다' 라고 말하면서 전쟁에 나가지 않습니다.

만약 다윗이 백성을 위하고 나라를 위하는 심정으로 백성들이 좋게 여기는 대로 행하려 했다면 압살롬을 처리했어야 합니다. 왕권을 불안정하게 만들고 나라를 혼란에 빠뜨리고 백성들의 평안을 파괴한 사람을 단호하게 대했어야 합니다. 하지만 다윗은 어떤 모양으로든 자기에게만 좋게 하고 요압의 의견을 완전히 무시해 버리는 것입니다. 성경이 말하는 것과 죄인들이 말하는 것을 비교할 때 가치와 개념이 달라야 한다면 다윗은 전혀 다른 반응이 나왔어야 합니다. 성경은 인간의 행복과 인간의 안녕이 어떤 왕이나 통치자 또는 지배자 혹은 체제에 달려있지 않고 오직 하나님께 달려있다, 하나님의 원리에 달려있다, 하나님의 마음에 달려있다고 말합니다. 성경은 어떤 왕도 죄인인 이상 절대로 백성을 위하지 않고 자기 자신을 위할 뿐이라는 것을 보여 주는 것입니다. 요압은 왕이 안정 돼야 백성이 안정된다고 말할 때 왕도 백성을 중요시 여기는 태도를 기대했습니다. 하지만 왕 다윗은 본인도 죄인인지라 백성과 아들 중에 아들을 중요시 여기며 백성들의 기대를 저버리는 것입니다.

성도의 역할

성경이 기대하는 다윗의 행동은 전혀 달랐어야 합니다. 다윗은 요압이 백성 만 명보다 한 명 왕이 중요하다고 말하는 것을 막았어야 합니다. 다윗은 '왕이 백성 만 명보다 중요하다는 것은 말도 되지 않습니다. 이스라엘 백성의 안녕과 질서, 이스라엘 백성의 자유와 행복은 왕에게 달려있는 것이 아니고 왕권에게 달려있는 것이 아니고 오직 하나님께 달려 있는 것입니다. 모든 백성이 하나님의 원리대로 순종하고 살면 행복을 누릴 수 있습니다. 왕도 꼭 내가 왕이어야 하는 것이 아니요, 나만이 이 나라를 지킬 수 있는 것이 아닙니다. 하나님이 세우시면 누구라도 왕이 될 수 있고 하나님이 동행 하시면 누구를 통해서라도 나라를 안정 시킬 수 있는 것입니다. 백성 만 명보다 한 명 왕이 중요하다는 것은 전혀 옳지 않은 말입니다. 백성의 존재를 낮추는 말과 왕을 높이는 말을 하지 마시오. 내가 한 사람으로 중요하듯이 백성들 한 사람 한 사람이 하나님 앞에 중요합니다' 라고 말했어야 합니다.

또한 다윗은 '요압 장군에게 정말 어려운 부탁 하나만 하겠습니다. 압살롬이 반역 했으니 죽여야 하는 것이 마땅합니다. 하지만 내가 중요하듯, 당신이 중요하듯, 백성 하나하나가 중요하듯 압살롬도 하나의 생명으로 중요한 존재이니 죽이지 않고 살려주기를 부탁합니다' 라고 말했어야 현재의 상황을 풀어내는 근본 해답이 될 수 있는 것입니다. 본문에서 다윗과 요압이 충돌하는 이유는 둘 다 똑같은 죄의 원리 가운데서 서로가 각자의 기준을 가지고 서로의 목적을 이루려고 하기 때문입니다.

성경은 성도가 세상에서 살아갈 때 충돌을 해야 된다고 말합니다. 성경이 말하는 충돌은 단순한 의견충돌이 아니라 죄의 가치와 하나님의 가치의 충돌입니다. 죄의 가치와 하나님의 가치의 충돌이 아니라 모두가 죄의 상태에서 '이 방식이냐 저 방식이냐?', '내 원리냐? 네 원리냐?', '내가 좋아하는 것이냐? 네가 좋아하는 것이냐?' 는 충돌은 각 사람이 처지가 다르고 상황이 다르고 선호가 다르기 때문에 발생할 뿐 본질적으로는 동일한 것에 불과합니다. 성도는 '죄인의 가치냐? 하나님의 가치냐?', '죄인의 개념이냐? 하나님의 개념이냐?' 라는 근본적 문제를 해결하고, 통일된 하나님의 원리 안에서 각자의 다양한 방식들은 서로 수용하며 서로 배려하며 적절하게 모두에게 가장 덕이 될 수 있게 행동하여야 합니다. 각 사람의 다른 의견과의 대립이 아니라 다른 방식과의 대립이 아니라 죄와 대립하시고 죄와 싸워 이기시고 죄를 이김으로 여러분의 삶 가운데 하나님이 주신 은혜를 풍성히 충만히 누려 가시기를 주님의 이름으로 축원합니다.

18
더 강경하였더라

사무엘하 19 : 1 ~ 43

1 어떤 사람이 요압에게 아뢰되 왕이 압살롬을 위하여 울며 슬퍼하시나이다 하니 2 왕이 그 아들을 위하여 슬퍼한다 함이 그 날에 백성들에게 들리매 그 날의 승리가 모든 백성에게 슬픔이 된지라 3 그 날에 백성들이 싸움에 쫓겨 부끄러워 도망함 같이 가만히 성읍으로 들어가니라 4 왕이 그의 얼굴을 가리고 큰 소리로 부르되 내 아들 압살롬아 압살롬아 내 아들아 내 아들아 하니 5 요압이 집에 들어가서 왕께 말씀 드리되 왕께서 오늘 왕의 생명과 왕의 자녀의 생명과 처첩과 비빈들의 생명을 구원한 모든 부하들의 얼굴을 부끄럽게 하시니 6 이는 왕께서 미워하는 자는 사랑하시며 사랑하는 자는 미워하시고 오늘 지휘관들과 부하들을 멸시하심을 나타내심이라 오늘 내가 깨달으니 만일 압살롬이 살고 오늘 우리가 다 죽었더면 왕이 마땅히 여기실 뻔하였나이다 7 이제 곧 일어나 나가 왕의 부하들의 마음을 위로하여 말씀하옵소서 내가 여호와를 두고 맹세하옵나니 왕이 만일 나가지 아니하시면 오늘 밤에 한 사람도 왕과 함께 머물지 아니할지라 그리하면 그 화가 왕이 젊었을 때부터 지금까지 당하신 모든 화보다 더욱 심하리이다 하니 8 왕이 일어나 성문에 앉으매 어떤 사람이 모든 백성에게 말하되 왕이 문에 앉아 계신다 하니 모든 백성이 왕 앞으로 나아오니라 이스라엘은 이미 각기 장막으로 도망하였더라 9 이스라엘 모든 지파 백성들이 변론하여 이르되 왕이 우리를 원수의 손에서 구원하여 내셨고 또 우리를 블레셋 사람들의 손에서 구원하셨으나 이제 압살롬을 피하여 그 땅에서 나가셨고 10 우리가 기름을 부어 우리를 다스리게 한 압살롬은 싸움에서 죽었거늘 이제 너희가 어찌하여 왕을 도로 모셔 올 일에 잠잠하고 있느냐 하니라 11 다윗 왕이 사독과 아비아달 두 제사장에게 소식을 전하여 이르되 너희는 유다 장로들에게 말하여 이르기를 왕의 말씀이 온 이스라엘이 왕을 왕궁으로 도로 모셔오자 하는 말이 왕께 들렸거늘 너희는 어찌하여 왕을 궁으로 모시는 일에 나중이 되느냐 12 너희는 내 형제요 내 골육이거늘 너희는 어찌하여 왕을 도로 모셔오는 일에 나중이 되리요 하셨다 하고 13 너희는 또 아마사에게 이르기를 너는 내 골육이 아니냐 네가 요압을 이어서 항상 내 앞에서 지휘관이 되지 아니하면 하나님이 내게 벌 위에 벌을 내리시기를 바라노라 하셨다 하라 하여 14 모든 유다 사람들의 마음을 하나 같이 기울게 하매 그들이 왕께 전갈을 보내어 이르되 당신께서는 모든 부하들과 더불어

사람의 나라, 하나님의 나라 **291**

돌아오소서 한지라 15 왕이 돌아와 요단에 이르매 유다 족속이 왕을 맞아 요단을 건너가게 하려고 길갈로 오니라 16 바후림에 있는 베냐민 사람 게라의 아들 시므이가 급히 유다 사람과 함께 다윗 왕을 맞으러 내려올 때에 17 베냐민 사람 천 명이 그와 함께 하고 사울 집안의 종 시바도 그의 아들 열다섯과 종 스무 명과 더불어 그와 함께 하여 요단 강을 밟고 건너 왕 앞으로 나아오니라 18 왕의 가족을 건너가게 하며 왕이 좋게 여기는 대로 쓰게 하려 하여 나룻배로 건너가니 왕이 요단을 건너가게 할 때에 게라의 아들 시므이가 왕 앞에 엎드려 19 왕께 아뢰되 내 주여 원하건대 내게 죄를 돌리지 마옵소서 내 주 왕께서 예루살렘에서 나오시던 날에 종의 패역한 일을 기억하지 마시오며 왕의 마음에 두지 마옵소서 20 왕의 종 내가 범죄한 줄 아옵기에 오늘 요셉의 온 족속 중 내가 먼저 내려와서 내 주 왕을 영접하나이다 하니 21 스루야의 아들 아비새가 대답하여 이르되 시므이가 여호와의 기름 부으신 자를 저주하였으니 그로 말미암아 죽어야 마땅하지 아니하니이까 하니라 22 다윗이 이르되 스루야의 아들들아 내가 너희와 무슨 상관이 있기에 너희가 오늘 나의 원수가 되느냐 오늘 어찌하여 이스라엘 가운데에서 사람을 죽이겠느냐 내가 오늘 이스라엘의 왕이 된 것을 내가 알지 못하리요 하고 23 왕이 시므이에게 이르되 네가 죽지 아니하리라 하고 그에게 맹세하니라 24 사울의 손자 므비보셋이 내려와 왕을 맞으니 그는 왕이 떠난 날부터 평안히 돌아오는 날까지 그의 발을 맵시 내지 아니하며 그의 수염을 깎지 아니하며 옷을 빨지 아니하였더라 25 예루살렘에서 와서 왕을 맞을 때에 왕이 그에게 물어 이르되 므비보셋이여 네가 어찌하여 나와 함께 가지 아니하였더냐 하니 26 대답하되 내 주 왕이여 왕의 종인 나는 다리를 절므로 내 나귀에 안장을 지워 그 위에 타고 왕과 함께 가려 하였더니 내 종이 나를 속이고 27 종인 나를 내 주 왕께 모함하였나이다 내 주 왕께서는 하나님의 사자와 같으시니 왕의 처분대로 하옵소서 28 내 아버지의 온 집이 내 주 왕 앞에서는 다만 죽을 사람이 되지 아니하였나이까 그러나 종을 왕의 상에서 음식 먹는 자 가운데에 두셨사오니 내게 아직 무슨 공의가 있어서 다시 왕께 부르짖을 수 있사오리이까 하니라 29 왕이 그에게 이르되 네가 어찌하여 또 네 일을 말하느냐 내가 이르노니 너는 시바와 밭을 나누라 하니 30 므비보셋이 왕께 아뢰되 내 주 왕께서 평안히 왕궁에 돌아오시게 되었으니 그로 그 전부를 차지하게 하옵소서 하니라 31 길르앗 사람 바르실래가 왕이 요단을 건너가게 하려고 로글림에서 내려와 함께 요단에 이르니 32 바르실래는 매우 늙어 나이가 팔십 세라 그는 큰 부자이므로 왕이 마하나임에 머물 때에 그가 왕을 공궤하였더라 33 왕이 바르실래에게 이르되 너는 나와 함께 건너가자 예루살렘에서 내가 너를 공궤하리라 34 바르실래가 왕께 아뢰되 내 생명의 날이 얼마나 있사옵겠기에 어찌 왕과 함께 예루살렘으로 올라가리이까 35 내 나이가 이제 팔십 세라 어떻게 좋고 흉한 것을 분간할 수 있사오며 음식의 맛을 알 수 있사오리이까 이 종이 어떻게 다시 노래하는 남자나 여인의 소리를 알아들을 수 있사오리이까 어찌하여 종이 내 주 왕께 아직도 누를 끼치리이까 36 당신의 종은 왕을 모시고 요단을 건너려는 것뿐이거늘 왕께서 어찌하여 이같은 상으로 내게 갚으려 하시나이까 37 청건대 당신의 종을 돌려보내옵소서 내가 내 고향 부모의 묘 곁에서 죽으려 하나이다 그러나 왕의 종 김함이 여기 있사오니 청건대 그가 내 주 왕과 함께 건너가게 하시옵고 왕의 처분대로 그에게 베푸소서 하니라 38 왕이 대답하되 김함이 나와 함께 건너가리니 나는 네가 좋아하는 대로 그에게 베풀겠고 또 네가 내게 구하는 것은 다 너를 위하여 시행하리라 하니라 39 백성이 다 요단을 건너매 왕도 건너가서 왕이 바르실래에게 입을 맞추고 그에게 복을 비니 그가 자기 곳으로 돌아가니라 40 왕이 길갈로 건너오고 김함도 함께 건너오니 온 유다 백성과 이스라엘 백성의 절반이나 왕과 함께 건너니라 41 온 이스라엘 사람이 왕께 나아와 왕께 아뢰되 우리 형제 유다 사람들이 어찌 왕을 도둑하여 왕과 왕의 집안과 왕을 따르는 모든 사람을 인도하여 요단을 건너가게 하였나이까 하매 42 모든 유다 사람이 이스라엘 사람에게 대답하되 왕은 우리의 종친인 까닭이라 너희가 어찌 이 일에 대하여 분 내느냐 우리가 왕의 것을 조금이라도 얻어 먹었느냐 왕께서 우리에게 선물로 주신 것이 있느냐 43 이스라엘 사람이 유다 사람에게 대답하여 이르되 우리는 왕에 대하여 열 몫을 가졌으니 다윗에게 대하여 너희보다 더욱 관계가 있거늘 너희가 어찌 우리를 멸시하여 우리 왕을 모셔 오는 일에 먼저 우리와 의논하지 아니하였느냐 하나 유다 사람의 말이 이스라엘 사람의 말보다 더 강경하였더라

사람 사는 세상

아프리카에서 선교활동을 하시는 선교사님께서 오셔서 그곳 삶의 일화를 하나 들려 주셨습니다. 시장에 가보면 분명히 물건은 있는데 물건의 가격이 표시되어 있지 않다는 것입니다. 가격을 물어보면 가격을 대답해 주는 대신 어느 나라에서 왔는지를 반문한답니다. 만약 흔히 말하는 부유한 나라에서 왔다고 대답하면 높은 가격을 받고 반대로 경제적으로 빈곤한 나라에서 왔다고 대답하면 낮은 가격을 받는답니다. 얼핏 보면 가격이 불안정하고 시장질서가 없고 즉흥적인 것 같지만 곰곰이 생각해보면 부유한 사람에게는 많이 받고 가난한 사람에게는 저렴하게 주니 시장경제보다 더 좋은 합리적인 방식일수도 있습니다.

인도에 가서 식사를 하려면 손을 청결하게 잘 씻어야 합니다. 인도에서는 숟가락을 사용하여 식사를 하지 않고 손으로 음식을 먹기 때문입니다. 손으로 음식을 먹는 다는 사실이 불결해 보이고 비위생적인 것처

럼 생각될 수 있습니다. 하지만 인도인들은 도리어 숟가락으로 음식 먹는 것을 더럽고 불결하고 비위생적이라 생각합니다. 왜냐하면 숟가락은 공용으로 각 사람이 식사 때마다 다른 사람이 사용하기 때문입니다. 상황이 다르고 문화가 다르고 삶의 방식이 달라서 외부인은 엉뚱하고 이상한 것 같지만 익숙한 사람들은 나름대로 일리가 있게 살아갑니다.

파푸아 뉴기니에서 선교활동을 하시는 분이 문맹퇴치 운동을 하고 계십니다. 언어는 있는데 문자가 없으니까 문자를 만들어 주고 글을 가르쳐주어 책을 읽게 하고 교육을 통하여 성경말씀을 배우게 하고 진리를 배우게 하는 문맹퇴치 사역을 합니다. 선교지에 처음 도착한 선교사들은 그 동안 많은 문명의 이기를 누리다가 문명과는 떨어져 살려고 하니까 상당 기간 불편함을 겪고 적응기간을 필요로 합니다. 몇 년 후 안식년을 맞이하여 귀국하면 도리어 문명이 너무 복잡하고 다양해서 혼란을 겪으며 차라리 선교지로 가고 싶어하곤 합니다. 사람 사는 곳은 다 비슷합니다. 제 아무리 인종이 다르고 기후가 다르고 언어가 다르고 문화가 다르고 교육의 정도가 다르더라도, 인간의 삶을 다양화 시킬 수 있는 많은 요소가 있더라도 인간이 가지고 있는 본성이 있기 때문에 비슷합니다. 세계화, 글로벌화, 전문화를 이루고 견문을 넓히면 엄청나게 삶이 달라질 것 같지만 실상은 별 차이가 나지 않습니다. '얼마나 많이 아느냐? 얼마나 넓게 아느냐?' 가 중요한 것이 아니라 가장 중요한 인간의 본성이 무엇이고 인간이 어떻게 살아가고 하나님이 정해주신 하나님의 선한 뜻이 무엇인줄 아는 것이 가장 중요합니다. 하나님의 원리를 알면 어디에 살든, 무엇을 하며 살든 행복한 삶을 누릴 수 있습니다. 성경은 절대로 종교적인 책이 아닙니다. 읽고 외워야 하는 경전이 아닙니다. 숭배해야하고 엄숙하고 경건하게 다루어야 할 보물이 아닙니다. 성경에서 가르치는 하나님의 원리를 잘 배우고 그 원리를 삶속에 적용해서 정작 내가 행복하게 사는 것이 가장 중요한 것입니다.

시므이의 행동

저주하는 시므이

사무엘하 19장은 압살롬의 반역에 의해 왕궁을 떠나 도망을 갔던 다윗이 돌아오는 장면입니다. 본문은 크게 두 부류로 나뉘어 있습니다. 하나는 다윗을 맞으러 오는 개인에 관한 일들이고 또 하나는 다윗을 맞으러 나오는 이스라엘 족속과 유다 족속에 관한 일들입니다. 본문에 소개된 내용은 성경책을 펴 놓고 읽어서 성경에 기록된 것으로 알 수 있지 만약 신문 한쪽에 기록해 놓았으면 전혀 성경과 상관없는 오늘날 우리의 이야기로 생각할 수 있을 정도입니다. 시대와 장소를 불문하고 인간의 삶은 언제 어디서나 똑같습니다. 본문에 나타나는 죄인들의 전형적 행동을 확인해 보고 죄인들과는 다르게 성도는 어떻게 행동해야 하는가를 비교해 보도록 해보겠습니다.

다윗이 도망을 갔다가 돌아올 때에 맞으러 오는 사람 중에 시므이라는 사람이 있습니다. 시므이는 다윗이 도망 갈 때에 쫓아와서 저주를 퍼부었던 사람입니다. 단순히 조롱이나 비난 정도가 아니라 돌을 던져가며 모든 사람이 듣도록 큰소리로 외치며 저주했었습니다. 사무엘하 16장 7절 이하에 "피를 흘린 자여 사악한 자여 가거라. 가거라. 사울의 족속의 모든 피를 여호와께서 네게로 돌리셨도다. 그를 이어서 네가 왕이 되었으나 여호와께서 나라를 네 아들 압살롬의 손에 넘기셨도다. 보라 너는 피를 흘린 자이므로 화를 자초하였느니라"입니다. 하나님을 언급하면서 여호와께서 그리하셨다고 담대하게 돌을 던져 가면서 저주를 퍼부었습니다. 삼하 16장에서 쫓겨가는 왕에게 저주를 퍼붓던 사람이 삼하 19장에서는 돌아오는 왕을 대하는 태도가 백팔십도 바뀝니다. 삼하 19장 19절 "왕께 아뢰되 내 주여 원하건대 내게 죄를 돌리지 마옵소서. 내 주 왕께서 예루살렘에서 나오시던 날에 종의 패역한 일을 기억하지 마시오며 왕의 마음에 두지 마옵소서"라고 말을 하며 맞이하고 있습니다.

어리석은 시므이

시므이는 참 우스운 사람입니다. 저주를 퍼부을 때 당당하게 '여호와께서 네게서 왕위를 뺏으셨다'고 말했으면 다윗이 돌아올 때에도 당당하게 '다윗이여 돌아온다고 좋아하지 마시오. 이미 여호와께서는 너를 버리셨으니 달라질 것이 없습니다'라고 말했어야 합니다. 시므이는 원래부터 여호와의 일하심에는 관심이 없는 채 자신이 하고 싶은 말을 여호와를 핑계 대며 말한 것에 불과합니다. 자신을 보호하고 자신을 드러내기 위해 여호와를 운운하는 것이 죄인들이 쓰는 가장 일반적인 수법이요 하나님의 의도와는 정반대로 하나님을 사용하는 것입니다. 죄인의 어리석음은 하나님을 자신의 행복을 위해서 사용할 줄 모르고 자신의 죄를 감추는 변론용으로 밖에는 사용할 줄 모른다는 것입니다. 시므이는 죄인의 가장 미련한 방법으로 하나님을 이용했습니다. 시므이는 다윗을 저주할 때는 하나님의 일하심을 언급하고, 다윗에게 선처를 구할 때는 전혀 하나님을 언급하지 않았습니다.

시므이는 정반대로 말했어야 합니다. 저주를 퍼부을 때는 대책 없이 마구잡이로 비난해도 됩니다. 어차피 왕은 도망가는 신세이기에 왕의 신분을 고려하지 않아도 됩니다. 자기이름으로, 자기 생각으로, 자기 마음에 있는 대로 저주해도 됩니다. 저주할 때에는 하나님 이름을 동원하지 않아도 충분히 저주할 수 있습니다. 상황이 바뀌어서 왕이 돌아오고 있습니다. 지난 번 자기가 했던 저주가 화근이 되어 자신이 죽을지도 모르는 상황입니다. 시므이는 바로 이때 하나님을 언급했어야 합니다. 다윗에게 말할 때 '왕이시여! 도망가시던 왕께서 돌아오시니 이것은 정말 여호와께서 왕과 함께 하심이 분명한 줄로 믿습니다. 여호와께서 당신을 사망에서 건지시고 생명으로 귀환하게 하시니 감축 드립니다. 한 가지 부탁 드리옵기는 여호와께서 당신을 사망에서 생명으로 건지셨듯, 지난번 저주로 인해 제가 죽어 마땅한 상황에 처해 있으나 왕께서 하나님께 받은 은혜를 생각하시사 저를 살려 주옵소서'라고 말했어야 합니다. 그래야 시므이를 죽이려고 했던 다윗도 자기가 받은 여호와의 은혜를 생각해서 시므이를 용서할 수 있는 근거가 마련될 수 있습니다. 시므이는 저주할 때는 여호와를 말하고, 정작 자신이 용서를 구할 때에는 여호와를 말하지 않고 있습니다. 참으로 여호와를 의지할 줄 모르는 것입니다.

므비보셋의 행동

쓸모없는 고생

또 다른 죄인의 전형적인 모습이 다윗을 맞으러 왔던 므비보셋이라는 사울의 손자요 요나단의 아들에게서 나타납니다. 사무엘하 19장 24절 "사울의 손자 므비보셋이 내려와 왕을 맞으니 그는 왕이 떠난 날부터 평안히 돌아오는 날까지 그의 발을 맵시 내지 아니하며 그의 수염을 깎지 아니하며 옷을 빨지 아니하였더라"입니다. 정작 도망가는 당사자는 다윗인데 왜 므비보셋이 발을 맵시 내지 아니하고 수염을 깎지 아니하며 옷을 빨지 않았을까요? 다윗이 도망가는 상황에 므비보셋이 발을 맵시내지 않는 것이 무슨 보탬이 됩니까? 다윗이 도망가는데 므비보셋이 수염을 깎지 않는 것은 어떤 영향을 줍니까? 다윗이 곤고한 상황에 빠졌는데 므비보셋이 옷을 빨지 않는 것이 어떤 변수가 됩니까? 아마도 므비보셋은 왕이 도망을 가는 위급한 상황에서 자신이 왕과 함께 동행을 하지는 못하지만 마음만이라도 왕의 고난에 동참하려는 의도를 가졌을 것입니다. 비록 똑같이 할 수는 없지만 어떻게든 상대방과 마음과 행동을 함께 하고 있는 증거를 보이기 위한 행동이었을 것입니다. 얼핏 들으면 일리가 있는 것 같지만 실상은 죄인들이 가지고 있는 미련한 사고방식에 불과합니다. 마음으로 동참한다는 것이 어떻게 하는 것인 줄을 모르기 때문에 하는 어리석은 행동입니다.

종종 성도들이 부활절 전 일주일을 고난주간으로 섬기며 '예수의 고난에 동참하자! 우리도 예수의 십자가를 지자! 육적으로는 하루 한 끼씩 금식하고 영적으로는 텔레비전과 비디오를 금식하자' 고 말하곤 합니다. 교회들이 가장 미련하게, 가장 어리석게, 가장 바보같이 행동하는 것입니다. 예수님이 친히 십자가를 지셨으면 우리는 십자가를 질 이유가 없습니다. 예수가 십자가를 졌으면 우리는 십자가를 지지 않아야 하고, 우리가 십자가를 지면 예수는 십자가를 지지 않아야 합니다. 예수는 예수의 십자가를 지고 우리는 우리의 십자가를 져야 한다면 예수를 믿을 이유가 없습니다. 예수가 십자가를 지셨기에 우리는 십자가 지는 일에 동참하는 것이 아니라 그분의 십자가 짐을 인하여 이루어진 결과 즉 구원을 삶속에 적용해서 행복하고 자유롭고 평화롭게 사는 것이 진정한 십자가에 동참하는 것입니다.

죄의 원리

다윗이 도망가는 날부터 므비보셋이 발도 안 씻고 수염도 안 깎고 옷도 안 빨았다고 합니다. 다윗이 돌아올 때 다윗을 맞으러 나온 므비보셋의 몰골은 과연 다윗에게 감동을 주었을까요? 므비보셋이 더럽고 누추한 모습으로 나오는 것과 정결하게 씻고 면도하고 깔끔하게 맵시내고 나오는 것 중에 어느 것이 다윗의 마음을 평안하게 할 수 있을까요? 므비보셋의 말에 따르면 발을 안 씻어서 새까맣고 수염은 더부룩하고 옷은 냄새가 쾌쾌하게 나는 궁상맞은 모습으로 나왔을 것입니다. 므비보셋이 이렇게 행동한 것은 자신이 다윗의 고난에 동참했다는 증거를 보이고 싶었기 때문일 것입니다. 그동안 자신이 다윗을 위해 얼마나 동일한 마음으로 고행을 했는데 다윗이 몰라주면 안 되니까, 안 씻은 그대로 더럽고 냄새나는 모습으로 나와서 생색을 내고 싶었을 것입니다. 하지만 이러한 생각이 가장 바보 같은, 어리석은 죄인들의 원리입니다. 다윗이 도망가는데 므비보셋이 자기 관리를 소홀히 하며 다윗을 맞으러 나올 때 누추한 모습을 보이는 것은 지혜로운 것이 아니라 어리석은 행동입니다.

므비보셋이 지혜로왔다면 정반대로 행동을 했어야 합니다. 다윗이 왕궁을 비우고 떠나있으면 그동안 왕의 식탁에서 함께 식사를 하던 사람으로서 왕을 대신해서 왕의 체통을 지켜주어야 합니다. 도리어 깔끔하고 정결하고 고상하고 품위 있게 행동하다가 다윗이 돌아올 때에 정결한 모습으로 나가서 왕을 맞이해야 합니다. 므비보셋은 다윗에게 자신의 고생을 늘어놓으면 안 됩니다. 도리어 왕의 고생을 부각시켰어야 합니다. 돌아오는 왕이, 드디어 왕의 체통을 찾을 수 있도록 멋있는 모습으로 왕을 반기고, 이제 모든 품위를 왕에게 돌렸어야 합니다. 하지만 죄인들은 왕의 입장을 생각하기 보다는 자신의 입장만 고려하고, 자신이 비록 피난에 동행하지는 않았지만 있는 곳에서 고난에 동참했다는 것을 강조하려고 합니다. 이러한 므비보셋의 행동은 쓸데없는 고생이요 어리석은 육체의 고통에 불과합니다.

바르실래의 행동

교활한 생각

또 한 사람 바르실래라는 나이 팔십 먹은 사람이 다윗을 맞으러 나옵니다. 바르실래도 아주 전형적인 죄인의 사고방식으로 행동합니다. 혹자들이 성경을 읽을 때 바르실래는 상당히 지혜로운 사람이요 상당히 현명한 사람이라고 생각을 합니다. 자신이 거부임에도 불구하고 사치하지 않고 왕과 모든 족속들을 공궤할 줄 알았으니 부를 잘 사용할 줄 알았다는 것입니다. 또 공적에 따라서 왕이 상급을 주겠다고 할 때 사양할 줄 아는 겸손함도 있었고 자기 대신에 수하에 데리고 있던 김함을 데려가 줄 것을 요청할 정도로 후배를 양성할 줄도 아는 사람이었다는 것입니다. 그래서 성경에서 지혜로운 사람, 옳게 늙으신 어르신을 뽑을 때 바르실래를 뽑는 경우가 있습니다. 하지만 성경이 강조하려는 것은 바르실래의 됨됨이가 아닙니다.

다윗 왕이 바르실래에게 동행하기를 요청할 때 바르실래가 사양하며 하는 말이 사무엘하 19장 35절 "내 나이가 이제 팔십 세라. 어떻게 좋고 흉한 것을 분간할 수 있사오며 음식의 맛을 알 수 있사오리이까? 이 종이 어떻게 다시 노래하는 남자나 여인의 소리를 알아들을 수 있사오리이까?"입니다. 바르실래는 다윗의 요청을 거절합니다. 어차피 좋고 흉한 것도 알지 못하고 음식의 맛도 모르고 남자와 여자의 음악소리도 듣지 못하면서도 왕의 청함을 거절하며 자신의 뜻대로 하려고 고집을 피고 있습니다. 사람이 소신을 펼치려면 옳고 그름을 분별할 수 있을 때 해야 됩니다. 분별력이 있을 때, 사리판단력이 있을 때 소신을 지켜야 다른 사람들에게 인정을 받는 것입니다. 하지만 무엇이 옳은지 그른지도 모르는 시기에 고집을 피우면 그것은 정말로 여러 사람을 힘들게 하는 것입니다.

분별이 안 될 때는 그저 주변에서 하자는 대로 따라 가는 것이 가장 주변 사람을 편하게 해주는 것입니다. 분별도 안 되는데 고집까지 피우는 것은 본인은 편안할지 몰라도 주변사람을 아주 애먹이는 것입니다. 바르실래의 행동은 지혜로운 것이 아니라 교활한 것입니다. 다윗의 입장에서 생각하면 바르실래를 데리고 가는 것과 김함을 데리고 가는 것 중에 바르실래를 데리고 가는 것이 편안합니다. 바르실래는 어차피 팔십 세 노인입니다. 다윗이 바르실래를 도와주는 기간은 길어야 십여 년이면 되지만, 김함을 데리고 가면 앞으로 수십 년을 돌보와 주어야 하기 때문입니다.

다윗을 위하는 길

바르실래가 김함을 추천한 이유는 아마도 김함이 자신보다 젊고 힘이 있어 앞으로 다윗에게 도움이 될 수 있을 것으로 생각했기 때문일 것입니다. 흔히들 젊은이는 힘이 있고 노인은 경륜이 있다고 말합니다. 바르실래도 젊고 힘이 있는 김함이 나라를 위해 큰 역할을 할 수 있을 것으로 기대했을 것입니다. 하지만 나라를 다스릴 때, 인간관계에서 가장 불필요한 것이 힘입니다. 힘으로 일을 처리하려고 하면 대부분 일이 틀어집니다. 인생은 힘으로 사는 것이 절대로 아니요, 나라의 경영은 힘으로 하는 것이 아닙니다. 실제로 본문에서 이스라엘이 국가적으로 상당히 위태로운 상황에 처해 있습니다. 왕이 쫓겨난 것입니다. 왕이 젊은 사람, 힘 있는 사람, 열정이 있는 사람, 패기 있는 사람에게 쫓겨났다가 겨우 돌아오는 장면입니다. 지금 다윗에게는 힘 있는 사람이 필요한 것이 아니라 지혜로운 사람, 경륜 있는 사람, 하나님의 원리를 아는 사람, 하나님을 아는 사람이 필요합니다.

바르실래는 현재 다윗에게 무엇이 필요하고, 현재 이스라엘에 무엇이 필요한지를 생각하지 못한 것입니다. 이스라엘에는, 다윗의 주변에는 김함과 같은 젊은이들이 넘쳐있습니다. 반역자 압살롬도 젊고 힘이 있는 사람이요, 사무엘하 20장에 등장하는 세바도 젊고 힘이 있는 사람으로 반역을 꾀하는 자요, 또 다른 젊고 힘있는 아도니야도 왕에게 반역을 하고, 다윗 옆에서 다윗을 보좌하던 스루야의 아들들도 젊고 힘있는 자들로서 다윗에게 보탬이 되기 보다는 다윗의 근심거리였던 자들입니다. 현재 다윗에게 필요한 인물은 젊은 혈기와 열정이 있는 청년이 아니라 삶의 지혜와 하나님의 원리와 하나님의 경륜이 있는 사람입니다. 연령의 차이가 아니라 인생 경험의 차이가 아니라 하나님을 아는 자, 하나님의 마음이 있는 자, 하나님의 원리와 방법을 따르는 자가 필요한 것입니다.

죄인의 연합

이스라엘의 연합

본문에서는 한편으로 개인들이 죄인의 모습으로 등장하고, 다른 한편으로는 이스라엘이 공동체로서 죄의 원리대로 행하는 모습이 등장합니다. 개인의 행동을 통해 하나님의 원리를 배워야 하고, 공동체의 행동을 통해서도 하나님의 원리를 배워야 합니다. 사무엘하 19장 8절부터 살펴보면 두 집단이 집단적으로 죄의 원리로 행동하는 것이 나옵니다. 9절에 따르면 이스라엘 모든 지파 백성들이 연합을 합니다. "이스라엘 모든 지파 백성들이 변론하여 이르되 왕이 우리를 원수의 손에서 구원하여 내셨고 또 우리를 블레셋 사람들의 손에서 구원하셨으나 이제 압살롬을 피하여 그 땅에서 나가셨고 우리가 기름을 부어 우리를 다스리게 한 압살롬은 싸움에서 죽었거늘 이제 너희가 어찌하여 왕을 도로 모셔 올 일에 잠잠하고 있느냐 하니라"입니다. 결국 16절 이하에서 사람 천 명을 데리고 나가서 요단강에서 다윗을 맞이합니다. 죄인이 연합하는 것은 죄를 짓기 위한 것입니다. 사울의 출신 지파인 베냐민 사람들을 중심으로 이스라엘 열 개 지파가 모였습니다. 이스라엘이 모인 이유는 단지 다윗이 돌아오는 것을 환영하기 위한 것이 아닙니다. 자신들이 압살롬과 함께 반역을 일으켰다가 실패로 돌아가니까 압살롬을 지지했던 결과를 면해 보고자 다윗을 만나 환심을 사보려는 의도에 의견일치가 된 것입니다. 이스라엘 지파가 연합한 것은 절대로 왕을 위하고 나라를 위하고 백성을 위해서 의견일치를 본 것이 아니라 죄를 위해서입니다. 19장 40절에서 이스라엘 족속과 유다 족속 사이에 분쟁이 일어나고 결국 사무엘하 20장 1절에서 다시 반란이 일어납니다. 죄인들은 죄의 목적 이외에는 연합하지 않습니다.

유다의 연합

베냐민 족속을 중심으로 한 열 개 지파만 연합한 것이 아니라 19장 11절에서 기가 막힌 일을 만납니다. "다윗 왕이 사독과 아비아달 두 제사장에게 소식을 전하여 이르되 너희는 유다 장로들에게 말하여 이르기를 왕의 말씀이 온 이스라엘이 왕을 왕궁으로 도로 모셔오자 하는 말이 왕께 들렸거늘 너희는 어찌하여 왕을 궁으로 모시는 일에 나중이 되느냐? 너희는 내 형제요 내 골육이거늘 너희는 어찌하여 왕을 도로 모셔오는 일에 나중이 되리요 하셨다 하고"입니다. 도무지 왕의 말이라고 생각할 수 없는 말입니다. 왕의 의도라고 생각할 수 없는 생각입니다. 세상의 왕도 백성들을 구별하여 자신의 지파에게 특혜를 주어서는 안되는 것인데 하물며 하나님의 공의로 통치해야 할 하나님의 왕은 더더욱 백성을 분열시켜서는 안 됩니다

다윗은 한 나라의 왕임에도 불구하고 이스라엘 족속이 자신을 맞으러 온다는 소문을 듣고 자신의 지파 사람들에게 "너희는 어찌하여 왕을 궁으로 모시는 일에 나중이 되겠느냐? 너희는 내 형제요 네 골육이다"라고 요청합니다. 백성을 연합시키고 국론을 통일시키고 온 나라의 화평을 이루어야할 왕의 바른 태도가 아닙니다. 행여 다윗이 이렇게 행동할지라도 다윗의 형제요 골육인 유다 지파 중에 하나님을 아는 자, 성숙한 사람이 있었어야 합니다. 그래서 다윗을 향하여 말하기를 "다윗 왕이여, 명령을 거두어 주십시오. 이제 겨우 왕권을 회복해서 나라가 안정되어 가는데 백성을 분열시키면 안 됩니다. 부디 모든 백성을 공평하게 대

하시고, 나라의 일을 공평하게 다루어 주십시오"라고 말했어야 합니다. 하지만 유다 족속 중 아마도 다윗에게 공평한 일처리를 권면하지 않고 유다 족속 모두가 다윗의 요청에 만장일치로 연합합니다. 왜냐하면 자신들에게 이득이 생길 것 같기 때문입니다. 결국 14절 "모든 유다 사람들의 마음을 하나 같이 기울게 하매 그들이 왕께 전갈을 보내어 이르되 당신께서는 모든 부하들과 더불어 돌아오소서 한지라. 왕이 돌아와 요단에 이르매 유다 족속이 왕을 맞아 요단을 건너가게 하려고 길갈로 오니라"입니다.

죄의 충돌

이스라엘 나라 가운데 선善과 선이 만나서 더 큰 선이 이루어져야 되는데 본문에서는 죄와 죄가 만나고 악과 악이 만나서 새로운 충돌이 생깁니다. 죄의 충돌이 40절 이하에 나오는 이스라엘 족속들과 유다 족속들의 충돌입니다. "왕이 길갈로 건너오고 김함도 함께 건너오니 온 유다 백성과 이스라엘 백성의 절반이나 왕과 함께 건너니라. 온 이스라엘 사람이 왕께 나아와 왕께 아뢰되 우리 형제 유다 사람들이 어찌 왕을 도둑하여 왕과 왕의 집안과 왕을 따르는 모든 사람을 인도하여 요단을 건너가게 하였나이까 하매"입니다. 이스라엘 족속들이 나오기 전에 유다 족속들이 먼저 나아와 왕을 맞이 한 것에 대해 감사를 표현하거나 저들의 수고를 치하하는 모습이 전혀 없습니다. 유다 족속이 왕을 맞이한 행동에 대해 '어찌 왕을 도둑하여' 라고 표현하고 있습니다.

유다 족속들의 반응도 여전히 죄의 원리를 따르고 있습니다. 42절 "모든 유다 사람이 이스라엘 사람에게 대답하되 왕은 우리의 종친인 까닭이라. 너희가 어찌 이 일에 대하여 분 내느냐? 우리가 왕의 것을 조금이라도 얻어먹었느냐? 왕께서 우리에게 선물로 주신 것이 있느냐?"입니다. 유다 족속은 왕이 자신들의 지파 출신이요, 자신들이 왕의 종친인 것을 강조하고 있습니다. 이스라엘 족속의 반응도 여전히 죄의 원리입니다. 43절 "이스라엘 사람이 유다 사람에게 대답하여 이르되 우리는 왕에 대하여 열 몫을 가졌으니 다윗에게 대하여 너희보다 더욱 관계가 있거늘 너희가 어찌 우리를 멸시하여 우리 왕을 모셔 오는 일에 먼저 우리와 의논하지 아니하였느냐?"입니다. 유다 족속이 왕과 종친임을 내세우자 이스라엘은 족속은 자신들이 숫자적으로 더 많은 몫을 차지하고 있다는 것을 내세웁니다. 서로 자신들이 내세울 수 있는 각양의 근거를 제시하고 있습니다. 이런 충돌과 싸움은 쉽게 결론이 나지 않습니다. 이스라엘 족속과 유다 족속의 충돌은 43절 후반부 "유다 사람의 말이 이스라엘 사람의 말보다 더 강경하였더라"로 끝입니다. 적나라하게 표현하면 '목소리 큰 놈이 이겼더라' 입니다. 본문은 온갖 죄인들의 행동, 온갖 죄의 원리들을 보여주고 있습니다. 개인의 죄, 공동체의 죄, 백성의 죄, 왕의 죄. 노인의 죄, 젊은이의 죄 등 죄의 총집합입니다.

하나님의 원리

유대교 탈무드의 가르침에 의하면 어떤 것을 결정할 때 투표결과 만장일치가 나오면 부결로 처리한다고 합니다. 왜냐하면 사람의 의견이 통일되는 경우는 한 가지는 죄 된 악한 목적에 모두가 동의할 때요 다른 한 가지는 어떤 권력에 의하여 압제 받을 경우이기 때문입니다. 본문에서 유다 족속이 만장일치가 되고, 이스라엘 족속이 한 마음이 되는 것은 서로 자신들의 이익을 추구하려는 죄의 원리에 동의하기 때문인 것입니다. 성도는 죄의 원리, 죄의 가치, 죄의 방식이 아닌 하나님의 원리, 하나님의 가치, 하나님의 방식을 따르는 사람입니다. 본문에서 '시므이가 옳으냐 그르냐?', '므비보셋이 옳으냐 그르냐?', '바르실래가 옳으냐 그르냐?'를 구별하는 정도가 아니라 인간들이 행하는 죄의 원리 대신에 하나님의 원리, 하나님의 마음, 하나님의 심정을 배우셔서 하나님의 뜻으로 행동하여 하나님의 은혜를 삶속에 풍성히 누려 가시기를 주님의 이름으로 축원합니다.

나눌 분깃이 없으며

사무엘하 20:1~26

1 마침 거기에 불량배 하나가 있으니 그의 이름은 세바인데 베냐민 사람 비그리의 아들이었더라 그가 나팔을 불며 이르되 우리는 다윗과 나눌 분깃이 없으며 이새의 아들에게서 받을 유산이 우리에게 없도다 이스라엘아 각각 장막으로 돌아가라 하매 2 이에 온 이스라엘 사람들이 다윗 따르기를 그치고 올라가 비그리의 아들 세바를 따르나 유다 사람들은 그들의 왕과 합하여 요단에서 예루살렘까지 따르니라 3 다윗이 예루살렘 본궁에 이르러 전에 머물러 왕궁을 지키게 한 후궁 열 명을 잡아 별실에 가두고 먹을 것만 주고 그들에게 관계하지 아니하니 그들이 죽는 날까지 갇혀서 생과부로 지내니라 4 왕이 아마사에게 이르되 너는 나를 위하여 삼 일 내로 유다 사람을 큰 소리로 불러 모으고 너도 여기 있으라 하니라 5 아마사가 유다 사람을 모으러 가더니 왕이 정한 기일에 지체된지라 6 다윗이 이에 아비새에게 이르되 이제 비그리의 아들 세바가 압살롬보다 우리를 더 해하리니 너는 네 주의 부하들을 데리고 그의 뒤를 쫓아가라 그가 견고한 성읍에 들어가 우리들을 피할까 염려하노라 하매 7 요압을 따르는 자들과 그렛 사람들과 블렛 사람들과 모든 용사들이 다 아비새를 따라 비그리의 아들 세바를 뒤쫓으려고 예루살렘에서 나와 8 기브온 큰 바위 곁에 이르매 아마사가 맞으러 오니 그 때에 요압이 군복을 입고 띠를 띠고 칼집에 꽂은 칼을 허리에 맸는데 그가 나아갈 때에 칼이 빠져 떨어졌더라 9 요압이 아마사에게 이르되 내 형은 평안하냐 하며 오른손으로 아마사의 수염을 잡고 그와 입을 맞추려는 체하매 10 아마사가 요압의 손에 있는 칼은 주의하지 아니한지라 요압이 칼로 그의 배를 찌르매 그의 창자가 땅에 쏟아지니 그를 다시 치지 아니하여도 죽으니라 요압과 그의 동생 아비새가 비그리의 아들 세바를 뒤쫓을새 11 요압의 청년 중 하나가 아마사 곁에 서서 이르되 요압을 좋아하는 자가 누구이며 요압을 따라 다윗을 위하는 자는 누구냐 하니 12 아마사가 길 가운데 피 속에 놓여 있는지라 그 청년이 모든 백성이 서 있는 것을 보고 아마사를 큰길에서부터 밭으로 옮겼으나 거기에 이르는 자도 다 멈추어 서는 것을 보고 옷을 그 위에 덮으니라 13 아마사를 큰길에서 옮겨가매 사람들이 다 요압을 따라 비그리의 아들 세바를 뒤쫓아가니라 14 세바가 이스라엘 모든 지파 가운데 두루 다녀서 아벨과 벧마아가와 베림 온 땅에 이르니 그 무리도 다 모여 그를 따르더라 15 이에 그들이 벧마아가 아벨로 가서

세바를 에우고 그 성읍을 향한 지역 언덕 위에 토성을 쌓고 요압과 함께 한 모든 백성이 성벽을 쳐서 헐고자 하더니 16 그 성읍에서 지혜로운 여인 한 사람이 외쳐 이르되 들을지어다 들을지어다 청하건대 너희는 요압에게 이르기를 이리로 가까이 오라 내가 네게 말하려 하노라 한다 하라 17 요압이 그 여인에게 가까이 가니 여인이 이르되 당신이 요압이니이까 하니 대답하되 그러하다 하니라 여인이 그에게 이르되 여종의 말을 들으소서 하니 대답하되 내가 들으리라 하니라 18 여인이 말하여 이르되 옛 사람들이 흔히 말하기를 아벨에게 가서 물을 것이라 하고 그 일을 끝내었나이다 19 나는 이스라엘의 화평하고 충성된 자 중 하나이거늘 당신이 이스라엘 가운데 어머니 같은 성을 멸하고자 하시는도다 어찌하여 당신이 여호와의 기업을 삼키고자 하시나이까 하니 20 요압이 대답하여 이르되 결단코 그렇지 아니하다 결단코 그렇지 아니하다 삼키거나 멸하거나 하려 함이 아니니 21 그 일이 그러한 것이 아니니라 에브라임 산지 사람 비그리의 아들 그의 이름을 세바라 하는 자가 손을 들어 왕 다윗을 대적하였나니 너희가 그만 내주면 내가 이 성벽에서 떠나가리라 하니 여인이 요압에게 이르되 그의 머리를 성벽에서 당신에게 내어던지리이다 하고 22 이에 여인이 그의 지혜를 가지고 모든 백성에게 나아가매 그들이 비그리의 아들 세바의 머리를 베어 요압에게 던진지라 이에 요압이 나팔을 불매 무리가 흩어져 성읍에서 물러나 각기 장막으로 돌아가고 요압은 예루살렘으로 돌아와 왕에게 나아가니라 23 요압은 이스라엘 온 군대의 지휘관이 되고 여호야다의 아들 브나야는 그렛 사람과 블렛 사람의 지휘관이 되고 24 아도람은 감역관이 되고 아힐룻의 아들 여호사밧은 사관이 되고 25 스와는 서기관이 되고 사독과 아비아달은 제사장이 되고 26 야일 사람 이라는 다윗의 대신이 되니라

성경의 특징

하나님을 믿는 사람이건 하나님을 믿지 않는 사람이건 흔히 교양 있는 사람이라면 성경은 한 번 읽어봐야 한다고 추천도서 또는 필독도서로 권고합니다. 간혹 믿지 않는 사람들 중에서도 성경을 읽어 보았다는 사람을 만나보고 그들이 성경을 읽으며 궁금해 하던 것에 대한 이런 저런 질문을 받아본 적도 있습니다. 하나님을 믿지 않으면서도 성경을 읽어보신 사람들의 반응은 좋게 표현하면 성경은 참 좋은 말씀이라는 것이고, 안 좋게 표현 하면 다른 책들과 별로 다를 것이 없다는 것입니다. 성경이 다른 책들과 별로 다를 것이 없다고 말하는 것은 성경을 정확히

보았다고 말할 수 있습니다. 왜냐하면 성경의 이야기는 절대로 외형상 특이하지 않기 때문입니다. 혹자들은 성경을 읽을 때 뭔가 특이한 것이 있을 것이라고 기대를 하고 성경을 봅니다. 성경이 하나님에 관한 책이기 때문에 처음부터 끝까지 일반적이지 않은 뭔가 비범하고 신기한 내용으로 가득 차있을 것 같은 기대를 가진 사람들이 종종 있습니다. 특이한 사람들이 등장하고 특이한 사건이 등장하고 특이한 상황이 전개 될 것이고 그때마다 하나님은 흔히 말하는 신출귀몰함과 전능함과 신비로움으로 장엄하고 웅장하고 멋있게 등장할 것으로 예상을 합니다. 그런데 정작 성경을 읽어보면 그냥 사람 사는 이야기요 하나님에 대해서 멋있게 화려하게 등장하는 것도 거의 없기에 그냥 사람 사는 이야기 또는 이스라엘이라는 나라의 이야기일 뿐이라는 생각이 듭니다.

구약 성경이라고 해서 고대 근동에 있던 다른 나라들의 문화, 경제, 정치, 언어, 관습 등과 전혀 다른 무엇인가 희한한 내용이 있는 것이 아닙니다. 성경에 있는 제의법도 당시 다른 곳에서도 있었고, 성경에 있는 계약법도 당시 주변 나라에도 있었고, 심지어 하나님의 율법의 내용도 그 당시 함무라비 법전의 내용과 유사합니다. 그 이유는 사람이 사는 것은 시대와 장소를 불문하고 다 비슷하기 때문입니다. 성경에 하나님의 모습, 하나님의 성품, 하나님의 속성, 하나님의 능력들이 웅장하고 드라마틱하고 장엄하게 나오지 않습니다. 성경은 평범한 인간들이 살아가는 일상의 이야기가 기록되어 있는 것이 사실입니다. 하지만 성경이 독특하고 유일하다고 하는 이유는 성경이 가지고 있는 가치관과 성경에 담겨있는 세계관 때문입니다. 성경을 이해한다는 말은 성경 속에 어떤 나라가 있고 어떤 사람이 있고 어떤 사건이 등장하는가를 아는 것이 아니라 성경에 등장하는 사람과 사건과 말씀들이 무슨 의미인가 즉 성경이 나타내고자 하는 하나님의 가치관, 하나님의 세계관을 이해하는 것입니다. 성경에서 신기한 이야기 또는 전혀 다른 희한한 삶의 이야기가 아니라 동일한 인간의 삶을 통해서 그러나 그 속에 하나님의 마음, 하나님의 관점, 하나님의 가치, 하나님의 기준을 확인하는 것이 바로 성경을 바로 이해하는 것입니다.

반란의 제국

왜 반란이 일어날까?

사무엘하에서 만나는 이스라엘 이야기는 신기한 사건이 아니라 신문을 보는 것 같다는 생각이 듭니다. 한 나라가 있고 왕이 있고 백성이 있고 왕에게도 좌파가 있고 우파가 있고 왕의 지지 세력이 있고 왕의 반대 세력이 있고 왕의 골육지친이 있고 또 왕의 신하끼리도 몰래 왕의 신복을 세워서 자기 오른 팔을 삼고 또 한 사람을 내치려고 하고 그것을 알아차린 두 사람이 서로 음모하여 죽이려 들고 오늘날 우리들이 신문에서 보는 정치 일상사와 똑같습니다. 일반적인 이야기들 중에 하나님이 말씀하시고 하나님이 가르쳐 주시려고 하는 것이 무엇인지를 찾아내야 합니다. 사무엘하 20장의 배경은 다윗의 왕정 후반기입니다. 다윗이 나이가 들어 왕위에서 물러날 때가 되가는 왕정 후반기에 자꾸 반란이 발생합니다. 왜 반란이 일어날까요? 나라가 대외적으로 불안할 때는 왕을 중심으로 잘 연합하다가 이제 나라가 안정되니까 내부에서 후계구도가 세력을 확장해가고 정권 말기에 나타나는 레임 덕 현상입니까?

사무엘하 20장에서 발생하는 반란의 주동자는 세바요 지지자들은 이스라엘의 열 부족들입니다. 세바와 이스라엘 족속들이 반란을 일으키는 이유는 1절 "마침 거기에 불량배 하나가 있으니 그의 이름은 세바인데 베냐민 사람 비그리의 아들이었더라. 그가 나팔을 불며 이르되 우리는 다윗과 나눌 분깃이 없으며 이새의 아들에게서 받을 유산이 우리에게 없도다. 이스라엘아 각각 장막으로 돌아가라 하매" 입니다. 반란의 이유는 다윗과 나눌 분깃이 없고 받을 유산이 없다는 것입니다. 세바와 반역에 동참한 이스라엘 사람들이 분깃과 유산에 집착하는 이유는 자기들이 살아가는데 어떻게든 조금 더 행복해지려면 자기들의 몫, 자기들의 분깃, 자기들의 유업, 자기들의 할당이 많아져야 한다고 생각하기 때문입니다. 누구를 왕으로 생각하며 어떤 지도체제를 만드느냐가 중요한 것이 아니라, 누구를 왕으로 세우든 그가 나에게 유익이 될 것이며 어떤 지도체제를 만들든 그것이 나에 행복에 보탬이 될 수 있겠느냐는 것입니다.

세바의 요구는 지극히 정상적입니다. 자신의 분깃과 유산을 받으려는 요구를 나쁘다고 말할 수 있는 것이 아닙니다. 마치 속물 같은 인간들은 자신의 행복을 위해서 살고, 성인 같은 사람들은 타인의 행복을 위해서 사는 것처럼 설명한다면 그것 또한 자기기만이요 죄의 또 다른 교묘한 자기 자랑밖에 되지 않는다고 생각합니다. 인간은 누구나 자신의 행복을 위해서 삽니다. 인간이 행복하게 살고 싶어하는 것은 욕망이 아니며 나쁜 것이 아니며 잘못된 것이 아닙니다. 가장 중요한 것은 어떻게 해야 행복을 누릴 수 있느냐는 것입니다. 세상 사람들은 자신의 행복을 위해서 살고, 성도는 자신의 행복이 아니라 하나님의 영광을 위해서 사는 것이 아닙니다. 세상 사람들이 자신의 행복을 위해서 산다면 성도는 더 더욱이 자신의 행복을 위해서 살아야 합니다. 왜냐하면 하나님이 가장 기뻐하시는 것이 성도의 행복이기 때문입니다. 성도가 자신의 행복을 포기하고 하나님을 위해 사는 것이 가장 하나님을 왜곡하고 가장 하나님을 모욕당하게 만드는 것입니다.

행복을 누리는 삶

성경은 인간의 행복을 무지 무지하게 강조합니다. 예수님도 복음서에서 친히 "사람이 만일 온 천하를 얻고도 제 목숨을 잃으면 무엇이 유익하리요"마16:26고 말씀하셨습니다. 인간은 행복하게 살아야 합니다. 성경은 인간은 당연히 행복하게 살아야 하는데 어떻게 해야 인간이 행복할 수 있느냐를 말하는 것입니다. 성도에게 인간의 행복을 위해서 사는 것과 하나님의 영광을 위해 사는 것 중에 선택을 강요하지 않습니다. 하나님의 영광과 인간의 행복은 상대적인 개념이 아닙니다. 하나님의 영광과 인간의 행복은 동등한 동질 개념입니다. 인간의 행복 없이 하나님의 영광 없고 하나님의 마음 없이 인간의 행복 없습니다.

욥기에서 사단과 하나님의 대화의 핵심도 바로 인간의 행복입니다. 하나님이 욥을 칭찬하자 사단이 시비를 겁니다. 사단은 욥이 절대로 까닭 없이 하나님을 믿을 이유가 없고 하나님이 욥을 도와 주셔서 믿을 뿐 만약 하나님이 욥을 도와주시지 않는다면 욥은 하나님을 저주 할 것이라고 주장합니다. 욥이 하나님을 믿는 것은 까닭이 있기 때문이라는 사단의 주장은 옳은 말입니다. 사람은 까닭없이 행동하지 않습니다. 하나님을 믿는 것도 까닭이 있습니다. 단, 욥이 하나님을 믿는 까닭은 사단이 주장하는 까닭과는 전혀 다른 것입니다. 사단이 주장하는 까닭은 하나님이 물질적 부요를 주고 경제적 번성을 주고 자녀를 주고 건강을 주시기 때문에 하나님을 믿는 다는 것입니다. 하나님은 사단에게 욥에게서 욥이 가지고 있는 모든 것을 제거하도록 하십니다. 사단의 생각이 욥이 하나님을 믿는 까닭이라고 여기는 것을 모두 없애는 것입니다. 그럼에도 불구하고 사단의 기대와는 달리 욥이 하나님을 여전히 믿습니다. 왜냐하면 욥은 '한 때는 나에게 물질적 부요가 중요했었다. 하지만 물질은 있다가도 없어지고 없다가도 있는 것이다. 그런 것들로 인하여 하나님 믿기를 포기하지 않겠다. 왜냐하면 그런 것은 말 그대로 있다가도 없고 없다가도 있지만 하나님의 마음, 하나님의 심정, 하나님의 속성, 하나님의 원리, 하나님의 성품이 없다면 나는 풍부한 물질을 가지고도 불행하기 때문이다' 라고 생각하는 것입니다. 사단이 생각한 하나님을 믿는 까닭과 욥이 생각한 하나님을 믿는 까닭이 전혀 다른 것입니다.

기준의 차이

이스라엘이 반란을 일으키는 근본 이유는 이스라엘 백성들이 사울을 왕으로 요구할 때의 심정과 똑같은 것입니다. 이스라엘이라는 나라는 하나님의 신앙공동체입니다. 하나님의 신앙공동체인 이스라엘이 하나님의 주관하심 아래 하나님의 원리로 하나님의 은혜를 누리는 삶을 포기했습니다. 하나님의 신앙공동체 된 자신들의 정체성을 포기하는 이유는 너무나 간단합니다. 바로 문제에 대한 원인을 잘못 깨달았기 때문입니다. 하나님은 인간 문제의 본질은 죄이고, 인간이 행복하기 위해서는 죄를 이겨야 하고, 죄를 이기기 위해서는 하나님을 알고 하나님을 믿고 하나님의 심정과 하나님의 마음으로 살아야 한다고 이스라엘을 가르치셨습니다. 그런데 이스라엘은 하나님의 가르침과는 전혀 다르게 생각하고 있었던 것입니다. 이스라엘은 한편으로는 죄가 문제가 아니라 나라의 체제가 문제라고 생각했습니다. 이스라엘이 주변에 있는 이방 나라들처럼 왕정으로 되어있지 않으니까 나라가 불안정하고 그 결과 자신들이 불행한 것이라고 판단하고 왕을 달라고 요구했었습니다. 백성들의 요구대로 사울이 왕이 되었고 왕이 있어 잠시 동안은 나라가 안정되고 살만 했습니다. 하지만 자신들의 왕 사울이 미쳐버렸습니다. 이스라엘은 이제 왕을 바꾸어 보자고 생각합니다.

불행 중 다행으로 다윗이 나타났는데 예쁘고 멋있고 준수하고 싸움 잘하고 노래 잘하고 시도 잘 짓고 자기들이 보기에 너무 좋은 왕의 재목으로 여겨졌습니다. 백성들은 사울을 버리고 다윗을 왕으로 세웠고 다윗이 왕이 되어 잠시 동안 나라를 안정시키고 백성들을 행복하게 해주었습니다. 하지만 다윗이 나이가 들어가면서 백성들은 안중에도 없고 자기 자녀들에게만 관심을 갖는 것 같고 나라는 점점 불안해 지는 것을 느끼자 이스라엘 백성들은 또다시 다른 것을 요구하는 것입니다. 다윗왕 대신에 새로운 왕, 새로운 지도자, 새로운 리더가 나와야 자신들의 분깃이 있고 유산을 받을 수 있다고 생각하는 것입니다.

하나님은 이스라엘 백성들의 요구를 들어주셔서 사울도 세웠고 다윗도 세웠습니다. 하지만 백성들이 왕을 요구한 것과 하나님이 왕을 세운 이유는 전혀 다른 것입니다. 사울과 다윗은 전혀 다른 이유로 왕이 된 사람입니다. 하나님이 사울을 세운 이유는 백성들로 하여금 왕정이라는 제도로 또는 능력 있어 보이는 사람으로 문제를 해결할 수 없다는 것을 보여주기 위함이었습니다. 하나님이 다윗을 세운 이유는 백성들로 하여금 하나님이 세우시고 도우시면 어떠한 문제라도 해결할 수 있다는 것을 보여주기 위함이었습니다. 안타깝게도 이스라엘 백성들은 하나님이 사울을 세우신 이유와 다윗을 세우신 이유의 차이점을 구별해 내지 못하는 것입니다. 백성들은 사울이여도 되고 다윗이여도 되고 누구여도 된다고 생각합니다. 압살롬은 자신이 왕이 되어도 된다고 생각하기에 반역을 일으키고 백성들이 동조하는 것입니다. 이스라엘 백성들은 '하나님이 세우셨냐? 하나님이 안 세우셨냐? 하나님의 원리냐? 하나님의 원리가 아니냐?'는 것에는 전혀 관심을 가지지 않았습니다. 단지 다윗은 늙어서 힘이 없고 압살롬은 젊고 힘이 있어 자신들에게 훨씬 도움이 될 것이라고 생각할 뿐입니다. 모든 인간들이 생각하는 죄의 전형적인 사고방식입니다.

죄의 실패

백성의 실패

압살롬의 반역이 진압되자 이번에는 세바가 반란을 일으키고 백성들은 이번에는 세바의 편을 듭니다. 새로운 사람이 와서 자신들을 더 나아지게 해줄 수 있다면 누구라도 좋다는 것이 인간들의 방식입니다. 세바와 이스라엘 백성들은 자신의 행복을 추구하기 위해서 왕이 바뀌어야 된다고 생각을 했던 것입니다. 왕이 바뀌면 새로운 삶을 살 수 있을 것이라고 생각을 하는 것입니다. 백성들이 행복을 추구하는 것은 잘못된 생각이 아닙니다. 중요한 것은 어떻게 하는 것이 행복을 누릴 수 있느냐는 것입니다. 죄인들의 요구는 앞뒤가 맞지 않습니다. 사람들은 자신들이 필요할 경우 왕을 세워달라고 합니다. 왕이 힘이 있어야 한다고 주장합니다. 왕이 통치력을 발휘하고 혼란이 일어나면 공권력을 동원해서 일사분란하게 진압하고 나라를 안정시켜야 되기 때문에 힘이 있어야 한다고 말합니다. 하지만 왕이 힘을 쓰면 독재라고 반대하며 왕은 백성을 두려워할 줄 알아야 한다고 말합니다. 사람들은 왕이 나의 적을 향해서는 힘을 발휘하고 나를 위해서는 오직 섬김과 봉사의 마음을 가지기를 기대하는 것입니다. 하지만 내가 왕을 통해 무엇인가 이익을 받기 원하면, 왕도 백성을 통해 이익을 받기 원합니다. 죄인은 절대로 손해를 보지 않고 양보를 하지 않는 것입니다. 죄인에게 기대할 수 없는 것을 기대하는 것이 바로 죄인의 어리석음이요 한계인 것입니다.

다윗의 실패

백성들의 말도 안 되는 요구를 실제로 들어 주신 분이 하나님입니다. 하나님이 이스라엘 가운데 지도자를 세울 때 언제나 지도자의 역할은 백성을 섬기는 것이었습니다. 하나님이 이스라엘 가운데 세운 사람 중에 모세가 있습니다. 하나님은 모세에게 권력을 주신 적이 없고 특권을 주신 적이 없고 백성에게 없는 특별한 혜택을 주신 적이 없습니다. 독립의 영웅이라는 칭호가 주어진 적이 없고 가나안 입성할 때 맨 앞에서 면류관 받으며 환영 받으며 들어가리라는 약속도 없고 광야 여정 가운데 혹시 죄를 지어도 면책 특권 받은 적도 없고 땅 분배할 때 몇 평 더 얻은 것도 없습니다.

하나님이 다윗을 왕으로 세울 때도 백성들이 요구한 내용을 모두 들어 주신 분이 하나님이십니다. 하나님이 이스라엘 위에 왕을 세우실 때 왕은 통치자나 지배자가 아닙니다. 하나님이 세우시는 왕은 아내를 많이 두지 말아야 하고 은금을 많이 갖지 말아야 하고 말을 많이 두지 말아야 한다고 말씀하셨습니다. 왕임에도 불구하고 절대로 백성 앞에서 교만해지지 말라고 강조하셨습니다. 백성들이 이상적인 왕을 요구할 때 하나님은 실제로 그런 왕을 세워 주셨던 것입니다. 물론 왕으로 세움 받은 사람은 오직 섬기기만 할뿐 아무런 유익이 없는 것이 아닙니다. 하나님께서 하나님이 세운 사람이 맡은 바 역할을 하면서도 절대로 손해 보거나 피해보지 않도록 이미 그 사람에게 은혜를 주셨고 그 역할을 잘 감당 할 수 있도록 동행하시며 가르치시며 역사하시며 후원하십니다. 결국 하나님은 하나님이 세우신 사람을 통해 백성들로 하여금 하나님이 역사하시면 모든 일이 형통하다는 것을 알게 하고 하나님을 배우게 하는 것입니다. 다윗이 왕으로 세움 받은 것은 백성가운데 하나님을 나타내며 백성에게 하나님을 알리는 역할을 행하기 위함이었는데 다윗도 그 역할에 실패하는 것입니다. 이스라엘 백성들이 하나님의 백성으로서의 삶을 실패하고, 다윗이 하나님의 일 하심을 드러내야 하는 역할에서 실패하고 있는 것입니다.

분열왕국의 씨앗

다윗은 압살롬에게 쫓겼다가 다시 왕궁으로 돌아 올 때에 이스라엘 열두 지파 중에 이스라엘 부족 열 지파와 유다 지파 두 부족이 싸우도록 충동질 시킨 장본인입니다. 백성들이 분열을 일으킬 때 다윗은 왕으로서 백성들의 화합을 중재해야 함에도 불구하고 왕이 먼저 백성들을 이간질하고 분열시킨 것입니다. 이스라엘 족속 열지파가 다윗을 맞으러 나오려 할 때 다윗은 유다 족속에게 연락하여 자신이 유다 족속의 골육지친이요 형제임을 강조하고 이스라엘 족속보다 먼저 자신을 맞으러 나오게 유도하며 결국 이스라엘 족속과 유다 족속간의 충돌을 일으킨 것입니다.

다윗은 자신의 장수인 요압에 대하여도 희한한 일을 행합니다. 사무엘하 19장 13절 "너희는 또 아마사에게 이르기를 너는 내 골육이 아니냐? 네가 요압을 이어서 항상 내 앞에서 지휘관이 되지 아니하면 하나님이 내게 벌 위에 벌을 내리시기를 바라노라 하셨다 하라 하여"입니다. 아마사는 압살롬이 반역할 때 압살롬 쪽에 섰던 사람입니다. 자기 옆에 서는 요압이 늘 자기를 도와주고 있었습니다. 요압이 다윗을 도와주기는 했지만 나름대로 소신이 있고 자기주장이 있었던 것 같습니다. 사무엘하 3장에서 이스보셋의 신하였던 아브넬 장군이 다윗의 진영에 왔을 때 다윗은 맞아 주었는데 요압은 다윗 몰래 아브넬을 다시 오게하여 죽였습니다. 다윗이 요압 즉 스루야의 아들들 때문에 너무 힘들다고 고백한 적도 있었습니다. 다윗이 요압에 대하여 불편한 마음을 품고 있던 차에 왕궁으로 돌아오면서 그동안 자기를 지켜 주었던 요압을 제쳐 두고 압살롬의 반역에 참여했던 아마사를 자기 골육지친이라는 근거로 자신의 군대장관으로 삼겠다고 말하는 것입니다.

다윗은 백성을 편 가르기 하여 싸움을 붙였고 신하들 중에 편 가르기를 해서 싸움을 붙이는 것입니다. 이러한 다윗의 행동의 결과로 사무엘하 20장의 사건이 발생하는 것입니다. 4절에서 "왕이 아마사에게 이르되 너는 나를 위하여 삼 일 내로 유다 사람을 큰 소리로 불러 모으고 너도 여기 있으라"고 명령하였으나 아마사가 왕이 정한 기일에 지체하였습니다. 결국 요압이 아마사를 만나 죽여 버립니다. 왕의 주변에서 신하들이 충성 경쟁을 벌이고 서로 왕의 측근이 되고 심복이 되려고 경쟁하는 경우가 있습니다. 행여 신하들 가운데 그러한 일이 발생할지라도 다윗 왕은 '이 나라의 중심은 내가 아니요 하나님이고, 이 나라의 평안은 나로 말미암는 것이 아니요 하나님으로 말미암는 것이니 우리 모두 하나님의 뜻대로 하자'고 가르쳤어야 합니다. 그런데 다윗은 혈연관계에 연연하여 신하를 대함에 공정성을 상실한 것입니다.

 성경은 이스라엘의 실패와 다윗의 실패, 모두의 실패를 보여주는 것입니다. 성경은 세바는 반란자로 징계하고 다윗은 성군으로 칭송하는 것이 아닙니다. 구약성경을 보면서 확인할 수 있는 것은 죄가 얼마나 뿌리 깊으며 인간은 죄를 이길 수 없다는 것입니다. 이스라엘만큼 은혜 받은 민족이 어디 있으며 다윗만큼 하나님의 역사를 많이 체험하고 사랑 받은 자가 어디 있습니까? 참으로 많은 은혜를 받은 이스라엘도 실패하고 다윗도 실패하는 장면을 보면서 죄가 얼마나 강한 것이며 인간이 죄를 스스로 이길 수 없는 것이며 왜 예수님이 오셔야 하는지, 왜 하나님의 은혜가 동원 돼야 하는지, 왜 십자가 사건이 일어나야 하는지를 깨닫게 되는 것입니다.

하나님의 가르침

지혜로운 여인

 다윗은 세바의 세력을 두려워했습니다. 이스라엘의 열두 개 지파 중 열 개 지파를 동원해서 반역을 일으키니까 상당히 위축됐던 것 같습니다. 그래서 세바를 진압하면서 동시에 자기의 측근이면서 골칫거리였던 요압도 제거하려고 했던 것 같습니다. 그러나 다윗의 방식으로는 아무것도 해결하지 못했습니다. 요압이 제거를 당하는 대신 자기가 세우려고 했던 사람 아마사가 제거를 당했습니다. 결국 요압은 군대장관으로서 견고히 서고 열왕기상 1장에서 확인할 수 있는 바와 같이 아도니야가 반역할 때 선봉에 서게 됩니다. 다윗은 백성들 가운데 분열을 만든 장본인이었고, 아마사를 죽인 장본인이었고, 세바도 전혀 제압하지 못했습니다.

　다윗이 하나님의 의도와는 전혀 다르게 행동하며 백성들에게 하나님을 가르쳐야 하는 역할에 실패할 때에 하나님은 다윗을 어떻게 대하시는지 관찰해야 합니다. 하나님이 맡기신 역할에 실패하는 사람을 미워하여 버리시는 지, 아니면 하나님이 세운 사람이기에 그 사람이 어떻게 행동하든 두둔하여 주시는지 분별해야 합니다. 하나님은 모든 경우를 통해서 다윗도 가르치시고 이스라엘도 가르쳐서 다윗과 백성 모두가 하나님을 알게 하십니다. 다윗이 자기 골육지친을 자기의 후원군, 응원군, 지지 세력으로 세우려하는 어리석은 방식을 틀렸다고 깨닫게 하시고, 이스라엘 백성들에게는 왕이 이 사람에서 저 사람으로 바뀌면 달라질 수 있고 체제가 나아질 수 있을 것이라는 어리석은 기대도 틀렸다고 가르치십니다.

　다윗과 이스라엘 모두가 다 틀렸고 오직 하나님이어야 하고 하나님의 원리이어야 한다는 사실을 가르치기 위하여 하나님이 동원하는 사람이 무명의 여인입니다. 요압이 아마사를 죽이고 자기 부하들을 이끌고 세바를 잡으러 가는데 세바가 벤마아가 아벨 성에 들어가 있습니다. 요압의 무리가 성을 통째로 함락시켜 버릴 싸움 준비를 합니다. 그때 성중에서 어떤 무명의 여인이 요압을 만나기를 요청합니다. 사무엘하 20장 19절에서 여인이 말하기를 "나는 이스라엘의 화평하고 충성된 자 중 하나이거늘 당신이 이스라엘 가운데 어머니 같은 성을 멸하고자 하시는도다. 어찌하여 당신이 여호와의 기업을 삼키고자 하시니이까?"입니다. 이 장면이 매우 우스운 장면입니다. 이름도 모르는 무명의 여인과 다윗을 지키기 위하여 생명을 불사하고 싸우려고 하는 요압 중에 누가 하나님을 위하고 누가 다윗을 위하고 누가 나라를 위하는지 고른다면 당연히 요압일 것입니다. 요압은 장수로서 나라를 위하여 수차례 전쟁을 치렀고 현재도 반역자를 제압하기 위하여 출동한 상황입니다. 나라와 민족을 위하여 한 평생 몸 바쳐 충성한 요압 장군이 이름도 알려지지 않은 여인에게서 "어찌하여 여호와의 기업을 삼키고자 하시나이까?"라는 말을 듣는 것입니다. 여인과 요압이 대화를 통해서 사실을 확인하고 여인이 성 중에 있는 사람들을 지혜롭게 설득해서 세바를 내어주어서 죽게 하는 것으로 반란이 진압되고 나라가 평화롭게 됩니다.

하나님의 가르침

세바의 반란이 진압되는 장면은 다윗으로서는 대망신입니다. 다윗은 어떻게든 왕권을 유지하기 위해서, 측근 세력이 있어야 하니까, 골육지친을 측근에 두어서 그들로 하여금 자신의 후원 기반을 든든하게 다져야 되겠다고 생각하고, 아마사를 심복 중에 심복으로 두려고 계획했었습니다. 그러나 정작 자신이 두려워하던 세바의 반란을 진압한 사람은 요압도 아니요, 아마사도 아니요, 자기의 골육지친인 유다족속도 아니요 무명의 여인이었습니다. 하나님은 이 여인을 통하여 다시 한 번 다윗과 이스라엘 백성을 가르치시는 것입니다. 이스라엘에게 힘이 되고 반석이 되고 산성이 되고 후원자요 지지자는 오직 하나님임을 가르치십니다. 다윗에게 아마사가 다루기 편하고 골육지친이니까 반역이 일어나지 않고 왕으로서 장수 할 수 있을 것 같은 사고방식이 바로 죄의 방식이고, 죄의 원리가 장수끼리의 싸움을 만들어 내고 이스라엘 족속 내에 서로 분쟁을 일으키고 나라를 망하게 만들어 내는 것임을 가르치시는 것입니다. 사람 중에는 어느 누구도 의지할 사람이 없고 신뢰할 사람이 없고 사람을 통해서는 행복을 얻을 수 없음을 알게 하십니다. 하나님의 백성 가운데 하나님의 원리, 하나님의 심정, 하나님의 마음, 하나님의 가치, 하나님의 세계관, 하나님의 성품을 가지고 행복이 무엇이며 어떻게 해야 행복할 수 있는가에 대한 하나님의 가르침을 배우고 따라야 행복을 누릴 수 있음을 가르치는 것입니다.

　성경에서도 동일한 패턴을 발견할 수 있습니다. 사사 시대에 가나안 왕 야빈의 군대장관 시스라가 철병거 구백 승을 몰고 오매 이스라엘 백성이 아무런 대책이 없을 때 하나님은 사사 드보라와 헤벨의 아내 야엘을 통해 시스라를 제압하게 하셨습니다. 또 압살롬이 반역하여 도망가 있을 때 다윗에게 압살롬으로 하여금 하나님 앞에 버림 받은 자처럼 되게 하냐고 말하여 결국 압살롬을 돌아올 수 있게 하도록 다윗을 가르칠 때에도 하나님은 드고아의 한 여인을 사용하셨습니다. 본문에서 다윗이 하나님 대신에 다른 어떤 인간의 세력들을 자신의 힘의 원동력으로 쓰려 할 때에도 하나님이 동원하시는 사람이 한 여인입니다. 다른 표현으로, 사람들이 무시하고 사람들이 중요시 여기지 않는 그것을 하나님이 하시면 모든 것이 다 될 수 있다는 것입니다. 하나님을 믿는 사람들의 힘의 원동력은 오직 하나님이시고 하나님이 함께 하실 때 어느 누구라도 어떤 상황이라도 하나님이 역사 하셔서 형통케하며 평안케 하며 풍요롭게 하며 자유롭게 하실 줄로 믿습니다. 하나님을 아시고 하나님의 원리대로 사셔서 하나님의 은혜를 풍성히 누려 가시기를 주님의 이름으로 축원합니다.

20 기도를 들으시니라

사무엘하 21 : 1 ~ 14

1 다윗의 시대에 해를 거듭하여 삼 년 기근이 있으므로 다윗이 여호와 앞에 간구하매 여호와께서 이르시되 이는 사울과 피를 흘린 그의 집으로 말미암음이니 그가 기브온 사람을 죽였음이니라 하시니라 2 기브온 사람은 이스라엘 족속이 아니요 그들은 아모리 사람 중에서 남은 자라 이스라엘 족속들이 전에 그들에게 맹세하였거늘 사울이 이스라엘과 유다 족속을 위하여 열심이 있으므로 그들을 죽이고자 하였더라 이에 왕이 기브온 사람을 불러 그들에게 물으니라 3 다윗이 그들에게 묻되 내가 너희를 위하여 어떻게 하랴 내가 어떻게 속죄하여야 너희가 여호와의 기업을 위하여 복을 빌겠느냐 하니 4 기브온 사람이 그에게 대답하되 사울과 그의 집과 우리 사이의 문제는 은금에 있지 아니하오며 이스라엘 가운데에서 사람을 죽이는 문제도 우리에게 있지 아니하니이다 하니라 왕이 이르되 너희가 말하는 대로 시행하리라 5 그들이 왕께 아뢰되 우리를 학살하였고 또 우리를 멸하여 이스라엘 영토 내에 머물지 못하게 하려고 모해한 사람의 6 자손 일곱 사람을 우리에게 내주소서 여호와께서 택하신 사울의 고을 기브아에서 우리가 그들을 여호와 앞에서 목 매어 달겠나이다 하니 왕이 이르되 내가 내주리라 하니라 7 그러나 다윗과 사울의 아들 요나단 사이에 서로 여호와를 두고 맹세한 것이 있으므로 왕이 사울의 손자 요나단의 아들 므비보셋은 아끼고 8 왕이 이에 아야의 딸 리스바에게서 난 자 곧 사울의 두 아들 알모니와 므비보셋과 사울의 딸 메랍에게서 난 자 곧 므홀랏 사람 바르실래의 아들 아드리엘의 다섯 아들을 붙잡아 9 그들을 기브온 사람의 손에 넘기니 기브온 사람이 그들을 산 위에서 여호와 앞에 목 매어 달매 그들 일곱 사람이 동시에 죽으니 죽은 때는 곡식 베는 첫날 곧 보리를 베기 시작하는 때더라 10 아야의 딸 리스바가 굵은 베를 가져다가 자기를 위하여 바위 위에 펴고 곡식 베기 시작할 때부터 하늘에서 비가 시체에 쏟아지기까지 그 시체에 낮에는 공중의 새가 앉지 못하게 하고 밤에는 들짐승이 범하지 못하게 한지라 11 이에 아야의 딸 사울의 첩 리스바가 행한 일이 다윗에게 알려지매 12 다윗이 가서 사울의 뼈와 그의 아들 요나단의 뼈를 길르앗 야베스 사람에게서 가져가니 이는 전에 블레셋 사람들이 사울을 길보아에서 죽여 블레셋 사람들이 벧산 거리에 매단 것을 그들이 가만히 가져온 것이라 13 다윗이 그 곳에서 사울의 뼈와 그의 아들 요나단의 뼈를 가지고 올라오매 사람들이

그 달려 죽은 자들의 뼈를 거두어다가 14 사울과 그의 아들 요나단의 뼈와 함께 베냐민 땅 셀라에서 그의 아버지 기스의 묘에 장사하되 모두 왕의 명령을 따라 행하니라 그 후에야 하나님이 그 땅을 위한 기도를 들으시니라

진리의 역할

21세를 흔히 포스트모던 시대라고 부르고 포스트모던 시대의 대표적인 주장은 절대 진리는 없다는 것입니다. 포스트모던을 대표하는 철학자 중의 한 사람은 절대 진리를 절대 강조해서는 안 된다고 진리를 거부하였습니다. 왜냐하면 진리 자체를 인정하면 진리를 정하는 사람은 힘이 있는 사람이고, 힘이 있는 사람은 그 힘을 다른 사람을 억누르고 제압하는데 쓸 것이기 때문이라고 했습니다. 인간은 절대로 힘을 남을 위해 쓰지 않고 남을 누르는데 쓴다고 강조한 것입니다. 한편으로 일리가 있는 주장입니다. 역사상 모든 힘 있는 자는 힘을 남을 위해 사용하지 않고 남을 지배하고 통제하는 수단으로만 사용했습니다.

그런데 지금으로부터 약 이천년 전에 예수님은 전혀 반대적인 표현을 하셨습니다. 예수님은 본인이 진리라고 선언을 하셨습니다. 요한복음 8장 32절에서 "진리를 알지니 진리가 너희를 자유롭게 하리라"고 말씀하셨습니다. 철학자는 진리는 힘이 되어 인간을 억압할 것이라고 말하고 예수님은 진리가 인간을 자유롭게 한다고 선언하시고 본인이 직접 죽으심으로 인간의 자유를 이루어 주신 분입니다. 일반적으로 사람들은 종교와 신을 거부하는 경향이 있습니다. 그 이유 중의 하나도 신이 강조되면 인간이 신의 도구가 되고 신의 종이 될 것이라고 염려하기 때문입니다. 신과 인간의 관계에 대한 사람들의 염려를 근본적으로 교정해주고 바로잡아 주는 것이 바로 성경이요 하나님이십니다. 하나님은 인간에게 힘으로 다가오신 적이 없고 언제나 사랑으로 오셨습니다. 하나님

은 인간에게 힘을 사용하신 적이 없고 하나님은 인간을 이기신 적도 없고 하나님은 인간을 지배하신 적도 없습니다. 하나님은 언제나 인간을 도와주시는 좋은 분이요, 진리는 인간을 자유롭게하는 참된 것이요, 신앙은 인간을 행복하게 하는 삶의 원리요, 교회는 인간을 평안하게 하는 삶의 안식처요, 성도는 행복을 누리는 하나님의 자녀들입니다.

기근의 이유

계시의 종교

사무엘하 21장의 내용은 부드럽고 온화하고 고상하기 보다는 조금 살벌하고 무섭고 겁이 납니다. 본문을 통해 원한을 풀어가는 방식 중에 세상의 방식과 하나님의 방식이 어떻게 다른가를 비교해 보도록 하겠습니다. 다윗의 시대에 해를 거듭하여 삼년 기근이 있었습니다. 구약에서 기근이나 재난이 발생하였을 때 원인을 찾는 것과 오늘날 기근이 있을 때 원인을 찾는 것이 다릅니다. 오늘날 특정 지역에 기근이나 지진 혹은 태풍이 와서 큰 피해를 입었을 때에 하나님의 종교적 심판이요 하나님의 저주라고 말하는 것은 성경을 바로 볼 줄 모르는 것입니다. 21장 1절에 보면 "다윗이 여호와 앞에 간구하매"라는 표현이 있습니다. 간구하였다는 표현을 기도했다고 생각하여 다윗이 하나님께 맡기고 하나님을 의지하는 신앙적 충성과 열심을 나타낸 것으로 오해하시면 안 됩니다. 해를 거듭하여 기근이 있으므로 여호와께 간구하였다는 다윗의 행동은 가장 멍청한 행동이요 가장 미련한 행동이요 성도로서는 절대로 본받아서는 안 되는 행동입니다.

하나님은 이미 모든 내용을 다 알려 주셨다는 것을 기억하셔야 합니다. 하나님은 먼저 은혜를 주시는 분이고 그 은혜를 유지하며 누리며 구현하며 살 수 있는 방법을 주시고 하나님의 복락을 향유할 수 있는 원리와 방법을 모두 알려 주셨습니다. 기독교는 절대 미지未知의 종교가 아닙니다. 기독교는 하나님 멋대로, 하나님 마음대로, 하나님은 하나님 하고 싶은 대로 다 하고 인간은 어떤 일이 닥칠 때마다 이번에는 하나님이 왜 이렇게 하셨나 또는 이번에 하나님이 뭐가 못 마땅하셨는가를 고민해야 하는 종교가 아닙니다. 기독교는 다 알려진 종교요 다 밝혀진 종교요 분명히 드러나 있는 계시의 종교입니다.

이스라엘에 해를 거듭하여 삼 년 기근이 있었습니다. 기근이 들은 이유에 대해서 여호와께 간구하여 알아내야 하는 것이 아닙니다. 이미 율법에 하나님이 모든 말씀을 다 해주셨습니다. '내가 너에게 복을 주리라. 내가 너에게 은혜를 주리라. 내가 너에게 풍성한 소산을 주리라. 그러나 네가 내 말을 듣지 아니하고 다른 신을 섬기거나 하나님의 명령대로 행하지 아니하면 너희에게 기근이 올 것이요 너희에게 염병이 올 것이요 너희가 이방 나라에 종이 되리라' 고 이미 말씀하셨습니다. '내가 너에게 복을 주었다. 그 복을 가지고 너희가 여호와의 뜻대로 살면 복을 누리며 네 자손이 복을 누리며 더욱 풍성하여 장구하리라' 고 이미 말씀하셨습니다. 또 '만약에 너희가 하나님의 뜻대로 살지 못하여 기근이 오거나 염병이 왔을 때에 회개하고 다시 하나님께로 돌아오면 나는 다시 너희를 구원하고 은혜와 복을 베풀어 주리라' 고 율법에 수십 차례에 걸쳐 하나님이 너무나 자세히 다 알려 주셨습니다.

다윗의 시대에 해를 거듭하여 기근이라는 어려움이 왔습니다. 다윗이 해야 할 일은 기도가 아닙니다. 다윗이 간구하매 여호와께서 다윗의 미련한 질문에 자상하게 대답을 해주십니다. 하나님의 대답이 1절과 2절입니다. "이는 사울과 피를 흘린 그의 집으로 말미암음이니 그가 기브온 사람을 죽였음이니라 하시니라. 기브온 사람은 이스라엘 족속이 아니요 그들은 아모리 사람 중에서 남은 자라. 이스라엘 족속들이 전에 그들에게 맹세하였거늘 사울이 이스라엘과 유다 족속을 위하여 열심히 있으므로 그들을 죽이고자 하였더라"입니다.

죄인의 행위

여호와 보시기에 악했다

본문에는 "사울이 이스라엘과 유다 족속을 위하여 열심이 있으므로 그들을 죽이고자 하였더라"고만 기록되었을 뿐 구체적으로 무슨 행위를 어떻게 행했는가는 성경 어디에도 나와 있지 않습니다. 아마도 백성들의 마음이 사울에게서 떠나 갈 때 백성들의 마음을 사기 위해서 사울이 정복 전쟁 중에 기브온 까지 다 쓸어버린 것이 아닌가 추측을 할 뿐입니다. 본문의 상황은 사울이 헛된 열심으로 여호와께 약속했던 기브온 족속을 죽여 버리니까 기브온 족속이 억울하게 죽은 것을 안타까워하며 다윗 앞에 탄원서를 들고 나온 것이 아닙니다. 여호수아 9장에 의하면 여호수아가 가나안을 정복할 때 기브온 주민들이 나와서 여호수아와 언약을 맺었고 여호수아 10장에 의하면 아모리 사람들의 왕이 기브온 주민들을 치려고 할 때 여호수아가 모든 군사와 용사와 더불어 길갈에서 기브온 주민을 보호하기 위한 전쟁을 치러주기까지 하였고 그 결과 기브온 주민은 오랫동안 살아남았습니다. 사울이 기브온 주민들을 죽인 것은 분명히 약속위반이요 단지 사람 간의 약속위반을 넘어 여호와와의 약속 위반입니다. 기브온 족속들이 사울이 하나님의 약속을 어기고 자신들의 조상을 죽인 것에 대해 억울해하며 하나님의 신실한 왕 다윗에게 호소하는 장면이 아닙니다. 기브온 족속들이 다윗에게 조상들의 원한을 갚아 달라고 요청하거나, 억울함을 풀어달라는 청원하는 장면이 아닙니다. 기브온 족속은 이 사건에 대해 아무도 아무 말도 하지 않습니다.

기브온 백성이 죽은 것을 문제 삼는 분은 오직 한 분 하나님뿐이십니다. 기브온 백성조차도 문제 삼지 않았고 다윗도 사울의 행동과 기브온 족속의 죽임 당함을 전혀 문제 삼지 않았습니다. 기브온 족속이 죽임을 당한 일이 악한 것이요, 잘못된 것이요, 그 일이 풀어져야 한다고 판단 하시는 분은 오직 한 분 하나님뿐이십니다. 하나님은 인간의 억울함을 풀어주시고 정당한 대우를 받게 하시는 분입니다. 하나님은 자신의 뜻을 위해 인간을 몰아가고 인간의 의지를 꺾는 분이 절대로 아닙니다. 본문에서도 기브온 족속에게 발생한 일에 대하여 하나님만 잠잠 했으면 아무도 어떤 말도 나지 않고 그냥 지나 갈 수 있었습니다. 사람끼리는 어떤 일들을 흔히 덮어버리고 지나 갈 때가 많습니다. 기브온 족속이 자기 조상들에게 발생한 일에 대하여 아무런 저항도 하지 않은 이유는 힘이 약하기 때문이었습니다. 억울한 일을 당하면서도 힘이 없기에 원통해하면서 속으로만 칼을 갈고 있었을 것입니다. 다윗이 아무런 조치도 취하지 않은 이유는 나라를 통치하다 보면 이런 일도 있고 저런 일도 있고, 큰일을 하다보면 작은 자들을 처리해야 되는 경우도 있으니 사울의 의도가 있었을 것으로 이해했을 것이기 때문입니다.

　기브온 족속이 죽은 사건은 사건을 일으킨 당사자도, 사건을 당한 당사자도, 사건을 알고 있는 관련자도 아무도 문제 삼지 않았고 묻혀있는 사건입니다. 그러나 아무도 문제 삼지 않을 때 유독 하나님은 덮여진 그 문제를 들춰내시며 문제가 있다고 지적하십니다. 인간들이 어떤 사건에 대해 서로 이해하며 두루뭉실하게 넘어가면 살만한 것 같고 하나님이 냉철하고 냉정하고 정확하게 행동하시면 상당히 빡빡하고 힘들 것 같지만 실상은 정반대입니다. 하나님의 원리, 하나님의 심정, 하나님의 마음, 하나님의 방식이어야 인간이 억울함이 없고 평화와 행복을 누리며 살 수 있는 것입니다.

속죄의 대상

본문의 대화가 이상하게 진행됩니다. 기근이 왔을 때 다윗은 기도할 필요가 없고 율법을 생각하고 하나님께로 배운 바 말씀들을 기억했으면 해결이 되는 상황이었습니다. 그런데 다윗은 원인을 몰라서 하나님께 기도했고 하나님은 자상하셔서 원인을 알려 주셨습니다. 다윗이 자기에게 발생한 문제의 원인을 알지 못해서 하나님께 간구했고 하나님이 문제의 원인을 알려 주셨다면 이제 문제를 풀어 나가는 것은 다시 기도할 것이 아니라 하나님이 이미 알려주신 가르침 속에 나오는 원인과 해답과 치유의 방식을 따라 행동하면 되는 것입니다. 만약 다윗이 하나님께 간구하매 하나님이 응답하셨지만, 하나님의 응답을 이해하지 못했다면 다시 하나님께 간구할 수 있습니다. 기근이 발생한 원인이 "사울과 피를 흘린 그의 집으로 말미암음"을 밝혀주신 분이 하나님입니다. 문제를 찾으신 분이 하나님이요 해결을 요구하시는 분이 하나님이기에 다윗은 하나님께 나아가 해결 방법을 물어야 합니다. 그런데 다윗은 참 희한하게도 하나님에게 나아가지 않고 기브온 사람들에게 나아가서 해결 방법을 묻습니다. 3절 "다윗이 그들에게 묻되 내가 너희를 위하여 어떻게 하랴? 내가 어떻게 속죄하여야 너희가 여호와의 기업을 위하여 복을 빌겠느냐 하니"입니다. 다윗의 행동은 정말 바보 같은 짓입니다.

성경의 가르침과 세상 사람들의 지혜나 상식은 상당히 다릅니다. 얼핏 들으면 사람들의 말이 그럴듯하고 성경의 가르침이 이상하게 여겨집니다. 하지만 신중히 생각해보면 사람의 말은 말이 안 되고 성경의 가르침이 말이 된다는 것을 알 수 있습니다. 예를 들어보겠습니다. 어떤 사람이 다른 누군가에게 죄를 지었을 경우 용서를 받고 속죄함을 받으려면 죄를 지은 당사자에게 찾아가서 사과하고 용서를 구해야 하고 그때 상대방이 용서를 해 주면 둘의 문제가 원만하게 해결되는 것으로 생각합니다. 어떤 손해가 났을 경우에는 적절한 보상을 해 줌으로 문제가 해결되고, 이런 방식으로 죄가 줄어들고 서로 간에 살기 좋은 세상이 만들어질 것이라고 생각들을 합니다. 하지만 이와 같은 방식으로는 전혀 죄가 줄어들지 않습니다. 왜냐하면 화해를 하고 적정한 보상을 해주는 것으로 해결을 볼 수 있으면 돈 있는 사람, 힘 있는 사람은 절대 죄를 줄이는 것이 아니라 죄를 당당하게 짓기 때문입니다. 잘못을 해놓고도 미안한 마음으로 용서를 구하기보다는 보상하겠다는 마음으로 당당하게 행동합니다. 죄성은 상당히 무서운 것이요, 죄성은 인간의 마음을 교활하게 만들어버립니다. 인간의 방식으로는 죄가 줄어들지 않습니다. 죄가 교활해지고 죄가 사악해지고 죄가 중첩될 뿐입니다.

 동일한 사건에 대하여 성경적 해결방식은 전혀 다르게 등장합니다. 성경은 어떤 사람이 상대방에게 죄를 지었으면 속죄하러 그 사람에게 나가는 것이 아니라 여호와께 나오라고 요청합니다. 성경의 요청에 대해 사람들은 인간 상호간에 발생한 일은 양 당사자가 해결할 일인데 하나님께 나오라는 것은 하나님의 간섭이라고 생각합니다. 하나님은 간섭하기 위해서가 아니라 인간의 방식으로는 문제가 해결되지 않을 것을 아시기에 하나님의 방법으로 해결을 해 주시려는 것입니다. 인간끼리 죄를 지었을 경우에도 하나님께 나아가는 것이 죄를 해결하는 가장 근본적 방법입니다. 죄를 지으면 죄를 지은 사람은 하나님께 나가 속죄를 받습니다.

 또한 하나님께서는 피해를 본 사람에게는 은혜를 주시는 것으로 문제를 풀어 주십니다. 하나님이 이러한 방식을 적용하시는 이유는 하나님께 속죄함을 받지 못하면 죄의 결과 때문에 그 사람이 살 수 없기 때문입니다. 하나님의 속죄 원리는 인간으로 하여금 자유와 평화와 안식을 누리며 살게 하는 방식입니다. 하나님이 주신 율법 중에 제사가 있다는 것이 하나님이 얼마나 인간을 이해하시고 배려하시는 것인가를 아셔야 합니다. 제사는 때에 맞춰 하나님께 경배 드리라는 의미가 아닙니다.

제사의 가장 기본적인 의미는 인간이 연약한 죄인인 고로 죄를 지을 때에 죄 사함을 받을 수 있도록 하나님이 배려하신다는 것이요 하나님이 은혜를 주신다는 것입니다.

기브온 족속의 사악함

본문에서 이스라엘에 기근이 임한 원인은 사울이 기브온에게 행한 악행 때문이라는 사실이 밝혀졌습니다. 다윗은 기브온에게 나가 "내가 너희를 위하여 어떻게 하랴? 내가 어떻게 속죄하여야 너희가 여호와의 기업을 위하여 복을 빌겠느냐?"고 물었습니다. 하지만 성경의 가르침대로라면 다윗은 기브온에게 나갈 것이 아니라 하나님에게 나갔어야 합니다. 다윗이 하나님 앞에 나아가 '우리가 하나님의 약속을 어겼습니다. 우리가 하나님의 원리대로 행하지 않았습니다. 우리가 하나님의 심정으로 하지 않았습니다. 우리가 하나님의 마음으로 하지 않았습니다. 우리의 죄 된 마음을 용서하여 주옵소서' 라고 간구했어야 합니다. 하나님이 이스라엘을 속죄 해주시면 이스라엘이 마음에 평안을 갖고, 기브온은 하나님이 위로하시고 하나님이 복 주시고, 더 나아가 속죄함 받은 이스라엘이 기브온을 품어주고 끌어안아 주고 이해하고 배려해 주면 문제가 해결이 되는 것이요 이것이 하나님의 방식입니다.

다윗은 하나님의 방식을 따르지 않았습니다. 인간들 사이에 죄가 발생하였을 경우 당사자끼리 만나 상대방의 요구를 들어주는 것으로 문제가 해결된다면 이스라엘이 하나님을 믿을 이유가 없고, 사람들이 행한 대로 갚는 것처럼 하나님도 행한 대로 갚으신다면 하나님과 세상이 다를 바가 전혀 없는 것입니다. 다윗은 하나님께 속죄를 위해 나간 것이 아니라 기브온에게 나갔습니다. 기브온의 입장에서는 졸지에 좋은 기회가 왔습니다. 마음속에 한이 맺혀 있었어도 차마 입 밖에 내 놓고 말하지 못했었는데 왕이 먼저 찾아와서 어떻게 해야 속죄해 주겠냐고 요청하고 있습니다. 기브온 사람들도 죄인임을 잊으시면 안 됩니다. 다윗의 요청에 대한 기브온 사람들의 대답은 죄의 교활함, 죄의 간교함, 죄의 사악함, 죄의 또 다른 죄를 낳는 정말 아주 죄인 같은 모습을 보여 줍니다. 사무엘하 21장 4절 "기브온 사람이 그에게 대답하되 사울과 그의 집과 우리 사이의 문제는 은금에 있지 아니하오며 이스라엘 가운데에서 사람을 죽이는 문제도 우리에게 있지 아니하니이다 하니라"입니다. 기브온 사람들의 속내는 5절 이하에 나타납니다. "우리를 학살하였고 또 우리를 멸하여 이스라엘 영토 내에 머물지 못하게 하려고 모해한 사람의 자손 일곱 사람을 우리에게 내주소서. 여호와께서 택하신 사울의 고을 기브아에서 우리가 그들을 여호와 앞에서 목 메어달겠나이다 하니 왕이 이르되 내가 주리라 하니라"입니다.

기브온 족속이 말하는 4절과 6절은 내용이 정반대입니다. 4절에서는 과묵한 표정을 짓고 은금으로 해결될 일이 아니며 보상으로 해결될 차원이 아니라고 말합니다. 5절에서는 마치 자기들은 선하고 의로운 것처럼, 자기들은 조상들을 죽인 사울과는 다른 것처럼, 마치 더 크게 원수를 갚아 마땅하지만 이 정도 선에서 용서를 해주겠다는 선처를 베푸는 듯한 모양새를 띠면서 결국은 사울의 가족 중에서 일곱 명을 내어 달라 요청하고 여호와 앞에서 목 매어 달겠다고 주장합니다. 겉으로는 부드럽게 말하는 것처럼 하면서 속으로는 몇 명을 죽일지 어떻게 죽일지 다 계획하고 있습니다. 마치 자비를 베푸는 듯, 마치 자신들은 개인감정의 차원이 아니라 여호와의 공의를 행하고 있는 것처럼 "여호와 앞에서"라고 강조하고 있습니다. 마치 자기들이 더 큰 것을 더 엄청나게 받아야 되는데 그 정도 선에서 마무리 해주겠다는 식으로, 하나님의 의도와는 전혀 다른 방식으로 일이 진행 돼 가고 있는 것입니다.

사람 골라가면서

사무엘하 21장에서 다윗은 한 번도 옳은 행동을 하지 않습니다. 모든 것이 엉망진창입니다. 다윗이 하나님께 묻지 않고 기브온 족속에게 가서 물어서 상생하며 서로 화해하는 좋은 제안을 얻어내지 못했습니다. 기브온 족속이 피를 본 것 때문에 화해를 해야 하는데 역으로 사울 가족이 피를 보아야 하는 방식이 제안되었을 뿐입니다. 이것이 인간들의 방식, 죄인들의 방식의 한계입니다. 기브온 백성들이 사울의 자손 일곱 사람을 내어 달라는 제안에 대해 다윗은 거부해야 합니다. 왜냐하면 피 값에 대하여 피로 보상하는 방식으로는 문제가 결코 해결되지 않기 때문입니다. 기브온 족속의 주장에 의하면 여호수아와 언약을 통하여 기브온 족속도 이스라엘과 연합되어 있는 것입니다. 한 공동체이기에 공동체 내에서 발생한 불의한 행동에 대하여 원수를 갚기 위해 상대방의 가족을 내어달라는 것은 공동체 구성원이 취할 방식이 아닙니다. 기브온 족속을 포함한 대부분의 사람들은 오직 자신의 입장에서만 생각하고 행동할 뿐입니다.

하나님은 원수 갚을 일이 있으면 하나님께 나오라고 말씀하셨습니다. 다윗이 하나님의 말씀을 따른다면 기브온 족속의 요청을 거부하고 모두가 하나님께 나아가자고 제안했어야 합니다. 하지만 다윗은 참으로 희한하게 기브온 사람들의 요청을 다 들어줍니다. 사울의 자손들 중 리스바의 아들 둘과 메랍의 아들 다섯 명 총 일곱 명을 내어줍니다. 다윗은 절대로 사울의 자손들을 내어주지 않았어야 합니다. 만약 기브온 족속의 억울함을 풀어주기 위하여 사울의 자손을 내어주었다면, 다윗이 밧세바를 취하기 위하여 간접적으로 죽인 우리아의 자녀들이 나와 다윗에게 아버지의 억울함을 풀어달라고 호소할 경우 다윗 자신의 목을 내어 놓아야 할 것이기 때문입니다.

하지만 다윗은 기브온 족속의 요청을 들어줍니다. 일을 처리하는 다윗의 행동은 모든 과정이 하나님의 방식을 따르지 않으며, 부당한 방식으로 진행됩니다. 사울의 자손 일곱 사람을 내어주는 과정이 매우 야비하고 비열하고 치사하고 죄인스럽습니다. 사울의 집안에서 일곱 명을 내어주는 장면이 참으로 어이없습니다. 7절 "그러나 다윗과 사울의 아들 요나단 사이에 서로 여호와를 두고 맹세한 것이 있으므로 왕이 사울의 손자 요나단의 아들 므비보셋은 아끼고"입니다. 다윗은 요나단과 여호와 앞에서 맹세를 했기 때문에 요나단의 아들 므비보셋은 내어 줄 수 없다고 말하는 것입니다. 여호와 앞에서 한 맹세이기 때문에 지켜야 한다는 것입니다. 여호와와 맺은 맹세도 어기는 판에 여호와 앞에서 세운 맹세이기 때문에 지켜야 한다고 말하고 있으니 중요한 것이 무엇인지도 모르는 어처구니없는 장면인 것입니다. 여호와와 맺은 언약은 과감히 파기하면서 여호와 앞에서 사람끼리 한 맹세는 지켜야 하기 때문에 므비보셋은 빼야 한다는 주장이 황당하기 짝이 없습니다.

리스바의 신앙적 행위

신앙의 왜곡

사무엘하 21장에서 가장 바르게 분별해야 하는 구절은 14절 후반부 "그 후에야 하나님이 그 땅을 위한 기도를 들으시니라"입니다. 하나님이 기도를 응답하신 "그 후에야"가 과연 언제인지를 분별해야 합니다. 혹자들은 본문의 전개에 따라, 이스라엘에 기근이 임한 이유가 사울이 기브온 족속을 죽인 결과이기에 기브온 족속의 원한을 풀어주기 위하여 다윗이 친절하게 사울의 자손 중 일곱 명을 내어 주었고 기브온 족속이 사울의 자손을 산 위에 목 매어 달아 죽이는 것으로 사건이 마무리 되었다고 생각합니다. 하나님께서 사울에게 그의 행한 대로 갚아주셨다고 주장하기도 합니다. 하지만 이러한 주장에 의하면 인간 중에 살아남을 자가 하나도 없습니다. 죄인에 대하여 하나님이 공의로 대하시고, 행한 대로 갚으시면 아무도 살 수 없습니다. 하나님이 공의대로 행하시어 사울의 자손을 죽이셨다면 다윗도 죽고 다윗의 자손도 죽고 결국 모든 이스라엘 백성이 죽어야 합니다. 하나님의 일하시는 원리를 잘 분별하여야 합니다.

기브온 족속이 사울의 자손 일곱 명을 계획대로 목 매어 달 때 '조상의 원수를 갚는다' 라고 말하지 않고 "여호와 앞에 목매어 달매"라고 합니다. 죄인들이 자신들의 행동을 합리화하기 위하여 여호와까지 동원하는 것입니다. 죄인들은 하나님의 은혜를 구하고 하나님의 긍휼을 구하고 하나님의 자비를 구할 때 여호와를 의지하는 것이 아니라 어떻게든 자신들의 죄를 은폐하고 죄를 정당화할 때는 여호와를 언급합니다. 다윗과 기브온 족속 모두 여호와 앞에서 하나님과는 전혀 무관하게 행동하면서도 말끝마다 "여호와 앞에서"를 외칩니다. 세상에서 가장 무서운 것이 종교가 왜곡되는 것이고 신앙이 변질되는 것입니다. 신앙은 인간을 자유롭게 해야 되는데 신앙이 변질되면 영력이라는 명분으로 사람들을 억압하고, 신앙은 인간을 행복하게 해야 되는데 신앙이 변질되면 신을 위해서 인간이 죽어야 하는 어리석은 일이 발생합니다.

시체들을 지킴

사울의 자손 일곱 사람이 동시에 죽임을 당했습니다. 사람이 목 매어 달아 죽임을 당했으면 시신을 내려 고이 묻어주는 것이 상식이요 인간이 갖추어야 하는 최소한의 도리입니다. 하나님도 신명기 21장 22절에서 "사람이 만일 죽을 죄를 범하므로 네가 그를 죽여 나무 위에 달거든 그 시체를 나무 위에 밤새도록 두지 말고 그 날에 장사하여 네 하나님 여호와께서 네게 기업으로 주시는 땅을 더럽히지 말라"고 말씀하셨습니다. 하지만 죄인들은 하나님의 말씀도 어기고, 인간이 갖추어야 하는 도리도 지키지 않습니다. 사람을 죽여도 은밀히 죽이지 않고 만인 앞에서 죽이고, 그것도 잔인하게 죽이고, 심지어는 죽은 상태 그대로 놓아두기까지 하는 것입니다. 10절 "아야의 딸 리스바가 굵은 베를 가져다가 자기를 위하여 바위 위에 펴고 곡식 베기 시작할 때부터 하늘에서 비가 시체에 쏟아지기까지 그 시체에 낮에는 공중의 새가 앉지 못하게 하고 밤에는 들짐승이 범하지 못하게 한지라"고 기록되어 있습니다.

8절에 의하면 리스바는 다윗이 내어준 사울의 자손 일곱 명 중의 두 사람 즉 사울의 두 아들 알모니와 므비보셋의 어머니입니다. 자신의 두 아들을 잃은 여인이 죽임을 당하고 버려져있는 시체들에게 나아가 베를 펴고 시신을 새와 들짐승에게서 지키고 있습니다. 리스바의 행동은 "곡식 베기 시작할 때부터 하늘에서 비가 시체에 쏟아지기까지" 이어집니다. 이스라엘의 달력상 곡식 베는 때는 대략 사월 달이고 비오는 때는 대략 시월 달입니다. 죽임을 당한 시신이 방치되는 것이 육 개월 이상입니다. 인간은 인간답게, 상식적으로 인간을 소중히 여기며 사랑하지 않습니다. 본문 21장에서 그나마 인간적으로 행동하는 사람은 오직 리스바 밖에는 없습니다. 어느 날 갑자기 졸지에 자기 조상의 죄 때문에 아들이 원수들에게 끌려가서 목매달려 죽고 죽은 채로 육 개월 이상 방치되기에 어머니 리스바가 시신들 앞에 나가서 낮에는 공중의 새가 앉지 못하게 하고 밤에는 들짐승이 범하지 못하게 막아 보고 있습니다. 리스바의 행동은 특별히 거룩한 행동이거나 특별히 의로운 행동이거나 특별히 사랑의 행동이 아니라 지극히 상식적인 행동일 뿐입니다.

기도를 들으시니라

다윗의 행동

장장 육 개월에 걸친 리스바의 행동이 다윗에게 들려지고 소식을 들은 다윗이 또 이상한 행동을 합니다. 다윗이 리스바의 소식을 들었다면 시신을 처리하도록 지시하거나 기브온 사람들에게 빨리 상황을 종료시킬 것을 설득해야 할 것입니다. 하지만 다윗은 사울과 요나단의 무덤으로 갑니다. 다윗은 그동안 자신이 공정하게 행동을 하고 있다고 생각을 했습니다. 사울이 기브온을 죽인 일은 하나님께서도 문제 삼으셨으니까 잘못된 일이라고 생각을 했고 그래서 기브온 족속들이 원하는 대로 일곱 명의 가족을 내어주어 죽게 하는 것이 정당하다고 생각을 했습니다. 사울과 그의 가족은 죽을 죄를 지었으니 내어주는 것이 정당하고, 가족 중에서 특별히 요나단과 하나님 앞에서 한 약속에 따라 므비보셋을 제외한 것도 정당하다고 생각했습니다. 사울의 가족은 사실은 다 죽어도 마땅한데 기브온 족속이 일곱 명만 내 달라고 했으니 나머지 살아 있는 사람들은 살아있는 것 자체가 은혜라고 생각을 하고 있었습니다. 다윗이 이와 같은 생각을 하고 있을 때에 리스바의 행동에 관한 소식을 들은 것입니다.

죄인들은 죄인의 죽음을 당연하게 여깁니다. 그런데 지금 리스바는 모든 사람이 죽는 것이 당연하다고 여겨서 매어달려 있는 시체들 앞에 나가 몇 달 째 수고를 하고 있습니다. 자기 아들의 시신을 돌보는 것이기에 특별한 사랑도 희생도 헌신도 공의도 아니요 어머니로서 자녀를 향한 지극히 평범한 행동입니다. 리스바는 죽은 사람들이 죄인인지의 여부를 떠나서 인간이 죽어있고 그 인간을 묻어 주어야 되는데 묻어주지 않고 있으니, 짐승과 새들이 와서 뜯어 먹으려 하고 있으니 그것을 막고 있는 지극히 평범한 일을 하고 있습니다. 하나님은 다윗과 이스라엘 족속들에게 리스바라는 평범한 여인의 지극히 평범한 행동을 통하여 이스라엘 전체의 강퍅하고 완악하고 변질되어 있는 마음을 깨닫게 하시는 것입니다. 리스바에 행동을 듣고 다윗은 사울의 무덤가로 갑니다. 12절 "다윗이 가서 사울의 뼈와 그의 아들 요나단의 뼈를 길르앗 야베스 사람에게서 가져가니", 13절 "다윗이 그 곳에서 사울의 뼈와 그의 아들 요나단의 뼈를 가지고 올라오매 사람들이 그 달려 죽은 자들의 뼈를 거두어다가 사울과 그의 아들 요나단의 뼈와 함께 베냐민 땅 셀라에서 그의 아버지 기스의 묘에 장사하되 모두 왕의 명령을 따라 행하니라" 입니다.

그 후에야

사울과 요나단은 전쟁에서 죽었고 길르앗 야베스 사람들이 시신을 가지고 가서 어딘가에 묻어 놓은 상태로 있었습니다. 다윗은 그동안 사울과 요나단에 대하여 전혀 관심 갖지 않았습니다. 왜냐하면 사울은 하나님께 버림받은 사람이요, 하나님께 불순종한 사람이요, 미쳐서 발악을 하다가 전쟁 중에 죽었던 사람이기에 그대로 둔 것입니다. 그런데 하나님은 리스바의 행동을 통하여 다윗을 깨우치시는 것입니다. 사울의 뼈를 가져오고 요나단의 뼈를 가져오고 매어달려 죽어 있는 사울의 자손들의 뼈를 다 묻어주게 하는 것입니다. 다윗은 그동안 자기가 했던 행동들이 다 옳았다고 생각을 했습니다. 그런데 리스바의 행동을 통하여 다윗의 행동이 하나님의 마음과 하나님의 심정과 하나님의 원리와는 다른 것이었음을 깨닫는 것입니다. 자기의 생각에는 옳은 것 같고 공평한 것 같고 정당하다는 방식대로 행했지만 자신의 행동이 하나님 보시기에는 옳지 않았다는 것을 리스바를 통해 깨우치는 것입니다.

하나님은 다윗이 기브온의 원수를 갚아주기 위해 사울의 자손들을 내어준 것을 잘했다고 인정해주는 것이 절대로 아닙니다. 다윗의 해결 방식은 가장 나쁜 방식이었고 기브온은 가장 손해를 본 것입니다. 물론 기브온 족속은 사울의 자손들을 죽임으로 원수를 갚은 것입니다. 하지만 사울의 자손들을 죽임으로 자기들이 유익을 얻은 것은 아무것도 없습니다. 결국 또 다른 억울한 죽음을 만들었을 뿐이기에 가장 미련하고 어리석게 행동한 것에 불과합니다. 이 모든 과정을 통해 다윗이 하나님의 마음을 깨닫는 것입니다. 비록 죄인일지라도 인간을 인간으로 다루어야 한다는 하나님의 심정을 깨닫는 것입니다. 특별히 자기 백성 기브온 족속이 하나님과 약속되었기 때문에 몰살되어서는 안 된다고, 원한을 풀어주어야 된다고 생각하는 하나님이라면, 하나님이 세우셨던 사울 또한 하나님의 소중한 사랑을 받고 모든 백성들 앞에 정당한 인간 대접을 받아야 하는데 사울은 정치 논리와 정당성의 논리와 공의의 논리와 원수의 논리들 때문에 가장 기본적인 인간대접을 받지 못했던 것입니다. 비록 죄인으로 전쟁에서 자신의 무기력함으로 죽은 사울일지라도 찾아가서 그 뼈를 추스르고, 버림받은 사람 취급을 받지 않도록, 비록 죄인으로 죽어도 당연히 받아야 할 인간의 존귀한 대접을 받도록 해야 한다는 것을 깨달은 것입니다. 하나님의 가르침을 깨달아 다윗은 사울과 요나단의 뼈를 가져오고 동시에 억울하게 죽은 일곱 명의 사울의 가족들을 잘 매장하여 주는 것으로 본문의 사건이 끝납니다.

　하나님이 기도를 들어주신 "그 후에야"는 '다윗이 하나님의 마음을 안 후에야' 라는 의미입니다. 어떤 사건이 풀어지고 어떤 문제가 해결됐다는 것이 중요한 것이 아니라 하나님의 심정, 하나님의 원리, 하나님의 방법, 하나님의 뜻을 아는 것이 중요합니다. 하나님의 마음을 가지면 원수 갚는 것과 보복하는 것이 모두 풀어집니다. 다윗과 이스라엘 백성이 하나님의 마음을 안후에야 하나님이 그 땅을 위하여 기도를 들어주셨다는 것입니다. 하나님의 마음을 알아야 하고 하나님의 심정을 알아야 합니다. 절대로 다윗이 복을 받을 만한 일을 해서 복을 받은 것이 아니고 기도 응답을 받을 만한 충성을 해서 기도 응답을 받은 것이 아닙니다.

"그 후에야 하나님이 그 땅을 위한 기도를 들으시니라"는 소식은 사실 기쁜 소식이 아니라 슬픈 소식입니다. 이미 다윗은 은혜를 받았고 '하나님의 원리대로 행하여 받은바 은혜를 늘 삶 속에 풍성히 누리고 기도하는 모든 것들마다 하나님께 응답 받았더라'고 나와야 기쁜 소식인 것입니다. 하나님의 마음을 아셔서 하나님의 원리대로 행하셔서 하나님의 복을 누려 가시기를 주님의 이름으로 축원합니다.

21

이 노래의 말씀으로

사무엘하 22 : 1 ~ 51

1 여호와께서 다윗을 모든 원수의 손과 사울의 손에서 구원하신 그 날에 다윗이 이 노래의 말씀으로 여호와께 아뢰어 2 이르되 여호와는 나의 반석이시요 나의 요새시요 나를 위하여 나를 건지시는 자시요 3 내가 피할 나의 반석의 하나님이시요 나의 방패시요 나의 구원의 뿔이시요 나의 높은 망대시요 그에게 피할 나의 피난처시요 나의 구원자시라 나를 폭력에서 구원하셨도다 4 내가 찬송 받으실 여호와께 아뢰리니 내 원수들에게서 구원을 받으리로다 5 사망의 물결이 나를 에우고 불의의 창수가 나를 두렵게 하였으며 6 스올의 줄이 나를 두르고 사망의 올무가 내게 이르렀도다 7 내가 환난 중에서 여호와께 아뢰며 나의 하나님께 아뢰었더니 그가 그의 성전에서 내 소리를 들으심이여 나의 부르짖음이 그의 귀에 들렸도다 8 이에 땅이 진동하고 떨며 하늘의 기초가 요동하고 흔들렸으니 그의 진노로 말미암음이로다 9 그의 코에서 연기가 오르고 입에서 불이 나와 사름이여 그 불에 숯이 피었도다 10 그가 또 하늘을 드리우고 강림하시니 그의 발 아래는 어두캄캄하였도다 11 그룹을 타고 날으심이여 바람 날개 위에 나타나셨도다 12 그가 흑암 곧 모인 물과 공중의 빽빽한 구름으로 둘린 장막을 삼으심이여 13 그 앞에 있는 광채로 말미암아 숯불이 피었도다 14 여호와께서 하늘에서 우렛소리를 내시며 지존하신 자가 음성을 내심이여 15 화살을 날려 그들을 흩으시며 번개로 무찌르셨도다 16 이럴 때에 여호와의 꾸지람과 콧김으로 말미암아 물 밑이 드러나고 세상의 기초가 나타났도다 17 그가 위에서 손을 내미사 나를 붙드심이여 많은 물에서 나를 건져내셨도다 18 나를 강한 원수와 미워하는 자에게서 건지셨음이여 그들은 나보다 강했기 때문이로다 19 그들이 나의 재앙의 날에 내게 이르렀으나 여호와께서 나의 의지가 되셨도다 20 나를 또 넓은 곳으로 인도하시고 나를 기뻐하시므로 구원하셨도다 21 여호와께서 내 공의를 따라 상 주시며 내 손의 깨끗함을 따라 갚으셨으니 22 이는 내가 여호와의 도를 지키고 악을 행함으로 내 하나님을 떠나지 아니하였으며 23 그의 모든 법도를 내 앞에 두고 그의 규례를 버리지 아니하였음이로다 24 내가 또 그의 앞에 완전하여 스스로 지켜 죄악을 피하였나니 25 그러므로 여호와께서 내 의대로, 그의 눈앞에서 내 깨끗한 대로 내게 갚으셨도다 26 자비한 자에게는 주의 자비하심을 나타내시며 완전한 자에게는 주의 완전하심을 보이시며 27 깨끗한 자에게는 주의 깨끗하

심을 보이시며 사악한 자에게는 주의 거스르심을 보이시리이다 28 주께서 곤고한 백성은 구원하시고 교만한 자를 살피사 낮추시리이다 29 여호와여 주는 나의 등불이시니 여호와께서 나의 어둠을 밝히시리이다 30 내가 주를 의뢰하고 적진으로 달리며 내 하나님을 의지하고 성벽을 뛰어넘나이다 31 하나님의 도는 완전하고 여호와의 말씀은 진실하니 그는 자기에게 피하는 모든 자에게 방패시로다 32 여호와 외에 누가 하나님이며 우리 하나님 외에 누가 반석이냐 33 하나님은 나의 견고한 요새시며 나를 안전한 곳으로 인도하시며 34 나의 발로 암사슴 발 같게 하시며 나를 나의 높은 곳에 세우시며 35 내 손을 가르쳐 싸우게 하시니 내 팔이 놋 활을 당기도다 36 주께서 또 주의 구원의 방패를 내게 주시며 주의 온유함이 나를 크게 하셨나이다 37 내 걸음을 넓게 하셨고 내 발이 미끄러지지 아니하게 하셨나이다 38 내가 내 원수를 뒤쫓아 멸하였사오며 그들을 무찌르기 전에는 돌이키지 아니하였나이다 39 내가 그들을 무찔러 전멸시켰더니 그들이 내 발 아래에 엎드러지고 능히 일어나지 못하였나이다 40 이는 주께서 내게 전쟁하게 하려고 능력으로 내게 띠 띠우사 일어나 나를 치는 자를 내게 굴복하게 하셨사오며 41 주께서 또 내 원수들이 등을 내게로 향하게 하시고 내게 나를 미워하는 자를 끊어 버리게 하셨음이니이다 42 그들이 도움을 구해도 구원할 자가 없었고 여호와께 부르짖어도 대답하지 아니하셨나이다 43 내가 그들을 땅의 티끌 같이 부스러뜨리고 거리의 진흙 같이 밟아 헤쳤나이다 44 주께서 또 나를 내 백성의 다툼에서 건지시고 나를 보전하사 모든 민족의 으뜸으로 삼으셨으니 내가 알지 못하는 백성이 나를 섬기리이다 45 이방인들이 내게 굴복함이여 그들이 내 소문을 귀로 듣고 곧 내게 순복하리로다 46 이방인들이 쇠약하여 그들의 견고한 곳에서 떨며 나오리로다 47 여호와의 사심을 두고 나의 반석을 찬송하며 내 구원의 반석이신 하나님을 높일지로다 48 이 하나님이 나를 위하여 보복하시고 민족들이 내게 복종하게 하시며 49 나를 원수들에게서 이끌어 내시며 나를 대적하는 자 위에 나를 높이시고 나를 강포한 자에게서 건지시는도다 50 이러므로 여호와여 내가 모든 민족 중에서 주께 감사하며 주의 이름을 찬양하리이다 51 여호와께서 그의 왕에게 큰 구원을 주시며 기름 부음 받은 자에게 인자를 베푸심이여 영원하도록 다윗과 그 후손에게로다 하였더라

하나님의 복음전도

복음전도의 모델

선교사님들이 선교지에 나가서 사역하시는 중에 가장 중요한 것이 선교지 사람들의 문화 또는 그들의 삶의 양식과 복음을 어떻게 접목시키느냐는 것입니다. 선교지에는 그 사람들이 이미 살고 있는 삶의 양식

이 있습니다. 저들의 가치관, 사고방식, 우선순위, 법과 질서가 갖추어져 있습니다. 완벽하다고는 할 수 없겠지만, 그들도 때로는 힘들고 어렵다는 불평이 있지만, 때로는 즐겁고 행복하다고 느끼면서 살아왔고 지금도 살아가고 있는 사람들입니다. 그들에게 복음을 들고 가서 과연 무엇을 줄 수 있으며 그들에게서는 무엇을 받을 수 있는가 또는 저들이 가지고 있는 삶의 양식 중에 어떤 부분은 옳다고 인정하여 그대로 유지하도록 하고 어떤 부분은 잘못되었다고 지적하여 교정하며 바꾸어야 하는지 신중하게 잘 분별해야 합니다. 사고방식이 삶과 따로 분리되어 존재하는 것이 아니기 때문에, 이미 삶 속에 젖어들어 있기 때문에, 삶의 양식을 그대로 유지하면서 사상만 바꿀 수도 없고 또 사상은 둔 채 삶의 양식만 바꿀 수도 없는 것이기에 복음을 들고 선교지 사람들의 생활 패턴을 어떻게 터치해야 되는가는 정말로 쉽지 않은 문제입니다.

복음을 전할 때 가장 고려해야 하는 것이 과연 성경적 복음, 성경적 기독교를 전하는 것인지를 분별하는 것입니다. 성도가 다른 사람들에게 복음을 전하는 방식은 하나님이 인간에게 복음을 들려주신 방식을 따르면 됩니다. 하나님이 어떻게 하나님을 모르는 인간을 찾아오셨고, 하나님이 어떻게 하나님과 단절되어 있는 인간에게 하나님을 가르치셨고, 하나님이 어떻게 하나님을 부인하는 인간을 설득시키셨고, 하나님이 어떻게 하나님과 가까이 하지 않으려는 인간을 교육시키셨는지를 알고 하나님이 행하셨던 방식을 확인하고 하나님이 행하신대로 하는 것이 가장 좋은 전도요 가장 올바른 선교요 가장 좋은 교회 활동입니다.

하나님의 치유

인간이 범죄한 후 하나님은 인간에게 찾아오십니다. 인간이 범죄한 후에 아담이 하나님에게서 숨었을 때에 하나님이 아담에게 찾아와서 아담의 잘못을 지적하고 책망하고 몰아세우지 않았습니다. 도리어 하나님은 하나님을 피하여 숨은 인간을 찾아오시고 인간이 가지고 있는 문제들을 해결해 주셨습니다. 인간의 문제를 지적해 내고 밝혀내고 까발리는 것이 아니라 드러난 문제를 하나님이 치유하고 해결하고 회복시켜 주셨습니다. 그 결과 하나님이 옳으시다는 것이 증명되도록 했고 그리하여 사람들로 하여금 옳은 것을 저절로 따라가게 하시는 것이 하나님의 방식이셨습니다.

사람들의 복음전도는 하나님의 마음이 부족합니다. 복음을 전하려는 상대방의 삶에 문제점이 무엇이냐를 지적하기 전에 그가 가지고 있는 문제를 치유해주려고 노력해야 합니다. 문제가 치유되면 저들은 당연히 더 좋은 것을 선택하여 하나님에게로, 교회에게로 나올 것입니다. 그런데 사람들의 복음전도는 우선 그들을 지적하고 잘못을 드러내고 삶의 곤란한 여러 가지 문제를 까발립니다. 아무것도 치유하지 않은 채 모든 치부를 다 드러내 보이고 함께 치유를 위해 애써보자고 합니다. 문제를 치유하지 못할 바에야 그냥 그대로 살게 하는 것이 낫습니다. 복음전도 방식은 문제를 까발리는 방식이 아니라 문제를 치유하는 방식으로 진행되어야 합니다.

하나님의 교육

하나님은 인간에게 찾아오셔서 인간을 가르치셨습니다. 구약의 율법 즉 하나님의 원리가 등장하기까지는 참으로 오랜 기간이 걸렸습니다. 인간이 범죄한 것은 창세기 3장이고 하나님의 원리가 인간에게 율법으로 전해진 것은 출애굽기 19장입니다. 시간적으로만 보아도 수백 년이라는 기간이 걸렸습니다. 하나님은 문제를 지적해주고 당장 치유가 되는 방법론을 제시한 것이 아니고 어떻게 살아야 한다는 명령을 주신 것도 아닙니다. 하나님의 원리를 이해하고 하나님의 원리가 옳고 좋다는 것을 가르치기 위하여 하나님은 참으로 오랜 기간 동안 수고하고 일하시고 역사하셨습니다. 하나님의 의도를 충분히 알리신 후에, 인간을 충분히 도우신 후에 인간이 하나님이 좋다고 고백할 때에야 하나님의 원리를 따르라고 권고하셨던 것입니다. 사람의 복음전도에는 이러한 하나님의 방식을 적용하는 것이 없습니다. 복음을 전하면서 상대방을 배려하기 보다는 먼저 기독교적 습관, 기독교적 양식을 전제하고 시작합니다. 기독교는 이것을 해야 하고, 기독교는 이것을 하면 안 된다는 규정을 가지고 들어갑니다. 하나님의 원리를 가르치지 않은 채 규정과 명령만을 강요하는 것은 하나님의 방식대로 안 하는 것입니다.

하나님은 삶의 원리적인 측면을 다루셨지 결코 외형적인 측면만을 다루시지 않으셨습니다. 죄를 짓지 말라고 하셨지 어디는 가서는 안 되고 어디는 꼭 가야 되고, 무엇을 하면 안 되고 무엇은 꼭 해야만 된다고 말씀하신 적이 없습니다. 하나님은 그 흔한 기독교 문화를 세우신 적이 없고 기독교적 음악, 기독교적 문학, 기독교적 예술을 언급하신 적이 없습니다. 어떤 것을 금지하시고 어떤 것을 제안하신 적이 없습니다. 출애굽기 14장에서 이스라엘 백성들이 홍해를 건넌 후에 15장에서 미리암과 이스라엘 백성들이 소고 치며 노래했다고 했습니다. 그때 갑자기 하나님이 등장하셔서 기독교적 리듬이 아니고 기독교적 악기가 아니고 기독교적 박자가 아니기에 미리암의 찬양을 중지시키신 적이 없습니다. 가나안의 춤을 중단 시킨 적이 없으며 앗수르의 그림을 중단시킨 적이 없습니다.

가장 좋은 것

하나님이 하신대로 하는 것이 제일 쉽고 하나님이 하신대로 하는 것이 가장 옳습니다. 복음을 전하고 사람들에게 무엇을 행하도록 권면하고 무엇을 행하지 말도록 권면할 것인지는 하나님이 말씀하신 내용을 가르치면 되는 것입니다. 어떤 사람이 교회에 출석하여 성도로서 금지해야 할 행동에 대해 질문하면 하나님이 말씀하신 대로 살인 하지마라, 간음 하지마라, 도적질 하지마라, 남의 것을 탐내지 말라고 대답하는 것이 하나님이 말씀대로 하는 것입니다. 반대로 어떤 사람이 교회에 출석하여 성도로서 더욱 열심을 내어야할 행동에 대해 질문하면 하나님이 말씀하신 대로 네 부모를 공경하라고 대답하는 것이 하나님의 말씀대로 하는 것입니다. 하나님은 문화를 문제 삼은 적이 없고 문화를 고치려고 하신 적도 없습니다. 하나님이 말씀하신 것과는 다르게 술 마시지 마라, 담배 피지 마라, 가요 부르지 마라, 노래방 가지마라, 당구치지 말라고 말하면 안 됩니다. 하나님이 고치려고 한 것은 식생활이 아니고 하나님이 고치려고 하신 것은 여가 선용 문제가 아닙니다. 하나님은 인간의 문제를 죄로 보시고 죄를 떠나 하나님의 마음 하나님의 심정으로 살아야 한다고 인간의 마음 인간의 삶의 원리를 바꾸어 주시려고 하는 것입니다. 가장 좋은 하나님의 진리, 가장 기쁜 하나님의 복음을 전하는 것이어야 합니다.

성경의 신앙

인간을 위한 신앙

성경에서 하나님이 제시하는 신앙은 인간을 위하여 일하시는 하나님과 하나님으로 인하여 행복해 하는 인간의 삶, 즉 인간을 위한 신앙입니다. 하나님이 먼저 인간을 창조하시고 인간을 찾아오시고 인간을 구원하시고 인간과 동행하시고 인간을 도우시고 언제나 하나님이 인간을 위하여 일하시는 모습입니다. 성경을 볼 때 인간을 위하여 일하시는 하나님을 발견할 수 있을 뿐 하나님을 위해 수고하는 인간을 발견할 수 없습니다. 모세의 경우도 하나님이 일하셨습니다. 하나님이 도망자 모세를 찾아오십니다. 하나님이 모세를 민족의 지도자로 세우고, 하나님이 광야 여정 가운데 모세와 동행하시고, 하나님이 모세를 돕습니다. 절대로 모세가 하나님을 위하여 백성들을 끌어 모은 적이 없습니다. 모세가 하나님을 위하여 시내 산을 세운 적이 없습니다. 모세가 하나님을 위하여 반석을 깨어 물을 낸 적이 없습니다. 모세가 하나님을 위하여 신령한 땅을 골라 하나님께 봉헌 한 적이 없습니다. 하나님이 모세를 위해, 하나님이 인간을 위해 일하신 것입니다.

여호수아도 마찬가지입니다. 하나님이 여호수아를 지휘관으로 세웠고, 하나님이 여호수아로 하여금 가나안을 정복하게 하셨지 절대로 여호수아가 하나님을 위하여 악의 무리들을 물리친 적이 없고 여호수아가 하나님이 거하실 처소를 위하여 여리고 성을 쳐부순 적이 없습니다. 하나님이 여호수아를 위해, 하나님이 인간을 위해 일하신 것입니다. 다윗도 마찬가지입니다. 하나님이 다윗을 불러 왕으로 기름 부으셨고 하나님이 전쟁 때마다 적군을 다윗의 손에 붙이셔서 이기게 하셨고 하나님이 다윗의 왕위를 영원토록 지켜 주시겠다고 약속하셨습니다. 다윗이 하나님을 위해 사악한 왕을 물리치고 면류관을 하나님께 갖다 준 적이 없고 다윗이 하나님 나라를 위해 목숨 걸고 싸운 적이 없습니다. 하나님이 다윗을 위해, 하나님이 인간을 위해 일하신 것입니다.

하나님의 기대

하나님이 인간을 위해 일하시고 하나님이 인간에게 바라는 유일한 기대는 인간이 행복을 누리는 것입니다. 성경적 표현으로 하면 '하나님이 하신 일들을 헛되이 하지 말라', 다른 표현으로 '하나님을 알라' 또 다른 표현으로 '하나님의 명령을 지켜라' 고 되어 있는 것입니다. 하나님의 기대는 '하나님이 너희를 위해 일 했으니 너희는 하나님이 주신 복을 누리라. 하나님을 알고 하나님의 은혜를 알고, 하나님의 원리를 삶에 적용하여 너희들 삶속에 풍성하게 누리면서 살아라' 는 것입니다. 다른 것은 아무것도 필요하지 않습니다. 기독교에는 인간이 '하나님을 위하여!' 행할 것이 하나도 없습니다. 기독교는 인간의 삶을 제한하고 불편하게 하고 속박하고 구속하는 것이란 없습니다. 기독교 때문에 인간의 삶이 파괴되고 평화가 깨어지며 안정이 무너지는 것은 없습니다. 만약 신앙 때문에 갈등이 생기고 신앙 때문에 곤란한 문제가 생긴다면 그것은 아직 복음을 잘 이해하지 못한 것이요 신앙을 잘 적용해 내지 못한 것입니다. 성도가 해야 하는 유일한 일은 하나님을 알고 하나님의 은혜를 누리는 것뿐입니다.

하나님께 은혜를 받지 않았으면 신앙을 가질 수 없고, 하나님을 알지 못하면 신앙을 누릴 수 없습니다. 하나님의 원리를 알고 보니 하나님의 원리가 가장 좋아서 좋은 것을 택하여 자연스럽게 스스로 사는 것이 신앙입니다. 가장 비기독교적인 것 중의 하나가 하나님의 힘을 무기로 인간을 속박하는 것입니다. 하나님의 힘을 무기로 인간을 속박하는 표현이 '하나님의 명령이다' 라는 표현입니다. 전도를 권면할 때 하나님의 명령이기 때문이라고 말하고, 찬양을 권면할 때 하나님의 명령이기 때문이라고 말하고, 항상 기뻐하는 삶을 살라고 권면할 때 하나님의 명령이기 때문이라고 말하는 것은 성경적 가르침과 다른 것입니다. 전도와 찬양과 기뻐하는 삶을 살아야 하는 것이 하나님의 명령이기 때문이라면 성도가 가장 불행한 것입니다.

이사야 43장 21절에 "이 백성은 내가 나를 위하여 지었나니 나를 찬송하게 하려 함이니라"는 말씀이 있습니다. 이 구절을 근거로 찬양은 하나님의 명령이라고 주장하기도 합니다. 하지만 에베소서 1장 12절 "이는 우리가 그리스도 안에서 전부터 바라던 그의 영광의 찬송이 되게 하려 하심이라"는 말씀처럼 하나님이 우리로 하여금 찬송이 나오게 만들어 주시겠다고 하시는 하나님의 의도를 바르게 이해해야 합니다. 하나님의 은혜를 받은 사람들, 그 은혜를 누리는 사람들이 하나님을 고마워하고 즐거워하여 다른 사람도 나와 같이 되기를 권고하는 것이 전도요, 너무 행복해서 저절로 입속에서 노래가 나오는 것이 찬양이어야 합니다.

하나님의 계시, 인간의 반응

사람들의 관심

사무엘하 22장은 다윗의 시요, 다윗의 노래요, 다윗의 찬양으로 알려져 있습니다. 성경에는 하나님께서 스스로 하나님에 대하여 말씀하신 내용과 하나님을 만나고 하나님을 체험한 사람이 하나님을 소개하고 자신의 경험을 고백하는 내용이 기록되어 있습니다. 성경에서 두 가지 모두를 잘 이해해야 하지만 조금이라도 더 집중해야 하는 것은 하나님이 스스로 나타내신 하나님의 말씀이어야 합니다. 그런데 대부분의 경우는 하나님이 말씀하신 계시는 잊어버리고 사람들이 말한 내용, 사람들의 고백, 사람들의 노래는 기억하는 경향이 있습니다. 예를 들어 사무엘하 22장 2절 이하에 "여호와는 나의 반석이시오 나의 요새시오 나를 위하여 나를 건지시는 자시오 내가 피할 나의 반석의 하나님이시오 나의 방패시오 나의 구원의 뿔이시오 나의 높은 망대시오 그에게 피할 나의 피난처시오 나의 구원자시라"는 고백이 나옵니다. 대부분의 성도들은 다윗이 고백한 내용 즉 '여호와는 나의 반석이시오 나의 방패시오'는 기억하면서도 창세기 15장 1절에 하나님이 선언하신 내용 즉 "나는 네 방패요 너의 지극히 큰 상급이니라"는 말씀을 잘 기억하지 못합니다. 다윗이 '여호와는 나의 목자시니'라고 고백했다는 사실은 알면서도 하나님께서 "나는 너의 요새니라"고 선포하셨다는 사실은 잘 모릅니다.

사무엘하 22장 2절부터 50절까지의 본문과 동일한 내용이 시편 18편에 있습니다. 사무엘하 22장은 다윗이 생애를 거의 마쳐가는 순간, 사무엘하의 끝부분에 기록되어 있습니다. 22장을 지나 23장과 24장에서 사무엘하가 끝나고 다윗이 죽는 장면이 나옵니다. 사무엘하의 순서를 따르면 22장은 마치 다윗의 인생 말년에 인생을 돌아보며 고백하는 시처럼 느껴집니다. 하지만 사무엘하 22장과 동일한 내용이 시편 18편에 나오는데 그곳에는 [여호와의 종 다윗의 시, 인도자를 따라 부르는 노래, 여호와께서 다윗을 그 모든 원수들의 손에서와 사울의 손에서 건져 주신 날에 다윗이 이 노래의 말로 여호와께 아뢰어 이르니]라고 소개 글이 있습니다. 소개 글에 따르면 이 노래는 사울의 손에서 건지신 후, 즉 사무엘 상하의 내용과 비교하여 기록위치를 추정하면 사무엘 상 말미나 사무엘 하 시작 부분에 나와야 합니다. 내용상으로는 사무엘 상 말미 또는 사무엘 하 서두에 해당하지만 위치적으로는 사무엘하 22장에 놓인 것입니다.

사람들이 다윗의 치명적인 약점으로 생각하는 우리아의 아내 밧세바를 취한 사건이 사무엘하 11장에 기록되어 있습니다. 사무엘하 22장의 다윗의 노래가 내용상 사무엘 상 말미나 사무엘하 서두에 해당한다는 것은 다윗이 밧세바를 취하는 큰 죄를 범하기 전이라는 것과 관련되어 있습니다. 사무엘하 22장의 다윗의 노래는 다윗이 연약할 때에 하나님이 다윗을 돕고 인도하여서 왕으로 세워져 가고 있는 시점 즉 다윗은 별다르게 크게 잘못이나 범죄함이 없음에도 불구하고 원수 특히 사울에게 쫓겨 다니던 중 건짐을 받고 난 후 지은 시요 노래인 것입니다. 사무엘하 22장의 노래를 지은 다윗이 다른 시와 노래도 많이 지었습니다. 특히 다윗이 사무엘하 11장에서 밧세바를 취하는 사건 직후에 지은 시가 시편 51편입니다. 시편 51편은 [다윗의 시, 인도자를 따라 부르는 노래, 다윗이 밧세바와 동침한 후 선지자 나단이 그에게 왔을 때]라고 소개하고 있습니다. 다윗이 지은 사무엘하 22장 또는 동일한 내용은 시편 18편과 다윗이 지은 또 다른 시인 시편 51편에서 다윗이 고백하는 내용은 정반대입니다. 다윗이 범죄하기 이전과 범죄한 이후의 시의 내용, 고백의 내용이 어떻게 다른 지를 비교해 보겠습니다.

전혀 다른 노래

다윗이 범죄하기 전에 지은 노래인 사무엘하 22장 21절부터 27절에는 "여호와께서 내 공의를 따라 상주시며 내 손의 깨끗함을 따라 갚으셨으니 이는 내가 여호와의 도를 지키고 악을 행함으로 내 하나님을 떠나지 아니하였으며 그의 모든 법도를 내 앞에 두고 그의 규례를 버리지 아니하였음이로다. 내가 또 그의 앞에 완전하여 스스로 지켜 죄악을 피하였나니 그러므로 여호와께서 내 공의대로, 그의 눈앞에서 내 깨끗한 대로 내게 갚으셨도다. 자비한 자에게는 주의 자비하심을 나타내시며 완전한 자에게는 주의 완전하심을 보이시며 깨끗한 자에게는 주의 깨끗하심을 보이시며 사악한 자에게는 주의 거스르심을 보이시리이다"라고 노래합니다. 아직 밧세바를 범하는 사건 이전이기 때문에, 자기의 큰 범죄가 아직 드러나지 않았기 때문에 이 노래에 담긴 다윗의 자세와 태도는 '교만 충만'이요 자기 의가 가득합니다. 내가 옳은 대로, 내가 행한 대로, 내가 말씀을 지킨 대로, 내가 선한대로 하나님이 갚아주셨다고 고백합니다. 의로운 자는 살고 악인은 모두 멸망을 당한다고 자랑스럽고 노래하고 있습니다.

하지만 다윗이 밧세바를 범한 사건 이후에 지은 시편 51편에는 사무엘하 22장과 같은 내용의 고백을 절대로 할 수 없습니다. 시편 51편 1절부터 "하나님이여 주의 인자를 따라 내게 은혜를 베푸시며 주의 많은 긍휼을 따라 내 죄악을 지워주소서. 나의 죄악을 말갛게 씻으시며 나의 죄를 깨끗이 제하소서. 무릇 나는 내 죄과를 아오니 내 죄가 항상 내 앞에 있나이다. 내가 주께만 범죄하여 주의 목전에 악을 행하였사오니 주께서 말씀하실 때에 의로우시다하고 주께서 심판하실 때에 순전하시다 하리이다. 내가 죄악 중에서 출생하였음이여 어머니가 죄 중에서 나를 잉태하였나이다"입니다. 만약 하나님께서 다윗이 사무엘하 22장에서 노래한대로 다윗을 대하시면 다윗은 숨도 못 쉬고 죽어야 합니다. 자신이 범죄한 후에는 '내가 행한대로 하나님이 갚아주셨다' 고 말하지 못하고, '자비한 자에게는 주의 자비하심을 나타내시며 완전한 자에게는 주의 완전하심을 보이시며 깨끗한 자에게는 주의 깨끗함을 보이시며 사악한 자에게는 주의 거스르심을 보이시리이다' 라고 말하지 못합니다. 어디에도 교만이 없고, 자기 자랑이 없습니다. 성경에서 다윗의 멋있는 신앙고백에도 관심을 가져야 하지만 정작 중요한 것은 하나님이 말씀하신 내용에 관심을 집중해야 합니다.

하나님을 강조

다윗이 고백한 내용에 근거하여 다윗을 존경하거나 칭찬하려는 자세를 갖는 것은 적절하지 않습니다. 다윗은 시편 23편의 노래도 지었습니다. "여호와는 나의 목자시니 내게 부족함이 없으리로다"고 노래했습니다. 하지만 다윗은 자신이 고백한 대로, 자신이 노래한 대로 실천하며 누리며 살았던 것은 아닙니다. 밧세바 사건과 연관하여 시편 23을 읽어보면 '여호와는 나의 목자임에도 불구하고 내게 부인이 부족하도다. 그래서 내가 우리아의 아내를 데려왔도다' 가 됩니다. 성경을 읽고 더욱 절실히 기억해야 하는 내용은 다윗이 고백한 "여호와는 나의 목자시니 내게 부족함이 없으리로다"가 아니라 다윗이 남의 아내를 뺏어 왔을 때 하나님께서 다윗에게 나단을 보내어 말씀하신 내용을 기억해야 합니다. 사무엘하 11장 7절 이하에 "내가 너를 이스라엘 왕으로 기름 붓기 위하여 너를 사울의 손에서 구원하고 네 주인의 집을 네게 주고 네 주인의 아내들을 네 품에 두고 이스라엘과 유다 족속을 네게 맡겼느니라. 만일 그것이 부족하였을 것 같으면 내가 네게 이것 저것을 더 주었으리라"입니다. 다윗이 고백한 "여호와는 나의 목자시니 내게 부족함이 없도다"는 내용보다 하나님이 선포한 "나는 너의 목자니 너는 부족함이 없도다"는 말씀이 더욱 중요한 것입니다.

다윗은 "그가 나를 푸른 초장에 누이시며 쉴 만한 물 가로 인도하시는 도다"라고 노래했지만 다윗의 삶은 평탄한 시절이 거의 없었습니다. 다윗의 삶은 도망과 전쟁과 살육으로 점철되어 있었고 다윗이 지은 시의 대부분은 아우성이요 절규입니다. 다윗이 성전을 지으려할 때 하나님이 반대하신 이유가 "하나님이 내게 이르시되 너는 전쟁을 많이 한 사람이라 피를 많이 흘렸으니"(대상 28:3)였을 정도입니다. 다윗은 "내가 사망의 음침한 골짜기로 다닐지라도 해를 두려워하지 않을 것은"라고 노래했지만 실제로는 늘 두려워했으며 죽을 때에도 두려움을 가지고 있었습니다. 자신을 이어 왕위에 오른 솔로몬에게 다윗은 '하나님이 나에게 기름부어 왕으로 세우시고 또 약속하시기를 왕위가 영원하도록 지키시겠다고 말씀하셨다. 압살롬이 반역해도, 세바가 반역해도, 아도니야가 반역해도 절대로 왕의 자리를 잃지 않았고, 요압이 아무리 우리를 해하려해도 흔들림이 없었다. 내 아들 솔로몬아! 하나님의 약속이 있고 하나님은 신실하신 분이니 앞 일에 대하여 전혀 걱정하지마라'고 권면했어야 합니다. 하지만 실제로는 다윗은 아들 솔로몬에게 장차 솔로몬의 정적이 될 사람들을 죽이라는 살생부殺生簿를 남겨주었습니다.

성경을 통해서 '다윗이 어떻게 살았는가? 다윗이 어떤 행동을 했는가? 다윗이 어떻게 실천했는가?'를 관찰하는 것이 아니며, 다윗의 말이 멋있고 다윗의 고백이 멋있고 다윗의 찬양이 멋있다고 다윗을 존경할 것이 아닙니다. 다윗을 만드신 하나님, 다윗에게 신앙적 고백을 이루어내시는 하나님을 기억해야 합니다. 하나님이 우리에게 원하시고 바라시고 기대하시는 것은 하나님을 바르게 아는 것입니다. 예수님의 삶 속에서 우리가 기대하고 다윗이 행한 것과 같은 시와 고백과 찬양과 노래는 하나도 발견할 수 없습니다. 그러나 예수님은 하나님의 말씀대로 사셨고 하나님을 영화롭게 하셨습니다. 제자들과 사도들도 찬양시를 짓거나 노래를 부르거나 간증하거나 고백문을 작성한 적이 없지만 하나님의 말씀대로 살았습니다. 성도가 하나님을 아는 자로서, 하나님의 은혜를 받은 자로서, 하나님의 원리대로 사시고 하나님의 은혜를 구현해서 행복하게 살 때에 저와 여러분이 행복하고 우리의 삶 자체가 찬양이요 전도요 선교요 복음이 될 줄로 믿습니다. 저와 여러분 모두가 하나님의 원리대로 사셔서 하나님의 은혜를 누리고 하나님 나라를 확장하는 하나님의 사람답게 사시기를 주님의 이름으로 축원합니다.

산자의 하나님

사무엘하 23 : 1 ~ 23

1 이는 다윗의 마지막 말이라 이새의 아들 다윗이 말함이여 높이 세워진 자, 야곱의 하나님께로부터 기름 부음 받은 자, 이스라엘의 노래 잘 하는 자가 말하노라 2 여호와의 영이 나를 통하여 말씀하심이여 그의 말씀이 내 혀에 있도다 3 이스라엘의 하나님이 말씀하시며 이스라엘의 반석이 내게 이르시기를 사람을 공의로 다스리는 자, 하나님을 경외함으로 다스리는 자여 4 그는 돋는 해의 아침 빛 같고 구름 없는 아침 같고 비 내린 후의 광선으로 땅에서 움이 돋는 새 풀 같으니라 하시도다 5 내 집이 하나님 앞에 이같지 아니하냐 하나님이 나와 더불어 영원한 언약을 세우사 만사에 구비하고 견고하게 하셨으니 나의 모든 구원과 나의 모든 소원을 어찌 이루지 아니하시랴 6 그러나 사악한 자는 다 내버려질 가시나무 같으니 이는 손으로 잡을 수 없음이로다 7 그것들을 만지는 자는 철과 창자루를 가져야 하리니 그것들이 당장에 불살리리로다 하니라 8 다윗의 용사들의 이름은 이러하니라 다그몬 사람 요셉밧세벳이라고도 하고 에센 사람 아디노라고도 하는 자는 군지휘관의 두목이라 그가 단번에 팔백 명을 쳐죽였더라 9 그 다음은 아호아 사람 도대의 아들 엘르아살이니 다윗과 함께 한 세 용사 중의 한 사람이라 블레셋 사람들이 싸우려고 거기에 모이매 이스라엘 사람들이 물러간지라 세 용사가 싸움을 돋우고 10 그가 나가서 손이 피곤하여 그의 손이 칼에 붙기까지 블레셋 사람을 치니라 그 날에 여호와께서 크게 이기게 하셨으므로 백성들은 돌아와 그의 뒤를 따라가며 노략할 뿐이었더라 11 그 다음은 하랄 사람 아게의 아들 삼마라 블레셋 사람들이 사기가 올라 거기 녹두나무가 가득한 한쪽 밭에 모이매 백성들은 블레셋 사람들 앞에서 도망하되 12 그는 그 밭 가운데 서서 막아 블레셋 사람들을 친지라 여호와께서 큰 구원을 이루시니라 13 또 삼십 두목 중 세 사람이 곡식 벨 때에 아둘람 굴에 내려가 다윗에게 나아갔는데 때에 블레셋 사람의 한 무리가 르바임 골짜기에 진 쳤더라 14 그 때에 다윗은 산성에 있고 그 때에 블레셋 사람의 요새는 베들레헴에 있지라 15 다윗이 소원하여 이르되 베들레헴 성문 곁 우물 물을 누가 내게 마시게 할까 하매 16 세 용사가 블레셋 사람의 진영을 돌파하고 지나가서 베들레헴 성문 곁 우물 물을 길어 가지고 다윗에게로 왔으나 다윗이 마시기를 기뻐하지 아니하고 그 물을 여호와께 부어 드리며 17 이르되 여호와여 내가 나를 위하여 결단코 이런 일을 하지 아

니하리이다 이는 목숨을 걸고 갔던 사람들의 피가 아니니이까 하고 마시기를 즐겨하지 아니하니라 세 용사가 이런 일을 행하였더라 18 또 스루야의 아들 요압의 아우 아비새이니 그는 그 세 사람의 우두머리라 그가 그의 창을 들어 삼백 명을 죽이고 세 사람 중에 이름을 얻었으니 19 그는 세 사람 중에 가장 존귀한 자가 아니냐 그가 그들의 우두머리가 되었으나 그러나 첫 세 사람에게는 미치지 못하였더라 20 또 갑스엘 용사의 손자 여호야다의 아들 브나야이니 그는 용맹스런 일을 행한 자라 일찍이 모압 아리엘의 아들 둘을 죽였고 또 눈이 올 때에 구덩이에 내려가서 사자 한 마리를 쳐죽였으며 21 또 장대한 애굽 사람을 죽였는데 그의 손에 창이 있어도 그가 막대기를 가지고 내려가 그 애굽 사람의 손에서 창을 빼앗아 그 창으로 그를 죽였더라 22 여호야다의 아들 브나야가 이런 일을 행하였으므로 세 용사 중에 이름을 얻고 23 삼십 명보다 존귀하나 그러나 세 사람에게는 미치지 못하였더라 다윗이 그를 세워 시위대 대장을 삼았더라

삶의 염려

웰빙? 웰다잉?

사람이 젊었는지 나이 들었는지를 구별하는 방법이 여러 가지가 있습니다. 하나는 떡국으로 구별하는 방법입니다. 새해가 될 때에 떡국이 먹고 싶고 떡국의 맛이 입속에서 종종 생각나는 분은 아직 젊으신 것이고 떡국은 왠지 맛이 없고 생각만 해도 치가 떨리는 분은 연로한 측에 해당하실 것입니다. 다른 방법은 평상시에 어떤 생각을 가지고 사느냐로 구별하는 것입니다. '어떻게 살아야 하나?' 또는 '무엇을 하며 살까?' 즉 살아야 하는 일에 관심이 있는 분은 아직 젊은 분입니다. 반대로 '어떻게 죽어야 하나?' 또는 '잘 죽어야 할 텐데?' 라며 죽는 일에 관심을 가지신 분은 아마 연로한 분이실 겁니다. 인간은 죄인이 된 후에 참으로 행복을 누리며 기쁘고 즐겁게 사는 것을 잃어버렸습니다. 어렸을 때는 '빨리 어른이 되었으면' 하고 미래를 기대하며 소망하며 살아갑니다. 정작 어른이 되면 어린 시절을 추억하며 '예전에는' 하고 추억을 회상하며 살아갈 때가 많습니다. 정작 자신의 모든 순간순간을 행복해하

며 즐거워하며 기뻐하며 신나게 살아가는 모습이 적습니다.

성도는 하나님이 주신 은혜, 하나님이 허락하신 축복, 이미 자신의 삶에 성취되고 완성된 하나님의 자녀의 삶을 누리며 살아야 하는 자들입니다. 성도는 이미 하나님의 자녀로 완성된 자이기에 완성된 삶을 누리며 사는 것이지 미완의 목표를 가지고 무엇인가 이루기 위하여 현재를 수고하며 애쓰며 정진하는 유형의 삶이 아닙니다. 성경에 "염려하지 말라"는 말씀이 있습니다. 사람이 염려를 하지 않을 수 없습니다. 살아가면서 이런 생각, 저런 생각을 하게 되고 그 생각들은 염려를 낳게 됩니다. 성경은 단순히 '염려하지 말라'고 명령하는 것이 아니라 염려를 하되 제대로 된 염려를 하라고 가르치는 것입니다. 예수님의 산상수훈이 기록된 마태복음 6장 34절에 "내일 일을 염려하지 말라"는 말씀이 나옵니다. 마태복음 6장을 잘 살펴보면 예수님의 가르침은 '몸을 위하여 무엇을 먹을까, 무엇을 마실까, 무엇을 입을까'를 염려하지 말라고 되어 있습니다. 대신에 제대로 된 염려 즉 '목숨이 몸보다 중하지 아니하냐?'고 가르치는 것입니다. 살아 있는 사람이 몸에 대한 걱정을 하는 것인데 죄인들은 정작 죽은 자처럼 되어 있으면서 몸에 관한 걱정만 하고 있다는 것입니다. 예수님은 제대로 된 걱정 즉 살아나야 하는 일에 관한 걱정을 하라고 강조하시면서 "먼저 그의 나라와 그의 의를 구하라"고 말씀하십니다.

만약 '아무것도 염려하지 말라'고 염려 자체를 금지하시려면 '그의 나라와 그의 의를 구하라'는 말도 나오지 않아야 합니다. 사람들이 정작 구해야 하는 그의 나라와 그의 의는 구하지 않고 먹을 것, 입을 것, 마실 것만 구하고 있는 것을 안타까워하시는 것입니다. 예수님은 자신의 사역을 통해 성도가 그의 나라와 그의 나라를 소유한 자, 이미 그의 나라 안에 들어와 있는 자로 만들어 주시는 것입니다. 성도는 세상 사람과 염려의 내용과 차원이 다른 것입니다. 세상은 '무엇을 먹을까 마실까 입을까'를 걱정하고, 성도는 이미 하나님의 나라 백성이 되었고 하나님의 의를 소유 했으니 이제 '그의 나라를 어떻게 내 삶속에 구현하며 살 것인가? 그의 의를 어떻게 내 삶의 순간순간에 적용하며 누리며 살 것인가?'를 염려하는 것입니다.

삶의 방식

다윗의 용사들?

성경은 이야기의 구성이 매우 특이하게 되어 있습니다. 성경의 이야기 구조를 잘 살펴보시면 성경 읽는 것이 아주 재미있습니다. 사무엘하 23장에는 다윗 생애의 마지막 부분이 등장하고 있습니다. 23장 1절에 "이는 다윗의 마지막 말이라"고 기록되어 있고 8절 "다윗의 용사들의 이름은 이러하니라"로 시작하여 8절로 39절에 다윗의 용사들의 이름과 업적이 간략하게 소개되어 있습니다. 얼핏만 읽어봐도 아주 위대한 장수들이 많습니다. 8절 "다그몬 사람 요셉밧세벳이라고도 하고 에센 사람 아디노라고도 하는 자는 군지휘관의 두목이라. 그가 단번에 팔백 명을 쳐죽였더라"입니다. 9절 "아호아 사람 도대의 아들 엘르아살", 11절 "하랄 사람 아게의 아들 삼마" 그리고 계속하여 여러 장수들이 소개됩니다. 다윗에게 이렇게 용감하고 훌륭한 장수들이 많이 있었다는 본문을 보면 또 혹자들은 성경의 의도와 다른 생각을 합니다. '이렇게 좋은 장수를 아래에 둘 수 있었던 그 지휘관은 정말 복이 많은 지휘관이다. 성공하는 사람은 동역자를 잘 만나야 하고, 참모를 잘 두어야 한다. 일이 잘 되려고 하면 인복이 있어야 한다. 다윗에게 이렇게 좋은 장수가 있었다는 것은 다윗이 탁월한 리더십이 있었다는 증거이다' 라고 결론을 내리면 안 됩니다.

행여 본문을 읽고 나서 '다윗의 주변에 정말 좋은 동역자와 도움이 되는 일꾼들이 많았고 다윗은 여러 재능있는 사람들을 아우를 수 있는 탁월한 통솔력이 있었다' 는 결론을 내릴 수 없게 막아주는 전혀 다른 표현들이 등장합니다. 9절 "아호아 사람 도대의 아들 엘르아살이니 다윗과 함께한 세 용사 중의 한 사람이라. 블레셋 사람들이 싸우려고 거기에 모이매 이스라엘 사람들이 물러간지라. 세 용사가 싸움을 돋우고 그가 나가서 손이 피곤하여 그의 손이 칼에 붙기까지 블레셋 사람을 치니라" 까지만 읽으면 이 사람은 대단히 충성스러운 사람입니다. 칼을 붙들고 싸움을 할 때 얼마나 많은 적군들과 계속해서 대항을 하는지 손이 퉁퉁 붓고 그 부운 손이 칼에 달라붙을 정도로 열심히 싸우고 있습니다. 엘르아살의 헌신, 충성, 희생, 애국심, 숭고한 왕을 향한 사랑은 정말로 표현할 수 없을 정도로 지극하다고 할 수 있습니다. 그런데 바로 그 다음에 전혀 엉뚱한 표현이 하나 등장합니다. 10절 후반부 "그 날에 여호와께서 크게 이기게 하셨으므로 백성들은 돌아와 그의 뒤를 따라가며 노략할 뿐이었더라"입니다.

성경의 독특한 표현양식을 분별하셔야 합니다. 앞에서는 '장수가 훌륭하더라. 손이 부어 칼에 잡히기 까지 열심히 싸우더라' 고 표현하고 뒤에서는 '하나님이 크게 이기게 하셨더라' 고 표현하고 있습니다. 일반적으로는 두 표현 중의 하나만을 써야 합니다. 장수를 부각시키기 위해서는 "엘르아살이 손이 피곤하여 그의 손이 칼에 붙기까지 블레셋 사람을 크게 치니라"만 기록해야 합니다. '장수가 훌륭하여 좋은 전략과 체력을 바탕으로 열심히 싸워서 승리하였다' 고 해야 합니다. 하나님을 드러내기 위해서는 '장수가 누구이든 상관없이 하나님이 이기게 하시매 백전백승하였다' 고 기록해야 합니다. 장수를 부각시키든 하나님을 부각시키든 한쪽만을 강조했어야 합니다. 그런데 본문에는 장수가 전투하는 표현과 하나님이 이기게 하셨다는 표현이 모두 사용되고 있습니다. 전쟁에서 승리한 것이 장수 때문인지 하나님 때문인지 분간할 수 없습니다.

11절에도 동일한 표현이 나옵니다. "그 다음은 하랄 사람 아게의 아들 삼마라. 블레셋 사람들이 사기가 올라 거기 녹두나무가 가득한 한쪽 밭에 모이매 백성들은 블레셋 사람들 앞에서 도망하되 그는 그 밭 가운데 서 막아 블레셋 사람들을 친지라." 삼마가 대단한 장수요 두려워 할 줄 모르고, 겁을 모르고, 물러날 줄 모릅니다. 마치 삼마가 용맹하게 싸움에 임하여 블레셋 사람들을 물리친 것을 소개하는 듯 한 표현입니다. 하지만 그 다음에 "여호와께서 큰 구원을 이루시니라"라고 표현되어 있습니다. 여호와께서 구원하시고 여호와께서 적군을 물리치시고 여호와께서 이스라엘을 승리케 하셨습니다. 이스라엘이 승리한 것이 삼마 덕분인지 여호와 덕분인지 분별하기 애매하게 기록하고 있습니다. 이러한 표현방식이 성경의 독특한 표현양식입니다. 성경의 표현양식, 하나님의 일하시는 방식을 이해하셔야 합니다.

죄의 방식

세상에는 행한 대로 받는다는 법칙이 존재 합니다. 전쟁에서 싸움에 승리한 자가 영광을 다 받는 것입니다. 패배한 자는 모든 것을 잃어버립니다. 행한 대로 받는 것이 세상의 법칙입니다. 세상 사람들은 일하면 대가를 받고, 일하지 않으면 아무 것도 없는 것이 옳고 정당하다고 말합니다. 하지만 행위의 법칙대로는 사람이 살수 없습니다. 승리하여야만 얻을 수 있기에 서로 잃지 않으려고 싸우고 다투고 인정사정 볼 수 없고 이해해 줄 수 없고 배려 해줄 수 없는 것입니다. 하지만 행위의 법칙보다도 못한 방식도 존재합니다. 바로 죄의 방식, 죄인들의 방식입니다. 죄인들은 절대로 행한 대로 받는 원리로 살지 않습니다. 행했으면 받고 행하지 않았으면 잃는 정도가 아니라, 죄인들의 방식은 훨씬 극악하여 일은 엉뚱한 사람에게 시키고 결과는 자신이 차지하는 방식을 취합니다. 또 행한 것보다 더 많이 받으려고 합니다. 강한 자가 약한 자를 억압하고 강한 자가 약한 자를 이용해서 일을 하게하고 그 이익은 자신이 차지해 버립니다. 억울한 일을 당하는 사람이 너무나 분해서 못살겠다고 하소연하면 그때 들을 수 있는 대답은 억울하면 강자가 되라는 것입니다. 세상의 방식, 죄의 방식으로는 사람이 살 수 없습니다.

하나님의 방식

죄의 방식과는 전혀 다른 하나님의 방식이 있습니다. 하나님은 하나님이 죽기까지 하시고 영광과 면류관과 존귀는 인간들에게 주시는 방식으로 일하셨습니다. 예수님이 하나님의 보좌를 버리고 육신을 입어 이 땅에 오시고 인간 대신 죄의 삯을 지고 십자가에 달려 죽고 부활하셨습니다. 예수님의 십자가 사역으로 말미암아 인간이 죄에서 해방되고 하나님의 자녀가 되게 하고 하늘의 모든 신령한 복을 유업으로 받게 하시는 것이 하나님의 방식입니다. 하나님의 방식은 인간의 방식, 죄의 방식, 세상의 방식과는 전혀 다른 것입니다. 세상은 일은 남을 시키고 존귀는 자신이 차지하기 때문에 탈취이지만 하나님은 하나님이 일하시고 인간에게 존귀를 주시기 때문에 은혜라고 표현하는 것입니다. 하나님은 십자가에서 죽으시고, 인간은 죄에게서 구원받는 것이 하나님의 방식입니다. 이때에 하나님의 은혜를 받은 사람은 기뻐하고 즐거워하면서 인생은 살만하다고, 하나님은 정말 좋은 분이라고 감사하며 찬송할 수 있는 것입니다. 기독교는 멸시 천대 십자가를 예수님이 지셨고 존귀 영광 모든 권세를 성도에게 주신 것입니다. 하나님은 인간을 사랑하시고, 인간은 하나님의 원리대로 행해야만 살 수 있습니다.

산 자의 하나님

죽음

　다윗의 생애를 살펴보면 성경에 나오는 주요 인물들에 나타나는 어떤 공통점들을 발견할 수 있습니다. 성경에 나오는 여러 주요 인물들에 관한 내용의 공통점은 그들의 죽음을 별로 길게, 자세하게, 상세히 다루지 않는다는 것입니다. 인간들은 인생에 대하여 말할 때에 사는 것도 참으로 중요하지만 죽는 것도 잘 죽어야 한다고 합니다. 인물을 다루는 영화나 드라마의 마지막 장면은 대부분 장엄하고 거창하고 아주 멋있게 끝이 납니다. 아무리 죽을병이 걸렸어도 할 말 다 하고 마지막 순간까지 품위있게 죽습니다. 하지만 성경은 아무리 영웅이라도 죽는 상황들을 길게 묘사하는 장면이 없습니다. 성경에서도 주요 인물들이 죽는다는 말이 나옵니다. 대신 너무나 단순하게, 너무나 간단하게, 너무나 짧게 표현합니다. 성경에서 사람의 죽음에 대해 어떻게 소개되고 있는지 확인해 보겠습니다.

　창세기 5장에는 아담을 비롯한 사람들의 족보가 나옵니다. 아담과 가인과 노아와 마할랄렐과 무드셀라 등이 나옵니다. 성경의 족보는 강조점이 인간들이 평상시 대화하는 것과 다르다는 것을 발견할 수 있습니다. 사람들은 일반적으로 '홍길동, 1950년 출생하여 2010년에 사망' 이라고 말합니다. 즉 언제 태어나서 언제 죽었는지를 주요 관심사로 삼습니다. 하지만 성경은 전혀 다릅니다. 창세기 5장 3절 "아담이 백삼십 세에 자기의 모양 곧 자기의 형상과 같은 아들을 낳아 이름을 셋이라 하였고 아담은 셋을 낳은 후 팔백 년을 지내며 자녀들을 낳았으며 그는 구백삼십 세를 살고 죽었더라. 셋은 백오 세에 에노스를 낳고 에노스를 낳은 후 팔백칠 년을 지내며 자녀들을 낳았으며 그는 구백십이 세를 살고 죽었더라" 입니다. 몇 년에 태어나서 몇 년에 죽었다는 것이 관심이 아니라 몇 살에 누구를 낳았다는 것이 훨씬 중요한 관심사입니다. 한 사람이 태어나 삶을 살다가 죽어서 이 땅에서 사라지고 소멸하여 이제 더 이상 볼 수 없다는 의미가 아닙니다. 한 사람이 몇 세에 아들을 낳고 몇 세에 자녀를 낳음으로 자기가 죽어서 소멸되고 사라지는 것이 아니라 자기의 분깃이요 자신의 핏줄이요 자신의 형상을 남겨 놓았다는 것으로 그를 살아있는 것으로 표시해 주는 것입니다.

산 자의 하나님

성경이 인간을 바라보는 관점은 세상이 인간을 바라보는 관점과 다릅니다. 물론 죄인은 다 죽는 것입니다. 그런데 하나님이 그 죄인과 함께 하셔서, 하나님과 함께하는 죄인과 하나님과의 관계에서는 하나님이 사람을 어떻게 보시는가, 하나님과 인간의 관계를 묘사하는 방법 중에 가장 자주 등장하는 것이 '나는 아브라함의 하나님이요 이삭의 하나님이요 야곱의 하나님이다' 라는 표현입니다. 하나님을 '아브라함의 하나님, 이삭의 하나님, 야곱의 하나님'으로 소개하는 이유는 아브라함이 이스라엘의 조상이기 때문이 아니요, 하나님이 이삭을 가장 사랑하기 때문이 아니요, 야곱이 하나님을 향해 가장 많은 충성을 하였기 때문이 아닙니다. '아브라함의 하나님이요 이삭의 하나님이요 야곱의 하나님이요'라는 표현 다음에 나오는 '하나님은 산자의 하나님이시라'는 표현이 정말 중요한 표현입니다. 마태복음 22장에는 부활이 없다고 생각하는 사두개인들이 예수님께 나와서 질문을 합니다. 형이 있고 결혼해서 부인이 있었는데, 부인이 자녀를 출산하지 못하고 죽었습니다. 나머지 일곱 형제가 다 형수에게 장가를 들었는데 아무도 자녀를 낳지 못하고 결국엔 모두가 다 죽었습니다. 일곱 형제가 모두 형수를 아내로 취하였으니 나중에 천국에서는 누구의 아내가 되겠느냐는 질문을 받았을 때에 예수님이 한 대답이 바로 이것입니다. 마태복음 22장 32절 "나는 아브라함의 하나님이요 이삭의 하나님이요 야곱의 하나님이로다 하신 것을 읽어 보지 못하였느냐? 하나님은 죽은 자의 하나님이 아니요 살아 있는 자의 하나님이시니라"입니다.

성경이 강조하는 내용과 사람들이 강조하는 내용이 다릅니다. 사람들은 성경적 강조를 이해하지 못하고 사람의 방식대로 생각을 합니다. 성도들은 '하나님은 살아계시다' 라는 표현을 자주 사용합니다. 하나님은 살아계시고, 하나님은 역사하신다고 생각하고 믿고 있습니다. 하나님은 언제나 살아계시지만 아브라함은 죽었고 이삭은 죽었고 야곱은 죽었다고 생각합니다. 그래서 '살아계신 하나님' 이라는 개념은 있지만 '살아계신 아브라함' 이라는 생각은 거의 없습니다. 하지만 예수님이 강조하신 것은 '살아계신 하나님, 살아계신 주' 가 아니라 '하나님은 산 자의 하나님' 이라는 것입니다. 예수님은 아브라함, 이삭, 야곱이 산 자라고 말씀하시는 것입니다. 예수님은 '죽은 자 아브라함, 죽은 자 이삭, 죽은 자 야곱의 살아계신 하나님' 이라고 말씀하시는 것이 아니라 '아브라함의 이삭의 야곱의 즉 산자의 하나님' 이라고 말씀하십니다. 성경은 하나님이 살아 계신 것은 당연한 것이요, 하나님이 아브라함과 이삭과 야곱을 구원하시고 하나님이 그들과 관계를 맺으셔서 하나님에게는 그들이 여전히 살아 있는 자로 여겨져 하나님은 죽은 자의 하나님이 아니라 산자들의 하나님이라고 강조하는 것입니다. 동일한 내용이 누가복음 20장 27절에도 나오는데 그 때에는 한마디가 더 첨가되어 있습니다. 누가복음 20장 38절 "하나님은 죽은 자의 하나님이 아니요 살아 있는 자의 하나님이시라. 하나님에게는 모든 사람이 살았느니라"입니다. 성경이 주요 등장인물들의 죽음을 길게 다루지 않는 것은 하나님께서 구원하여 하나님께서 관계를 맺은 자들을 죽어서 이 땅에서 없어지는 것으로 생각지 않고 언제나 하나님 앞에 살아 있는 것으로 생각하기 때문입니다.

모세의 경우도 마찬가지입니다. 모세가 출애굽을 잘 감당하고 40년 광야 생활을 마친 후에 가나안 입성을 눈앞에 두고 요단강 동편 모압 땅에서 죽습니다. 이스라엘의 입장에서 보면 모세는 민족의 영웅이요 불세출의 지도자입니다. 그런데 성경은 '모세가 죽었더라'는 한마디로 끝내 버립니다. 신명기 34장 5~6절에 보면 "이에 여호와의 종 모세가 여호와의 말씀대로 모압 땅에서 죽어 벳브올 맞은편 모압 땅에 있는 골짜기에 장사되었고 오늘까지 그의 묻힌 곳을 아는 자가 없느니라"입니다. 모세에 대해 아무것도 남은 것이 없습니다. 흔한 면류관도 없고 무덤도 사라져 버리고 정말 흔적도 없습니다. 성경이 모세의 죽음을 간단하게 처리하는 이유는, 모세를 죽은 것으로 여기지 아니하고 하나님 앞에 여전히 산자로 대해주고 있기 때문입니다. 다윗도 마찬가지입니다. 사무엘하 23장 1절에 "이는 다윗의 마지막 말이라"고 기록되었지만 사무엘하에는 다윗이 죽는 장면이 없습니다. 열왕기상에서 다윗이 죽는데 다윗의 죽음도 딱 한 줄만 나옵니다. 열왕기상 2장 10절 "다윗이 그의 조상들과 함께 누워 다윗성에 장사되니"입니다. 다윗의 죽음이 간단하게 기록되는 이유도 하나님은 다윗을 죽은 것으로 여기지 않고 하나님 앞에 살아 있는 것으로 여기기 때문입니다. 신약에서도 동일한 표현양식이 사용됩니다. 성경에는 베드로가 죽었는지, 바울이 어떻게 죽었는지 기록되어 있지 않습니다. 사도행전에서 베드로가 위대한 사역을 행하다가 어느 순간부터 베드로에 대한 표현이 나타나지 않는 것으로 끝입니다. 바울 또한 로마의 감옥에 갇힌 후 바울이 어떻게 죽었고 어떻게 그의 시신이 처리 되었는지에 대한 기록이 전혀 없습니다.

사무엘하를 마무리 지어가면서 하나님의 일하시는 방식, 하나님이 인간을 도외시 하고 혼자 하는 것이 아니라 인간을 불러 그 행하는 일에 하나님께서 역사하심으로 후원하시어 하나님이 존귀함을 받고 인간이 하나님의 은혜를 입는 것을 강조하고 그 인간이 죽어갈 때에도 그가 이제 생을 마감하는 것으로 소멸되는 것이 아니라 하나님 안에 언제나 살아 있는 것으로 여겨주시는 것을 확인했습니다. 기독교는 정말 멋있고 하나님은 정말 좋으신 분입니다. 하나님처럼 인간을 대해야 살고 하나님의 원리대로 해야 인간의 삶이 행복합니다. 기독교는 하나님과 더불어 영원을 사는 것입니다. 인간은 추억을 먹고 사는 것도 아니고 희망을 꿈꾸며 사는 것도 아닙니다. 성도는 하나님의 은혜를 받은 자로, 하나님과 화목 된 자로 하나님과 더불어 영원토록 화평을 누리며 사는 자들입니다. 어떻게 사는 가를 걱정하지 말고 어떻게 죽어야 하는가를 걱정하지 말고 하나님의 은혜를 아시고 하나님의 원리대로 행동 하셔서 매 순간마다 행복하고 즐겁고 신나는 삶을 누려 가시기를 주님의 이름으로 축원합니다.

23
여호와의 손에 빠지고

사무엘하 24 : 1 ~ 17

1 여호와께서 다시 이스라엘을 향하여 진노하사 그들을 치시려고 다윗을 격동시키사 가서 이스라엘과 유다의 인구를 조사하라 하신지라 2 이에 왕이 그 곁에 있는 군사령관 요압에게 이르되 너는 이스라엘 모든 지파 가운데로 다니며 이제 단에서부터 브엘세바까지 인구를 조사하여 백성의 수를 내게 보고하라 하니 3 요압이 왕께 아뢰되 이 백성이 얼마든지 왕의 하나님 여호와께서 백 배나 더하게 하사 내 주 왕의 눈으로 보게 하시기를 원하나이다 그런데 내 주 왕은 어찌하여 이런 일을 기뻐하시나이까 하되 4 왕의 명령이 요압과 군대 사령관들을 재촉한지라 요압과 사령관들이 이스라엘 인구를 조사하려 왕 앞에서 물러나 5 요단을 건너 갓 골짜기 가운데 성읍 아로엘 오른쪽 곧 야셀 맞은쪽에 이르러 장막을 치고 6 길르앗에 이르고 닷딤홋시 땅에 이르고 또 다냐안에 이르러서는 시돈으로 돌아 7 두로 견고한 성에 이르고 히위 사람과 가나안 사람의 모든 성읍에 이르고 유다 남쪽으로 나와 브엘세바에 이르니라 8 그들 무리가 국내를 두루 돌아 아홉 달 스무 날 만에 예루살렘에 이르러 9 요압이 백성의 수를 왕께 보고하니 곧 이스라엘에서 칼을 빼는 담대한 자가 팔십만 명이요 유다 사람이 오십만 명이었더라 10 다윗이 백성을 조사한 후에 그의 마음에 자책하고 다윗이 여호와께 아뢰되 내가 이 일을 행함으로 큰 죄를 범하였나이다 여호와여 이제 간구하옵나니 종의 죄를 사하여 주옵소서 내가 심히 미련하게 행하였나이다 하니라 11 다윗이 아침에 일어날 때에 여호와의 말씀이 다윗의 선견자 된 선지자 갓에게 임하여 이르시되 12 가서 다윗에게 말하기를 여호와께서 이와 같이 말씀하시기를 내가 네게 세 가지를 보이노니 너를 위하여 너는 그 중에서 하나를 택하라 내가 그것을 네게 행하리라 하셨다 하라 하시니 13 갓이 다윗에게 이르러 아뢰어 이르되 왕의 땅에 칠 년 기근이 있을 것이니이까 혹은 왕이 왕의 원수에게 쫓겨 석 달 동안 그들 앞에서 도망하실 것이니이까 혹은 왕의 땅에 사흘 동안 전염병이 있을 것이니이까 왕은 생각하여 보고 나를 보내신 이에게 무엇을 대답하게 하소서 하는지라 14 다윗이 갓에게 이르되 내가 고통 중에 있도다 청하건대 여호와께서는 긍휼이 크시니 우리가 여호와의 손에 빠지고 내가 사람의 손에 빠지지 아니하기를 원하노라 하는지라 15 이에 여호와께서 그 아침부터 정하신 때까지 전염병을 이스라엘에게 내리시니 단에서부터 브엘세바까지 백성의 죽은 자가 칠만

명이라 16 천사가 예루살렘을 향하여 그의 손을 들어 멸하려 하더니 여호와께서 이 재앙 내리심을 뉘우치사 백성을 멸하는 천사에게 이르시되 족하다 이제는 네 손을 거두라 하시니 여호의 사자가 여부스 사람 아라우나의 타작 마당 곁에 있는지라 17 다윗이 백성을 치는 천사를 보고 곧 여호와께 아뢰어 이르되 나는 범죄하였고 악을 행하였거니와 이 양 무리는 무엇을 행하였나이까 청하건대 주의 손으로 나와 내 아버지의 집을 치소서 하니라

다윗은 죄인인가? 의인인가?

회개할 줄 아는 죄인?

본문을 통해 죄인이 정말 죄인답게 행동하는 것을 보면서 기독교란 과연 무엇이고 기독교는 무엇이 달라져야 하고 기독교를 믿는 성도의 역할과 사명은 무엇인가를 점검해 보기를 원합니다. 일반적으로 많은 사람들은 인간이 참으로 약한 존재라고 말합니다. 약한 존재라고 말할 뿐 악한 존재라고 말하지 않습니다. 인간은 약한 존재요 약하기 때문에 많은 부족한 것이 드러날 뿐이지 악하다고 생각하지 않습니다. 어떤 사람이 죄를 지으면 그는 약한 존재이기 때문에 죄를 지었지 결코 악한 존재이기 때문에 죄를 지었다고 생각하지 않습니다. 그래서 죄를 지으면 죄를 지었다는 사실도 중요하지만 그 다음 행동이 더 중요하다고 말들을 합니다. 그래서 의도적이든 실수이든 죄를 지었을 경우 행동을 반성하고 뉘우치느냐 아니면 몰염치하게 계속 동일한 행동을 반복하느냐에 따라 판단이 달라지는 것입니다.

성도들도 인간의 행동에 대해 유사하게 생각하는 경향이 있습니다. 흔히 복음서에 나오는 예수님의 두 제자를 예를 들어서 인간의 행동을 비교하곤 합니다. 예수님의 열두 제자 중에 유다와 베드로가 비교대상입니다. 많은 분들이 유다와 베드로에 대한 생각에서 베드로는 실수를 했다고 생각을 하고 유다는 큰 죄를 범했다고 생각들을 합니다. 그러나 실상은 그렇지 않습니다. 유다는 자기가 생각하던 것과 자기 지도자가

생각하는 것이 다른 것을 알고 관원들에게 나가 예수를 넘겨주겠다고 행동을 합니다. 사람들은 유다의 행동을 지도자에 대한 배반이라고 매우 중요하고 심각하게 다룹니다. 베드로의 행동에 대하여는 실수를 했다고 생각합니다. 예수가 잡혀 갈 때에 베드로가 예수가 잡혀가는 여정을 따라가고 있는데 어떤 여자 아이의 추궁을 듣고 엉겁결에 느닷없이 예수를 부인한 것으로 순간적 실수라고 생각합니다. 성경에 보면 베드로가 예수를 부인하는 장면은 한 곳에서만 이루어진 것이 아니라 세 군데로 장소를 바꿔 가면서 이루어 졌고 그때마다 베드로는 대답하기를 "베드로가 모든 사람 앞에서 부인하여 이르되 나는 네가 무슨 말을 하는지 알지 못하겠노라"마26:70, "베드로가 맹세하고 또 부인하여 이르되 나는 그 사람을 알지 못하노라"마26:72, "그가 저주하여 맹세하여 이르되 나는 그 사람을 알지 못하노라"마26:74고 합니다. 한 번의 실수가 아니라 세 번에 걸친, 점점 더 강한 부정을 동반한 의도적 행동임이 분명합니다. 베드로는 실수 한 것처럼, 유다는 작정하고 배반한 것처럼 생각하는 것은 적절하지 않습니다.

베드로와 유다가 죄를 지은 다음의 행동에 대해서도 많은 사람들이 잘못 생각하고 있습니다. 유다는 전혀 반성하지 않고 곧이곧대로 자기 소신대로 밀고 나갔고 베드로는 곧바로 자신의 잘못을 뉘우쳐 회개했다고 생각합니다. 하지만 반대로 유다는 자기가 한 행동에 대한 도의적 책임을 지고 자기 목숨과 바꾸는 것으로 사죄하려고 했다고 볼 수도 있습니다. 베드로는 닭이 우는 소리를 듣고 심히 통곡하였습니다. 반성 또는 응분의 대가를 지불하기 보다는 단지 탄식에 그친 것일 수도 있습니다. 유다와 베드로의 행동에 대한 판단은 매우 신중해야 합니다. 사람은 약한 것이 맞습니다. 그러나 성경은 인간은 악하다고 말하고, 인간은 죄인이라고 말합니다. 죄인은 죄의 마음을 가지고 있고 죄의 원리대로 생각하고 죄의 방식으로 행동합니다. 인간이 죄인이라는 사실을 인정하지 않은 채 죄인의 행동을 어떻게든 미화하려고 노력하는 경향이 있습니다. '그 사람은 원래는 착한 사람이었는데 그럴만한 사정이 있었나봅니다. 정말 그럴 사람이 아닌데 상황이 얼마나 절박했으면 그랬을지 생각하니 너무 안타깝습니다'라고 감싸줍니다. 인간이 죄인이라는 사실, 인간이 악하다는 사실을 잊습니다.

마음에 자책하고

사무엘하 24장에도 아주 묘한 장면, 재미있는 장면이 나옵니다. 24장 1절로 9절까지는 다윗이 인구조사를 명하는 장면입니다. 다윗의 신하요 군사령관인 요압을 비롯한 참모들이 반대했음에도 불구하고 강력하게 밀어 붙여서 마침내 인구조사를 마칩니다. 인구조사를 한 열흘이나 한 이십일 정도하는 것이 아니라 또는 몇 주에 걸쳐서 하는 정도가 아니라 오랜 기간동안 했습니다. 24장 8절에 보면 "그들 무리가 국내를 두루 돌아 아홉 달 스무 날 만에 예루살렘에 이르러"라고 되어 있습니다. 다윗이 인구조사를 해야겠다고 마음먹고 실제로 인구조사가 진행되고 결과를 보고를 받기까지 거의 십 개월이 걸린 것입니다. 인구조사가 시행되는 십 개월 동안 아마 다윗도 자신의 행동의 정당성에 대해 여러 가지 생각이 있었을 것입니다.

인구조사를 마친 후에 다윗의 심정이 10절부터 소개됩니다. 다윗이 인구조사를 계획하고 시행하고 마치는 동안 하나님은 다윗의 행동에 대하여 아무 말씀도 하지 않으십니다. 다윗이 인구조사를 하는 것을 보고 하나님이 '이런 괘씸한 놈! 내가 가서 혼내 주어야지'라며 진노하시는 표현도 없고, '내가 다윗을 부강하게 만들어 주었더니 다윗이 자기가 잘 났다고 교만하여 내 공로를 빼앗아 가는구나'라고 불쾌하게 생각하시는 표현도 없습니다. 단지 9절에 "요압이 백성의 수를 왕께 보고하니 곧 이스라엘에서 칼을 빼는 담대한 자가 팔십만 명이요 유다 사람이 오십만 명이었더라"로 '인구조사가 끝났다' 일 뿐입니다. 하나님은 아무 말씀도 하지 않으셨는데 다윗이 10절을 말합니다. 혼자, 자기 스스로의 마음에 자책이 들었다고 말합니다. "다윗이 백성을 조사한 후에 그의 마음에 자책하고 다윗이 여호와께 아뢰되"입니다. 하나님은 아무 말씀도 안 하셨는데 자기 혼자 생각에 '이것은 내가 좀 잘못한 것 같다'고 여겨서 하나님 앞에 나가 아뢰는 것입니다. "내가 이 일을 행함으로 큰 죄를 범하였나이다. 여호와여 이제 간구 하옵나니 종의 죄를 사하여 주옵소서. 내가 심히 미련하게 행하였나이다"입니다. 다윗이 왜 이런 고백을 하는지 궁금합니다. 하나님은 다윗에게 한 마디도 언급하지 않으셨습니다. 다윗이 잘못했다고 책망하지 않으셨고, 다윗이 범죄했다고 징계를 선언하지도 않으셨습니다. 하나님은 정죄도 책망도 꾸중도 하지 않으셨는데 다윗은 스스로 하나님 앞에 나아가 "내가 큰 죄를 범하였나이다. 여호와의 이제 간구하옵나니 종의 죄를 사하여 주옵소서"라고 합니다.

행동과 결과

어떤 사람이 죄를 짓고 스스로의 마음에 자책이 들었거나 자신이 잘못된 행동을 했다는 생각이 들었다면 그 다음에 취해야할 행동이 무엇일까요? 대부분의 성도들은 자신이 죄를 짓거나 잘못했다는 것을 느끼는 순간 하나님께 나와 잘못했다고 고백하고 하나님께 용서해달라고 빌어야겠다고 생각합니다. 하지만 바로 그와 같은 사고방식이 죄의 사고방식이지 기독교적 사고방식이 아니라는 것입니다. 성도들의 사고방식 속에 하나님의 방식, 하나님의 원리대신 죄의 방식, 죄의 원리가 너무 만연되어 있습니다. 자신이 행동을 잘못했을 때 가장 먼저 하나님께 사죄하고 용서를 구하고 은혜를 구해야 한다는 인식이 강하게 자리 잡고 있습니다. 예배를 드리기 전에, 말씀을 듣기 전에, 찬양을 하기 전에 우선 하나님께 회개하고 하나님 앞에 죄를 고하고 용서를 구해야 하나님께서 회개한 마음에 은혜를 주신다고 생각하고 있습니다. 이러한 인식은 죄의 방식일 뿐 기독교적 방식이 아니요 하나님의 방식이 아닙니다. 본문에서 다윗이 마음에 자책하고 하나님 앞에 나와 말하기를 "내가 큰 죄를 범하였나이다. 여호와여 이제 구하옵나니 종의 죄를 사하여 주옵소서"라고 고백하는 것은 신실한 믿음의 행동이 아니라 기독교를 완벽하게 왜곡하고 있는 어리석고 헛된 모습일 뿐입니다.

사람이 잘못을 행하면 잘못된 행동에 기인한 결과가 나타납니다. 나타난 결과는 돌출된 상황이 아니라 행동에 의한 결과입니다. 행동이 따로 있고 그 행동에 대한 심판과 형벌이 분리되어서 각각 따로 존재하는 것이 아닙니다. 하지만 사람들은 일반적으로 행동과 결과를 구별하는 경향이 있습니다. 행동을 따로 보고 결과를 따로 봅니다. 거짓말을 예로 들어 보겠습니다. 어떤 사람이 거짓말을 한 것과 그 거짓말 때문에 나타난 결과가 다르다고 생각합니다. 어떤 사람이 거짓말을 했지만 아직 드러나지 않은 경우에는 아무런 결과가 없다고 생각합니다. 일정 기간이 지난 후에 거짓말이 드러나면 거짓말을 한 것에 대한 징계나 형벌을 받습니다. 그때 거짓말을 하여 징계를 받게 된 사람은 '내가 거짓말 한 것이 나빴다. 내가 거짓말 한 것이 큰 잘못이다'라고 생각하지 않습니다. 대신에 '내가 거짓말을 했지만 한 동안 무사했는데 결국 사실이 밝혀졌군. 다음부터는 드러나지 않게, 아무도 모르게 더욱 철저하게 해야겠다'고 생각합니다. 행동과 결과를 구분하는 습성에 기인한 것입니다.

기독교는 행동과 결과를 연결하는 것입니다. 거짓말을 했으면 거짓말이 드러났느냐 드러나지 않았느냐는 하나도 중요하지 않습니다. 비록 거짓말을 했어도 드러나지 않았다면 아무런 결과가 없고 밝혀지면 징계를 받는 것이 아닙니다. 거짓말이 밝혀지는 여부와 관계없이 그 행동은 매우 중요합니다. 왜냐하면 거짓말이라는 것 자체는 이미 결과를 가지고 있기 때문입니다. 어떤 사람이 거짓말을 하면 드러나지 않아서 다른 사람들이 모르고 어떠한 징계도 받지 않을지라도 거짓말을 한 당사자는 거짓말을 했다는 것을 알고 있기 때문에 자신의 거짓말을 상대방이 알고 있을지도 모른다는 불안감이 있습니다. 거짓말을 하였을 경우 상대방이 나를 쳐다보는 것이 마치 의심하는 것처럼 여겨지고 상대방이 질문하는 것이 마치 나를 추궁하는 것처럼 여겨집니다. 자신의 행동 때문에 계속하여 상대방의 반응과 몸짓과 말투를 관찰하게 되고 계속하여 염려하게 되고 행여 드러날지도 모른다는 압박감에 시달립니다. 거짓말을 한 사람은 거짓말이 드러나는 것과 상관없이 이미 거짓말을 행한 결과를 당하고 있는 것입니다. 거짓말에 대한 특별한 징계와 형벌이 없어도 이미 거짓말에 대한 결과에 시달리고 있는 것입니다. 행동과 결과는 구별되어 있는 것이 아니라 연결되어 있는 것입니다.

범죄와 죄의 결과

기독교는 죄된 행동에는 이미 결과가 있다고 가르칩니다. 죄된 행동을 하면 당연히 죄된 결과가 나오고 선한 행동을 하면 당연히 선한 결과가 나온다고 선언합니다. 그래서 죄를 지을 때에 범죄함이 누구에게 발각되었는지의 여부를 따지지 않습니다. 왜냐하면 범죄가 발각된 것과 발각되지 않은 것이 다르지 않기 때문입니다. 어떤 사람이 선한 행동을 했할 경우 그 사람의 선한 행동을 누군가가 보았는가 혹은 아무도 보지 못하였는가를 궁금해 하지 않습니다. 왜냐하면 선한 행동을 했을 때에 그 선한 마음에 가지고 있는 자유와 평화와 안식이 누가 보았는가 안 보았는가에 따라 달라지지 않기 때문입니다. 당연한 방식으로 범죄를 행할 때 누군가 범죄함을 보고 범죄에 대한 징계를 내려야 하고, 징계 할 수 있는 분이 있어야 한다고 생각하지 않는 것입니다. 선한 행동을 할 때 혹시 사람은 못 봐도 누군가는 그 선한 행동을 보아 상응하는 상급을 주어야 한다고 생각하지 않는 것입니다. 기독교는 행동과 결과가 같다고 보는 것입니다.

　행동과 결과를 구별하는 습관이 기독교의 방식, 하나님의 방식에 대한 오해와 왜곡을 만들어 냅니다. 종종 성도들이 하나님을 두려워하는 것을 봅니다. 성도들이 하나님을 두려워하는 이유는 하나님이 징계하시고 형벌을 내리신다고 생각하기 때문입니다. 어떤 사람이 거짓말을 하면 자신이 거짓말로 상대방을 속일 수 있다고 생각하는 것입니다. 만약 자신의 거짓말에 아무도 속지 않을 것이라고 생각한다면 거짓말을 하지 않을 것입니다. 사람을 속일 수 있는 자신감을 가지고 거짓말을 하면서도 한편으로는 내면에 약간 꺼림칙한 마음을 가집니다. 왜냐하면 거짓말로 상대방 사람을 속일 수는 있지만 하나님을 속일 수 없고 하나님이 보고 계시다고 느낌이 들기 때문입니다. 상대방은 자신이 충분이 속일 수 있기에 걱정하지 않고 오직 하나님이 한 번만 자신의 거짓말을 듣지 마시고, 한 번만 자신이 거짓말을 하고 있다는 것을 눈감아 주었으면 하는 바람을 갖고 있습니다. 바로 그때 거짓말을 시도하는 사람이 하나님께 기도를 합니다. '하나님! 한번만 눈감아 주세요. 하나님! 한번만 그냥 슬쩍 지나쳐 주세요. 하나님! 한 번만 못보신 것으로 해 주세요' 라고 간구합니다. 사람들 생각에 하나님은 내가 죄를 지을 경우 징계하시고 처벌하시고 형벌하시고 심판하시기 때문에 하나님만 눈감아 주면 된다고 여기는 것입니다. 이러한 사고방식이 바로 기독교에 대한 오해요 하나님에 대한 오해입니다.

　하나님은 인간을 벌주고 형벌 내리고 진노하고 심판하고 저주하지 않습니다. 행동과 결과는 자동적으로 연결되어 있고 그러기에 기독교가 필요한 것입니다. 행동과 결과가 필연적이기에 인간에게는 하나님이 계셔야 하는 것입니다. 어떤 사람이 선한 행동을 하여 선한 결과를 맞이하는 경우에는 이미 선한 행동을 할 수 있고 선한 결과를 맞이하였기 때문에 특별히 하나님이 도와주지 않으셔도 됩니다. 하지만 인간이 범죄를 행하여 죄의 결과를 당할 때에는 반드시 하나님이 계셔야 합니다. 왜냐하면 인간이 범죄를 행하여 죄의 결과를 당하고 인간이 죄의 결과에 사로잡혀 있을 때에 인간은 스스로 죄의 결과에서 벗어날 수 없기 때문입니다. 인간이 범죄를 행하여 죄의 결과에 허덕이고 있고 스스로 벗어날 수 없기 때문에 하나님이 인간을 도우러, 하나님이 인간을 구하러, 하나님이 인간을 건져내러, 하나님이 인간을 살려내려고 오시는 것입니다. 하나님은 인간에게 무조건 좋으신 분이고 하나님은 인간을 무조건 도와주시는 분입니다.

사하여 주옵소서

행동과 결과는 동시 사건이요 하나의 사건입니다. 그렇기 때문에 기독교에는 용서를 빈다는 개념이 없는 것입니다. 어떤 사람이 죄를 지었기에 잘못을 빌고 사죄함을 받고 싶다면 대상을 바르게 분별해야 합니다. 첫째, 어떤 사람이 죄를 지었기에 죄에게 사죄하며 용서를 구할 수 없습니다. 죄인이 죄를 지었음에도 불구하고 죄 또는 사단에게 사죄를 구할 수 없습니다. 죄를 지었을 때, 잘못했다고 한번만 용서해달라는 사죄를 할 때에는 자신이 용서를 구하면 상대방이 자신을 용서해 줄 수도 있다는 기대와 소망이 있는 경우입니다. 만약 상대방이 찔러도 피한방울 안 나오고 도무지 용서를 베풀지 않은 상대방인 것을 알고 있다면 비록 내가 큰 잘못을 해도 용서를 빌지 않습니다. 아마도 용서를 비는 대신 당할 결과를 준비하며 각오를 단단히 다지고 있을 것입니다. 인간이 죄를 범하는 경우 죄에게는, 사단에게는 사죄를 구해봐야 아무런 소용이 없기에 사단에게 용서를 구할 수 없습니다. 왜냐하면 죄 또는 사단에게는 용서라는 개념 자체가 없기 때문입니다.

둘째, 하나님께도 빌 수 없습니다. 용서를 구하는 것은 벌을 주는 대상에게 하는 행동입니다. 정죄하지 아니하고 징계나 형벌을 내리지 아니하는 자에게는 용서해달라는 간구를 해야 할 이유가 없습니다. 징계하지 않은 자에게 징계를 철회해달라고 요청하는 것은 어리석은 일이요 무익한 일입니다. 형벌과는 관계없고 형벌을 주시지도 않고 형벌을 생각지도 않는 대상에게 제발 형벌을 면하게 해달라고 간구하는 것은 헛된 일일 뿐입니다. 하나님은 징계하시는 분이 아니시기에 하나님에게는 용서를 구할 이유가 없는 것입니다. 결국 죄에게는 빌어봐야 소용이 없기 때문에 빌 수가 없고 하나님께는 빌 이유가 없으니까 빌 수가 없는 것입니다. 다윗이 자책하는 마음이 들어서 스스로 하나님께 나가 사하여 달라고 구하는 행동은 얼핏 생각하면 아주 실신한 것처럼, 얼핏 보면 매우 믿음에 서있는 행동인 것처럼 보이지만 실제로는 비기독교적인 행동이요, 비하나님적인 행동이요, 비신앙적인 행동입니다. 다윗은 아직도 신앙이 무엇인지, 하나님을 믿는다는 것이 무엇인지 구분하지 못하고 있는 것입니다.

뒤집어 씌우기

백성 사랑?

본문에 다윗이 행하는 또 하나 아주 어이없는 장면이 나옵니다. 하나님은 아무 말씀 안하셨는데 다윗이 하나님 앞에 나가 잘못했다고 아뢰었습니다. 하나님께서 선지자 갓을 보내어 다윗에게 셋 중에 하나를 고르라고 하십니다. 24장 13절 "갓이 다윗에게 이르러 아뢰어 이르되 왕의 땅에 칠 년 기근이 있을 것이니이까 혹은 왕이 왕의 원수에게 쫓겨 석 달 동안 그들 앞에서 도망하실 것이니이까 혹은 왕의 땅에 사흘 동안 전염병이 있을 것이니이까 왕은 생각하여 보고 나를 보내신 이에게 무엇을 대답하게 하소서"입니다. 다윗의 반응을 신중하게 분별하셔야 합니다. 하나님께서는 아무 지적도 하지 않았음에도 불구하고 자신이 스스로 하나님께 나아가 잘못했다고 고백하였고 죄를 사하여 달라고 간구하였을 때 하나님은 용서를 언급하지 않으신 채 세 가지 상황을 제시하시고 한 가지를 선택하도록 하셨습니다. 다윗이 자책하는 마음이 있고 자신의 죄를 통감하면서 하나님 앞에 사죄하였다면 하나님께서 제시하는 상황을 달게 받아드리며 담담하게 자신의 과오에 대한 응분의 대가를 받겠다는 자세로 선택을 하여야 정상입니다.

다윗은 하나님께서 말씀하신 대로 세 가지 상황 중에 한 가지를 선택하지 않습니다. 도리어 교활하게 하나님께 대답을 하는 것이 14절입니다. "다윗이 갓에게 이르되 내가 고통 중에 있도다. 청하건대 여호와께서는 긍휼이 크시니 우리가 여호와의 손에 빠지고 내가 사람의 손에 빠지지 아니하기를 원하노라 하는지라" 입니다. 다윗의 대답은 '하나님 제가 곤경에 빠졌습니다. 제가 알기로는 여호와는 긍휼이 크시고 여호와는 자비가 크신 분이십니다. 제가 차라리 자비가 많으신 하나님 손에 빠질지언정 사람 손에 빠지지는 않기를 원합니다. 여호와는 긍휼하신 분이십니다' 라는 의미가 아닙니다. 다윗은 자신이 하나님께 자백하고 간구하였는데 하나님이 용서를 선언하지 않으시는 것에 대하여 깜짝 놀라고 당황해 하는 것입니다. 다윗은 '하나님! 제가 사죄했는데 용서가 아니고 셋 중에 하나를 고르라고요?' 라고 말하는 것입니다. 24장 14절은 다윗의 여호와를 위한 신앙고백이 아니라 여호와에게 아부성 발언을 하는 것입니다.

다윗이 선택을 하지 않자 여호와께서 행동을 하십니다. 15절 "이에 여호와께서 그 아침부터 정하신 때까지 전염병을 이스라엘에 내리시니 단에서부터 브엘세바까지 백성의 죽은 자가 칠만 명이라" 입니다. 사람들은 본문을 읽고 하나님은 긍휼이 크신데 이스라엘 백성 가운데 온역을 보내서 칠만 명이나 죽인 사실에 대해 놀랍니다. 여호와께서 징계하셨다, 여호와께서 큰 화를 내리셨다, 여호와께서 큰 저주를 내리셨다고 말합니다. 이러한 생각과 말은 옳지 않습니다. 여호와는 징계하는 분이 아니요 벌주시는 분이 아닙니다. 14절에서 "여호와께서는 긍휼히 크시니"라고 말했던 다윗이 하나님께서 이스라엘을 온역으로 칠만이나 죽이시자 이제는 하나님께 나가 도리어 큰소리를 칩니다. 17절 "다윗이 백성을 치는 천사를 보고 곧 여호와께 아뢰어 이르되 나는 범죄하였고 악을 행하였거니와 이 양 무리는 무엇을 행하였나이까 청하건대 주의 손으로 나와 내 아버지의 집을 치소서 하니라"입니다. 다윗의 말을 잘 이해하셔야 합니다. 다윗의 말을 '하나님, 저는 범죄하였고 악을 행하였습니다. 마음에 자책이 들어 하나님께 용서해 달라고 간구했지만 하나님께서 용서하지 않으시고 징계를 내리시면 달게 받겠습니다. 죄지은 사람이니 벌을 받겠습니다. 징계를 내리시려면 죄인인 저에게 내리셔야지 왜 백성들에게 전염병을 내리시어 죽게 하십니까? 이 백성들이 무엇을 잘못했습니까? 내가 잘못했으면 나를 징계하셔야지 백성들을 징계하셔서 내가 왕으로서 백성들 아파하는 모습을 보게 하십니까? 내가 잘못 했는데 백성이 전염병으로 칠만이나 죽어나가는 것을 보니까 이 참담한 마음, 이 비참한 마음, 이 상한 마음, 이 긍휼한 마음을 도무지 감당할 수 없습니다. 하나님, 제가 나쁜 놈입니다. 백성 대신 저에게 전염병이 들게 하옵소서' 라고 생각하시면 안 됩니다. 만약 다윗의 말을 위와 같은 생각으로 이해하시면 다윗과 하나님에 대한 이해가 바뀌어진 것입니다. 마치 다윗은 긍휼이 크고 자비가 많고 백성을 위할 줄 알고 백성들의 짐을 대신 짊어지려는 성군이 되고, 하나님은 오직 정의만을 주장하는 경직된 분으로 범죄한 자는 반드시 징계하시고 한 사람 왕의 범죄에 대하여 일벌백계一罰百戒로 백성을 칠만 명이나 죽여 버리시는 잔인한 분이 되어버리는 것입니다.

다윗의 교활함

만약 다윗이 백성을 사랑하는 마음이 있었다면 하나님께서 세 가지 상황 중에 선택하라고 권면하셨을 때 바른 선택을 했어야 합니다. 하나님이 제시하신 것은 '왕의 땅에 칠 년 기근이 있을 것', '왕이 왕의 원수에게 쫓겨 석 달 동안 그들 앞에서 도망하실 것', '왕의 땅에 사흘 동안 전염병이 있을 것' 이었습니다. 다윗이 백성을 사랑하였다면 왕의 땅에 칠 년 기근이 들어 백성이 핍절할 수 있는 상황을 피했어야 하고 왕의 땅에 사흘 동안 전염병이 있어 백성이 죽을 수 있는 상황을 피했어야 합니다. 다윗이 백성을 사랑하였다면 빨리 '왕이 왕의 원수에게 쫓겨 석 달 동안 그들 앞에서 도망하는 것' 즉 백성에게는 영향이 없고 오직 자신이 감당해야 하는 일을 선택했어야 합니다. 더 나아가 자신이 왕이기에, 행여 왕이 도망을 가면 신하들과 군사들과 많은 백성들이 왕을 수발하기 위하여 동행할 수 있기에 하나님께 오직 자신만 원수에게 쫓길 뿐 백성들은 자신들의 땅에서 평안히 거할 수 있게 해달라고 청원했어야 합니다. 자신의 죄를 자책하고 자신의 죄된 행동에 대한 형벌을 받을 마음이 있었고 백성을 사랑하였다면 당연히 자신이 모든 책임을 지고 모든 결과를 당하겠다고 하나님께 요청했어야 합니다. 다윗은 하나님이 선택을 제시했을 때는 "여호와께서는 긍휼이 크시니"라고 아부를 하고 정작 자신은 죄의 결과에서 벗어나고 자기 대신 백성이 칠 만명이나 죽게 만들었습니다. 그리고는 여호와께 이르기를 "나는 범죄하였고 악을 행하였거니와 이 양 무리는 무엇을 행하였나이까?"라고 마치 백성을 위해 항변하듯 말하고 "청하건대 주의 손으로 나와 내 아버지의 집을 치소서"라고 마음에도 없는 교활한 말을 쏟아내고 있습니다. 자신이 원수에게 쫓기는 것을 선택하여 백성에게 위험이 임하지 않도록 막아주는 일을 전혀 하지 않은 채, 이미 백성이 죽은 후에 이미 상황이 종료된 후에야 백성을 사랑하는 듯 자신의 집을 치시라고 무의미하고 무가치한 말을 하고 있을 뿐입니다. 다윗의 행동은 신앙적 행동, 백성을 위하는 신실한 행동이 아닙니다.

다윗과 백성의 공통점

하나님은 한 사람의 잘못으로 온 백성을 죽음으로 몰아넣으시는 분이 아닙니다. 사람들이 오해하는 것은 성경에 어떤 한 사람의 어떤 한 행동이 나오면 다른 사람은 전혀 그런 행동을 하지 않고 오직 그 사람만 그런 행동을 한 것으로 생각한다는 것입니다. 사무엘하 24장에서 다윗은 스스로가 고백했듯 죄가 있고 백성은 아무런 죄가 없는 것이 아닙니다. 성경에서 특정 사건과 특정 인물이 등장하는 것은 단지 특정 사건과 인물로 국한시키는 것이 아니라 도리어 특정 사건과 인물이 모든 시대와 모든 인간을 대변하는 것입니다. 예를 들어, 이스라엘 백성이 출애굽하여 광야를 지난 후 가나안 땅을 정복할 때에 아이 성을 정복하는데 실패합니다. 여호수아 7장에 의하면 아이 성을 정복하는데 실패한 이유가 아간이 여리고성을 정복한 후 노략물을 감추었기 때문이라고 기록되어 있습니다. 11절 "이스라엘이 범죄하여 내가 그들에게 명령한 나의 언약을 어겼으며 또한 그들이 온전히 바친 물건을 가져가고 도둑질하며 속이고 그것을 그들의 물건들 가운데 두었느니라"입니다. 성경의 표현은 이스라엘 백성 중에 오직 한 사람 아간만이 노략물을 감추었다는 의미가 아닙니다. "이스라엘이 범죄"한 것이요 "그들이" 온전히 바친 물건을 가져가고 도둑질하며 속이고 그것을 "그들의" 물건들 가운데에 둔 것입니다. 아간만이 아니라 이스라엘 모든 사람이 동일하게 행동한 것입니다. 아간은 단지 이스라엘의 대표요 샘플인 것입니다.

사무엘하 24장도 동일한 패턴입니다. 다윗만 범죄하고 백성들은 무흠무오한 것이 아닙니다. 다윗과 이스라엘은 동일한 사고방식을 가지고 있고 동일한 행동을 한 것이요 대표적으로 다윗의 행동이 소개되어 있는 것입니다. 다윗 개인의 범죄에 대하여 하나님이 잔인에게 백성 칠만을 죽이신 것이 아닙니다. 도리어 모든 백성이 다 하나님께 범죄하여 "이스라엘에서 칼을 빼는 담대한 자가 팔십만 명이요 유다 사람이 오십만 명"이었기에 실제로는 백 삼십 만 명이 죽어나가도 당연한데 경우 칠만 명만 죽은 것입니다. 백 삼십 만 명이 죽음을 당해야 하는 상황에서 하나님이 이스라엘을 막아주시고 보호하여 주셔서 칠 만 명만 죽는 정도에 그치게 된 것입니다.

뒤집어 쓰기

다윗은 왕으로서 백성의 짐을 대신 지는 것이 아니라 도리어 자기는 마치 조금 신실하고 의로운 것처럼 드러내고 모든 것을 하나님의 진노, 하나님의 형벌로 덤터기를 뒤집어씌우고 있습니다. 인간이 견디기 힘든 것 중에 가장 힘든 것은 추위나 배고픔이나 잠못자는 것이 아니라 억울함이라고 합니다. 억울한 누명을 쓰면 반드시 풀어내려고 갖은 노력들을 다합니다. 본문에서 하나님은 다윗에 의하여 오해받고 있으며 왜곡되고 있으며 변질되는 억울함을 당하고 있습니다. 만약 하나님이 오해와 억울함을 풀려고 하시면 당장에 다윗과 시시비비를 가리시고 백성들과 자초자종을 따지면서 변론하시면 됩니다. 그러나 하나님 한 번도 인간들에게 '누가 옳은지 그른지 변론하자. 누가 맞는지 틀리는지 밝혀보자' 는 말씀을 하지 않으십니다. 왜냐하면 하나님은 행동과 결과가 연결되어 있다는 것을 알고 계시기 때문입니다.

인간이 범죄하면 시시비비가 밝혀졌느냐 안 밝혀 졌느냐와 관계없이 이미 그 행동에는 상응하는 결과가 있습니다. 사람들은 행동과 결과가 다르다고 생각을 하기에 누군가 죄를 지으면 반드시 죄를 밝혀서 죄에 해당하는 형벌을 내려야 한다고 주장하는 것입니다. 하지만 기독교는 죄를 밝히지 않아도 죄를 지었으면 죄의 결과가 오고 선을 행했으면 선의 결과가 임하는 것을 알고 있기에 특별히 죄를 밝히고 징계를 내리자는 주장을 하지 않아도 되는 것입니다.

인간이 아무리 하나님께 덤터기를 씌워도, 인간이 하나님께 누명을 씌워도 하나님은 다 당해주십니다. 마치 다윗은 의로운데 하나님이 진노하고 하나님이 형벌하고 하나님이 잔인하다고 해도 하나님은 다윗에게 한 말씀도 하지 않으십니다. 하나님의 변론은 인간의 죄를 밝혀내는 것이 아니라 도리어 인간을 구원하시는 것입니다. 이사야 1장 18절 "여호와께서 말씀하시되 오라 우리가 서로 변론하자"고 인간을 초청하십니다. 인간의 변론은 누가 악한 자인지 밝히고 누가 벌을 받아야 되는지 밝히는 행위입니다. 하지만 하나님의 변론은 전혀 차원이 다릅니다. "오라 우리가 서로 변론하자. 너희의 죄가 주홍 같을 지라도 눈과 같이 희어질 것이요 진홍 같이 붉을지라도 양털 같이 희게 되리라" 입니다. 인간은 '너희 죄가 주홍 같다, 너희 죄가 진홍 같이 붉다' 는 결론에 도달합니다. 인간의 변론에 의하면 모든 인간이 죽어야 마땅합니다. 하지만 하나님의 변론은 죄를 밝히는 것이 목적이 아닙니다. 하나님은 '나는 하나님이다, 나는 너희를 만든 자이다, 나는 너희를 돕는 자이다, 나는 너희를 구원하는 자이다, 나는 너희를 위해주는 자이다. 우리 서로 변론하자' 고 하십니다. 하나님과 인간의 변론의 결론은 "너희의 죄가 주홍 같을지라도 눈과 같이 희어질 것이요 진홍 같이 붉을지라도 양털 같이 되리라"입니다. 하나님은 '내가 너를 돕는 하나님으로서 너의 주홍 같은 죄를 눈과 같이 희어지게 만들어줄 것이요 너의 진홍 같이 붉은 죄도 양털 같이 되게 할 것이다' 라고 선언하시는 것입니다. 하나님께서는 '내가 모든 누명 다 쓰고 내가 모든 덤터기 다 뒤집어쓰고 내가 모든 억울함 다 당하여서 너를 쉬게 하고 너를 자유롭게 하고 너를 안식하게 하고 너를 평화롭게 하기 위하여 내가 예수도 보내고 내가 그를 십자가에 달려 죽게 하고 예수를 무덤에 가게 해서라도 내가 너희를 살려내고 내가 너희를 구해내고 내가 너희를 의롭게 만들고 내가 너희를 자유롭게 하겠다'고 말씀하시는 분이십니다. 하나님이 그렇게 변론하여 우리를 살리고 우리를 깨끗하게 하고 우리를 의롭게 하고 우리를 거룩하게 하고 우리를 정결케 하고 우리로 하여금 자유롭게 하고 풍성케 하기 위하여 예수를 보내셨고 우리와 변론하셔서 우리를 새 사람 되게 하셨습니다. 하나님의 마음을 아시고 하나님의 심정을 아시고 하나님의 방식을 아시고 하나님의 원리를 아셔서 하나님의 뜻대로 하셔서 하나님의 은혜를 삶 속에서 풍성히 누려 가시기를 주님의 이름으로 축원합니다.

24
재앙이 그쳤더라

사무엘하 24 : 18 ~ 25

18 이 날에 갓이 다윗에게 이르러 그에게 아뢰되 올라가서 여부스 사람 아라우나의 타작 마당에서 여호와를 위하여 제단을 쌓으소서 하매 19 다윗이 여호와께서 명령하신 바 갓의 말대로 올라가니라 20 아라우나가 바라보다가 왕과 그의 부하들이 자기를 향하여 건너옴을 보고 나가서 왕 앞에서 얼굴을 땅에 대고 절하며 21 이르되 어찌하여 내 주 왕께서 종에게 임하시나이까 하니 다윗이 이르되 네게서 타작 마당을 사서 여호와께 제단을 쌓아 백성에게 내리는 재앙을 그치게 하려 함이라 하는지라 22 아라우나가 다윗에게 아뢰되 원하건대 내 주 왕은 좋게 여기시는 대로 취하여 드리소서 번제에 대하여는 소가 있고 땔나무에 대하여는 마당질 하는 도구와 소의 멍에가 있나이다 23 왕이여 아라우나가 이것을 다 왕께 드리나이다 하고 또 왕께 아뢰되 왕의 하나님 여호와께서 왕을 기쁘게 받으시기를 원하나이다 24 왕이 아라우나에게 이르되 그렇지 아니하다 내가 값을 주고 네게서 사리라 값 없이는 내 하나님 여호와께 번제를 드리지 아니하리라 하고 다윗이 은 오십 세겔로 타작 마당과 소를 사고 25 그 곳에서 여호와를 위하여 제단을 쌓고 번제와 화목제를 드렸더니 이에 여호와께서 그 땅을 위한 기도를 들으시매 이스라엘에게 내리는 재앙이 그쳤더라

죄인의 한계

성경은 이스라엘이라는 한 나라에 관한 이야기가 아니라 인류 전체, 모든 인간에 관한 이야기입니다. 모든 인류와 민족, 국가들을 죄인이라는 동일한 관점에서, 특별히 이스라엘이라는 한 나라의 예를 통해서 살펴보고 있는 것입니다. 만약 성경이 말 그대로 이스라엘이라는 특정한

나라의 이야기라면 저와 여러분은 그 이야기를 살펴볼 이유가 없습니다. 우리가 이스라엘도 아니고 이스라엘에 가서 살 것도 아니고 또 우리의 처지와 환경이 이스라엘과 비슷한 것도 아니고 우리나라의 역사, 우리나라 이야기도 모르는데 외국의 사례를 연구할 이유가 없습니다. 성경은 또한 다윗이라는 한 개인의 업적과 공헌에 초점이 맞추어져 있지도 않습니다. 사무엘상하 전체를 통해서 강조했던 것이 성경은 절대로 영웅을 만들지 않는다는 것이었습니다. 성경이 영웅을 만들지 않는 이유는 간단합니다. 영웅이 필요하지 않기 때문입니다. 특별히 영웅이 해야 할 일이 없기 때문입니다. 한 사람이 인류를 위해서 얼마나 큰 공헌을 하고 한 사람이 인류를 위해서 얼마나 위대한 일을 할 수 있을까라는 기대를 하지 마시기 바랍니다. 성경은 다윗이 하나님을 위하여 얼마나 위대한 일을 했는가를 기록하지 않았습니다. 또 다윗이 이스라엘의 신앙 교육을 위하여 얼마나 위대한 일을 했는가를 언급하지도 않았습니다. 우리가 다윗에게서 본받아야 할 것이 무엇인지도 제시하지 않습니다. 성경이 다윗의 이야기를 기록한 것은 특별히 다윗의 이야기를 기록한 것이 아니라 모든 사람의 이야기를 다윗의 예를 들어 하나님이 인간에게 기대하고 원하고 바라시는 것이 무엇인가를 가르쳐주려고 설명하고 있는 것입니다.

 죄인이 가장 못하는 것 중에 하나가 동일시입니다. 죄인은 나와 다른 사람은 같다는 것을 인정할 줄 모릅니다. 죄인들의 가장 큰 강조점은 나는 다른 사람과 다르다는 것입니다. 죄인들이 가장 잘 하는 것이 다르다는 구별이고, 가장 못하는 것이 같다는 동일시입니다. 인간이 역사를 통해 절대로 아무것도 배울 수 없는 이유가 바로 동일시를 하지 못하기 때문입니다. 다른 사람의 실패를 수도 없이 보고 확인해 놓고도 또다시 그 행위를 합니다. 왜냐하면 나는 그 사람과 다르기 때문에 나는 다른 결과를 얻을 수 있을 것으로 생각하기 때문입니다. 성경에 나오는 다윗의 이야기, 이스라엘의 이야기는 바로 나의 이야기라는 것을 전제로 들으셔야 합니다.

이스라엘을 향하여 진노하사

하나님의 기준

사무엘하 24장 1절을 읽고 성도들이 오해할 가능성이 많이 있습니다. 24장에 대한 제목을 정한다면 아마도 '다윗의 범죄' 또는 '다윗의 인구조사'가 가장 많이 등장할 것입니다. "여호와께서 다시 이스라엘을 향하여 진노하사 그들을 치시려고"라고 기록되어 있습니다. 하나님이 다윗을 향하여 진노하사 다윗을 치시려고 말씀을 하신 것이 아닙니다. 24장은 다윗이라는 사람의 범죄, 다윗이라고 하는 사람의 실수, 다윗이라는 사람의 하나님에 대한 불순종을 말하려는 것이 아닙니다. 모든 백성들은 신실하고 정직하고 믿음으로 생활하고 있는데 오직 다윗은 왕으로써 강퍅하고 완악하여 잘못을 행하고 있기에 다윗의 범죄를 기록하는 것이 아닙니다.

24장을 읽으면서 이스라엘 모든 사람의 범죄 또는 나의 범죄, 우리의 범죄라고 생각하지 않고 다윗의 범죄 또는 어떤 사람의 잘못이라고 생각하는 것에는 나름대로의 그만한 이유가 있습니다. 사람들은 24장의 주제를 이스라엘의 범죄라고 생각하기 보다는 다윗의 범죄라고 생각을 합니다. 왜냐하면 이스라엘 백성들은 평범한 백성이고 왕 다윗은 하나님이 특별히 세운 하나님의 사람이기에 하나님은 백성들과는 다르게 왕에게는 더 특별한 더 고상한 더 수준 높은 요구를 하고 있을 것이라고 생각하기 때문입니다. 하나님이 세우고 하나님이 가르치고 하나님이 양육하여 하나님의 종으로 쓰임받고 있는 다윗과 하나님이 불러서 하나님의 백성 삼은 이스라엘 즉 백성과 왕에게 하나님이 적용하는 기준과 하나님이 요구하는 내용은 같은 것이니다. 하나님은 누구에게는 더 나은 것, 누구에게는 더 수준 높은 것을 요구하고 누구에게는 일반적인 것을 요구하는 방식으로 인간을 차별하여 다루지 않습니다. 하나님 앞에 모든 인간은 동일하기 때문에 하나님은 모든 인간에게 동일한 기준을 요구하십니다. 각 사람의 직분과 직업과 신분과 위치들과 상관없이 모든 인간이 하나님 앞에서 동일합니다. 그래서 하나님은 왕이든 백성이든 누구에게든 하나님의 동일한 기준을 적용하고 동일 한 것을 요구 하십니다.

하나님은 다윗을 왕으로 세우면서 다윗에게 '너는 이제 왕이 되었으니 특별한 헌신과 특별한 충성과 특별한 희생을 하라' 고 요구하신 적이 한 번도 없습니다. '백성들이 하지 않는 위대한 역사를 이루어라' 고 요구한 적도 없습니다. 하나님이 다윗을 왕으로 세우면서 요구한 것은 모든 백성들에게 했던 것과 똑같습니다. '하나님 말씀을 늘 읽고 백성들 위에 교만하지 말라' 는 말씀뿐입니다. 백성에게나 왕에게나 하나님의 기대와 요구는 언제나 같다는 것입니다.

교훈을 주는 방식

24장 1절에는 특정한 다윗의 범죄나 이스라엘의 범죄 행위가 기록되어 있지 않습니다. 단지 "여호와께서 이스라엘을 향하여 진노하사 그들을 치시려고 다윗을 격동시키사 가서 이스라엘과 유다의 인구를 조사하라 하신지라"고 기록되어 있습니다. 마치 하나님께서 이스라엘에 대해 못 마땅하시지만 특별히 혼내줄 명분이 없기에 하나님께서 다윗의 마음을 살짝 충동질 하여 인구조사를 하게 해서 그것을 빌미로 이스라엘과 다윗을 진노하려고 하시는 것처럼 느껴질 수 있습니다. 하지만 하나님은 인간을 충동시키시고 인간으로 하여금 범죄하게 하시고 범죄를 빌미로 징계하시는 분이 아닙니다. 만약 하나님이 이스라엘을 책망하시려고 그 중에 한 사람을 충동시켜서 죄를 짓게 하고 그 죄를 빌미로 징계를 하신다면 아무도 하나님을 믿으려 하지 않을 것입니다. 하나님께서 선한 목적을 위해서 선한 방법이 아닌 악한방법을 동원하시면 하나님은 공의로우신 하나님이 될 수 없고 공평하신 하나님이 될 수 없고 인간을 심판하실 수 없습니다. 하나님이 인간을 심판하기 위해 덫을 놓고 덫에 걸렸다고 여호와의 사자를 동원하여 죽이고 살육하고 심판하고 징계하면 아무도 살아날 자가 없습니다.

본문은 하나님이 다윗을 충동질하여 다윗을 죄를 범하게 하고 이스라엘을 책망하시는 내용이 절대로 아닙니다. 본문의 배경에서 이스라엘과 다윗은 모두 이미 죄를 범한 상황 가운데 살고 있습니다. 하나님의 원리에 불순종한 상황 가운데 살고 있습니다. 늘 하나님의 은혜, 하나님의 원리 안에 살던 사람은 한 가지를 잘못하면 얼른 잘못을 인식합니다. 하지만 늘 죄의 원리로 살던 사람은 중대한 범죄를 행하였음에도 불구하고 자신이 죄의 원리로 행하고 있다는 사실을 인식하지 못합니다. 죄인이 '내가 지금 죄를 지고 있다'는 것을 알아야 교육이 되고 '내가 지금 잘 못 되고 있다'는 것을 느껴야 고칠 수 있는데 죄 가운데 있으면서도 죄를 인식하지 못하면 가르침을 받거나 고침을 받을 수 없습니다. 이스라엘과 다윗 모두가 죄의 원리 속에 익숙해져 있을 때에 하나님께서는 마치 음모를 꾸미시듯, 마치 하나님께서 이런 상황을 만들어 가시듯, 마치 하나님께서 다윗을 충동질 하시는 것처럼 표현하며 이스라엘을 가르치려는 의도인 것입니다. 하나님은 하나님의 권위를 나타내고자 백성들을 곤고함으로 몰아내는 분이 절대로 아닙니다. 반대로 백성들이 곤고함에 빠져 있을 때에 백성들을 치유하기 위하여 누명을 쓰시는 하나님이십니다.

하나님의 판단

인구조사

다윗이 인구조사를 행합니다. 이스라엘의 범죄, 다윗의 범죄로 드러나는 사건이 인구조사입니다. 성경은 인구조사 자체를 문제 삼지 않습니다. 모세도 인구조사를 두 번씩이나 행했지만 한 번도 혼난 적이 없습니다. 어떤 공동체가 인구조사를 하는 것은 공동체를 운영하기 위한 가장 중요한 기초 자료로서 필요한 것입니다. 하나님도 인구조사 자체를 거부하거나 부인하시는 것이 아닙니다. 중요한 것은 다윗이 왜 인구조사를 하고 싶어 했는지를 알아야 하는 것입니다. 다윗이 인구조사를 계획한 것은 자신이 통치하는 나라의 부강함과 번성함을 자랑하고 싶었기 때문입니다. 다윗뿐만 아니라 이스라엘도 인구조사를 하고 싶었던 이유는 자신들이 얼마나 강성하고 커졌는가를 자랑하고 싶어서입니다.

하나님은 이스라엘 백성이 '우리가 커졌다. 우리가 부강해졌다. 우리가 튼튼해졌다. 우리가 이렇게 강성해졌다' 고 자랑하는 것을 싫어하셔서 인구조사 하는 것을 거부하시는 것이 아닙니다. 하나님은 이스라엘 백성이 '우리나라가 이렇게 커진 것은 하나님 때문이 아니라 우리가 잘한 결과다' 라고 하나님께 영광을 돌리지 않아서 불쾌해 하시는 것도 아닙니다. 만약 하나님과 인간 사이에 경쟁이 붙으면 하나님은 인간 편을 들어주십니다. 인간들은 자신들의 수고와 공로를 인정받기를 좋아하지만 하나님은 하나님이 행하신 공적을 주장하거나 내세우지 않으십니다. 하나님과 인간이 대립되면 하나님은 모든 공적을 인간에게 돌려주시는 분입니다.

인간을 치하하심

노아시대에 모든 인간이 죄를 지었습니다. 하나님이 노아를 선택하여 그를 의롭다 인정하셔서서 노아로 인하여 인간이 보존되게 하십니다. 하나님이 부르시지 않으면, 하나님이 세우시지 않으면, 하나님이 의롭다고 여겨주지 않으시면 노아는 없는 것입니다. 하지만 성경은 "노아는 의인이요 당대에 완전한 자라. 그는 하나님과 동행하였으며"라고 기록합니다. 하나님이 노아를 의인으로 여겨주시고, 하나님이 노아를 완전한 자로 여겨 주시는 것입니다. 성경은 마치 노아가 없었으면 하나님도 어찌할 수 없었던 것처럼 표현을 하는 것입니다.

하나님께서 아브람을 부르시는 장면도 동일합니다. 하나님이 아브라함을 도우시고 편들어 주십니다. 아브라함이 이삭을 바칠 수 있도록 하나님이 가르쳤고 믿음을 주셨습니다. 아브라함이 순종할 만한 믿음이 되었을 때에 이삭을 바치라고 말씀하시고 아브라함이 이삭을 바치매 하나님은 아브라함을 칭찬합니다. 하나님께서는 '아브라함이 믿을 수 없는 중에 믿었고 죽은 자 가운데서 살 것을 알았고 나를 위하여 제 아들 이삭도 중한 것으로 여기지 아니하여 바쳤느니라. 그래서 내가 아브라함을 의롭다 여겼느니라' 고 말씀하시며 마치 아브라함은 원래부터 믿음이 좋았던 것처럼 아브라함을 칭찬하십니다.

여호수아의 경우도 동일합니다. 여호수아가 제 아무리 열세바퀴를 돌아도 여리고성이 무너질 리가 없습니다. 하나님께서 함께 하시고 하나님께서 도와주셔야 여리고 성이 무너지는 것입니다. 그런데 성경에는 "백성들이 일찍 일어나 여호와의 말씀대로 순종하여 매일 한 바퀴를 돌더라. 마지막 날에는 여호와의 말씀대로 그들이 일찍이 일어나 그 말씀대로 행하여 일곱 바퀴를 돌더라. 소리를 지르라 하매 그들이 큰 소리를 지르므로 여리고 성이 무너지더라"고 기록되어 있습니다. 마치 이스라엘이 한 것처럼, 마치 사람이 한 것처럼 사람을 치하하시는 것이 하나님의 마음이요 하나님의 방식입니다.

하나님의 판단

하나님께서 인구조사를 통하여 문제 삼고 있는 주요 핵심, 하나님이 이스라엘과의 관계 속에서 행하신 가장 큰 일은 하나님을 알리셨다는 것입니다. 하나님이 이스라엘을 출애굽 시켰다는 것, 하나님이 이스라엘 민족을 많게 했다는 것, 하나님이 이스라엘에게 땅을 주셨다는 것, 하나님이 이스라엘에게 나라를 세워주셨다는 것, 하나님이 이스라엘에게 금이 많게 하셨다는 것이 중요한 것이 아니라 하나님께서 이스라엘을 대표로하는 모든 인간에게 하나님을 알게 하셨다는 사실이 가장 중요합니다. 하나님께서 인간에게 하나님을 알리신 이유는 하나님을 알리시지 않으면 인간들이 죄의 기준, 죄의 원리, 죄의 마음, 죄의 방식만을 가지고 있기 때문에 죄의 방식으로는 인간이 행복할 수 없기 때문입니다. 하나님의 관심은 인간의 행복입니다. 인간이 불행한 이유가 죄이고, 인간이 행복할 수 있는 방식이 하나님이시기에 인간의 행복을 위해서 하나님을 알리시는 것입니다.

하나님을 알리셨다는 것은 인간들은 하나님의 기준을 적용하고 하나님의 관점을 가지고 하나님의 방식을 가지고 하나님의 원리를 가져야 한다는 것을 의미합니다. 하나님을 모르면 죄의 기준을 가지고 죄의 질문을 하고 죄의 답변을 하고 죄의 결과가 나타납니다. 하나님의 기준이 들어와야 하나님의 관점을 가지고 질문을 하고 하나님의 관점으로 대답을 하고 하나님의 관점으로 평가를 하고 하나님의 관점의 정답이 나타납니다. 기준을 어떻게 갖느냐에 따라 전혀 다른 결과가 나타나기 때문에 하나님을 알고 하나님의 기준을 가져야 하는 것입니다. 하나님의 관심, 하나님의 관점, 하나님의 모든 기대는 인간의 행복이요 인간의 자유요 인간의 평안입니다.

하나님을 아는 사람은 모든 기준을 하나님의 관점에서, 인간의 행복이라는 관점에서, 질문을 해도 인간의 행복을 질문해야 되고 모든 것을 인간의 행복에 척도를 두어야 합니다. 하나님의 기준을 적용하느냐 죄의 기준을 적용하느냐에 따라 질문이 달라지고 답이 달라지고 결과가 달라집니다. 하나님의 기준을 적용하면 '행복하십니까?' 라고 질문합니다. 죄의 기준을 적용하면 '성장하셨습니까?' 라고 묻습니다. 하나님의 기준을 적용하면 '평안하십니까?' 라고 묻습니다. 죄의 기준을 적용하면 '상대를 이기셨습니까?' 라고 묻습니다. 하나님의 기준을 적용하면 '자유하십니까?' 라고 묻습니다. 죄의 기준을 적용하면 '지배하십니까?' 라고 묻습니다. 하나님의 기준을 적용하면 '삶을 누리고 계십니까?' 라고 묻습니다. 죄의 기준을 적용하면 '투자하고 계십니까?' 라고 묻습니다. 기준을 무엇으로 삼느냐에 따라 질문이 다르고 답변이 다르고 결과가 다릅니다.

다윗의 관심

다윗과 모든 이스라엘 백성들이 하나님의 기준을 가졌으면 '이 백성들이 평화로운가?', '이 백성들이 자유로운가?', '이 백성들이 안식하고 있는가?', '이 백성들이 공평하게 운영되고 있는가?'에 관심을 두었을 것입니다. 다윗이 하나님의 기준을 가졌으면 왕으로써 '이 나라에 억울한 사람들이 없는가?', '이 나라에 울분을 가진 자가 없는가?', '이 나라에 분해 하는 사람이 없는가?', '이 나라에서 모두가 태평성대를 누리고 있는가?'를 질문했어야 합니다. 하지만 다윗은 하나님의 관점이 아니었기에 '우리 군사가 몇 명인가?' '우리 돈이 얼마나 있는가?', '우리 나라가 얼마나 번성했으며 얼마나 컸는가?'를 질문하고 대답을 요구하고 평가하고 있는 것입니다. 백성들의 행복에 초점을 맞추지 않고 나라의 부유함에 관심을 두기에 이스라엘과 다윗은 자랑하려는 마음이 있는 것입니다. 다윗과 이스라엘이 부강하기 위해서는 상대가 약해야 하고, 다윗과 이스라엘이 승리하기 위해서는 상대를 이겨야 한다는 인식이 자리 잡고 있습니다. 인구조사 결과 칼을 빼는 담대한 자가 이스라엘에 팔십만 명이요 유다에 오십만 명입니다. 자그만치 백 삼십 만 명이 군대에 있으면, 온 백성이 군역에 시달리고 있는 것입니다. 다른 표현으로 평안하고 행복을 누리고 있는 백성은 거의 없다는 것입니다. 이스라엘과 다윗이 무엇에 기준을 두어야 하고, 무엇에 초점을 맞추어야 하고, 무엇에 관심을 가져야 하고, 무엇을 자랑해야 하는가에 실패하고 있는 것입니다.

하나님의 기준을 가지고, 하나님의 평가 방식을 가지면 모든 것이 하나님의 은혜라고 고백하며 모두가 다 기뻐하고 즐거워하며 감사할 수 있습니다. 그러나 인간의 방식, 죄의 방식을 적용하면 잘한 자와 잘 못한 자가 구별되고, 나은 자와 못한 자가 나누어지고, 책임자와 원인 제공자가 갈라지고 결국 분열과 다툼과 나뉨과 갈등만이 남습니다. 이스라엘 백성들은 하나님의 기준으로 백성들의 행복을 묻지 않고 나라가 얼마나 부강한가를 자랑하려고 했습니다. 기준이 잘못 됐고 질문이 잘못 됐고 방식이 잘못 되었습니다.

하나님을 아는 사람

선지자를 보내심

이스라엘을 가르치기 위하여 하나님은 다윗에게 세 가지의 상황을 제시하며 하나를 선택하도록 하십니다. 다윗은 선택하지 않았고 결국 이스라엘 백성 가운데 삼일 동안 전염병이 내려서 칠만 명이 죽었습니다. 16절 "천사가 예루살렘을 향하여 그의 손을 들어 멸하려 하더니 여호와께서 이 재앙 내리심을 뉘우치사 백성을 멸하는 천사에게 이르시되 족하다 이제는 네 손을 거두라 하시니 여호와의 사자가 여부스 사람 아라우나의 타작 마당 곁에 있는지라"입니다. 여호와의 천사가 여부스 사람의 지역에 등장한 것에 주목해야 합니다. 이스라엘 백성이 여호수아의 지휘로 가나안을 정복해 나갈 때에 가나안 지역 중앙에 정복하지 못한 성이 여부스 족속의 성이었습니다. 후에 여부스 성을 정복한 사람이 다윗입니다. 다윗이 하나님의 약속의 땅을 온전히 정복하고 여부스 성을 빼앗아 이름을 시온 성 또는 다윗 성으로 부르고 수도로 삼아 이스라엘이 번성하였습니다. 이스라엘이 자신들이 얼마나 번성했고 부강한지를 자랑할 때에 등장하는 대표적인 도시가 여부스인 것입니다.

이스라엘이 자기들이 가장 잘났다고 가장 번성하다고 자랑하는 여부스 지역에 여호와의 사자가 서 있는 것입니다. 18절 "이 날에 갓이 다윗에게 이르러 그에게 아뢰되 올라가서 여부스 사람 아라우나의 타작 마당에서 여호와를 위하여 제단을 쌓으소서"라고 권면합니다. 갓 선지자는 다윗으로 하여금 자신들의 교만의 극치인 지역, 죄의 사고방식을 가장 극명하게 드러내는 지역에서 하나님께 제단을 쌓게 하는 것입니다. 즉 자신들의 교만의 자리에서 하나님께 예배함으로 자신들의 낮음, 자신들의 겸비함을 나타내라는 것입니다. 하나님 앞에 예배하는 것은 인간이 하나님께 행할 수 있는 가장 겸손한 행위입니다. 하나님의 높으심을 인정하지 않으면, 나의 낮음을 인정하지 않으면 예배 할 수 없기 때문입니다. 다윗이 여부스에서 하나님께 제단을 쌓은 것이 이미 교만을 떨치고 겸손했다는 증거입니다.

19절 "다윗이 여호와께서 명령하신바 갓의 말대로 올라가니라. 아라우나가 바라보다가 왕과 그의 부하들이 자기를 향하여 건너옴을 보고 나가서 왕 앞에서 얼굴을 땅에 대고 절하며 이르되 어찌하여 내 주 왕께서 종에게 임하시나이까 하니 다윗이 이르되 네게서 타작 마당을 사서 여호와게 제단을 쌓아 백성에게 내리는 재앙을 그치게 하려 함이라 하는지라. 아라우나가 다윗에게 아뢰되 원하건대 내 주 왕은 좋게 여기시는 대로 취하여 드리소서. 번제에 대하여는 소가 있고 땔 나무에 대하여는 마당질 하는 도구와 소의 명예가 있나이다"입니다. 아라우나는 농사 짓는 사람이었습니다. 농사짓고 사는 사람이 돈 다 바치고 소 다 바치고 쟁기까지 다 바칩니다. 다윗이 자기 마당에 와서 제사드리겠다는 말을 듣고 아라우나가 자신의 모든 것을 바칩니다. 아라우나가 이렇게 행동 하는 이유를 알아야 합니다. 다윗이 아라우나의 제안과는 다르게 24절에는 "은 오십 세겔을 주고 타작마당과 소를 샀다"고 나오고 역대상 21장에 25절에는 "다윗은 그 터 값으로 금 육백 세겔을 달아 주었다"라고 나옵니다. 다윗이 아라우나에게서 값을 주고 제구를 산다는 것은 매우 중요한 사건입니다.

하나님을 아는 사람

아라우나가 다윗이 자기에게로 옴을 보고 자원하여 모든 것을 바치 겠다고 말한 이유는 아라우나가 다윗의 과거 행적을 알고 있었기 때문입니다. 과거에 다윗은 법궤로 인하여 사고가 발생하자 자신이 피해 입는 것을 방지하기 위해 일방적으로 법궤를 오벧에돔의 집으로 옮겼고, 왕궁 옥상을 거닐다가 한 여인이 목욕하는 것을 보았을 때에 온갖 방법을 동원하여 여인을 자신의 아내로 취하였던 적이 있었습니다. 아라우나는 다윗이 자기의 목적을 이루기 위해서는 자신의 신하요 장수까지도 죽였던 행적을 알고 있는 것입니다. 다윗이 자신의 목적을 이루기 위해 수단과 방법을 가리지 않았던 것을 알고 있기에 아라우나는 다윗이 자기 집에 오자마자 무조건 자신의 전부를 다 내어 놓아야 한다고 생각한 것입니다. 아라우나로서는 자신의 전부를 내어 놓은 것만이 자신이 살 수 있는 유일한 수단으로 여긴 것입니다.

하지만 다윗은 24절 "왕이 아라우나에게 이르되 그렇지 아니하다. 내가 값을 주고 네게서 사리라. 값 없이는 내 하나님 여호와께 번제를 드리지 아니하리라 하고 다윗이 은 오십 세겔로 타작 마당과 소를 사고"입니다. 다윗이 아라우나에게 값을 주고 타작 마당을 사는 것은 겸손한 행위가 아니라 지극히 정상적인 행위입니다. 하나님은 인간에게 희한한, 고상한, 엄청난, 인간이 행하기 힘든 희생적인 헌신적인, 자기 부인 등을 원하는 것이 아니라 지독히 평범하고 정상적인 것을 기대하십니다. 사무엘하의 마지막 구절인 25절 "그 곳에서 여호와를 위하여 제단을 쌓고 번제와 화목제를 드렸더니 이에 여호와께서 그 땅을 위한 기도를 들으시매 이스라엘에게 내리는 재앙이 그쳤더라"입니다. 다윗이 강포함을 부리지 않고, 제 값을 주고 땅을 사는 지극히 당연한 행동을 하는 것을 하나님이 기뻐하십니다. 다윗이 하나님의 가르치심을 경험한 후 백성을 향해 강포하게 행하지 않으며, 겸손히 하나님을 인정하며 예배하는 것을 기뻐하시며 재앙을 그치게 하여주신 것입니다. 신앙은 하나님을 위하여 자신을 내어드리는 것이 아니라 하나님으로 인하여 공평과 정의를 실천하며 사는 것입니다. 하나님의 마음을 가지고 공평하고 정의롭고 자비롭게 인자하게 정상적으로 쉽게 재밌게 즐겁게 행동하는 것입니다. 하나님의 마음을 가지고 하나님의 원리대로 사셔서 하나님의 은혜를 삶 속에 풍성히 누리시기를 주님의 이름으로 축원합니다.